영복의 세월

- 실록 국세청 〈개정판〉 -

행복의 세월

— 실록 국세청 〈개정판〉 —

이철성 지음

이담
Books

≪실록 국세청≫이라는 이름으로 이 책을 처음 발간한 것은 노무현 정부 때인 2006년 2월이었습니다.

그 책은 교보문고를 통해 시판(市販)하는 한편, 재정학회 교수들을 비롯하여 국회 재경의원, 신문사 논설위원, 국세청 간부 등 관계 인사들에게 기증하기도 하였습니다. 그런데 출판 후 내용을 살펴보니 "유익한 내용을, 좀 더 재미있고 알기 쉽게" 쓰고자 한 당초 계획에 미흡한 점들이 있어, 시판을 중지하고 말았던 것입니다.

이번에 책 이름을 ≪영욕의 세월≫로 바꾸고 내용과 표현을 많이 손질하여 수정판(修正版)으로 출간하게 되었습니다. 이 책의 부록에는 필자가 신문기자와 인터뷰한 기사, 전직 국세청장이 후배들에게 충고한 기고문, 신문사의 국세청 관련 사설 등을 추가로 실었습니다.

신문 인터뷰는 노무현 정부시절 분배(分配)를 이유로 증세(增稅)를 남발하는 정부 태도를 보고, 자본주의 사회에는 '원본 불가침의 원칙'이 있다는 사실을 지적하면서, 성장(효율)과 분배(형평)가 조화롭지 않은 세금의 일방적인 남징(濫徵)은 안 된다는 필자의 평소 소신을 밝힌 것입니다.

최근 밑도 끝도 없이 복지론(福祉論)·증세론(增稅論)이 사방에서 터져 나오고 있습니다. "북한에 맞서 우리도 하루속히 핵(核)무장을 해야 한다. 저소득계층을 돕기 위해 의료·급식·주거 등 복지비 지출을 선진국 수준으로 늘려야 한다. 부(富)의 격차를 줄이기 위해 대기업과 부자들에 대한 획기적 증세를 단행해야 한다."는 것 등입니다. 돈을 낼 사람도, 받아 낼 책임을 질 사람도 아닌 정치인들이 주고받는 '복지타령'이라 앞날이 아득합니다.

신문 사설 1은 세상에 '공짜 점심은 없다.'는 사실을 전제로, 우리사회가 저출산고령화의 덫에서 벗어나고 빈부(貧富)격차, 양극화로 인한 사회 분열과 갈등을 치유하기 위해서는 복지(福祉)제도가 계속 확충되어야 하는데도 불구하고 총선과 대선을 앞둔 여·야당에서는 비과세대상자 수를 현재의 근로소득자 39%, 자영업자 41%에서 더 확대하겠다고 아우성치는 현상을 개탄하고, 복지 선진국 스웨덴에서는 연간소득이 300만 원만 넘어도 소득세를 물리고 연금, 실업·질병·육아수당을 받는 사람도 예외가 없다는 사실을 소개하였습니다. 즉 '고복지 고부담의 대원칙'을 다시금 천명한 것입니다.

신문 사설 2는 새로 취임한 국세청장이 기자회견에서 "더 이상 학연·지연·줄대기 등 인사(人事) 청탁은 절대로 발붙이지 못하도록 하겠다."고 언명한 것을 듣고, 세무관서의 부패와 부정을 막기 위해서는 '인사(人事)가 만사(萬事)'라는 격언 그대로 인사행정이 권력과 정실에서 초월할 것을 간곡히 당부한 것입니다.

신문 사설 3은 '대검찰청이 대기업의 비자금 조성·횡령·불공정 거래 등을 수사할 계획'이라는 신문보도를 소개하고, 역대 정권은 검찰·국세청·공정거래위원회 등이 쥐고 있는 권력을 가지고 자기들이 못마땅하다고 생각하는 상대를 겁주고 매질하는 수단으로 악용해 온 사실을 지적하면서, 법의 공정무사(無私)한 집행을 강력히 촉구한 것입니다.

신문 기고문은, 국세청장이 구속되거나 도중하차하는 유례없는 사태가 발생하는 것을 본 전임 국세청장께서 선배들의 혁혁한 업적을 상기시키면서, 그 공로를 더럽히는 일은 절대로 없어야 하겠다고 충고한 것입니다.

나는 1955년에 시행된 고등고시 행정과 재정경제부문에 합격, 관계(官界)에 투신하여 재경직(財經職) 사무관·서기관·이사관을 역임하였습니다. 자유당을 비롯하여 민주당·공화당 등 역대 정권을 거치는 동안 정통파·재래파 직업공무원으로서 경세제민(經世濟民)의 꿈을 실현하고자 나름대로 열심히 노력하였습니다.

하지만 뜻밖에도 이사관 10년에 그 꿈이 권력에 의해 꺾이자 44세라는 늦은 나이에 대학원에 진학하고 대학에 조교수로 진출하여 와신상담·주경야독 끝에 경제학 박사와 정교수의 지위를 획득할 수 있었습니다.

나이가 들수록 그동안 관계·학계·언론계에서 겪고 듣고 보고 고민해 온 세금·예산 등 국가 재정(財政)에 관한 문제점과 과제들을 그냥 묻어둬서는 안 되겠다는 생각이 들었습니다. 그래서 작게나마 이 세상에 증언(證言)과 충고(忠告)의 글을 남겨야 하겠다는 생각에서 이 책을 손질하게 된 것입니다.

제2차 세계대전이 끝난 후 신생(新生)국가들은 모두가 다 가난했습니다. 1960년대까지 우리 역시 가장 가난한 나라 중 하나였습니다. 그랬던 우리나라가 "경제성장과 민주화"라는 두 마리 토끼를 차례로 잡고 이제는 후진국을 원조하는, 세계 13위의 경제규모를 자랑하는 선진국가의 대열에 우뚝 섰습니다.

그동안 우리나라는 기간산업과 중화학공업으로 철강·조선·자동차·석유화학 산업을 일으켰고, 정보기술(IT)로 반도체·휴대전화·LCD·PC 산업을 발전시켰습니다.

이와 같은 놀라운 성과의 그늘에는 국가재정의 역할과 함께 재무관료들의 피

땀 어린 숨은 노고가 있었음을 잊어서는 안 될 것입니다.

이 글을 쓰는 오늘, 신문은 "한국도로공사가 2007년에 개통한 익산~장수 고속도로는 당초 2009년 교통량이 하루 5만 452대가 될 것으로 예측하고 설계했다. 그러나 지난 해의 실제 교통량은 하루 평균 예측치의 17%인 8,714대에 불과했다. 그 결과 총 1조 3,077억 원의 혈세(血稅)가 들어간 공사는 '텅 빈 고속도로'가 되고 말았다."고 보도했습니다. 이 보도는 예산 낭비의 한 가지 예에 불과합니다.

2009년 말 현재 우리나라의 국가 부채(負債) 규모는 무려 340조 원에 달하고 있습니다. 바로 그해 우리 국민들은 국세·지방세를 합쳐 무려 209조 7,000억 원(예산)이나 되는 세금을 냈는데도 말입니다.

재정위기를 심각하게 겪고 있는 일본·미국이나 아주 심각한 그리스·아일랜드·포르투갈 등에 비할 바는 아니지만 한국은행이나 토지개발공사 등 공(公)기업이 짊어진 국가채무를 최종적으로 책임져야 할 사람은 오직 우리 국민밖에 없습니다. 더 이상 허비나 낭비가 없도록 정부나 국회만 믿지 말고 우리 납세자가 혈세(血稅)를 잘 지켜야 하겠습니다. 우리나라에서 국민의 혈세를 농단(壟斷)하는 자가 없어지는 날이 하루속히 와야 하겠습니다.

먼 남쪽나라 자그마한 항구도시 통영에서 자란 일개 문학소년이 홀로 중앙무대에 진출, 경제계의 관료·학자·평론가로 살아오면서 보고 겪은 이야기들 가운데는 그런대로 읽을 만한 인생의 발자취도 들어 있을 것입니다.

2012년 3월

풍해문화재단 연구실에서

이철성

■ 머리말 〈초판〉

과세(課稅)의 기술은 가능한 한 잡음 없이 오리의 깃털을 뜯는 것과 같다. 껍질까지 손대면 펄쩍 뛰고 심하면 죽기까지 할 것이다.

　일 년에 딱 한 번 열리는 정기국회, 즉 예산국회(豫算國會)가 올해도 문을 닫았다. 예산국회는 '대의(代議) 없이 납세(納稅) 없다.'라는 의회민주주의의 원칙 그대로, 납세자인 우리 국민이 뽑은 국회의원들, 특히 야당의원들이 우리를 대신해서 정부·여당이 내놓은 신년도 예산안(案)과 세제개편안(案)을 심의·의결하게 되어 있다. 그래서 예산국회는 1년 중 가장 중요한 국회의 회기(會期)라 할 수 있다. 그런데도 야당 제1당은 정치적 투쟁에 지치자 그 보복으로 2006년도 예산안의 표결에 결국 불참하고 말았다.

　이제 우리 국민들은 좋건 궂건 간에 올 한 해 동안 한 사람당 평균 약 465만 원의 세금과 국민연금 및 건강보험료를 국가에 내야 한다. 건국 이래로 가장 무거운 국민 부담(負擔)인 것이다.

　물론 이 돈은 나라의 방위를 튼튼하게 하고, 어렵고 가난한 사람들을 도와주고, 교육환경을 개선할 것이다. 또 첨단기술을 개발하고, 경제발전을 도모하고,

도로·항만 등 사회자본을 확충하기도 할 것이다. 예산은 쓰는 편에서 보면 글자 그대로 다다익선(多多益善)이라 할 수 있다. 하지만 해마다 늘어나는 막중한 세금을 내야 하는 국민의 입장에서 볼 때 사정은 전혀 반대라 할 것이다.

한국은행에 의하면 지난 6월 말 현재 우리 국민이 짊어진 개인의 금융부채(負債)는 역사상 가장 많은 532조 6,000억 원에 달했다고 한다. 권위 있는 외국의 연구기관들은 우리 경제에 닥쳐올지 모르는 '일본식 장기불황(長期不況)' 또는 '한국경제의 조로(무老) 가능성' 등을 경고한다.

내년에도 우리 경제가 만약 이대로 저성장(低成長) 상태에 머문다면 국세청·관세청 등이 아무리 발버둥 쳐도 예산상의 세수(稅收) 목표액 달성은 힘들 것이며, 장래를 위한 세원(稅源) 배양도 그만큼 어려워질 것이다.

나라 살림 역시 기업 경영과 마찬가지로, 성장(成長) 여부가 성패(成敗)를 좌우한다고 볼 수 있다. 예산·세금문제란 때로는 한 정권의 운명을 좌우하지만, 때로는 국가에 큰 변고(變故)를 몰고 올 수도 있는, 참으로 민감하고 또한 중요한 문제가 아닐 수 없다.

내가 재무관료 생활을 시작한 것은 자유당 정권 때인 1950년 고등고시에 합격, 수습행정관에 임명된 때였다. 그날 이래로 관직을 떠날 때까지 19년간 주로 예산·세금 등 국가재정(國家財政)에 관련된 직무에 종사했다. 그 시절 재무부는 예산의 편성권, 금융의 통제권, 국세의 징수권 등 소위 '경제 3권'을 쥐고 막강한 힘을 발휘했었다.

관직에서 4·19 학생혁명을 목격했고, 과도정부를 거쳐 민주당 정권 때는 3·15 부정선거와 관련된 소위 '부정축재 조사' 업무를 보조했다. 그리고 5·16 군사쿠데타를 지척에서 체험했고, 군사정권이 임명한 부정축재 조사단이 요구한 위법

(違法) 지시를 거부하기도 했다.

제2차 경제개발5개년계획의 제1차년도를 앞둔 1966년에는 국세청이 발족했다. 나는 연말이 다 될 무렵 서울시·경기도·강원도를 관할하는 서울국세청장직을 맡아 '700억 세수목표'를 놓고 국정감사에서 야당 국회의원들의 혹독한 추궁을 받아야 했고, 목표액 달성을 위해 온갖 고생을 감당해야만 했다.

국세청의 조사국장을 두 차례 맡아서는 '개발 인플레'에 따라 솟구치는 물가대책에 동원되었고, 외자(外資)도입이 본격화되자 그 틈을 탄 외국인 상사들의 위장(僞裝)오퍼상을 적발했으며, 야당 자금원(資金源) 조사와 신문사에 대한 세무사찰을 불만 속에 경험하기도 했다.

직세국장을 맡아서는 1970년 고리채에 시달리는 기업을 구제하기 위해 발동된 '8·3 긴급명령'에 따라 사채(私債)의 신고·접수업무를 진두지휘했다. 그리고 악명 높은 대중세(大衆稅)인 영업세 행정을 개선하기 위해 시장과 집단상가에 대한 다각적인 대책을 수립하고 현장에서 직원들을 독려하기도 했다.

1974년, 권력에 의해 관직을 빼앗기게 되자 그 전년에 모범공무원이라고 받은 홍조근정훈장을 던져 버리고 '제2의 인생'을 새로 시작하기로 결심, 44세 늦은 나이로 박사과정에 진학하는 한편 대학교수로 진출하여 힘겨운 주경야독(晝耕夜讀) 생활을 시작했다.

성균관대학교에서 맡은 과목은 경제학·재정학과 조세법이었고 나중에는 한국경제론과 한국재정론도 맡았다.

교수생활 24년 동안 관료시절에 얻은 지식과 경험을 살려 '한국조세학회'를 창설해 학자들과 학술연구 및 인적교류의 기회를 가졌고, 국무총리를 비롯해 경제기획원·재무부·내무부·상공부·국세청 등 정부의 정책자문위원을 맡아 활동했다. 그리고 10년간 매일경제신문의 논설(論說)위원을 겸임했으며, 당면한 재정·경제문제에 관해 신문·잡지에 평론을 기고했고, 평소의 소신을 TV·라디오를 통해 맘껏 발언하기도 했다.

그런 기회에 '숨은 보조금'인 조세감면(租稅減免)제도의 남발을 경계하고, '8·3 사채(私債)신고'를 적극 권장했으며, 금융자산의 실명제(實名制)가 하루속히 단행되도록 주의를 환기시키고, 고위공무원의 '고위직 인플레' 현상을 비판하고, 국가의 경비(經費)절감을 통한 '작은 정부'의 실현을 강력히 촉구하기도 했다.

나는 그 과정에서 듣고 보고 겪고 느낀 바가 참으로 많았다. 그러기에 후일을 경계하기 위하여 이를 증언(證言)으로 남겨야겠다고 결심하고, 대학을 정년퇴임하자마자 이 '회고록'의 준비와 집필에 착수했던 것이다.

6·25 전쟁 때 군량미(軍糧米) 및 구호미(救護米) 조달의 주역을 한 현물세(現物稅)인 토지수득세는 정부 약속대로 휴전이 되자마자 즉시 폐지되어야 옳았다. 그랬다면 수백만 농민과 그 자손들은 이승만 대통령을 결코 외면하지 못했을 것이다.

민주당 정권은 신·구파의 싸움을 그만두고 3·15 부정선거 원흉과 부정축재자들에 대한 조사·처벌을 신속하게 단행했어야 했다. 그랬다면 5·16 군사쿠데타는 결코 궐기할 명분(名分)을 얻지 못했을 것이다.

박정희 정권은 경제개발을 촉진시키기 위한 부족자금을 해결하기 위해 한·일 국교 정상화를 강행했고, 독일에 광부와 간호사를 파견했으며, 월남에 국군을 파병(派兵)하기까지 했다. 그리고 기업가들에게는 투자의욕을 고취시키기 위해 외자(外資)도입과 특혜융자(融資)를 제공했으며 국민의 세금으로 도로·항만·공항·철도·전력 등 사회간접자본을 계속 확장했다.

이뿐만 아니라 '부정축재자에 대한 처벌 완화', '예·적금에 관한 비밀 보장', '탈세범에 대한 완전 사면', '고리채 기업에 대한 8·3 사채(私債) 동결', '중요산업과 외자기업에 대한 조세감면제도의 확대' 등 세정(稅政)을 통해서도 경제계에 엄청난 특혜를 베풀었다.

이것은 '빈곤의 타파'와 '조국 근대화'를 목표로 한 박정희 정부의 강력한 '산업화(産業化) 정책'이었다. 만약 이 같은 획기적 특혜조치가 없었다면 오늘날 우리 경제는 결코 이만큼 성장할 수 없었을 것이다.

그러므로 정부·여당의 정책 당국자는 물론 대기업과 재벌들은 역사 앞에 겸손하고, 오랫동안 저곡가(低穀價)·저임금(低賃金)을 감내해 온 농민·노동자들의 희생과 노고에 감사하며, 앞으로 어렵고 가난한 동포들을 돕기 위한 사회복지(社會福祉)사업에 적극 참여해야 할 것이다.

박 대통령이 집권 17년 만에 침식을 잊다시피 하면서 고민했던 중화학공업 및 부가가치세의 존폐문제, 특히 부가가치세의 남징(濫徵)에 따른 부산 국제시장 상인들의 사무친 반감(反感)이 없었다면 시민 봉기를 가져온 부마(釜馬)사건은 물론, 박 대통령의 시해(弑害)까지 몰고 온 10·26 사건은 아마도 일어나지 않았을지 모른다.

최근 신문보도에 의하면 1조 원을 투입한 각종 민원서류의 전산화가 전국에서 올 스톱되어 큰 소동이 벌어졌다고 한다. 현 정부 들어 공무원 수가 2만 명이나 늘었고 장관급 자리가 148개나 된다고 한다. 공무원연금이 펑크가 날 지경에 이르렀고, 수백조 원을 투입한 국책(國策)사업들이 공중 분해될 위기에 놓였다고 한다. 그런 판국에 국회까지 나서서 주민자치의 정신으로 시작된 지방의회 의원들에게 5,000만 원 내지 7,000만 원의 연봉(年俸)을 지급할 것을 의결했다고 한다.

돈 쓰고 싶은 곳은 많은데 걷은 세금이 모자라자 정부·여당은 국민의 빚인 6조 원 규모의 국채(國債)를 또다시 발행하고 그래도 부족하자 내년도 예산을 아예 적자예산(赤字豫算)으로 편성하고 말았다.

이런 마당에 국가재정과 관련해 발생하는 수많은 낭비(浪費) 및 허비(虛費)사례들을 볼 때마다 우리 납세자들은 여·야당 정치인을 포함, 이를 공직사회의 배신행위로 규탄하지 않을 수 없다. 국민의 혈세(血稅)를 아끼고 바로 쓰지 않으면 경제가, 나라가 정말 거덜 날 수 있다는 사실(史實)을 우리는 영국·프랑스·동학(東學)혁명 등을 통해 너무나 잘 알고 있다.

이 책은 국가재정에 관계하는 공무원들에게 보내는 응원의 뜻도 담겨 있다. 우리나라 납세자 주권(主權)의 신장과 재정민주주의 발전에 일조가 되기 바란다.

2006년 2월

한국조세학회 연구실에서

이철성

contents

Ⅱ. 산업화시대 국세청

1. 60년대 공화당 시절

2. 60년대 개발독재 시절

3. 70년대 유신헌법 시절

Ⅳ. 밝은 재정(財政)을 위해

1. 호사다마(好事多魔)·사필귀정(事必歸正)

2. 칼럼·신문 인터뷰·사설·기고문

I. 국세청 전야(前夜)

입헌주의 국가에서 자유(自由)란
중세(重稅)에 대한 보상이요,
전제국가에서 자유에 상응함은 가벼운 세금이다.
〈C. 몽테스키외 ≪법의 정신≫에서〉

1

전(前) 산업화 시대·사세국

최빈국(最貧國) 시대, 재무관료 임관
외원(外援) 의존재정, 버려진 상이군인
현상논문 상금 받아 첫 효도
적자(赤字)재정 지탱 '재무부 사세국'
6·25 전쟁 주역, 농민·'토지수득세'
예산국회, 옛날도 '세금 논쟁'
4·19 전야, 잘못된 세제(稅制) 개편

최빈국(最貧國) 시대, 재무관료 임관

지금 내 손에는 옛날 재무부 사세국이 발간한 <1960 세무통계연보>가 있다. 343페이지에 불과하고 퇴색된 용지에 표지가 촌스럽다. 또 하나 국세청이 발행한 <2010 국세통계연보>가 있다. 깨끗한 용지에 산뜻하게 인쇄된 999페이지짜리 큼직한 책이다. 이 두 권의 책 속에는 우리 재정의 생생한 역사가 담겨 있고, 그 사이에는 50여 년이라는 긴 세월이 흘렀다. 그동안 우리 재정은 경제의 고도성장에 힘입어 엄청난 양(量)적 팽창과 괄목할 만한 질(質)적 개선을 이뤘다는 사실을 실감할 수 있다.

내가 재정경제원 전신인 재무부와 첫 인연을 맺은 것은 50여 년 전 1956년 7월 16일이었다.

당시에 우리나라는 농촌인구의 80%가 초가집에 살았고 전기조차 들어오지 않았다. 농촌에는 자동차는 물론 경운기가 들어갈 길도 마땅치 않았다. 당시의 우리 경제는 그야말로 '거지경제'였다.

그때 자유당 대통령 후보 이승만(李承晩) 씨는 야당 후보 신익희(申翼熙) 씨의 갑작스러운 사망으로 억지 3선(三選)에 성공했다. 하지만 '못살겠다. 갈아보자'는 절실한 야당의 선거구호에 호응한 대중들의 압도적인 지지를 받아 민주당의 신파 소속 장면(張勉) 후보가 부통령에 당선된 직후였다.

못살겠다는 정치 구호에 못지않게 그 시절 우리 국민들의 생활은 참으로 어렵고 가난했다. 일제강점기 이래로 남한은 농업, 북한은 공업으로 각각 크게 편중

되어 있었다. 그 결과 1945년 해방(解放)은 되었으나 남북분단으로 인해 남쪽은 경제자립을 제대로 해나갈 수가 없었다.

게다가 남한에 남아 있던 공업은 해방 후의 정치적·경제적 혼란으로 공장의 40%, 직공의 20%가 줄어들어 1948년 남한의 공업생산량은 1941년에 비해 무려 83%가 줄어들었다. 더구나 1950년 6·25 전쟁이 발발하자 남한에서는 남은 공장시설마저 파괴되어 소위 남한의 3대 공업지대라던 경인·삼척·영남지역에서는 건물의 44%, 공장시설의 42%가 파괴되고 말았던 것이다.

1953년에 이르러 휴전은 겨우 성립되었으나 우리 생활을 지탱한 것은 미국의 경제원조였다. 전재(戰災)복구와 산업(産業)재건을 향해 일어선 우리 앞에 가로놓인 시련과 애로는 너무나 크고 많았다. 하지만 나는 그 시절 우리 경제에 가로놓인 그 같은 어려움을 잘 알지 못한 일개 국문학과 학생에 불과했다.

당시에 정부에서는 공무원의 최고 등용문(登龍門)으로 합격률 0.1% 내외에 불과한 고등고시(高等考試) 제도를 실시하고 있었다.

나는 대학 3학년 때 장차 은행에 취직할 생각으로 경제학과로 전과(轉科)하였고, 그 공부 끝에 제7회 행정과 제2부, 즉 재정경제(財政經濟) 부문에 합격하여 재무부에서 대통령 명의의 수습행정관(修習行政官) 발령장을 받았다. 그때 내 나이 25세였다.

재무부 청사는 광화문 네거리, 지금 교보빌딩이 자리 잡고 있는 건물의 앞쪽 한 길가에 우뚝 선 흰색 5층짜리 멋쟁이 양옥이었다.

재무부로부터 고대하던 '출두통지서'를 받았을 때 나는 남몰래 품어 온 걱정거리에서 완전히 해방될 수 있었다. 왜냐하면 1954년 제3대 국회의원 선거가 있었을 때 제6회 고등고시 필기시험을 끝내자마자 고향으로 불려가 집안어른들끼리

친분이 두텁던 민국당 후보의 선거 마이크를 잡았기 때문이다. 선거운동 기간 내내 야당 탄압에 앞장섰던 통영경찰서 사찰계 형사들로부터 심한 박해를 받아 선거가 끝날 때까지 쫓고 쫓기는 신변의 위협을 수없이 겪었다.

'여당 자유당을 심하게 공격했던 나를 이승만 정권이 과연 채용해 줄까?' 이것이 그때 내가 품고 있던 걱정거리였다. 그런 나에게 임관(任官) 통지서가 배달되고, 재무부로부터 정식 발령장까지 받게 되자 비로소 안심할 수 있었다. 당시에 신원(身元)조사를 담당한 사찰계 형사는 다행스럽게도 고향사람이었다.

번쩍이는 배지, 재무부에 첫 등청

재무부에 출근하자 총무과 인사계장 송치성(宋熾星) 씨는 수습행정관들을 모아놓고, 재무부에 관한 간단한 브리핑을 했다. 그리고는 무슨 생각이 들었던지, 다음 말을 덧붙였다.

"이 자리에 오기까지 여러분은 고등고시 합격자라는 똑같은 조건이었습니다. 하지만 앞으로 누가 어느 국, 어느 과에 고정 배치되느냐, 누가 먼저 정식 사무관으로 임명되어 보직을 받느냐를 결정하는 것은 여러분의 고시 및 이곳에서 받을 연수성적 그리고 소위 '백'에 좌우될 것입니다."

까마득한 옛날 얘긴데도 그때 만난 그분의 이름과 그에게서 들은 '백'이라는 생소한 단어가 지금도 잊히지 않는 까닭은, 그 말이 내 진로(進路)에 결정적인 영향을 미쳤기 때문이다.

내 고향은 역대 국회의원이 야당 출신이었고, 나의 출신 학교는 부산대학교였다. 그래서 관료생활을 통해 도움을 받을 만한 선배나 친지가 재무부는 물론 다른 경제부처에 아무도 없었다.

번쩍이는 재무부 배지를 새 양복 왼쪽 옷깃에 달고 다녔던 나는 만나는 사람들로부터 예산·금융·조세 등 국가의 3대 경제대권(經濟大權)을 다루는 재무부의 고급공무원이라고 많은 부러움을 샀다. 그리고 이틀이 멀다 하고 달려드는 혼담(婚談)과 맞선에 시달리기도 했다. 그만큼 그 시절 고등고시 출신 총각들은 수도 적었거니와 재산 많고 권세 좋은 세도가(勢道家) 가문의 사윗감으로서 그야말로 최고 인기였다.

국민경제, 미국 원조에 의존

당시에 우리나라는 휴전은 성립됐지만, 전재(戰災)복구와 산업(産業)재건 그리고 전력(戰力)강화의 대부분을 미국의 군사 및 경제원조에 의존하고 있었다.

우리나라는 농업인구가 전체의 70%에 달하는 농경(農耕)사회로 1인당 연평균 국민소득(GNP)은 50불 내외에 불과했다. 가난한 사람들은 봄이면 '보릿고개'라는 춘궁기(春窮期)를 넘겨야 했고, 낫 놓고 기역 자도 모르는 문맹인(文盲人)이 인구의 거의 80%를 차지하고 있었다.

그 시절 우리나라는 대학 출신들이 취직할 만한 국책(國策)회사나 재벌기업은 물론 외국회사도 거의 없었던, 세계에서 최빈국(最貧國)에 속해 있었다. 따라서 취직난이 심했던 그 시절, 조만간 군수(郡守) 또는 경찰서장 등 고급관료로 나설 고등고시 출신 총각들은 최고 '엘리트'로 예우받을 수밖에 없었다.

그런데 재무부에서 첫 월급을 받아 본 나는 깜짝 놀랐다. 다른 고시동기들도 마찬가지였다. "아니 어찌 이럴 수가? 이게 정말인가?" 하고…….

그 금액이 얼마나 적었던지, 지금은 잊었지만 문교부에서 차관까지 지낸 고시동기 장인숙(張仁淑) 씨의 옛 얘기를 들어 보자.

"그 시절 내가 하숙한 곳은 서울 인왕산 밑 누상동의 조그만 한옥 집 문간방이었다. 자리에 누우려면 머리맡 앉은뱅이책상을 문 밖으로 내놔야 할 정도였다. 월급을 다 털어줘도 점심은 없었고 식사는 아침저녁뿐이었다."

수습행정관은 신분상 고급공무원인 3급 공무원의 반열에 들었고, 일반직원인 서기(書記)·주사(主事)급들과는 전혀 다른 간부직이었다. 당시에 3급 공무원이 지방에 근무할 경우의 직책은 군수, 경찰서장, 세무서장 등 유지(有志)급이었다.

호칭은 영감, 월급은 적고

그때까지는 일제강점기의 관료(官僚)사상이 아직도 많이 남아있어서 사무실 안팎에서는 우리를 '영감'이라 불렀다. 그런데도 월급은 그 모양 그 꼴이었으니 나는 물론이고 고시동기들은 모두가 깜짝 놀랄 수밖에 없었다.

나는 종로구 적선동에 세 칸짜리 온채를 얻어 식모를 두고 서울생활을 시작했다. 명색이 집안의 장손(長孫)이라 어머니가 각별히 배려해 주셨기 때문이다. 하지만 형편이 넉넉지 못한 고시동기들은 용돈은 고사하고 점심값도 부족했다. 그래서 우리는 만나면 으레 첫 화두가 월급타령이었다.

장래에 경세제민(經世濟民)의 꿈과 입신양명(立身揚名)의 대망을 품고 관직에 나선 젊은 우리들에게 현실은 너무나 냉혹했다. 당시에 사법과 출신 판·검사시보(試補)들 역시 봉급수준은 우리와 다를 바 없었다.

나는 원래 권력이나 돈을 탐내고 고등고시 공부를 시작한 것은 아니었다. 중학시절, 그림 그리기를 좋아하고 글짓기를 잘하고 스라이트롬본 나팔을 불고 시와 소설과 클래식 음악을 좋아하는 소위 문학소년이었다. 그래서 대학도 국어국문학과를 지망했다.

그런 내가 우연히 '마르크스 경제학'에 빠진 끝에 경제학과로 전공(專攻)을 바꿨다가 '자본주의(資本主義) 경제학'을 발견하고, 그 연장선상에서 고등고시 재정·경제(財政·經濟) 부문의 시험을 치렀던 것이다.

첫 월급을 받아보고 '이렇게 적은 월급밖에 받지 못할 바에야 천하의 수재들이 뭣 때문에 수백 대 1이라는 힘든 관문을 뚫으려 그처럼 죽을 고생을 했을까?' 싶었다.

지난 2002년 1월 4일자 중앙일보에 의하면, 2002년도의 경우에 정부가 발표한 공무원의 봉급수준은 민간기업의 유사 종사자가 받는 봉급수준의 96.8%에 접근하고 있다고 했다. 아마도 지금은 그때보다 사정이 더 나아졌을 것이다.

수습행정관에게 주는 초봉을 봤더니 본봉이 198만 4,900원이라 요즘 물가가 아무리 올랐다고 해도 하숙비는 되고도 남는 금액이 분명하다. 게다가 현직 공무원들에게 우리 시절엔 들어보지도 못한 정액 급식비, 초과근무수당, 연말 조정수당 등 각종 수당이 지급되고, 또 성과금(成果金) 제도가 따로 운영되고 있다고 한다.

그러니까 옛날 관청의 쥐꼬리만 한 월급 얘기를 듣고 1인당 국민소득 2만 불 시대에 사는 요즘 사람들이 과연 내 말을 정말이라 믿어 주겠는가?

도둑질, 그렇다. 당시에 자유당 정권은 나쁘게 말하면 공무원들에게 관권(官權)을 이용해 백성들을 뜯어먹고 살거나 관재(官財)를 훔쳐 먹고 살라고 임명장, 즉 특허장(特許狀)을 주었다고 볼 수밖에 없다. 당시에 중앙·지방 할 것 없이 소위 관청에 다닌다는 사람들은 주사·서기는 물론 심지어 임시서기·촉탁들도 잘 먹고 잘사는 걸로 인식되어 있었다. 오죽하면 '목구멍이 포도청'이라 하지 않던가.

중앙청 꼭대기서 점심시간 보내고

그 시절 전차(電車)는 효자동에서 광화문·남대문을 거쳐 원효로를 왕복했다. 내가 살던 집은 광화문 사무실에서 중앙청을 거쳐 적선동까지 걸어서 약 20분 거리였다. 항상 걸어서 출퇴근했고, 점심은 집에 가서 먹었다.

그러던 어느 날 점심시간, 나는 옛 중앙청(中央廳) 앞을 지나가다가 먼발치로 그 건물 꼭대기 기둥 사이에 서 있는 한 남자의 모습을 발견했다. 그는 장인숙 군이었다. 꼭대기 기둥이란 김영삼 대통령이 총독부 청사(廳舍)를 분해·철거하면서 천안 독립기념관에 별도로 남겨 놓았다는 그 건물의 머리 부분을 가리킨다. 설마 했던 그 친구의 평소 이야기가 정말이었다.

그때 중앙청 건물은 6·25의 전화(戰禍)를 입은 채 넓은 부지에 거대한 괴물처럼 버려져 있었다. 창문 유리는 대부분이 깨진 채 때가 잔뜩 끼어 있었고 복도와 실내는 먼지와 쓰레기가 가득 쌓여 폐허 그대로였다. 5층 계단을 거쳐 벌겋게 녹슨 나선형 쇠다리를 올라가 그 친구를 만났다. 발아래로는 멀리 사람과 자동차가 개미처럼 오가는 광화문 네거리가 보였다.

"이 사람아, 점심은 어쩌고 이 높은 꼭대기에 올라와서 혼자 이러고 있나?"

"점심? 굶지. 간부·직원들은 모두가 끼리끼리 우르르 몰려 나가는데 혼자 사무실에 멍하니 남아 있기도 멋쩍고 배도 고파서 점심시간만 되면 매일 이렇게 올라와 지낸다네."

당시에 그가 수습행정관으로 근무하던 문교부는 중앙청 구내 임시건물 안에 있었다.

"그래? 그럼 우리 집으로 가자. 반찬이야 별 게 없지만……."

"글쎄……."

사양하는 그 친구를 데리고 집으로 간 그날부터 우리는 점심시간과 주말의 대부분을 함께 보냈다. 주말이면 으레 우리 집에 모인 친구들은 문교부의 장인숙(張仁淑), 재무부의 이달형(李達衡), 외무부의 이상진(李相振), 부흥부의 권영목(權寧沐), 내무부의 최석원(崔錫元), 심계원의 임두순(任斗淳) 등이었다.

지금도 '내 마음은 호수요', '내 고향 남쪽 바다' 등 우리 가곡을 부르면 중앙청 꼭대기에서 그 친구와 함께 불렀던 옛날의 감회가 당장 되살아난다.

"어느 날, 자네가 중앙청 꼭대기에서 광화문 쪽을 향해 오줌을 쌌지. 왜 그러냐고 물었더니 명색이 고급공무원인 우리는 점심을 굶겨 놓고 주사·서기·촉탁 심지어 임시직원까지 잘 먹고 잘살게 하는 자유당 놈들, 내 오줌 맛이나 실컷 봐라 하고 자네가 악담(惡談)을 했지."

그 친구의 회고담이다. 내가 그때 정말 그랬던가?

모자라는 용돈 고향에 의존

그러나 서울에서 새 친구들과 어울리기 시작하자 고향에서 보내주는 어머니의 용돈은 금세 바닥이 드러났다. 그래서 월말이 되면 우리 집에서 밥 대신 맨 쌀에 멸치를 털어 넣고 끓인 장국밥을 먹는 일이 예사였다.

친구들은 그 밥을 가리켜 동네 이름을 따서 '적선탕(積善湯)'이라 불렀고, 못생긴 식모애의 비위를 맞추기 위해 그녀를 '미스 적선동'이라 불러 주기도 했다.

그래도 그 정도는 약과였다. 큰 지출은 친구들과 어울린 오락·술값이었다. 서울생활에 현혹되어 당구·바둑·술·담배·여자를 처음 배웠다. 그 시절 우리가 자주 몰려다니던 곳은 청계천변 둑에 따닥따닥 붙어 서 있던 바라크 목로술집이었고, 다소 비싼 음식점은 광화문 우체국 뒤의 고향집·청대문집 등이었다.

추어탕으로 유명한 다동의 용금옥, 선짓국으로 유명한 부민옥, 냉면·육개장·비빔밥 등 대중음식으로 이름난 종로의 한일관 등은 지금도 남아 있다.

"어머니, 신언서판(身言書判)이라는 말 아시죠? 서울생활은 옷을 잘 입고 다녀야 행세를 할 수 있답니다." "어머니, 출세를 하려면 윗사람에게 술대접을 자주 해야 한답니다." 이것은 내가 어머니께 송금을 간청할 때마다 상투적으로 둘러댄 거짓말이었다. 고백하거니와 그때 그 큰돈들은 대부분 청진동 기생술집에 갖다 바쳤다. 불효막심했던 자신이 두고두고 부끄럽고 후회스럽다.

서울과 시골은 돈의 가치가 달랐던지, 어머니가 힘껏 보내주신 용돈은 금세 없어지기 일쑤였다. 그러다가 결국에는 전셋돈을 빼서 술값을 갚고, 식모를 내보내고, 마지막에는 하숙집 신세가 되고 말았다.

어머니는 내가 처음 겪는 객지생활이라 '촌놈이 서울 가서 듣고 보는 데 환장해서 혹시 방탕한 생활을 하는 것은 아닌가' 싶어 몹시 걱정하셨다고 한다.

고등고시(高等考試) 출신들 맞벌이 채비

그 시절 나는, 고시 필기시험을 끝내고 틈만 나면 고향으로 달려가 선거운동을 해드렸던 야당 국회의원 댁을 자주 방문했다. 그분은 일제강점기에 고향에서 내 선친과 동아일보 기자생활과 청년운동을 함께 한 동지였다. 그리고 그 부인은 나를 친자식처럼 돌봐준 분이었다.

그런데 그 댁은 항상 생활이 곤궁했고, 선거 빚을 재촉하는 고향사람들과 말다툼하는 광경을 자주 볼 수 있었다. 물론 그 집은 셋집이었고 그 댁엔 흔한 지프차도 한 대 없었다. 최 의원은 야당소속이라 생활이 넉넉지 못할 것으로 짐작은 했다. 하지만 명색이 국회의원인 그 댁에서 그때 감지한 곤궁상을 나는 도저히 이해할 수가 없었다.

'월간조선'이 1996년 1월호 별책으로 발간한 '한국현대사 비자료'에 의하면, 1954년 10월 제3대 국회의원 윤보선(尹潽善) 씨의 월급봉투에 기입된 지급액은 세비·거마비·각종 수당 등을 합쳐서 총계 3만 1,600환이었다. 거기서 세금·경조금·탄값을 제외하고 실제로 받은 금액은 7,130환, 그래서 그것을 당시의 쌀값으로 환산하면 쌀 두 가마 값도 안 되었다고 한다. 따라서 가산(家産)이 없고 이권(利權)에 접근할 수도 없는 야당소속 최 의원 댁의 실제 생활은 짐작보다 훨씬 어려웠을 것이다.

그 후 나와 친한 고시동기 몇 사람은 월급만 갖고는 도저히 살아갈 수 없겠다고 보고, 생계문제를 해결하기 위해 맞벌이 부부생활이 가능한 약사에게 서둘러 장가들었다. 나와 친했던 문교부·재무부·심계원 친구들이 다 그랬다.

최 의원은 이승만 독재정권에 대항해 야당 국회의원의 신조를 지키며 3선을 거쳤다. 하지만 5·16 군사쿠데타로 의원직을 잃었고, 결국은 가난과 고독 속에서 세상을 떠나고 말았다.

나는 1974년 권력에 의해 관직을 빼앗긴 후 여당은 물론 야당에서도 혹은 입각, 혹은 출마 등 유혹을 많이 받았다. 하지만 평생 정치와는 담을 쌓고 살아왔다. 속마음을 감추지 못하는 성격 탓도 있지만, 직접 지켜본 최 의원의 말년(末年)이 나의 인생에 큰 영향을 미쳤다고 볼 수 있다.

외원(外援) 의존 재정, 버려진 상이군인

재무부에서 수습행정관 월급을 받아보고 또 육군병원에서 상이병을 돌봐주고 나서야 비로소 나는 책에서 공부한 바람직한 국가의 경제정책 방향과 우리 사회가 처한 열악한 경제 여건(與件) 사이에 엄청난 괴리가 있다는 사실을 알 수 있었다. 외국 원조에 의존해 살아가던 그 시절, 우리 주변에는 그로 인한 비극들이 참으로 많았다.

재무부 각 국에서 6개월간의 순회 수습을 마치고 사세국(司税局) 세정과에 고정 배치된 1957년 여름, 나는 뒤늦게 논산훈련소에 신병으로 입대했다. 물론 수습행정관의 신분은 유지한 채…….

대학동기들은 졸업과 동시에 광주 상무대훈련소에서 CSMC 훈련을 받고 전공에 따라 각각 행정·법무 또는 경리소위 등으로 임관, 입대했다. 하지만 나는 1955년의 고등고시 필기시험에 합격, 다음 해에 있을 구술(口述)시험에 대비해 대학 4학년을 휴학했다. 그러다가 병역의무는 마치지 못한 상태였다.

그때 내 나이 26세, 때마침 대학 재학생들은 학보병(學保兵)이라는 이름으로 신병훈련소에 대거 입대하던 시절이었다. 고령자인 나는 자연히 그들의 주목 대상이 되었다. 그때 이웃 중대에 고등고시 동기인 지각 입대자가 있었는데 그가 신분을 노출시키는 바람에, 나는 우리 중대에서 갑자기 유명인사가 되고 말았다.

"고등고시 출신인데 어째서 장교로 가지 않고 졸병으로 들어와서 이 고생을 하십니까?"

"웬만한 사람들은 병을 가장하거나 유학(留學)을 핑계해서 다 빠지는 세상인데, 명색이 군수나 서장급의 높은 직급인데 어쩌다가 여기까지 오셨습니까?"

기간사병들은 물론 학보병들도 흥미와 관심이 쏠리는지 그 같은 질문을 수없이 던지곤 했다.

국군(國軍) 유지도 미국 원조에 의존

논산훈련소, 그곳의 고된 훈련쯤이야 나도 사내자식이요, 고등고시 출신인데 체면을 생각해서라도 견디지 못할 바는 아니었다. 하지만 훈련보다 참고 견디기 어려운 고통은 우선 배식량(配食量)이 너무 적은 데서 오는 배고픔이었다.

나는 집에서 보내준 용돈 덕분에 주보(酒保)에서 배고픔을 달랠 수 있었다. 하지만 그렇지 못한 일반·학보병들의 사정은 너무나 딱했다.

입대 전, 재무부 예산국 제3과에서 행정수습을 하고 있을 때 국방부의 예산액(豫算額)이 다른 부처와 비교해 엄청나게 많다는 사실을 알고 놀란 적이 있었다. 그런데 막상 훈련소에 들어와 보고, 군대는 정부가 준 그 많은 돈들을 어디다 어떻게 쓰기에 신병·훈련병들을 이렇게 굶주리게 하는가 싶어 의문을 금할 수가 없었다.

2002년 1월 5일자 C일보는 '국방부에 의하면 장병들이 영내 식당에서 꼬리곰탕을 먹고 샐러드와 수프를 곁들인 돈가스·생선가스도 즐길 수 있게 된다.'고 보도했다. 신세대 장병들의 기호(嗜好)를 감안하여 앞으로는 선호 음식의 급식 횟수를 늘려 주기로 했다는 것이다.

또 2005년 1월 5일자 신문에서는 '올해부터 사병들의 봉급이 인상되어 병장은 4만 4,200원을 받게 된다.'고 보도했다. 봉급이라고는 받아본 적이 없던 옛날 졸병 시절을 생각하면서 나는 '이 뉴스들이 과연 정말인가?' 싶었다. 참으로 격세지감을 금할 수 없었다.

하지만 옛날 신병훈련소에서 목격하고 체험한 추억 가운데서 지금도 잊히지 않는 것은 훈련소에서 벌어진 여러 가지 불공평한 사건들이었다.

그곳에 처음 도착했을 때부터 시작해 머리를 빡빡 깎이는 도중에, 각종 훈련 도중에, 심지어 면회 나간 데서까지 훈련병들은 수시로 훈련소를 빠져나갔다. 듣기로 '백'이나 돈을 동원해 나이롱환자가 되어 의병제대(依病除隊)한다고 했다.

또 가관인 것은 각 훈련장에는 이동주보(酒保)라는 게 있었다. 그것은 바구니를 끼고 있는 동리 아주머니로부터 떡이나 과자를 사 먹는 훈련병들이 시원한 나무 그늘에 앉아 훈련을 모면하고 있는 광경이었다. 군대란 상관의 명령에 절대 복종하고 규율을 생명처럼 지키는 곳으로 알고 있었다. 그러기에 그때 훈련장에서 벌어진 진풍경들을 나는 도저히 납득할 수가 없었다.

가난한 국가재정, 버림받은 상이군인

논산훈련소에서 겪은 신병생활은 군대 복무기간을 통해 그래도 비교적 안전하고 자유로운 시기였다. 하지만 논산훈련소 3개월, 마산 군의학교 2개월의 훈련·교육을 마친 후 내가 부산 변두리의 육군병원에 위생병으로 배치됐을 때 그곳은 가히 생지옥과 같았다.

외래환자는 거의 없었고 수용환자의 대부분은 팔다리가 절단된 상이군인들이었다. 그들은 외과 치료가 끝나 외견상 완치상태에 있었다. 하지만 제대를 해도 돌아갈 집이 없거나, 있어도 장래의 생계가 막막해서 오도 가도 못하고 그곳에서 억지로 집단생활을 하는 처지였다.

나는 그들에게 아침 일찍 세숫물을 떠다 바치는 일에서 시작해 청소·식사·세탁 심부름은 물론 그들의 의수(義手)·의족(義足)을 달고 푸는 일까지 일일이 도와야 했다. 그래도 그런 일쯤은 약과였다. 가장 힘들고 괴로운 일은 다리 없는 상이군인들이 병원 밖으로 외출할 때였다.

추운 한겨울인데도 땀을 뻘뻘 흘리며 무거운 휠체어를 밀고 먼 시내까지 나갔다. 그들이 상점에서 돈을 구걸하거나 극장에 무료로 입장할 때 가게 주인이나 극장 문지기가 내뱉는 악담(惡談)은 듣기 괴로웠다.

"왜 하필이면 우리 점방, 우리 극장으로 병신을 데리고 왔느냐?"는 원망이요, 욕설이었다.

어쩌다 상이병이 가게 주인이나 극장 문지기의 반감을 눈치 채는 날이면, 그들은 목청을 돋우고 발악하듯 욕설을 퍼부어댔다.

"이 자식아, 내 팔다리가 어디 갔어? 나도 원래는 사지가 멀쩡했단 말이야. 너희 놈들 편안하게 잘 살라고 전쟁터에 나가 싸우다가 잃었다 그 말이다. 내가 왜 오갈 데 없이 이 고생이야? 국가와 민족을 위해 피를 흘리고 병신이 됐으면 국가나 사회가 먹고 살게는 해줘야 할 게 아니야? 얼마 안 되는 돈, 몇 푼 안 되는 극장표 갖고 정말 이렇게 괄시하기야? 우리 상이군인들 너희들 앞에 떼거리로 몰려와 볼까? 나쁜 자식들……."

'가난이 죄?' 사방에 부정·부패

군에서 제대한 후 재무부로 돌아와 예산국에서 국방부 예산을 담당하는 제3

과 최정길 사무관에게 군대에서 겪은 의문들에 대해 물어보았다. 그런데 그의 대답은 너무나 뜻밖이었다.

"군인들에게 배정하고 있는 피복·급식비는 결코 적은 편이 아닌데, 일반 사병들이 낡은 군복에 굶주리는 것은 아마도 중간에서 누군가가 빼먹어서 그럴 게요. 하사관·장교 등 직업군인들에 대한 봉급은 우리 공무원에 준하죠. 예컨대 대령은 사무관, 준·소장은 서기관급 수준으로 봉급이 나가고 있소. 하지만 직업군인들도 우리처럼 봉급만 갖고 처자식을 먹여 살리자면, 사실은 상당히 힘들게요.

팔다리가 잘린 상이병들은 치료가 끝나면 당연히 제대를 시켜야 하죠. 하지만 집단행동으로 퇴원을 거부하고 있으니 쫓아낼 수도 없고. 그래서 당분간 병원에 두고 보고 있는 게요. 그들을 사회에 내보내면서 국가가 쥐어 줘야 할 대책비 예산은 아직 준비된 게 없어요.

장사하는 사람들은 세금이 무겁다고 야단들이고, 당신네 사세국(司稅局)은 징수목표액이 너무 많다고 항상 불평하지 않소. 그런가 하면 각 부처에서는 예산을 한 푼이라도 더 많이 달라고 아우성이고, 여당 국회의원들은 지역구 사업하는 데 돈 내놓으라고 얼마나 떼를 쓰는지, 당신 알기나 해요?

문제는 돈이요, 가난한 국민경제·빈약한 국가재정이 우리의 현실인데, 예산국(豫算局)인들 어쩔 도리가 없지 않소? 만약 미국의 막대한 원조(援助) 자금이 없다면 예산국은 나라살림을 이 정도라도 꾸려가기가 어려울 게요."

"?"

나는 한마디 대꾸도 못하고 사무실로 돌아와, 예산국이 발행하는 <예산개요> 1958년도 판을 살펴봤다.

그해, 즉 1958년도에 중앙정부가 사용한 일반회계의 세출(歲出) 예산규모는

410억 9,700만 원이었다.

　그 가운데서 일반행정·국방·사법 및 경찰비를 내용으로 하는 '일반행정비'는 178억 3,100만 원으로 43%, 교육·기타 후생비를 내용으로 하는 '사회복지비'는 53억 2,000만 원으로 13%, 산업 복구와 사회자본 투자에 사용하는 '경제적 경비'는 139억 5,800만 원으로 34%, '기타경비'는 31억 9,100만 원으로 8%의 비중을 각각 차지했다.

　이들 경비 가운데 가장 눈에 띄는 것은 '일반행정비'에 포함된 국방비로 127억 3,200만 원, 전체의 31%라는 압도적 비중을 차지했다. 하지만 미국 군사원조의 감소 추세에 따라 자주국방을 강화해야 할 우리 처지로서는 어쩔 수없이 국방비 지출을 확대해야 했고, 따라서 산업부흥과 경제개발을 뒷받침하기 위한 경제비 투자는 줄어들 수밖에 없었던 것이다.

　이들 경비를 뒷받침하기 위해 동년도에 중앙정부가 조달한 일반회계의 세입(歲入) 예산규모는 477억 1,000만 원이었다.

　일반내국세·관세수입을 내용으로 하는 '조세'는 143억 4,200만 원으로 예산 전체의 30.2%였고, 담배 판매에 의한 '전매익금'은 21억 2,100만 원으로 4.4%, 국채·산업부흥국채·차입금을 내용으로 하는 '국가채무'는 48억 8,000만 원으로 10.3%, '기타 수입'은 17억 8,100만 원으로 3.7%였다.

　한편 미국의 원조물자를 팔아 조달한 '대충자금 수입'은 245억 8,000만 원으로 전체의 무려 51.5%에 달했다. 그러나 미국의 경제원조는 감소 추세어서 대충자금 수입도 매년 계속해서 감소했다. 따라서 국민의 세금부담은 매년 늘어날 수밖에 없었다. 그래도 부족하자 국가의 빚인 각종 국채를 발행하고, 그래도 또 모자라자 한국은행으로부터 일시차입(借入)금을 빌려 쓰기도 했던 것이다.

　가난한 국민경제, 빈약한 나라살림, 그래서 직업군인들과 공무원들은 부정(不正)했고, 여당 정치인들은 부패(腐敗)했으며, 국가와 민족을 위해 팔다리를 잃은 상이병(傷痍兵)들은 오갈 데 없이 거리를 헤매야 했던 것이다.

　재무부에서 수습행정관의 월급을 받아보고 또 육군병원에서 상이병을 돌보고 나서야 비로소 나는, 책에서 공부한 바람직한 국가의 경제정책 방향과 우리 경제사회가 처한 열악한 현실이 얼마나 크게 유리되어 있는가를 생생하게 체감할 수 있었다.

　지금 사람들은 이 얘기를 듣고 과연 얼마나 믿어줄 것인가? 그때는 나라도 백성도 모두가 다 가난이 죄었던 시대였다. 누가 누구를 탓하거나 욕할 수 있었겠는가?

현상논문 상금 받아 첫 효도

"공무원 생활을 하면서 고향의 에미 걱정은 안 해도 된다. 그 대신 남의 가슴에 못 박는 일, 남에게 죄 짓는 일만은 제발 하지 마라." 이것은 내가 보낸 현상논문 상금을 받아 보시고 어머니가 신신당부하신 충고 말씀이었다.

군대에서 제대한 후 복직은 했으나 박봉(薄俸)생활에 뾰족한 수가 있을 리 만무했다. '백'이 없는 자신의 처지를 명심하고 하루속히 사무관 보직을 받아 현업(現業)에 종사하고 또 결혼을 서둘러 어머니를 안심시켜 드려야 하겠다고 생각했다. 그러기 위해서는 맡은 일에 최선을 다해 상관의 신임을 얻는 길밖에 도리가 없었다.

그러던 어느 날, 세정과 행정계 차석(次席) 김 주사가 불렀다. 나는 여전히 그과 조사계의 말석에 있었다.

재무부 내에서 국(局)에 따라서는 수습행정관을 사무관·계장의 옆자리에 앉혀 예우해 주는 경우가 많았다. 하지만 일제총독부 출신의 관리가 많아 가장 관료적이며 보수적인 사세국은 달랐다.

고등고시 출신에 대한 시샘과 아직은 정규직원이 아니라는 배타성이 은연중

작용했던 것이다.

"이 주사, 이 편지는 과장께 온 것인데 당신이 한 번 읽어 보고 적당히 거절하는 내용의 답장을 써서 보내 주시오."

"네?"

엄연히 3급 고급공무원 신분인데 4급인 주사라 부르는 것이 우선 불쾌했다. 그리고 편지는 분명 사신(私信)인데 어째서 제3자에게 대필을 시키는가 싶어 불만스러웠다. 하지만 나이 많은 고참주사가 시키는 일이라 꾹 참고 따를 수밖에 없었다. 답장을 써서 그의 점검을 받아 직접 우송까지 했다.

그런데 그 사건이 뜻밖에도 나에게 행운을 가져다줄 줄이야 어찌 짐작인들 했겠는가?

국장 신임 얻은 밤샘 근무

내게 실제로 편지 심부름을 시킨 사람은 세정과의 수석계장 엄빈 씨였다. 그분은 일제강점기에 부친이 도지사를 지낸 집안 출신으로 관료의식이 투철했다.

그는 나의 사람됨을 시험해 보기 위해 일부러 그 일을 시켰고, 내가 군소리 한마디 없이 순종하자 그 소문은 사세국의 국·과장을 포함, 전 직원들에게 귓속말로 널리 전파되었던 것이다.

'고등고시 출신인데 전혀 잘난 척하지 않는다. 젊은 사람이 부하 격인 서기·주사들에게도 어른을 대하듯 깍듯이 존댓말을 쓴다. 한문을 굉장히 많이 알고 문장력이 뛰어나며 글씨가 깨끗하다. 장차 정식 사무관으로 임명되면 사세국의 본부 계장으로 남길 만하다.' 등의 평가였다.

그들은 대학시절 국문학과에서 수학한 나의 문장 실력과 아버지의 꾸중을 들어가며 익힌 글씨를 높이 평가했다. 하지만 내가 기성 관료들에 대해 마음속에 품고 있던 불평불만까지야 어찌 짐작인들 했겠는가.

당시에 조사계에서 했던 일은 세무통계의 작성, 물가통계의 분류, 국민소득의 분석 등 무미건조한 일과 각 과에서 제출된 자료를 토대로 국회의원들에게 제출할 서면답변서를 취합·정리하는 일 등 크게 두 가지였다.

"이 수습관, 각 과에서 자료를 받아 답변서를 만들어 내일 출근시간까지 갖고 오시오."

사세국장으로부터 그렇게 지시를 받으면 모두가 퇴근해 버린 텅 빈 사무실에 혼자 남아 밤을 지새우기 일쑤였다.

"자기들은 집으로, 술집으로 떠나고 배고픈 나는 우동 한 그릇에 허기를 때우며 밤늦게까지 이 무슨 고생이란 말인가?" 싶었으나 별수가 없었다.

날씨가 더운 여름에는 창문을 활짝 열어젖히면 그런대로 견딜 만했다. 하지만 난방장치가 꺼져 버린 겨울에는 국장실에 들어가 담요를 덮어쓰고 지독한 추위를 참아야 했다. 지금 생각해도 그때 석유곤로나 전기히터를 켰던 기억은 없다. 그래서 사세국 내에서는 애교인지 조롱인지 나를 아침 손님이라 부르기도 했다.

사무실 분위기에 차차 익숙해지고 국장의 부름을 자주 받게 되자 내가 속한 세정과 안에서 나에 대한 인식과 대우가 조금씩 달라져 갔다.

기성관료 신뢰(信賴)도 얻고

첫째는 경리계 차석이 호의를 베풀어 준 일이었다. 그는 어느 날 출장명령부에 내 이름을 올려 적잖은 액수의 출장비를 지급해 주었다. 정규직원이 아닌 나에게 세정과의 한정된 출장비 예산에서 돈을 타게 해준 것은, 과·계장들의 묵인이 있었고 과원들의 호감이 반영된 결과였다.

재무부 본부에서 각 과에 배정된 출장비 예산은 출장을 가든 말든 직원들 전체의 몫이어서 정규직원이 아닌 나에 대한 출장비 할애(割愛)는 경리직원이 독단으로 선심 쓸 수 있는 돈은 아니었다. 당시에 출장비는 중앙청 공무원들에게 묵인된 일종의 부수입이었고, 덕분에 그때부터 용돈은 어느 정도 자급자족할 수 있었다.

둘째는 공무원 신분으로 처음 지방출장을 다녀온 일이었다. 당시에 사세국 조사계에서는 한국은행 조사부에서 작성한 국민소득의 각종 통계자료를 제출받아 내국세의 세수(稅收) 예상액을 추계하고, 그 결과를 예산국에 제출해 세출(歲出)예산의 작성 자료로 활용하고 있었다.

나는 조사계 직원과 한국은행 조사역을 인솔하여 부산사세청과 한국은행 부산지점을 방문하고 자료조사 요령을 지도하는 등 공무(公務)를 처음 수행했다. 공문서 결재란에 자기 도장을 찍을 공간이 하나도 없던 나의 지방출장은 파격적인 행차였고, 그 기회를 제공해 준 것은 과·계장들의 특별한 배려였다.

셋째는 사세국 내 각 과장들로부터 술자리에 자주 초대받은 일이었다.

지방사세청장 회의의 장관훈시(長官訓示) 또는 국장지시(局長指示) 등 연설문 초안을 작성한 것이 국·과장들의 구미에 맞았던지, 그들은 나더러 자기들을 대신해 수고가 많다고 치하하면서 자주 술자리로 불러주었다. 그럴 때면 재무부 내 다른 수습행정관들을 인솔해 함께 가서 푸짐한 안주에 넉넉한 술로 젊음을 마음껏 발산했다. 그런 기회가 잦아지자 사세국 과장들의 자택을 습격할 만큼 차츰 용감해지기도 했다.

당시에 가장 많은 피해를 입힌 사람은 일본 고등문관시험에 합격하여 사세국장을 두 번씩이나 역임한 김만기(金萬基) 씨와 그 뒤에 재무부장관을 역임한 황종율 씨의 친동생이고 만주 고등문관시험에 합격한 토지수득세 과장 황중률(黃仲律) 씨였다.

어머니 보답, 현상논문 상금

그런 생활을 거듭하면서 공무원 생활에 차차 재미가 붙기 시작했다. 하지만 항상 마음속에 죄송스럽게 생각한 것은 부족한 나의 용돈을 여전히 고향 어머니에게 의존하는 일이었다.

사람들은 첫 월급을 타면 부모님께 내의를 사서 선물한다고 했다. 하지만 첫 월급은 어디로 갔는지 받자마자 흔적 없이 사라졌고, 이따금 받는 출장비는 처음 시작한 서울생활로 '밑 빠진 독에 물 붓기'였다. 그래서 설·추석 등 명절이 여러 번 지나가도 어머니께 선물 하나 보내 드리지 못한 불효자식이었다.

어느 날, 사세국 징수과에서 주관하는 '납세계몽용 현상논문 모집공고'를 봤다. 제목은 지금도 잊히지 않는 '납세도의와 재정자립'이었고, 1등 현상금은 그때 돈으로 10만 환이었다.

눈이 번쩍 뜨였다. '이것이다, 이 상금을 타서 어머니께 보내 드리자.'고 결심했다. 차명(借名) 응모가 부당하다고 생각할 겨를도 없이 퇴근 후 또는 주말이면 외출과 음주를 일체 끊고 글쓰기에 매달렸다. 원고가 끝날 때까지 앉으나 서나 현상논문 구상에 온 정신을 집중했고, 당선이 됐을 때 맛보게 될 기쁨을 생각하면 가슴이 두근거렸다.

오랜 기다림 끝에 동생 하숙집 주소로, 동생 이름으로 된 1등 당선 통지서가 배달되어 왔을 때 나는 미친 듯이 환호했다. 고시 필기시험 합격 공고를 봤을 때

　　　　　　　　　　　　　　　　영욕의 세월

의 기쁨에 비할 바가 아니었다. 그만큼 나는 자식으로서 어머니께 오랫동안 너무나 많은 마음의 빚을 지고 있었던 것이다.

서울로 보낸 자식 생각에 자나깨나 마음 졸였을 어머니에게 사연을 적은 편지와 상금 수표가 배달되었을 때 어머니는 얼마나 기뻐하셨을까? 아마도 1등 당선보다도, 송금 수표보다도, 죄송해하는 자식의 마음을 생각하고 어머니는 눈물겨웠을 것이다.

이 글을 쓰면서 옛일을 회고하니 내 손으로 어머니께 목돈을 보내 드린 것은 아마도 그때가 처음이 아니었던가 싶다.

"이 사람아, 내 걱정은 하지 마라. 내 건강이 허락하는 한 미곡상(米穀商)은 계속 할란다. 형편대로 너나 잘 지내고 빨리 장가들 생각이나 하거라. 이젠 자식들이 다 커서 학비며 돈 걱정은 없어졌고, 고향에 너희 형제 집도 장만해 두었다. 그 대신 네가 공무원생활 하면서 남의 가슴에 못 박는 일, 남에게 못할 죄를 짓는 일은 없는지, 그게 걱정이다. 제발 그런 짓은 하지 마라." 이것은 그때 어머니가 편지로 주신 당부 말씀이었다.

적자(赤字)재정 지탱 '재무부 사세국'

정식 사무관으로 발령받았을 때 사세국 계장으로 남은 사람은 나 하나뿐이었다. 처음에 나는 세무 실무(實務)를 직접 체험할 수 있고, 적잖은 부하직원들을 거느릴 수 있으며, 간부로서 대내외적으로 예우도 받을 수 있는, 지방사세청 과장이나 일선 세무서 서장으로 발령된 고등고시 동기들이 몹시 부러웠다.

국세청의 전신은 재무부 사세국, 관세청의 전신은 재무부 세관국, 경찰청의 전신은 내무부 치안국이었다. 사세국에 처음 배치됐을 때 나는 사세국이 어떤 일을 하는 곳인지 사실 잘 알지 못했다.

물론 고시 공부를 할 때 재정학 책과 일본 개조사에서 출간한 경제학 전집의 《조세론》 상·하권을 열심히 공부하긴 했다. 하지만 그것은 어디까지나 이론(理論)이었고, 실제로 행정(行政)이 어떻게 돌아가는지 실무(實務)는 전혀 알 수 없었다.

1958년 당시에 재무부장관은 인태식(印泰植) 씨였고 사세국장은 권택상(權澤相) 씨였다. 권 국장은 일본 동경제1고교와 경도제국대학을 졸업한 수재였다.

고등고시와 행정수습의 성적만 믿고 있던 나는 이재국(理財局) 고정 배치가 좌절되자 중학교 시절 고전했던 수학이 연상되어 재무부 내에서 숫자와 관계있는 예산국·국고국 등은 피했다. 그 결과 남은 곳은 사세국뿐이었다. 당시에 총무과 인사계장은 나더러 "이재국은 배치할 사람이 따로 있으니 남은 국(局) 가운데서 당신이 가고 싶은 국을 마음대로 선택하라."고 말했다.

예산국에는 후에 강원도 지사·국회의원 등을 지낸 최각규(崔珏圭) 씨, 국고국에는 후에 재무부장관·국회의원 등을 지낸 김용환(金龍煥) 씨, 사세국 각 과에는 후에 재무부차관보·국회의원 등을 지낸 나오연(羅午淵) 씨와 주택은행장·국회의원 등을 지낸 장재식(張在植) 씨 등이 고정 배치되었다.

1958년 정부의 <예산개요>를 보면 그해 연간 예산규모 477억 1,000만 원 가운데서 조세·전매익금 등 경상적 안정적 국내재원은 169억 7,000만 원으로 전체의 35.6%였고, 그 가운데서 재무부 사세국과 세관국에서 주관해 받아들이는 국세(國稅)수입이 대부분을 차지했다는 것을 알 수 있다. 그래도 부족하자 정부는 나라의 빚인 재정국채·산업부흥국채를 발행하고, 한국은행의 일시차입금(借入金)에 의존하였다. 이들 국채와 차입금은 어디까지나 장차 국민의 세금으로 갚아야 할 임시적·채무적 수입이었다.

하지만 딱한 것은 이들 임시적·채무적 수입이 포함된 국내(國內) 재원은 합계 231억 3,000만 원으로 세입자금의 48.5%에 불과했고, 나머지 부족재원은 밀·설탕·시멘트 등 미국의 원조물자를 판 돈, 즉 대충자금 수입에 전적으로 의존(依存)하였던 것이다.

당시는 휴전(休戰)이 성립되어 미국의 대한 군사 및 경제원조가 차차 줄어드는 추세에 있었다. 그 결과 국내재원 가운데서도 가장 안정적이고 경상적 수입인 세금에 대한 재정의 의존도는 해마다 급속도로 높아질 수밖에 없었다.

자료를 통해 당시의 추세를 살펴보면 1957년도의 대충자금 수입은 세입예산의 52.9%에서 51.5%, 41.5%, 1960년도에는 34.6%로 크게 감소하였다. 그 반면,

조세수입은 1957년도에 세입예산의 27.3%이던 것이 30.2%, 43.4%, 1960년도에는 무려 51.5%로 급증하였던 것이다.

따라서 당시에 우리나라는 명색이 독립국가였지만 나라살림은 적자예산(赤字豫算)·의존재정(依存財政)으로 어렵게 꾸려갈 수밖에 없었던 것이다.

사세국의 실무맹장 대열에

세정과 조사계에 고정 배치됐을 때 사세국에는 이사관인 사세국장(司稅局長) 아래 행정·경리·조사계로 구성된 세정과(稅政課), 법인세·개인세계로 구성된 직세과(直稅課), 주세·소비세계로 구성된 간세과(間稅課), 토지수득세·지적계로 구성된 토지수득세과(土地收得稅課), 징세·사찰계로 구성된 징세과(徵稅課) 등 5개 과와 사세국의 산하기구로서 재무부 양조시험소가 따로 설치·운영되고 있었다.

한 계(係)에 많게는 사무관인 계장과 주사·서기·촉탁·여직원 등 4~5명이 있었고, 적게는 사무관과·주사 서기 3명만 배치된 곳도 있었다. 1960년도의 경우 사세국 정원은 다 합쳐도 44명에 불과했다.

2009년도의 경우 국세청이 연간 부과·징수한 내국세(內國稅) 수입은 133조 7,127억 원에 달했고, 본청은 청·차장 아래로 9개 국(局)과 국세공무원교육원 그리고 총무과를 비롯한 30개 과(課)로 구성되어 있었으며, 본청 정원만 해도 무려 710여 명이나 되었다.

이런 사실을 감안하면, 그동안 우리나라의 국민소득과 국민의 세금부담이 얼마나 증가했으며, 국세청의 업무가 질적으로나 양적으로 얼마나 확장되었는가를 짐작할 수 있다. 하지만 옛날 사세국은 지금 국세청이 담당하고 있는 내국세 행정의 집행 및 감독업무만 수행한 것이 아니었다. 지금 재정경제부 세제실이 맡고 있는 세법개정·예규통첩 등 입법(立法)업무와 국세심판원이 맡고 있는 심판청구 등 납세자의 구제(救濟)업무도 처리했던 것이다.

당시에 사세국 요원들은 일제강점기에 입문했던 사람들이 많아 과장급은 대개가 50대, 사무관 및 주사 급은 40대가 대부분이었다. 그분들은 해방 전 혹은 해방 직후에 재무부에 부설된 세무관리양성소에서 개인세·법인세·주세·소비세 등 전문 분야별로 조세이론과 조세법령을 철저하게 공부하고 실무경험을 많이 쌓은 각 분야의 특기자였고, 전국에서 유능하다고 소문난 사람들이 선발·배치되어 있었다.

그들은 신학문(新學問)에는 문외한이었다. 하지만 세무실무에 관해서는 일당백의 맹장들이었다. 그때 한참 날리던 법인세 계장은 정영국(鄭永國), 개인세 계장은 최기덕(崔基悳), 주세 계장은 소주성(蘇周成), 소비세 계장은 배수혁(裴秀爀) 씨 등이었다.

그들은 모두가 자기 전문분야에 대한 자신감과 자부심이 대단하여 그분들이 볼 때 나 같은 20대 고시 출신들은 젖내 나는 애송이로 보였을 것이다.

쟁쟁한 고시선배, 재무부에 포진

당시 재무부에는 경제 3권이 집중된 최고의 경제부처답게 쟁쟁한 고등고시 출신들이 포진하고 있었다.

내가 임관됐을 때 과장급에는 이재국에 김학렬(金鶴烈)·이철승(李喆承) 씨, 세관국에 신관섭(申寬燮) 씨가, 계장급에는 예산국에 김주남(金周南)·전정구(全挺九) 씨, 이재국에 박동희(朴東憙)·홍승환(洪承丸)·김용환(金龍煥) 씨, 세관국에 정동진(丁東鎭) 씨가 있었고, 사세국에는 배숙(裴淑) 씨가 배치되어 있었다.

배 사무관은 사세국 법인계(法人係)의 차석 자리에 있었고, 사세국 생활 4년의 경력을 가진 당당한 선배 사무관이었다. 하지만 실제로는 법인계에서 단지 자산재평가 사무 한 가지만 담당하고 있었다. 듣기로 그분은 고시 출신이지만 법인세 사무에 필요한 전문지식(專門知識)과 실무경험(實務經驗)이 부족하다는 이유로 방계(傍系) 사무에 머물러 있었던 것이다.

인문고교 출신에다 대학 3학년까지 국문학과 학생이었던 나는 세금에 관련된 지식이라고는 재정학과 회계학을 고시과목으로 선택해 독학한 것이 전부였고 실무경험은 전혀 없었다.

사세국에 고정 배치되자마자 나는 고시공부 때 본 일본 개조사의 경제학 전집에 포함된 ≪조세론(租稅論)≫ 상·하권과 사세국장을 역임한 김만기가 우리나라에서 처음으로 펴낸 ≪조세개론(租稅槪論)≫을 열심히 공부했다. 하지만 그것은 어디까지나 책을 통한 이론 공부였지 실무에 활용할 만한 전문지식은 역시 아니었다.

그랬던 나는, 실무경험이 없다는 허물로 한직(閑職)에서 썩고 있는 선배의 처지를 보자, 실용성 있는 세법(稅法) 공부가 시급하다는 현실을 깊이 깨달았다. 더구나 '백'도 없는 내가 장차 사세(司稅) 계통에서 핵심적 분야라는 법인세(法人稅) 사무를 맡아 뿌리를 굳게 내리기 위해서는 거창한 이론보다 우선 부기(簿記)에 관한 전문지식과 실무경험이 시급하다고 생각했다.

하지만 불행하게도 나는 세법 및 세무회계 등 실무와 상관이 없는 조사계에 배치되어 있었다. 그 결과 국민소득의 추계나 공산품의 물가조사 그리고 세무통계의 작성 등 세무행정의 지원사무에 매달려 허송세월할 수밖에 없었다. 그래도 내가 틈틈이 열심히 반복해서 공부한 책은 김만기 씨가 이론과 실무를 접목시킨 ≪조세개론≫이었다.

고도의 전문지식과 풍부한 실무경험을 필요로 하는 사세국 편에서는 약관에다 세무에 문외한인 나를 직세·간세 등 본격적인 고유분야에 배치해 줄 하등의 이유가 없었을 것이다. 너무나 당연한 일이었다.

조사계 사무는 내가 배치된 세정과의 과·계장 모두가 잘 모르는 거시경제학(巨視經濟學)·국민소득론(國民所得論) 등 최신 학문이 필요한 분야였다. 그래서 최신이론을 공부한 나의 출현은 내 사정이야 어떻든, 그분들 편에서는 그야말로 안성맞춤인 요원(要員)의 등장이었을 것이다.

사세국엔 필수 요원, 자신에겐 수양 도장

그로부터 2년여가 지난 1959년 1월, 고대하던 정식 사무관으로 임명되었다. 하지만 나의 보직 자리는 뜻밖에도 세정과 조사계장(調査係長), 즉 말석에서 고된 수습행정관 생활을 해 오던 그 과의 바로 그 계장 자리였다.

사세국에서 견습하던 고시동기들은 지방의 3급지 세무서장 혹은 도청 소재지의 지방사세청 조사과장 등으로 발령되었다. 그들의 발령을 보고 나는 서울 본국에 홀로 남아 골치 아픈 조사업무를 계속 다뤄야 할 자신의 불운을 슬퍼했다. 그리고 자신의 처지를 호소하거나 의논할 만한 고향·모교의 선배가 한 사람도 없는 고적감을 뼈아프게 느껴야 했다.

지방으로 발령되어 세무실무를 직접 체험할 수 있고, 적잖은 부하직원들을 통솔할 수 있으며, 대내외적으로 간부로서 상당한 예우도 받을 수 있게 된 고시동기들이 몹시 부러웠다.

재무부 및 국세청에서 근무하는 동안 나는 주로 서울의 기획본부에서 조사·법인세계장, 감사과장, 직세·조사국장 등 권력행사보다 사무적인 요직을 맡았다. 덕분에 훗날 대학에 진출해서는 재정학·조세법의 연구와 강의를 감당할 수 있었고, 신문·잡지에 예산과 세금에 관한 사설과 평론을 발표할 수 있었다. 공무원 시절 대민접촉(對民接觸)이 심한 지방에서 행세하는 현업 부서보다는 중앙의 기획본부에서 연구와 공부를 게을리 하지 않은 것이 훗날 결정적인 도움이 되었던 것이다.

따라서 세무서나 지방청에서 권위적인 관료 맛을 비교적 적게 본 대신 학구적 직무에 많이 종사한 것이 결과적으로는 전화위복이 되었다고 볼 수 있다.

비록 기구나 정원은 적었지만, 세무행정의 입법·집행·감독업무를 총괄하며 국고(國庫)에 막대한 세금을 징수·납입하던 '막강 사세국' 시절 나이 많은 선배들 밑에서 남모르는 고생은 많이 했다. 하지만 그분들로부터 공사(公私) 간에 많은 지식과 교양을 쌓을 수 있었던 것은 편모(偏母) 슬하에서 자란 나로서 참으로 행운이었다. 사세국 세정과 조사계장에 발령됐을 때 내게 소속된 직원은 주사, 서기 두 사람뿐이었다.

사세국에서 인사·서무업무와 재무협회 등을 관리하던 행정계와 세법개정과 예규통첩 시달 그리고 큰 회사의 법인세 결정의 품신(稟申)사무 등을 담당하던 법인세계의 정규직원도 계장을 포함, 각각 4명에 불과했다. 그러니까 조사계의 직원 수가 적다고 말할 수는 없었다.

사세국 분야, 낮은 직급 적은 인원

사세관서의 직원 수가 왜 그렇게 적은지, 선임자에게 물어본 적이 있었다.

"세무서·경찰서·전매서 등 서(署) 자가 붙는 관청은 주로 권력을 가지고 일반 국민을 단속하는 기관들이다. 기관장의 직급이 높거나 종사직원 수가 많을수록 권력을 남용하고 민폐(民廢)를 끼칠 염려가 많다. 그래서 조선총독부 시대부터 이 분야는 낮은 직급과 적은 인원으로 구성되는 것이 관례가 되어 왔다."고 했다.

1960년의 사세국 산하 전국의 사세청 및 세무서의 정원(定員)을 찾아보니 전국을 통틀어 직원 수는 합계 5,930명에 불과했다.

사세국 본국에는 국장인 이사관(理事官) 1명과 과장인 서기관(書記官) 6명, 계장인 사무관(事務官) 17명, 양조시험소의 기술직인 기좌(技佐) 4명, 직원은 주사(主事)·서기(書記) 20명, 기사(技士) 7명 등 합계 43명이 전부였다.

서울·부산·광주·대전 등 4개 지방사세청에는 청장인 이사관 1명과 국장인 서기관 2명, 과장인 사무관 12명, 기술직인 기좌가 2명, 기타 직원이 49명, 노무직이 10명 합계 76명이었다. 이 숫자는 서울특별시와 경기도·강원도를 관할한 서울지방사세청의 경우였고, 기타 지방사세청의 경우에는 직원 수가 그보다 훨씬 적었다.

서울시내와 춘천·강릉, 대전·동대전, 청주, 광주·서광주·군산·전주·목포, 부산·대구시내와 마산에 있던 세무서는 1급지로서 서장에는 서기관에 준하는 사세관(司稅官)이, 과장에는 사무관에 준하는 사세관보(司稅官補)가 각각 배치됐다.

그리고 원주·삼척·청주·영동·순천·여수·제주·창원·통영·진주·경주·포항·김천은 2급지 세무서로서 서장에는 사세관이, 총무과장은 사세관보, 기타 과장은 주사가 배치됐다.

당시에 도시 경찰서장은 사무관급인 총경, 도청의 경찰국장은 서기관급인 경무관이었다. 그런 사실을 미루어 볼 때 경찰·세무·세관·전매 등 소위 권력기관에는 그때까지도 과거의 전통 그대로 저직급(低職級), 소수인원(少數人員)이 배치됐음을 알 수 있다.

그때에 비해 지금은 고위직(高位職) 인플레라는 말 그대로 모든 행정관청의 직급은 굉장히 높고 직원 수도 대단히 많다. 각 부처에는 장·차관 아래로 1급인 차관보와 실장이 여러 명 있고, 국장급에는 국장 이외에 감독관·공보관·법무관이 따로 배치되어 있다. 국세청에도 청장 아래로 1급인 차장, 서울·경인청장이 있고, 국장급에는 각 국장과 감사관·기획관리관·자료관리관·교육원장 등이 있다.

한편 경찰청에는 지금 경무관 위에 새로 치안감·치안정감이 있고 청장은 치안총감이라는 또 한 단계 높은 직급으로 되어 있다.

각 부처의 기구와 인원이 크게 늘어난 것은 인구 및 국민소득이 늘어남에 따라 업무량이 양적으로 확대되고 질적으로 강화된 결과일 것이다. 하지만 권력기관의 직급이 과연 이렇게 높아야 할 이유가 있을까? 고위직 공무원 수를 줄이고 대신 중·하위직 공무원들에게 획기적인 처우개선을 해주면 어떨까 싶은 생각이 간절하다.

재래·정통파들, 인사전통 지켜

세무관서에 대한 외부의 인사(人事) 개입은 5·16 군사쿠데타 이후부터 시작되었다.

하지만 정통 세무관료의 편에서는 설사 외부인사가 기관장으로 온다고 하더라도 자기의 전문분야와 실무경력에 자신을 갖고 있었기 때문에 장래에 대해 불안해하거나 동요할 필요가 없었다. 그 반면, 자기의 전문분야와 실무경력을 뛰어넘어 엽관운동을 하고 싶은 야심가들은 실정을 잘 모르는 외부출신 기관장에게 권력 또는 연고를 동원하여 인사청탁을 일삼는 경우가 많았다.

말하자면 '자격이 충분하면 아부할 줄 모르지만, 실력이 모자라면 아부를 잘한다.'는 소위 '보상적(補償的) 발달' 현상이 그때부터 세무관서에 나타나기 시작했던 것이다.

따라서 사세관서의 오랜 인사전통은 5·16 군사정부 때부터 본격적으로 무너지기 시작했다고 볼 수 있다. 그러나 긴 시간을 두고 볼 때 그때의 그런 현상은 인사 문란의 서막에 불과했다. 국세청 개청 이후 수차에 걸쳐 단행된 본격적인 외세 침입과 전통 파괴는 당시에는 아무도 예상치 못한 일이었다.

재래·정통파 세무공무원들의 대부분은 그래도 사세관서의 인사 전통을 믿었고, 모든 행동기준을 '신상필벌·적재적소'에 두었다. 그리하여 각자가 전문분야의 정예(精銳)요원이 되기 위해 꾸준히 연구·노력했으며, 시말서 한 장이라도 쓰지 않기 위해 공사(公私)생활을 엄격히 절제하며 직무에 충실했다.

5·16 이후 역대 군인출신 국세청장들이 세무행정에 관해 문외한이었음에도 불구하고 대과(大過) 없이 소임을 다할 수 있었던 것은, 그들이 휘두른 인사 전횡권(人事專橫權)에도 불구하고 직무에 충실하고 명예를 존중하는 재래·전통파 출신 공무원들이 국세청 산하에 많이 남아 있었기 때문일 것이다.

6·25 전쟁 주역, 농민·'토지수득세'

자식들을 전쟁터로 보낸 농민들은 후방에서 무거운 토지수득세를 납부해야 했다. 6·25 전쟁, 그것은 주로 우리 농민의 피와 땀 그리고 목숨과 눈물로 싸워 이긴 전쟁이었다고 해도 결코 지나친 말이 아닐 것이다.

지금 일반국민들은 물론 현직 세무공무원들도 과거 우리나라에 토지수득세(土地收得稅)라는 세금이 있었다는 사실을 아는 사람은 별로 없을 것이다.

이 세금은 우리 민족의 최대 비극이던 6·25 전쟁을 계기로 이승만 정부가 우리 농민에게 전쟁 동안만 잠깐 받기로 약속한 시한세(時限稅)요, 목적세(目的稅)로 출발한 세금이었다.

당시 여러 가지 세금들은 일제강점기의 것을 대부분 그대로 답습했다. 하지만 이 세금만은 우리 정부의 손에 의해 그때 처음으로 만들어진 세금이었다. 역사 속으로 사라진 이 세금을 굳이 끄집어내는 까닭은, 자유당 시절 이 세금이 전국 세무서에서 받는 내국세 수입 가운데서 막중한 비중을 차지했을 뿐만 아니라 그것이 우리 농민들에게 곤궁(困窮)을 가져온 원인의 하나가 되었다고 보기 때문이다.

내국세 수입의 13%, 과중했던 농민부담

화폐를 사용하는 자본주의 사회에서 세금이란 원래 현금으로 받는 것이 원칙이다. 그래야만 물납(物納)에 따른 인플레의 손해를 피해갈 수 있기 때문이다. 그런데 세금을 돈으로 받지 않고 농작물 등 곡물로 직접 받는 세금을 가리켜 물납세(物納稅) 또는 현물세(現物稅)라고 한다.

토지수득세는 북한의 세금과 마찬가지로 물납세로 창설되었고, 이 세금을 받기 시작한 첫 해인 1951년에 돈으로 환산해서 8억 4,300만 환이 징수되었다. 그후 1952년에는 29억 4,000만 환, 휴전이 성립된 1953년에는 46억 9,000만 환으로 급격하게 늘어났고, 4·19 학생혁명이 일어나기 직전인 1959년에는 무려 192억 7,200만 환이나 징수되었다.

1959년에 받은 내국세 전체 수입 1,169억 300만 환 중 토지수득세의 비중은 13%에 달해, 재무부 사세국에서 취급한 여러 가지 국세 가운데서 소득세·물품세에 이어 세 번째로 큰 비중을 차지했던 것이다. 이 세금의 전신인 토지세(土地稅) 수입이 1억 6,200만 환에 불과했다는 사실을 놓고 볼 때 당시에 이 세금이 얼마나 중세(重稅)요, 혹세(酷稅)로서 우리 농민들을 괴롭혔던가를 짐작할 수 있다.

이승만 정부는 1949년 농지의 '무상(無償) 몰수 무상 분배'라는 북한의 농지개혁에 대응해, 지주(地主)계급이 모체가 되어 조직한 남한 보수정당인 민국당(民國黨) 소속 국회의원들의 완강한 반대를 뿌리치고 '유상(有償) 몰수 유상 분배'라는 대원칙 아래 남한에서도 농지개혁(農地改革)을 단행했다.

그 결과 농가 중 자경(自耕) 또는 자영(自營)하는 가구로서 총면적이 '3정보 이상'이던 부농(富農)들의 논밭은 그 전부를 정부가 강제로 수매(收買)했고, 그 대가로 지주들에게는 현금 대신 지가채권(地價債券)이라는 증권이 주어졌다.

정부가 수매한 농지는 소작인 또는 영세농가에게 대부분이 분배되었고, 지가 채권은 농민의 낮은 부담 능력을 감안해 5년간 현금으로 분할해서 상환할 수 있도록 특혜조치가 강구되었다.

그 결과 소작인과 영세농민들은 꿈에 그리던 자영농민으로 신분이 개선되었다. 반면 오랫동안 농민들 위에 군림해 오던 지주들은 하루아침에 초라한 소지주(小地主)로 전락하고 말았다.

당시에 쌀값을 포함한 물가는 하루가 다르게 치솟았다. 그 덕에 새 지주가 된 농민들은 쌀을 비싸게 팔아 채권 상환에 큰 부담을 느끼지 않았다. 그 반면 소작료를 받아 무위도식해 오던 지주들은 토지보상금을 생계 및 유흥비에 탕진했을 뿐 상업 내지 산업자본(産業資本)으로의 진화를 이루지 못한 채, 헐값으로 바뀐 토지채권만 쥐고 대부분 몰락하고 말았던 것이다.

6·25 전쟁, 토지수득세 등장

그러던 중 1950년 뜻하지 않게 6·25 전쟁이 발발했다.

일본 제국주의의 무자비한 수탈(收奪)을 겪어 오다 해방된 지 겨우 5년 만에 6·25라는 큰 재난을 당한 남한은, 빈약한 산업시설마저 대부분이 파괴되고 월남 동포 350만 명을 껴안은 채 고난의 세월을 시작해야 했다.

당시에 남한에서 나오는 생산품이라고 해봐야 농수산물이 대부분이었고, 수출품이라고는 바다에서 나오는 김, 광산에서 나오는 텅스텐이 고작이었다. 건빵 만드는 회사를 가리켜 재벌회사라고 불렀을 정도로 산업시설이 보잘것없던 시절이었다.

정부는 전쟁 비용의 대부분을 미국의 군사원조에 의존하는 한편, 10월에는 조선총독부가 태평양전쟁 중에 그랬던 것처럼 모든 세금의 세율을 일률적으로 인상하는 내용의 '조세임시증징법'을 시행했다. 특히 상품에 무차별하게 매기던 물품세는 성냥·고무신·종이·김·멸치·마사 등 일반 대중들이 소비하는 생필품에까지 과세대상을 확대해 물가는 더욱 폭등하고 말았다.

그다음 해 1월에 이르러 정부는 도시의 중소상공인들에 대해 법에서 정한 세금의 납기(納期)와 상관없이 납세자가 누군지 파악되는 대로 세금을 즉석에서 부과·징수하기 위한 소위 '수시부과·조기징수'를 내용으로 하는 '조세특례법'을 강행했다. 그리고 9월에는 악명 높은 임시 토지수득세법을 제정하여 새 지주가 된 농민들로부터 불공평한 현물세를 강제로 징수했던 것이다.

그러면 토지수득세라는 세금은 어떤 명목으로 받기 시작했으며, 얼마나 불공평한 세금이었는지 살펴보자.

그 세법을 보면 "토지수득세는 6·25 전쟁으로 인한 국가경제의 불안정을 조정하기 위해 토지의 수익(收益)에 대한 세금을 '물납'으로 통합함으로써 통화(通貨)의 팽창을 방지하고 양곡(糧穀)정책에 기여하기 위해서"라고 되어 있다.

즉, 첫째로 이 세금은 군인·경찰에게 필요한 군량미(軍糧米)와 이북에서 넘어온 피난민들에게 지급할 구호미(救護米)를 확보하고, 정부가 필요한 양곡을 사들이는 데 따른 통화 증발(增發)로 인한 인플레를 방지하여 물가안정에 크게 기여할 수 있었다.

둘째로 이 세금은 정부가 농민으로부터 양곡을 수매할 경우에 발생하는 각종 수속절차를 생략할 수 있고, 양곡을 할당 매상하는 데 따르는 지역 간의 불균형을 예방할 수 있었다.

셋째로 이 세금은 그 이전에 부과·징수해 오던 지세(地稅)·소득세 등 국세와 호별세(戶別稅)·지세부가세·교육세 등 지방세를 통합·단일화함으로써 세금 부과의 간소화와 세금 수납의 편의를 도모할 수 있었다.

폐단 많던 악세, 토지수득세

하지만 토지수득세 가운데서 특히 제1종 갑류(甲類), 즉 쌀·보리에 해당하는 세금에는 다음과 같은 엄청난 폐단이 내포되어 있어 우리 농민들을 무한히 괴롭혔다.

첫째로 이 세금은 토지대장에 등재된 사실 여부와 상관없이 현재 그 땅이 전답(田畓)으로 되어 있으면 무조건 과세대상에 포함시켰다. 그 결과 불쌍한 영세농민들이 힘들여 개간한 조그마한 텃밭에 대해서도 가혹한 추적 조사가 강행됐던 것이다.

둘째로 이 세금은 과세표준인 쌀과 잡곡의 수확량(收穫量)을 계산하는 데 있어서 농토의 지번별 조사를 개별적으로 실시한 것이 아니라, 각 지목별로 정황(情況)이 비슷하다고 인정되는 농지를 큰 구역으로 묶고, 그 구역 안에서 중간치로 인정되는 표준지의 수확량을 기준으로 해서 나머지 농지 전부에 대해 일률적으로 인정(認定)과세를 강행하였다. 그 결과 농토의 수리(水利)시설, 비옥도(肥沃度), 일조량(日照量) 등에서 뒤떨어지는 저질토(低質土)를 가진 농민에 대해서는 무조건 불리한 세금이 강요될 수밖에 없었다.

셋째로 자작농(自作農)에 대해서는 수확량이 늘어날수록 세금 비율이 높아지는, 소위 초과누진(超過累進) 세율이 적용됐다. 그 세율은 100분의 6에서 시작해 100분의 18에 이르는 6단계로, 토지수득세로 통합되기 이전의 비례(比例)세율보다 훨씬 높은 세율이었다. 게다가 이 세금에는 소득세라면 당연히 고려되어야 할

영농비·가족수·농가부채 등 농민 개개인의 인적(人的) 사정이 전적으로 무시되었다. 그 결과 대가족·부채(負債)농가의 경우에는 그 부담이 상대적으로 과중할 수밖에 없었던 것이다.

넷째로 이 세금은 곡식으로 내는 '물납세'였고, 농민들은 농토에 묶여 있어 떠돌아다니는 도시의 상공인들처럼 도망가거나 숨어서 체납하거나 탈세할 수가 없었다. 그 반면 도시 상공업자들은 세금이 현금으로 내는 금납세(金納稅)여서 인플레이션이 진행됨에 따라 세금을 늦게 내면 낼수록 득이 되었고, 전세(戰勢)의 추이에 따라 사업장의 이동이 빈번해 체납·탈세가 예사로 자행되었다. 그 결과 농토에 고착돼 고향을 떠나지 못하는 농민들은 인플레의 혜택도 받지 못한 채 그만큼 더 중세(重稅)에 얽매일 수밖에 없었던 것이다.

농민과의 공약(公約), 헌신짝 버리듯

1953년 휴전이 성립되자, 전시세(戰時稅)요, 임시세인 토지수득세는 농민과 야당인 민주당에 의해 "당초 약속대로 즉시 폐지하라."는 강력한 요구에 부딪혔다.

당연한 요구였고, 정부는 무조건 그 공약을 지켜야 옳았다. 그러나 이승만 정부는 1954년 도시의 상공업자들에 대한 전시세제는 즉시 완전 폐지하면서도, 농촌의 이 세금만은 전재복구비(戰災復舊費)를 조달해야 한다는 이유를 들어 끝내 폐지하지 않았다.

1957년에 이 세금은 소득세·물품세·관세 등 도시 상공업자들이 내는 세금들을 능가하는 가장 큰 세금으로 부상하기까지 했다. 그리하여 정부는 잠깐 동안만 받기로 했던 농민과의 공약을 헌신짝 버리듯 어긴 채 이 세금에 의한 농민 수탈을 계속했던 것이다.

6·25 전쟁이 일어났을 때 국군사병들 가운데는 농촌 출신들이 많았고, 전쟁 중에 강제 모병된 병사들의 대부분도 농촌 출신이었다. 자식들을 전쟁터로 보내 놓고 농민들은 후방에서 무거운 토지수득세를 납부해야 했던 것이다.

6·25 전쟁, 그것은 주로 우리 농민의 피와 땀 그리고 목숨과 눈물로 싸워 이긴 전쟁이었다고 해도 결코 지나친 말이 아닐 것이다.

전쟁으로 인해 임시 수도가 부산으로 천도(遷都)했을 때 이승만 대통령은 재무부 사세국장을 불러 세무공무원이 물납세인 토지수득세를 창안해 전쟁 수행에 크게 기여한 공로를 높이 치하했다고, 당시의 사세국 과장이던 김만기 씨가 필자에게 술회한 바 있다.

물납세요, 누진세였던 토지수득세가 폐지되고 이 세금이 금납세이자 비례세로 개혁된 것은 4·19 학생혁명에 의해 이승만 정권이 타도되고, 장면 정권이 들어선 다음 해인 1961년이었다.

세무공무원, 국가엔 유공(有功), 농민은 원망(怨望)

토지수득세로 골병이 든 농민들의 생계는 그 후에도 별로 개선되지 못했고, 특히 박정희 정권 이래로 '수출제일주의'를 뒷받침하기 위해 강행된 저곡가(低穀價)·저노임(低勞賃) 정책으로 말미암아 우리 농민들과 근로자들은 고달픈 생활을 감내해야만 했다.

그리하여 남한에서 단행된 농지개혁은 남한 농민의 대부분을 차지했던 소작인(小作人)들을 자경농민(自耕農民)의 신분으로 격상시킨 대신, 농민들은 우리의 유일한 민족자본이던 토지자본(土地資本)을 선진 자본주의 국가의 경우처럼 산업자본으로 진화시키지 못했던 것이다.

지나고 보면 당시에 세무공무원들은 국가에 충성을 다했지만 납세자들, 특히 농민들에게는 커다란 원망의 대상이 아닐 수 없었을 것이다. 세무공무원이 짊어진 서글픈 직업적 숙명을 다시 한 번 생각하게 하는 대목이다.

앞으로 누가 정권을 잡든 정부가 세무공무원들의 그 같은 고통과 고독을 이해하고 이들을 위로하고 감싸주지 않는다면 누가 이 고역을, 이 악역을 사심(私心) 없이 감당할 수 있겠는가? 위정자들은 깊이 통찰해야 할 것이다.

예산국회, 옛날도 '세금 논쟁'

우리 국회의 예산 심의는 국민부담의 엄청난 양적(量的) 팽창에 걸맞게 재정 지출의 질적(質的) 개선이 반드시 뒤따라야 한다.
올해 국회는 어떠했는가? 유감스럽게도 그 대답은 아직도 'NO'이다.

사세국 조사계장으로 근무하는 동안 기억에 남는 것은, 이승만 대통령의 시정 (施政)연설문과 재무부장관의 예산제안(豫算提案) 설명문을 작성하는 데 참가한 일, 국회의원들의 정책질의에 답변하기 위해 사세국장을 수행해 국회를 자주 출입했던 일들이다.

어느 날 나는 고령인 직속상관 세정과장을 수행해 재무부 회의실에서 열린 국회 관계대책회의에 참석했다. 그 자리에는 좌장인 예산국 제1과장 이한빈(李漢彬) 씨를 비롯해 각 국에서 내로라하는 수석 과장들이 앉아 있었다. 원래는 과장급 회의지만 나이 많은 우리 과장은 젊은 나의 보좌가 필요했던 것이다.

안건은 예산국회에서 행할 대통령의 새해 '시정연설문'과 재무부장관의 '새해 예산안 제안설명문'을 각 국이 소관별로 분담·작성하는 일이었다.

그 가운데서 시정연설문은 정부 차원의 시정(施政)방침이 수록되는 것이라 각국은 재무부 소관 가운데서 특기할 사항만 포함시키면 됐다. 하지만 예산안의 제안설명문 가운데서 세입(歲入)부문은 세출(歲出)부문과 맞먹는 큰 비중을 차지했고, 내가 소속된 사세국에서는 세입부문의 대부분을 차지하는 세제개혁(稅制改革)안과 세수계획(稅收計劃)안을 그 속에 구체적으로 반영시켜야 하게 되어 있었다.

그런 작업 경험이 전혀 없던 나는 사세국 타과(他課)에서 추진하는 세제개편이나 세수계획 내용을 잘 알 까닭이 없었다. 그 가운데서 어느 것에 중점을 두고 연설문을 작성해야 할지, 사업의 우선순위를 어떻게 정해야 할지, 판단할 능력도 경험도 없었다. 그런 내가 사세국 늙은 과장들의 책임 회피로 어쩔 수 없이 연설문을 직접 만들어야 했으니 그 고생은 말로 다 할 수 없었다.

상관의 입장되어 연설문 작성

먼저 사세국 내 각 과장으로부터 관계 자료를 취합, 나름대로 연설문 초안을 작성했다. 하지만 연설문 내용의 우선순위는 고사하고, 각 과에서 제출된 방대한 자료 가운데서 어느 것을 취사선택해야 할지, 분간조차 할 수가 없어서 처음에는 남모를 고생을 많이 했다.

수많은 시행착오를 거친 끝에 겨우 작성한 연설문은 사세국의 과·국장을 거쳐 예산국으로, 예산국에서 사세국장에게 제시된 수많은 수정(修正)요구를 보완한 후에야 비로소 재무부 안(案)이 완성될 수 있었다.

그 과정에서 비록 신분은 일개 사무관에 불과했지만, 정부 차원에서 작성되는 연설문은 '내가 만약 재무부장관이라면' 그리고 사세국 차원의 글들은 '내가 만약 사세국장이라면' 하는 가정하에 작성해야 하겠다고 생각했다.

관료생활을 하는 동안 역대 상관들로부터 공적 신뢰감과 사적 친밀감을 얻을 수 있었던 이유는, 무슨 일을 하든 항상 상관의 입장이 되어 남보다 더 많이 고민하고 더 열심히 연구한 결과였다고 생각한다.

최근 한국개발원(KDI)에서 발간한 ≪한국재정 40년사≫를 찾아보니 내가 옛날 작성한 1960년도 예산안의 사세국 소관 제안설명문이 그대로 수록되어 있었다.

'……세제개혁과 아울러 신년도에는 조세행정의 쇄신을 기하기 위해 과세(課稅)자료를 널리 수집·활용하고 사고(事故)자료의 발생을 미연에 방지하는 데 노력할 것입니다. 세금 부과에 있어서는 특히 단속방식을 개선하고 과학적인 분석과 검토를 가하여 고액납세자에 대한 과세에 만전을 기할 것입니다. 한편 국민에 대해서는 납세사상을 더욱 고취시키는 동시에 자진신고 납세를 지향하는 적극적인 시책을 강구함으로써 조세포탈과 납세기피의 폐단을 적극 시정해 나갈 것입니다. 국민부담의 공평을 기하고 나아가 세수확보에도 만전을 기하고자 합니다.'

그로부터 무려 50년이라는 긴 세월이 흘렀다. 위 글은 옛날 관청에서 쓰던 관료적인 문장이라 지금 보면 한문이 많고 표현이 매우 딱딱하다. 하지만 이 연설문의 내용 자체는 지금도 수정할 필요가 별로 없을 정도다.

세정의 쇄신(刷新), 이것은 우리 사회에 가로놓인 영원한 숙제인가?

국회의 정책질의, 답변자료 담당

한편 예산국회가 열리면 나는 사세국장을 수행하여 재경·예산결산위원회와 본회의에 빠짐없이 참석했다.

원래는 사세국의 과장 전원이 국장을 수행해 국회에 출석했지만, 내가 그 일에 익숙해지자 노회한 과장들은 뒷일을 내게 맡긴 채 갖은 핑계를 대며 사라졌고, 결국 국장 수행은 나 한 사람의 전담물(轉擔物)이 되고 말았다. 그 대신 내 손에는 요즘도 그렇겠지만, 사세국 각과에서 미리 작성한 두툼한 국회의 예상질문답변서가 항상 맡겨져 있었다.

국회의 재경·예결위원회 회의에서는 맨 먼저 의사진행 발언, 각 부처별 업무현황보고와 각종 정책질의가 지루하게 진행되었다. 회의장 뒤편 비좁은 정부 측 직원석에서 각 부처의 간부들 틈에 끼어 앉은 나는 항상 긴장을 풀 수가 없었다. 왜냐하면 언제 우리 국 소관의 정책질의(政策質疑)가 튀어나올지 알 수 없었기 때문이다.

사세국 소관에 대한 질의가 시작되면 무릎 위에 펴놓은 메모지에 질의한 국회의원의 이름과 질의한 내용을 순서대로 간단히 적고, 질의가 끝나기 전에 미리 준비한 질의응답철에서 알맞은 답변자료를 찾아내어 답변 내용을 순서대로 요령 있게 작성해야 했다. 그리고 답변서를 초조하게 기다리는 국장 손에 빨리 쥐어드려야 했다.

그런데 가장 난처한 순간은 준비된 질의응답철에 마땅한 답변자료가 없는 경우였다. 하지만 대통령의 시정연설문과 재무부장관의 예산제안설명문의 작성에 직접 참가했고, 국회의 출입이 잦아진 나는 준비된 자료가 있거나 없거나 내 생각과 판단만으로도 답변자료를 신속하게 작성할 수 있을 정도로 차차 그 일에 익숙해졌다.

때로는 국장의 처지가 되고 때로는 장관의 입장이 되어 작성한 답변메모가 장관의 입을 통해 국회의 회의석상에서 무사히 통과됐을 때는 남몰래 희열과 만족감을 맛보기도 했다.

예리한 야당의원, 난처한 질문공세

당시에 가장 날카롭고 집요한 질의를 한 국회의원들은 야당인 민주당(民主黨) 소속 송방용·김선태·양일동·김대중·유옥우 의원 등이었고, 대답하기 힘든 질문은 대개 다음 같은 것들이었다.

'정부는 1960년도 예산에서 국민의 조세부담률을 15.1%로 예상하고 있는데, 올해 부담률 13.2%보다 2.1%를 어떻게 갑자기 인상할 수 있는가?'

'내년도 예산에는 국민의 조세부담액을 2,351억 환으로 계산해 놓았는데, 세금이 올해 예산액 1,932억 환보다 무려 21.7%나 늘어나야 하는 구체적 근거는 무엇인가?'

'내년 1인당 국민소득은 87달러로 우리 돈으로 치면 7만 2,872환에 불과하다. 그런데 1인당 평균 조세부담액 7,838환을 공제하면 우리 국민들이 먹고살 가처분소득은 1인당 평균 6만 5,034환에 불과하다. 이것은 가축 한 마리의 사료 값도 안 되는 적은 돈이 아닌가?'

'작년도 세금의 직·간접세 구성 비율은 32.9% 대 67.1%로 우리나라는 가난한 사람일수록 세금이 더 무거워지는 소위 간접세, 즉 역진세(逆進稅)의 비중이 지나치게 높다. 근로자·농민 등 저소득층에게 이같이 가혹한 대중수탈(大衆收奪)을 언제까지 계속할 작정인가?'

'농민들이 부담하는 토지수득세는 부채·이자·인건비 등 모든 경비를 뺀 순소득이 아니라 단지 재료값만 뺀 조소득(粗所得)이 아닌가? 그런데도 순소득에 적용하는 고율의 누진세가 계속 강요되고 있다. 6·25 전쟁을 계기로 목적세·임시세·시한세(時限稅)로 시작된 세금을 휴전(休戰)이 성립된 지 7년이나 지난 지금까지 폐지하지 않는 이유는 도대체 무엇인가?'

'영세 상공인들이 부담하는 영업세는 세무서가 인정과세(認定課稅)의 방법으로 매년 매기마다 무조건 몇 %씩을 일방적으로 인상시키고 있다. 8·15 해방 후 15년이 지난 지금까지 어째서 가장 큰 원성의 대상이 되고 있는 인정과세제도의 폐단을 시정하지 못하는가?'

'영세업자나 대기업체를 가릴 것 없이 지금 우리 상공인들은 모두가 죽도록 고리채(高利債)에 시달리고 있다. 그런데 사세국은 어째서 고리대금업자를 단 한 사람도 잡아내지 못하는가?'

말잔치·말장난으로 끝난 '예산국회'

요즘에도 예산국회에서는 정부가 제출한 세법개정안과 신년도 예산안을 놓고, 여·야가 수많은 공방전을 벌인다. '대의(代議) 없이 납세(納稅) 없다.'는 말 그대로 납세자들은 국회의원들을 믿고 오늘도 무거운 세금을 부담하고 있는 것이다.

1960년도 우리 국민의 1인당 국민총생산(GNP)은 평균 87달러에 불과했다. 그것이 2004년에는 9,770달러로, 2007년에는 2만 45달러로 크게 증가했다. 그에 따라 우리 국민의 1인당 평균 조세부담액도 1995년에 159만 9,000원이던 것이 2003년에 306만 4,000원으로 배(倍)가 되었고, 2005년에는 342만 5,000원으로 계속 높아지고 있다. 앞으로도 이 추세는 계속될 것이다.

그렇다면 우리 국회가 진행하는 예산심의는 국민부담의 엄청난 양적(量的) 팽창에 걸맞게 경비 지출면에서 질적(質的) 개선이 뒤따르고 있다고 볼 수 있겠는가? 필자가 볼 때 유감스럽게도 그 대답은 전적으로 'NO'이다.

매년 예산국회에서 추궁된 국회의원들의 질의가, 다짐한 정부의 답변이 과연 얼마나 실효(實效)를 거두고 있는가? 아니면 이번에도 우리 국회와 정부의 정책

질의·답변은 또다시 말잔치나 말장난으로 끝날지 모르겠다.

국민들은 혹시나 하는 간절한 기대 속에 오늘도 여야 국회의원들의 예산 심의를 주의 깊게 지켜보고 있을 것이다.

4·19 전야, 잘못된 세제(稅制) 개편

4·19 학생혁명이 일어나기 전, 자유당 정권은 불평등 세제를 토대로 한 고부담(高負擔)과 분배문제를 외면한 저복지(低福祉)상태를 해결하지 못한 채 부정선거를 통한 장기집권의 단꿈에 잠겨 있었다. 그랬으니 그들의 몰락은 역사적·필연적 귀결이었다고 볼 수밖에 없을 것이다.

1959년 8월 1일, 나는 사세국에 신설된 세제과의 제1계장으로 전근되었다. 당시는 자유당의 3·15 부정선거가 일어나기 직전이었고, 다가오는 정·부통령 선거를 앞두고 여당인 자유당과 야당인 민주당 사이에서 치열한 정치적 공방전이 벌어지고 있었다.

자유당 정권은 80세 고령인 이승만 대통령의 장기집권과 이기붕 국회의장의 정권 계승을 꿈꾸며 '경제개발 3개년계획'을 수립했다. 재무부에서는 그 계획을 세제면(稅制面)에서 뒷받침하기 위해 '홀' 박사를 단장으로 한 '미국 조세고문단'을 초청하여 우리 세제에 대한 전면적·근본적 개혁작업에 착수했다.

특히 1957년을 고비로 미국의 경제원조가 점차 줄어들기 시작하자 정부에서는 그 부족분을 보충하기 위한 국내재원(國內財源)의 확충이 시급한 과제로 등장했다. 당시에 재무부장관은 자유당 정권의 마지막 장관이던 송인상(宋仁相) 씨였고, 사세국장은 여전히 권택상(權澤相) 씨였다.

조세고문단에는 미국에 유학 중이던 정소영·곽상수 박사가 단장보좌관으로 동행했고, 사세국장은 그들을 맞아 사세국에 세제과를 신설, 고문단과의 협력 업무를 담당하게 할 계획이었다.

권 국장은 신설 세제과장에 세정과 조사계장이던 나를 지명해 간부들의 의견을 조율했다. 그러나 사세국 과장들은 물론 특히 서울사세청장 김소인(金小仁) 씨는 "자식보다 어린 20대요, 결혼도 안 한 젊은 사람을 만약 사세국 세제과장으로 기용할 경우, 나이 많은 우리는 다 죽으란 말이냐?" 하고 크게 반발했다.

나는 사세국장의 신임과 총애를 믿고 그런 과욕(過慾)을 부릴 만큼 성급하지도 어리석지도 않았다. 나는 국장에게 건의하여 외부에서 영입한 과장을 보좌하는 세제과 제1계장으로 만족하기로 했다.

원조 감소 따른 세제 개편

당시에 자유당 정권이 세제개혁에 착수한 것은 타율적인 동기에서 출발했다고 볼 수 있다. 왜냐하면 정부는 인플레를 억제하면서도 비교적 사회안정 우선정책을 지켜왔기 때문이다.

그에 대해 미국의 원조(援助)당국은 우리 정부가 만약 사회 안정에 지나치게 치중한 나머지 증세(增稅)를 회피하고 지폐를 증발, 재정(財政)인플레를 초래할 경우에는 오히려 역효과가 날 수 있다고 반대 의견을 견지했다. 따라서 자유당 정권이 추진한 세제개편은 외관(外觀)이야 어떻든, 실제로는 미국 원조당국의 권고와 압력에 못 이겨 우리 정부가 경제안정을 일부 희생시켜 가면서 고도성장을 뒷받침하기 위해 착수했던 것이다.

하지만 나는 그 작업에는 참가하지 못했다. 왜냐하면 재무부장관은 전직 사세국장이던 김만기 씨를 세제고문으로 위촉하여 미국 조세고문단과는 별도로 독자적인 세제개혁안(稅制改革案)을 연구·제출하도록 조처했기 때문이다. 나는 김 고문의 지명과 강력한 요구에 따라 세제과 제1계장의 역할을 중단하고 그분의 보좌역을 담당할 수밖에 없었다.

같은 해 12월 재무부는 미국 조세고문단의 건의서를 받아들여 내국세의 전면적인 세제개편을 단행했다. 그 결과 납세자가 직접 부담하고, 소득이나 재산의 크기에 따라 공평하게 매겨지는 직접세(直接稅) 계통의 세율은 민간의 저축과 투자를 촉진시키기 위해 인하(引下) 조정되었다. 그 반면, 달러를 취득할 경우에 달러의 환율과 시가와의 차액을 세금으로 거둬늘이기 위한 외환특별세가 창설되었고, 세수(稅收)를 확대하기 위해 공산품에 대한 물품세 및 관세의 과세대상이 전반적으로 확대되었다.

1959·1960년도 외환특별세는 내국세 수입의 22.3%, 20.2%를 차지했고, 그 기간 동안 물품세와 관세 수입은 200% 이상 증수(增收)되었다. 그 결과 소비자가 낸 세금을 사업자가 납부하는 불공평한 세금, 즉 간접세의 비중이 전반적으로 크게 높아지고 말았던 것이다.

당시에 조세고문단이 제시한 세제개혁의 기본방향은 다음과 같았다.

① 경제성장의 극대화를 지향한다.

② 조세부담을 공평하게 한다.

③ 상공업의 육성을 위해 유리한 투자환경을 조성한다.

④ 간편하고 이해하기 쉽고 징수하기 쉬운 세법을 만든다.

⑤ 탈세를 목적으로 한 납세자와 세무공무원의 공모(共謀)를 최소화한다.

⑥ 재정(財政)수요를 충족시킬 수 있는 범위 내에서 직접세의 세율을 최대한 인하한다.

⑦ 경제활동을 장려하기 위한 조세유인(誘引)을 최대한 조성한다.

세제개혁, 서민 부담 늘고

하지만 역대 정부 측의 발표가 으레 그러했듯이 그해의 세제개편 역시 조세고문 단의 듣기 좋은 기본방향에도 불구하고, 결과적으로 1957년도에 42% 대 58%이던 직·간접세의 비율은 1960년도에 이르러 26% 대 74%로 더욱 악화되고 말았다. 그리하여 그때부터 우리 세제는 가난할수록 세금 부담이 무거워지는 소위 간접세 중심(間接稅中心)주의로 개악(改惡)되고 말았던 것이다.

이들 세제개편이 반영된 1960년도 중앙정부의 예산안을 보면, 자유당 정권이 경제의 고도성장에 조급한 나머지 일반 대중들의 후생복리문제를 얼마나 등한시했는지 짐작할 수 있다.

즉, 같은 해 정부의 전체 예산 가운데서 차지한 비중은 일반경비가 43.4%, 국방비가 35.6%, 국책(國債)비가 3.1%, 대충자금 및 경제부흥비가 18.9%였다. 하지만 가난한 서민계층에게 돌아갈 사회복지비 예산은 내세울 것이 없었다.

4·19 학생혁명이 일어나기까지 자유당 정권은 산업부흥과 경제성장을 이유로 불평등세제를 토대로 한 고부담(高負擔)·저복지(低福祉) 상태를 끝내 탈피하지 못했다. 그럼에도 불구하고 그들은 부정선거를 통한 장기집권의 단꿈에 잠겨 있었으니 그들의 몰락은 역사적·필연적 귀결이었다고 볼 수밖에 없다.

한심스러운 자유당 말기 현상

1969년 경제기획원이 발간한 5개년계획의 <발간자료> 제1집을 보면 자유당 말기에 우리 경제·사회에서 나타난 현상들이 얼마나 암담했는지 그 일단을 엿볼 수 있다.

"그때 우리나라는 농업국가였고 방대한 외국원조를 받고 있었다. 그런데도 불구하고 막대한 양의 식량을 외국으로부터 도입해야 했다.

일반국민의 생활수준은 전반적으로 낮아 그것을 끌어올리기가 매우 힘들었다.

국영기업들은 비합리적으로 관리되고 있었고, 환율은 과대평가되고 고정되어 있었다. 공업화의 애로가 되는 전력(電力) 부족이 특히 심각했다.

자본은 부족하고 은행 대출은 제한되어 있었다. 은행과 시중의 이자율 사이에는 큰 갭이 있었다. 그래서 융자를 받는 것은 곧 특혜를 의미했다.

경제활동은 활발하지 못했고, 공무원들의 기강은 해이해져 있었다. 사회 전반에 걸쳐 부정축재가 성행했다."

물론 자유당 정권이 한심스러운 그 상태를 그냥 수수방관한 것은 아니었다. 이승만 정부는 부흥부 산하에 산업개발위원회를 설치하고 '경제개발5개년계획'을 수립하여 1959년 12월 각의(閣議)에서 통과시킨 바 있었다. 그러나 그 계획은 경제여건이 아직까지 성숙되지 못했다는 이유로 착수조차 하지 못했다.

그 후 4·19 학생혁명을 계기로 집권한 장면 정부는 '경제제일주의'를 내걸고 장기 경제개발계획의 수립에 착수했다. 그 계획은 이승만 정권이 수립했던 5개년계획이 모체가 된 것이었다. 그러나 그 계획 역시 5·16 군사쿠데타의 발생으로 중단되어, 결국 박정희 정권에 이르러서야 그 계획의 보완과 추진이 본격적으로 시작되었던 것이다.

2

60년대 민주당 시절

의욕 가득, 장면(張勉)정부 '경제제일주의'
불발로 끝난, 3·15 부정축재 처리
최고회의에서 고친 세법개정안

의욕 가득, 장면(張勉)정부 '경제제일주의'

만약 5·16 군사쿠데타가 일어나지 않았다면, 장면 정권은 경제개발 및 국토건설사업을
군사정권보다 훨씬 더 일찍, 유리하게, 효율적으로 추진할 수 있었을지 모른다.

4·19 학생혁명으로 집권에 성공한 장면 국무총리는 1960년 9월 30일, 새해의 국가예산안(豫算案)을 국회에 제출하면서 시정연설의 서두를 다음과 같이 감격적인 말로 시작했다.

"돌이켜 보면, 민주주의의 미명(美名)을 방패 삼아 갖은 포악(暴惡)과 학정(虐政)을 자행하던 이승만 정권하에서 은인자중해 오던 우리 국민이 총궐기해서 이루어 놓은 새 나라, 새 정부입니다. 12년간 쌓인 적폐(積弊)의 일소가 단시일 내에 이뤄지기는 쉬운 일이 아니지만, 차제에 정부는 전력을 기울여 민심의 안정을 위한 최선의 시책을 실천, 최단시일 내에 다난한 현 시국을 수습하고 활발한 외교와 과감한 내치(內治)로써 내각책임제 정치체제하에서 행정부에 맡겨진 책무를 유감없이 수행할 것입니다."

비록 9개월 단명(短命)으로 끝났지만, 민주당 정권의 출발은 이같이 크나큰

포부와 넘치는 의욕에 가득 차 있었다.

당시에 재무부장관으로 취임한 김영선(金永善) 씨는 우리 직원들을 광화문 청사 옥상에 모아 놓고, 정열에 넘친 일장 훈시(訓示)를 했다. 그 훈시는 그가 1961년도 예산안을 국회에 제출하면서 행한 제안설명문과 흡사하여 그때 들었던 내용이 그대로 되살아난다.

장면 정부 큰 업적, 토지수득세 폐지

그는, "새 공화국의 사명은 정치면에 있어서 법치(法治)주의를 관철하고 온갖 부정과 부패를 제거하여 새로운 사회질서를 확립해서 그 터전 위에 경제의 급속한 발전을 이룩함으로써 마침내 복지국가를 건설하는 데 있다."고 말했다. 그리고 "우리의 꿈은 아름다우나 현실은 너무나 가혹하다."고 지적하면서, 우리 앞에 가로놓인 경제·사회적 애로들을 다음 같이 열거했다.

"첫째, 이승만 정권이 남기고 간 엄청난 국가 부채(負債)와 빈부격차의 현저한 확대 그리고 소수기업에 대한 특혜 등 수많은 적폐(積弊).

둘째, 경제성장의 만성적인 둔화.

셋째, 높은 소비성향에 따르는 저축과 투자의 부족.

넷째, 농업과 공업, 경공업과 중공업 등 산업구조의 불균형과 낮은 농가소득.

다섯째, 막대한 국제수지(收支)의 적자.

여섯째, 미국원조의 계속적인 감소.

일곱째, 잠재적인 인플레이션 요인 등."

그는 "이러한 환경에 처하여 정부는 오늘의 가혹한 문제들에 사로잡혀 우리 경제가 영원히 일어설 수 없는 국면에 빠지는 것보다는, 비록 오늘은 괴로운 한

이 있더라도 내일의 희망과 이상을 실현하려는 입장에서 제약된 여건을 다듬어 재정(財政)인플레의 요인을 억제하면서 국민경제의 계속적인 성장을 유지하도록 재정 투·융자(投·融資)를 1,900억 원대로 대폭 증액, 최대한의 정력과 자원을 경제발전에 바치기 위한 경제제일주의(經濟第一主義)를 적극 표방, 추진해 나가겠다.”고 다짐했다.

그리고 그는 이 같은 기본방침 아래 특히 다음 세 가지에 중점을 두고 정책을 펴 나가겠다고 밝혔다.

“첫째, 농어촌(農漁村)의 경제안정과 진흥을 도모하기 위해 물납으로 받던 임시 토지수득세를 돈으로 받는 금납제(金納制)로 개선하고, 면세점을 인상하며, 세율을 인하해 영세농가의 조세부담을 경감시키고, 영농자금을 비롯한 농어촌 진흥자금의 공급을 확대한다.

둘째, 중소기업을 육성·강화하기 위하여 운영자금의 공급을 확대하고 사치품의 밀수를 적극 방지해 국내산업을 보호·육성한다.

셋째, 생산 위축(萎縮)의 가장 중요한 원인이 되고 있는 전력(電力)의 부족문제를 해결하기 위하여 전력 개발에 특히 중점을 둔다.”

그때 나는 김 장관의 그 훈시를 듣고 크게 감동을 받아, 신임 장관을 모시고 맡은 바 소임에 최선을 다해 국리민복(國利民福)에 적극 참여할 것을 굳게 다짐했었다.

의욕에 가득 찬 ‘경제제일주의’

장면 정부는 1960년도 당초 예산 6,243억 환(화폐개혁 이전의 금액)에다가 두 차례에 걸쳐 145억 환규모의 추가경정예산을 편성하면서 의욕적인 경제건설계획에 착수했다.

즉, 세입(歲入)면에서는 소비적인 재정국채 발행과 차입금 의존을 극도로 억제하고, 자금(資金)의 대부분을 세금과 산업부흥국채 그리고 미국의 원조자금 등 경상적(經常的)인 수입으로 조달해 '건전(健全)재정'을 지향했다.

세출(歲出)면에서는 일반경비와 국방비를 최대한으로 절감하고, 그 대신 경제개발과 국토건설사업에 보다 많은 경비를 투입하여 생산적(生産的) 예산을 집행하기 위해 최대의 노력을 기울였다.

장면 정부가 경제개발계획에 본격적으로 착수하기까지 우리 경제·사회에 가로놓인 당면과제들은 한두 가지가 아니었다.

첫째로 심각한 실업(失業)문제였다. 당시에 노동가능인구 940만 명 가운데서 14%가량인 130만 명이 실업자였다. 여기에 오갈 데 없어 집안일을 돕는 둥 마는 둥 하는 수백만의 잠재(潛在)실업자까지 합치면 실제 실업자 수는 그야말로 넘쳐날 정도였다. 그나마 군대에 복무하는 60만 명의 장병 덕택에 실제로 느낀 실업 압력은 그만큼 적었다고 볼 수 있다.

둘째로 농촌의 빈곤(貧困)문제였다. 농촌 인구의 5분의 1에 해당하는 170만 명이 춘궁기에 기아(飢餓)의 위협을 받고 있었다. 농민들 사이에서는 생활고로 말미암아 이자율 100%가 넘는 고리채가 성행하고 있었고, 농촌 인구의 65%가 빈곤과 저생산성(低生産性)이라는 악순환에서 헤어나지 못하고 있었다.

셋째로 연평균 3억 4,800만 달러에 달하는 대규모의 무역적자(赤字) 문제였다. 무역적자는 부가가치가 높은 생산재(生産財)를 들여와 국내에서 제품을 생산·수출한 것이 아니라 귀중한 달러가 해외로 흘러나가는 소비재(消費財) 위주의 해외의존형(依存型) 경제구조에서 비롯된 것이었다.

넷째로 만성적인 인플레 문제였다. 이는 경제개발에 필요불가결한 저축의 장애요소로 작용했다. 6·25 전쟁 중이던 1951년에는 한 해 동안 무려 600%의 인플레를 겪었지만, 1955년부터 1959년까지 5년 동안 정부는 인플레율을 50%선으로 간신히 묶을 수 있었다. 그러나 미국의 경제원조가 감소하자 인플레 조짐이 다시 나타나기 시작했다.

다섯째로 일반기업과 공무원들에 대한 낮은 보수(報酬)와 신분의 불안정성으로 말미암아 사회 일반에는 부정과 부패(腐敗)가 만연되어 경제성장에 큰 장애요인으로 작용하고 있었다.

여섯째로 60만 명이라는 과다한 병력(兵力)을 유지하고 그 유지비의 70% 이상을 우리 정부가 감당해야 하는 문제였다. 그것은 국민총생산의 7.3%에 해당되는 그야말로 막대한 재정부담이었다.

일곱째로 도로·항만·공항·철도 등 사회간접자본이 너무나 빈약했다. 전력(電力)의 부족을 예로 들면, 한국의 1인당 발전량은 연 67KWh에 불과했다. 미국의 4,100KWh, 일본의 810KWh와 비교해 보면 그 빈약상(貧弱狀)이 얼마나 심각했던가는 쉽게 알 수 있다.

그때도 시급했던 실업자문제

이상과 같은 수많은 문제들 가운데서도 가장 시급한 과제는 넘쳐나는 실업자(失業者)들에 대한 구제대책이었다. 그 문제를 타개하기 위해 장면 정부가 착수한 것이 유명한 '국토건설(國土建設) 사업'이었다.

이 사업은 실업자 구제를 주된 목적으로 삼고 대학졸업생 2,000여 명을 공개적으로 선발·채용했으며, 그들을 3개월 동안 국토건설 현장에 투입해 훈련 겸 연수를 시켰다. 그 후에 전원을 정식공무원으로 채용해 정부 각 부처에 골고루 배치할 계획까지 세워 놓고 있었다.

계획 착수 직전 5·16 발생

이승만 정부에서 부흥부 산하 산업개발위원회에 참가해 자유당의 경제개발3개년계획 입안(立案)에 참여했고, 장면 정부에서 통합경제회의에 참가해 민주당의 경제개발5개년계획의 입안에 동참했던 김입삼(金立三) 씨가 생전에 <월간조선>에서 남긴 증언을 살펴보자.

그 글에 의하면 국민들은 박정희 정권에 의해 추진된 경제개발5개년계획이 그들의 전유물인 줄 알았지만, 사실은 아니었다. 자유당 정부에 의해 그 계획은 이미 착수 단계에 있었고, 민주당 정부에 이르러 어느 정도 구체적으로 성안(成案)까지 되어 있었다.

그리고 1961년 3월 27일, 장면 정부와 재계(財界)관계자들 사이에서 당면한 경제문제를 해결하기 위해 다음 7개 항이 합의된 바 있었다.

첫째, '4월 위기설'과 좌익(左翼)세력에 공동으로 대처할 것.

둘째, 민의원에서 통과한 부정축재처리법을 대폭 수정할 것.

셋째, 경제개발의 연차적 계획수립을 위한 민관(民官)협동체제를 추진할 것.

넷째, 경제개발계획은 농공(農工) 병진으로 실시하되 1차로 농어촌 보호, 노동집약적 산업개발, 수출산업화를 적극 추진할 것.

다섯째, 춘궁기 절량(絕糧)농가를 위해 구호사업에 즉시 착수할 것 등이었다.

더구나 장면 정부는 한일(韓日)국교정상화에도 이미 착수했었다. 그들이 만약 수교(修交)협상을 당초 계획대로 추진했다면 그 후에 들어선 박정희 정권보다 훨씬 더 유리한 조건으로 대일청구권(對日請求權)을 행사하여 더 많은 자금을 받아

영욕의 세월

낼 수 있었을지 모른다.

그렇게 따져 볼 때 만약 5·16 군사쿠데타가 일어나지 않았다면, 장면 정부는 경제개발 및 국토건설사업을 군사정권보다 훨씬 더 일찍, 유리하게, 효율적으로 추진할 수 있었을 것이다.

또한 장면 정부는 농촌 안정을 목표로 한 '중농(重農)정책'의 일환으로 세제면에서 자유당 정권이 만든 토지수득세의 물납을 과감하게 폐지하고 금납세(金納稅)로 환원했다. 그와 함께 영세농가에 대한 면세점을 3석에서 5석으로 인상하고, 세율을 낮은 비례세율(比例稅率)로 개선해 농민부담을 크게 완화했던 것이다.

따라서 이상의 여러 가지 사실들을 놓고 볼 때 박정희 정권에 의해 '무능한 정권'이라고 폄하됐지만, 장면 정부가 얼마나 의욕과 사명감에 불타고 있었는지 언젠가 재평가될 날이 올 것이다.

불발로 끝난, 3·15 부정축재 처리

부정축재 처리의 지연과 중단, 그것은 4·19 학생혁명 정신을 망각한 민주당 신·구파의 알력과 반목 그리고 장면정권(政權)의 무기력이 묘혈(墓穴)을 파고 이 땅에 군사 장기집권을 불러들인, 상징적 사건이었다고 볼 수밖에 없다.

1960년 4·19 학생혁명이 일어났을 때 나는 여전히 재무부장관의 세제고문실에서 파견 근무 중이었다.

그날도 재무부 4층에 있던 세제고문실에서 김만기 고문의 지시에 따라 재무부장관에게 제출할 '세제 연구보고서'를 작성하고 있었다. 그분은 일제강점기에 어려운 고등문관시험에 합격할 만큼 두뇌가 명석했고, 특히 법인세 사무에 통달하였으며, 전국의 사무관 이상 간부들에 대한 인품·사무능력 등을 완전히 파악하고 있었다.

그때 작성한 보고서도 초안 한 장 없이 그분이 줄줄 부르고 내가 받아 적는 방식으로 진행되었다. 귀신같은 그분의 능력에 오직 감탄할 따름이었다.

오후 4~5시쯤이었을까? 갑자기 콩 볶듯 쏴대는 칼빈총 소리에 놀라 광화문 네거리가 내려다보이는 창가로 달려갔을 때 경무대 쪽에서 쫓겨 오던 검정 학생

　　　　　　　　　　　　　　　　　　　　　　　영욕의 세월

복 차림의 군중들이 눈앞 아스팔트 위에서 혹은 가로수 옆에서 픽픽 쓰러졌고, 나머지는 이곳저곳 골목길로 허둥지둥 도망가고 있었다. 그들 뒤에는 검정 제복에 칼빈총을 든 경무대 경찰관들이 벌떼처럼 뒤쫓고 있었다.

그 광경을 지켜본 순간, 내 몸속에서 끓어오르는 의분(義憤)을 누를 수 없었다. 하지만 그것이 이승만 12년 독재정권을 붕괴시킬 4·19 학생혁명의 도화선이 될 줄은 상상조차 하지 못했다.

1960년 4월 26일에 이르러 이승만 대통령이 하야(下野)하고, 4월 28일 외무부 장관 허정(許政) 씨가 대통령 권한대행으로 임명되어 과도정부(過渡政府)가 들어섰다.

재무부장관에는 윤오병 씨가 임명되었고 전직 사세국장이며 장관의 세제고문이던 김만기 씨가 다시 사세국장으로 기용되었다. 허정 수반은 김 국장에게 부정축재조사에 착수할 것을 직접 지시했다.

그해 6월 4일 허정 권한대행은 제1차 추가경정예산안을 국회에 제출하면서 부정축재 조사와 관련, 다음과 같이 소신을 밝혔다.

"3·15 부정선거의 처리는 부정선거를 강요한 사람과 강요당한 사람을 엄격히 구분, 처벌대상은 부정선거를 모의하고 강요한 원흉들을 비롯한 고위책임자와, 국민에게 잔악한 행위를 한 사람과, 부정선거임을 알면서도 막대한 자금을 부정 염출해 이를 제공·가담한 자에게만 국한하기로 했습니다. 또한 이번 학생의거(義擧)를 불법폭력 또는 잘못된 수단으로 억압하고, 발포·살육하고, 직접 고문한 하수인(下手人)들도 의법 처벌할 방침입니다."

그리하여 과도정부가 착수한 부정축재 조사는 특별법의 제정 없이 현행법의 범위 안에서 재무부 사세국의 주관 아래 세무공무원이 중심이 된 탈세 조사로 시작되었다.

허공에 떠버린 부정축재 조사

세제고문실에서 겸직 근무한 것이 인연이 되어 나는 재기용된 김 사세국장의 보좌관으로 임명되었고, 국장 곁에서 부정축재 조사업무를 보필하기 시작했다.

김 국장은 전국 세무관서에서 법인세·물품세·주세사무에 능통한 전문요원들을 직접 지명해서 일일이 차출(差出)했고, 사무관을 반장으로 하는 20여 개 조사반을 편성했다. 그리고 조사대상 업체를 손수 선정했으며, 조사반장들에게 조사대상별로 조사의 착안점과 조사요령을 일일이 지시했다.

명색이 국장 보좌관이었지만 나는 조사반장들의 인적사항도, 대상 업체들의 업황도, 전문적인 세법용어도, 개별적인 조사요령도 전혀 알지 못했다. 다만 국장과 반장들 사이에서 주고받는 지시·복명상황을 신기한 눈으로 지켜보면서 반장들이 제출하는 서류를 취합하고 정리했을 뿐이다.

하지만 그 일을 계기로 앞으로 세무에 관해 유능한 전문요원이 되기 위해서는 세무관계의 기본이론과 관계 법령, 그리고 회계장부의 분석과 파악 등 법인세에 관한 세법지식과 실무경험이 절대로 필요하다는 사실을 다시 한 번 명심했다.

내가 재무부 안에서 그 업무에 정신없이 쫓기고 있는 동안 바깥 정국(政局)은 숨 가쁘게 돌아갔다. 1960년 5월 15일 내각책임제(內閣責任制) 개헌안이 국회를 통과했고, 7월 29일에는 역사적인 참·민의원(參·民議院) 선거가 실시되었다.

그 결과 야당인 민주당이 압승했으며, 8월 12일에는 국회의 양원 합동회의에서 대통령에는 구파인 윤보선(尹譜善) 씨가 선출되었고, 8월 23일에는 신파인 장면(張勉) 씨를 수반으로 하는 새 내각이 출범했다. 따라서 그날을 계기로 허정 씨의 권한대행은 자동 정지되고, 부정축재의 조사·처리업무 역시 책임자 없이 공중에 뜨고 말았던 것이다.

장면 총리는 그해 9월 30일, '1961년도 예산안'을 국회에 제출하면서 시정(施政)연설을 통해 다음과 같이 소신을 밝혔다.

"그동안 본인은 내각책임제하의 행정수반(行政首班)으로서 맡은바 막중한 소임을 완수하기 위해 불철주야 성심성의를 다해 왔으며, 비록 만족하다고는 하지 못할지언정 본래의 소망이던 거국내각(擧國內閣)의 면모를 갖춰가고 있다고 확신합니다. …… 차제에 정부는 전력을 기울여 민심(民心)의 안정을 위한 최선의 시책을 실천, 단시일 내에 다난(多難)한 현 시국을 수습하고…….

내무 및 법무행정에 있어서는 법(法) 질서의 확립으로 국민의 권리와 자유를 보장하고, 3·15 부정선거 관련자의 처벌과 부정축재자의 처리에 있어서는 혁명정신에 입각해서 현행법을 적절히 활용해 왔으며, 부정선거 원흉의 처단은 이미 공소제기와 구형(求刑)을 한 터이므로 법원의 엄정한 판결이 있을 것으로 기대하는 바입니다."

장면 정부 등장, 격화된 신·구파 싸움

그런데 어찌된 영문인지, 정권은 새로 들어섰지만 민주당 신·구파(新·舊派)의 대립과 싸움으로 사세국이 주관해 온 부정축재 조사업무는 지지부진했다. 그들은 그의 처리를 위한 특별법의 제정문제에 매달려 의견만 백출한 채 차일피일하고 있었던 것이다.

그 바람에 특별법 문제는 하염없이 지연되다가 결국 흐지부지되고 말았다. 그 사이에 나는 직세과 원천세계장으로 이동되었다.

그러던 어느 날, 재무부 정무차관 서정귀(徐廷貴) 씨의 부름을 받았다. 서 차관은 민주당 신·구파의 정치적 흥정으로 선거구가 행정구역별로 분할되자 통영읍을 충무시(忠武市)로 승격시켜 그곳을 구파에게 맡기고, 자기는 남은 통영군에서 출마하여 당선된 신파 소속 민의원(民議院) 의원이었다. 나와는 평소에 약간의 안면이 있었을 뿐이었다.

민주당 구파 소속으로 충무시에서 당선된 의원은 내가 1954년 제3대 국회의원 선거 때 마이크를 잡고 적극 도와 드린 최천 씨였다.

'무슨 일인가?' 싶은 나에게 그분은 "내가 여기 와 보니 통영출신 고급관료는 이 사무관밖에 없네. 고향사람인데 내가 뭔가 도와줄 일이 없겠는가?", "혹시 마산세무서장으로 가면 어떻겠느냐?"고 말씀하셨다.

마산, 그곳은 양조장과 어장이 많은 부자 동네요, 고향 통영과는 비교할 수 없는 대도시였다. 더구나 1급지인 마산세무서장 자리라면 서기관에 준하는 사세관(司稅官)으로 승진되고, 사무관급 과장 5~6명과 백 수십 명의 부하들을 거느리고, 선망하던 관용 지프차도 전용차로 탈 수 있는 당당한 기관장이 아닌가. 더구나 29세 노총각인 내가 만약 그곳 서장으로 부임한다면 좋은 집안의 예쁜 아가씨에게 장가도 들 수 있겠다고 내심 좋아했다.

하지만 차관의 권유를 보고받은 김 사세국장은 내 면전에서 한마디로 "턱도 없는 소리!"라고 잘라 말했다.

"이 사무관, 지금 당신 나이가 몇인가? 결혼은 했는가? 앞으로 고급공무원의 정년 60세까지 수십 년간 관료생활을 해야 할 사람이, 공부를 더 하고 경험도 더 많이 쌓아야 할 마당에 벌써부터 엽관(獵官)운동의 맛을 알고 세무서장으로 가서 늙은 부하들과 노회한 지방유지들에 둘러싸여 주색잡기(酒色雜技)에 빠져 보겠단 말인가?"

"고등고시 동기 한 사람은 민주당 신파 집안이라 '백'을 써서 벌써 서울시내 세무서장으로 나갔는데요."라고 불평하고 싶었지만, 꾹 참았다. 그분은 엄격하기도 했지만 평소에 나를 친동생처럼 믿고 각별히 아껴줬기 때문이다.

차관의 영전(榮轉) 제의, 국장이 막아

그런데 그때 만약 내가 마산세무서장으로 갔다면 어떻게 되었을까? 물론 한동안 마산 천지가 시끄러웠을 것이다. 지금 생각해도 참으로 아찔하다.

그 시절 세무관서에서 엽관운동한 사람은 두고두고 입방아에 올라 결국 배척대상이 되었다. 그 대신 선배들은 앞날이 촉망되는 신진(新進)들을 실무 면에서는 가혹하게 닦달하면서도 인간적인 면에서는 친동생처럼 가르치고 아껴주었던 것이다.

민주당 신파가 구파를 누르고 정권은 잡았으나 어찌된 일인지 시국은 혼란을 거듭했다.

1960년 9월 10일에는 육사(陸士) 8기생들이 자유당 정권의 앞잡이가 된 정치군인들의 추방을 요구하며 숙군(肅軍)을 주장하고 나섰고, 11월에는 4·19 부상학생들이 '자유당 치하 부정선거 원흉과 부정축재자 처벌의 미진(未盡)'에 항의하면서 국회의장의 책상 앞 단상을 점거하는 불상사가 발생했다. 11월 1일에는 서울대학의 일부 학생들이 북한학생들과 대화·교류를 목적으로 민족통일연맹을 결성하는 사태가 벌어졌고, 그런 난중에 12월 25일 부산 국제시장에서는 역사에 기록될 대화재(大火災)사건이 발생하기도 했다.

만약 장면 정권이 허정 수반의 방침대로 부정선거 원흉들을 조속히 체포·처벌하고, 부정축재자들을 엄정히 조사·처리하며, 4·19 의거 학생들을 살육·고문한 하수인들을 철저히 색출·처벌했다면 그 후 박정희(朴正熙) 장군을 중심으로 한 '5·16 군사쿠데타'는 일어날 명분을 도저히 찾지 못했을 것이다.

설사 쿠데타가 일어났다고 가정하더라도 국민의 강력한 지지와 신임을 등에 업은 민주당 정권이었다면, 그 거사(擧事)는 결코 허용되지 않았을 것이다.

부정축재 처리의 지연과 중단, 그것은 4·19 학생혁명 정신을 망각한 민주당 신·구파의 알력과 반목 그리고 장면정권의 무기력이 스스로 묘혈(墓穴)을 파고, 이 땅에 군사 장기집권을 불러들인, 상징적인 사건이었다고 볼 수 있다.

최고회의에서 고친 세법개정안

"기업체가 은행에 내는 재무제표는 장사가 잘 된다고 흑자(黑字)로 표시하고 세무서에 내는 것은 이익이 적다거나 적자(赤字)로 표시하는 경우가 많지요."
"그게 말이 돼요? 이재국과 사세국은 같은 재무부 산하인데 기업체가 반드시 한 가지로 작성, 제출하도록 통일시켜야죠."

요즘 일간신문의 광고란을 보면, 회사들이 발표하는 대차대조표(貸借對照表)가 가끔 눈에 띈다. 이런 광고는 주로 2, 3월경에 집중되고 있다. IMF 외환위기 때도 예외는 아니었다. 왜 그럴까?

과거 법인세법에서는 영리(營利)활동을 하는 회사는 세무서장에게 제출하는 대차대조표의 각 계정과목과 금액을 법인세 신고기간 동안에 반드시 일간신문에 공고(公告)해야 한다고 강제규정을 두고, 만약 공고를 이행하지 않는 경우에는 별도로 가산세(加算稅)를 물리게끔 되어 있었기 때문이다.

회사들 가운데는 1년간의 사업연도가 12월 말에 끝나는 경우가 많았고, 그들이 1년간의 결산(決算)을 마감하는 시기가 대개 이때로 몰려 있었다.

과거에 공고를 해야 할 회사 수는 전국에 약 12만 개쯤 되었다. 그러니까 회사들이 지출한 광고비용을 합치면 상당한 금액이었을 것이다. 물론 규모가 크고 이름 있는 재벌급 회사들은 '조선·동아·중앙' 등 큰 일간지에 큼직하게 결산공고를 했다. 하지만 규모가 작고 업황이 좋지 못한 중소기업들은 작은 일간지나 외국인 신문, 영자신문 심지어 스포츠신문에 조그맣게 공고를 내기도 했다.

세제(稅制)당국은 중소기업들의 대차대조표 공고가 더 이상 실효(實效)를 거두기 어렵고 또 회사에 공연한 부담을 주는 결과가 된다고 보고, 1999년부터는 대기업(大企業)에 한해서만 이 제도를 존속시키기로 법을 개정했다.

그런데 이 제도가 처음 도입·실시된 것은 그보다 훨씬 전의 일이었다. 1961년 5·16 군사쿠데타가 일어난 지 얼마 안 되었을 때였고, 발상(發想)은 정통 세무관료가 아닌 신참(新參) 사세국장이었으며, 관계 법조문(法條文)을 작성한 실무 책임자는 바로 나였다.

그때 나는 사세국 직세과에서 29세 젊은 법인세(法人稅)계장으로 근무할 때였고, 사세국장은 이재과장 출신의 금융전문가 이철승(李喆承) 씨였다.

1960년 8월 23일, 4·19 학생혁명을 계기로 정권 장악에 성공한 장면 정부는 3·15 부정선거에 관계된 최인규 내무부장관을 비롯하여, 내무부의 지방·치안국장을 긴급 구속했고 곧이어 전국의 도지사, 내무·경찰국장, 지도과장과 일선의 군수·경찰서장 전원을 전격 해임했다.

그에 따라 재무부 산하에서도 3·15 선거 당시에 지방사세청장·세무서장과 세관장·세관지서장 등 지방기관장을 지낸 현직간부들 전원을 자유당의 부정선거에 협력했다는 이유로 전원 파직(罷職)시켰다.

당시에 사세국장이던 김소인 씨도 지방사세청장을 지낸 것이 탈이 되어 취임하자마자 퇴임했고, 사세국에 국장 적임자의 씨가 마르자 그 후임에 전혀 생판인 재무부 이재국 외환과장 김학렬 씨가 승진·임명되었다가 곧 다른 데로 옮기고,

후임에 이재과장 이철승 씨가 승진·발령되었던 것이다.

그렇게 되자 사세국의 대표적 요직(要職)이요, 승진 서열 0순위인 직세과 법인세계장 자리에 원천세계장이던 내가 발탁·전근되었다.

사세국과 이재국의 장벽 허물고

이재과장 출신 신임 사세국장 이철승 씨는 벼락감투를 쓰고 생소한 사무 및 직원들에게 둘러싸여 무료하게 소일하게 되자 고등고시 후배인 나를 자주 불러 여러 가지 질문도 하고 대화도 나누곤 했다. 그러던 어느 날, 이 국장이 난데없이 불쑥 질문을 던졌다.

"내가 이재과장 시절 은행에 출입하는 친구들을 만나면 대개가 사업이 잘된다고 뽐내더니만, 요즘 그들을 만나면 갑자기 사업이 잘 안 된다고 엄살을 부리는데 그것 참 이상하지 않소?"

"아마 그전에는 은행에서 융자받는 데 혹시 도움이라도 받을까 해서 국장님께 허세를 부렸을 게고, 지금은 잘못 말했다가 괜히 세금공세라도 당할까봐 몸조심하는 게 아니겠습니까?"

"설마 그럴 리야 있겠소. 그런데 회사들이 은행과 세무서에 내는 재무제표(財務諸表) 내용은 물론 똑같겠지요?"

"아니죠. 은행에 내는 것은 사업이 잘된다고 이익을 많이 계상해야 융자를 쉽게 받을 수 있고, 세무서에 내는 것은 장사가 잘된다고 해봤자 세금만 많이 내게 될 테니까 이익을 적게 만들거나 손해를 부풀리기 마련이거든요."

"그게 말이 돼요? 어디다 내든 똑같은 회사의 결산(決算)서류인데, 한 가지로 통일시켜야지……."

"말씀이야 옳습니다만, 제출기관이 다르고 제출시기도 달라, 제도상 그것을 통일시킬 마땅한 방법이 없습니다."

그래서 우리가 내린 결론은, 재무부 사세국에서는 회사가 결산이 끝나면 일간 신문에 재무제표 가운데서 대차대조표 한 가지라도 반드시 공고하게 하고, 재무부 이재국(理財局)에서는 회사가 은행에 융자 신청을 할 때는 반드시 공고된 대차대조표 사본에 세무서장의 확인도장을 받아 내도록 조치하자는 것이었다.

말하자면 그때까지 사세국과 이재국 사이에 가로막혔던 고질적인 장벽(障壁)을 무너뜨려 세무관서와 금융기관 사이에서 역사상 처음으로 업무협조가 이뤄질 수 있었다. 과거에는 그만큼 양 국 사이에 사무적 협조와 인적 교류가 완전히 꽉 막혀 있었다. 중앙청의 각 부처 간 장벽은 두말할 여지가 없을 만큼 견고했던 것이다.

대차대조표 신문 공고제 시작

"신문 공고를 내라면 회사들이 과외 경비가 든다고 불평하지 않을까요?"

"광고 크기나 신문사 선정은 회사 형편에 따라 알아서 하게 하면 되겠죠."

"그럼 신문사들은 광고수입이 많아져서 좋아하겠군."

"그렇겠죠. 신임 국장님 발표를 들으면 장·차관은 물론 우리 부에 출입하는 신문기자들도 깜짝 놀랄 겁니다."

하지만 그 세법개정안은 5·16 군사정권 때 국회를 대신한 국가재건최고회의의 심의과정에서 정말 큰일이 날 뻔했다. 왜냐하면 법제처와 국무회의를 거쳐 최고회의에 이송·상정된 그 법안(法案)의 유인물을 사무실에서 받아본 나는 중요 구절 하나가 완전히 빠져 버린 사실을 발견했던 것이다.

그날은 최고회의에서 그 법안이 상정·심의되는 날이었다. 물론 그 책임은 교정을 잘못한 최고회의 쪽에 있었다. 하지만 만약 그 법안이 그대로 최고회의를 통과하고 나면 우리는 세법개정안을 다시 작성해서 법제처와 국무회의를 거쳐 최고회의의 의결을 다시 받아야 하고, 그 과정에서 누군가가 그 실수에 대한 책임을 단단히 져야 했다.

큰일 날 뻔, '최고회의' 큰 실수

직원으로부터 그 사실을 보고받은 나는 긴장하고 조급한 나머지 사세국장에게 보고할 겨를도 없이 충무로 1가에 있던 최고회의 청사로 죽어라 달려갔다. 급한 김에 달려가다 보니 최고회의 회의실 안으로 불쑥 들어가고 말았다. 엄숙한 실내 분위기 탓인지, 나의 행동을 저지하는 사람은 아무도 없었다.

회의실 정면에는 박정희 의장이 앉아 있었고 그 좌우에는 신문에서 본 최고의원들이 배석한 가운데 바로 그 법안이 심의되고 있었다. 키가 작고 뚱뚱한 체격의 유원식(柳原植) 위원이 차트를 넘겨가며 법안 내용을 더듬더듬 설명하고 있었다.

사태를 파악한 나는 문 옆에 서 있는 행정장교의 소매를 붙들고 밖으로 나왔다. 그리고 신분을 밝히고 무작정 그에게 매달렸다.

"큰일 났습니다. 지금 심의 중인 법안(法案) 내용이 인쇄 과정에서 잘못됐습니다."

"그래요? 많이 틀렸습니까?"

"네, 한 구절이 완전히 빠져 버렸습니다."

"이 조문은 국가재건(國家再建)에 꼭 필요한 부분입니까?"

"그렇습니다."

"그럼, 여기서 당장 고치세요."

"네? 그래도 괜찮겠습니까?"

"지금이 어느 때요, 혁명기(革命期)가 아닙니까?"

서울 충무로 해군회관에 위치했던 최고회의 청사를 빠져나온 나는 그제서야 안도의 한숨을 크게 내쉴 수 있었다. '혁명기라?' 하고 혼자 중얼거리면서…….

기업들이 세금을 신고할 때 내는 대차대조표와 융자 신청할 때 내는 대차대조표를 일치시킨 이 제도는 그동안 세무서가 납세자의 성실 신고(誠實申告)를 유도하는 데 많은 도움이 되었을 것이다.

오늘날에 와서 금융기관은 자체 신용평가기구를 강화하고 있다. 그래서 이 제도는 시대적 사명을 다했다고 볼 수 있다.

하지만 우리 사회에서는 IMF 외환위기를 계기로 회사가 회계(會計)처리를 조작해서 회사의 업황이 실제보다 잘되는 것처럼 가장(假裝)해 특혜융자를 받거나, 회사의 경비를 조작해서 세금을 과소신고(過少申告)하는 등 분식회계(粉飾會計)는 여전히 문제로 남아 있다.

이 같은 행위는 범죄행위가 분명하다. 따라서 우리 사회에서 기업의 윤리문제는 근본적인 대책이 시급하다고 볼 수 있다.

법률에 포함된 제도 한 가지라도 따지고 보면 이 같은 역사적 배경을 갖고 있다. 전문 관료가 아니라도 투철한 사명감과 적극적인 열성만 가진다면 기발하고도 유효적절한 정책 발상은 얼마든지 가능한 것이다.

3

60년대 5·16 군정 시절

5·16 군정 '부정축재조사단' 부정사건
산업화 촉진, 세정(稅政)도 총동원
5·16 군정의 야심작 '재무부 감사과'
사세직 고역(苦役), 사세청에서 첫 체험
근대화 징세군단 '국세청' 등장

5·16 군정 '부정축재조사단' 부정사건

"국장님, 이건 절대로 안 됩니다. 정치자금 제공을 이중으로 처벌하지 않겠다는 것이 군사정권의 확고한 방침이라면 그들이 특별법인 부정축재처리법을 고쳐야지, 엄연히 살아 있는 일반세법을 우리가 무슨 수로 배척한단 말입니까?"

1998년 11월 27일, C일보가 연재한 '근대화 혁명가 박정희(朴正熙)의 생애, 내 무덤에 침을 뱉어라' 시리즈의 한 부분을 읽고, 한동안 나는 옛 생각에 잠겼다.

중제목은 '국가 개조(改造)', 소제목은 '부정축재처리반의 부정'이었다.

"……부정축재처리반 부정사건의 핵심인물인 위원장 보좌관 Y대령은 육사 8기 출신의 포병장교였다. Y대령은 I위원장과는 이북(以北) 출신의 동향이었다. 그는 여러 명의 기업인들에게 환수액(還收額)을 적게 줄어 주는 대가로 수천만 원의 뇌물을 받았다."고 적고, "김종필의 정보부 수사팀은 Y 대령의 집을 수색했으나 위원장에게 뇌물이 전달된 증거는 잡지 못했다."는 내용이었다.

그리고 5·16 군사정권의 박정희 의장이 그 사건을 알고 크게 노했다는 것과 최고위원들 사이에서 그 사건의 책임소재를 둘러싸고 출신 지역 간에 알력이 심했다는 것, 그리고 그 사건을 계기로 최고위원들이 심리적 위축을 크게 받았다는 것 등의 설명이 곁들어 있었다.

그 당시는 5·16 군사쿠데타가 끝나고 서슬이 시퍼런 소위 최고회의가 국회 기능을 대신하고 있을 때였다. 그게 아마 1961년 8월경이었을 것이다. 나는 여전히 재무부 사세국 법인세계장 자리에 있었다.

부정축재조사반장의 위협받고

그러던 어느 날 나는 이재과장 출신 L사세국장의 호출을 받았다. 국장실에서 얼룩무늬 군복을 입고 가슴에 시퍼런 권총을 비껴 찬 우람한 체격의 육군 소령과 민간인 한 사람을 소개받았다.

그들은 기세가 등등했으나 20대의 젊은 정통파요, 고등고시 출신 고급관료이던 나는 누구 앞에서도, 아무것도 거리낄 것이 없었다. 더구나 자타가 공인하는 천하의 법인세계장이 아니던가.

"이 계장, 이분들은 최고회의 소속 부정축재조사반에서 나온 분들입니다. 말씀을 듣고 잘 도와 드리세요."

"네, 알겠습니다. 그런데 무슨 일이시죠?"

"초면에 폐가 많습니다. 최고회의에서는 과거의 부정축재자 10명을 긴급구속(緊急拘束)해 놓고 지금 한창 마무리 조사를 진행 중에 있소."

"아, 그렇습니까, 수고가 많으십니다."

"그런데 부정축재처리법에서는 3·15 부정선거와 관련해 정치자금을 제공한 부정축재자들에 대해서는 동액의 벌과금을 따로 부과하게 돼 있죠?"

"아, 그렇습니까?"

"아니, 법인세계장이라는 사람이 혁명정부가 만든 부정축재처리법도 모르고 있단 말씀이오?"

"죄송합니다. 말씀이나 계속하시죠."

"그런데 당신네들이 취급하는 법인세법(法人稅法)에 의하면 업무와 관련 없는 경비지출은 그 전액을 손금부인(損金否認)하고 익금(益金)에 가산하게 돼 있다던데 그게 사실인가요?"

"네, 그렇습니다만."

"그게 바로 문제다 그 말씀이죠. 만약 우리가 정치자금과 동액의 벌과금을 매기고 거기에다 당신네가 따로 그 회사에 법인세와 가산세를, 돈을 낸 사장에게는 별도의 소득세와 가산세까지 추가로 부과한다면 명백한 이중과세 내지 이중처벌(二重處罰)이 되는 게 아니겠소?"

"그거야 당연히 그렇게 되겠지요."

"이 양반아, 내 말뜻을 알아듣는 거요, 못 알아듣는 거요?"

"왜요, 뭐가 잘못됐습니까?"

"여보, 아무리 혁명정부라 해도 정치자금에 벌과금만 매기면 됐지, 거기다가 다시 세금까지 이중 삼중으로 중과(重課)할 수야 없지 않소?"

위협 뿌리친 정통관료의 의지

"화를 내지 말고 제 말씀을 좀 들어 보세요. 법인세법은 현행 기본법(基本法)으로 엄연히 살아 있는데, 그렇다면 우리더러 살아 있는 기본법을 눈뜨고 위반하란 말씀입니까?"

"아니, 법을 무작정 어기라는 뜻이 아니라 사세국장의 예규통첩(例規通牒)을 기안해서 부정축재자가 정치자금과 동액의 벌과금을 납부할 경우에는 손금부인

규정의 적용을 배제하라고 전국에 시달해 달라 그 말씀이오.”

“네. 이제야 무슨 말씀인지 알겠습니다. 하지만 그건 안 됩니다.”

“왜 안 돼?”

“안 되죠. 사세국장의 예규통첩은 법(法)을 정확하고 확실하게 해석해서 전국의 세무관서가 일사불란하게 법을 집행하도록 지도하기 위한 내부지침(指針)에 불과한데, 일개 국장의 예규통첩을 가지고 어떻게 국가의 기본법을 부정하는 공문을 발송할 수 있겠습니까?”

“아니 이 사람이, 여보 국장, 나와 함께 장관실로 갑시다. 이 사람 상대해서는 얘기가 안 되겠군.”

금융전문가 출신 사세국장은 우리가 주고받는 말이 무슨 이야기인지 영문도 모르거니와 살기등등한 그들을 우선 달래느라 여념이 없었다.

“이 계장, 이분들이 누군지 몰라서 하는 소리요? 지금 때가 어느 때요? 연구해 보겠다고 우선 대답해 드리세요. 그리고 나중에 나와 의논합시다.”

“국장님, 안 됩니다. 만약 정치자금 제공을 이중처벌하지 않겠다는 것이 군사정권의 확실한 방침이라면 특별법인 부정축재처리법 자체를 고쳐야지, 엄연히 살아 있는 일반법을 우리더러 무슨 수로 배척하란 말입니까?”

“그래? 그럼 좋소. 우리가 돌아가서 재무부장관을 불러 그 양반과 담판을 짓겠소. 하나는 알고 둘은 모르는 월급쟁이 잡고 더 이상 말할 게 뭐가 있담. 법인세계장, 당신 두고 보자고.”

화가 잔뜩 난 그들은 증오에 가득 찬 눈으로 나를 노려보더니 발자국 소리도 요란하게 국장실 문을 꽝 닫고 돌아가 버렸다.

결국 드러난 조사반의 부정(不正)사건

그들이 가고 난 뒤 나는 국장을 상대로 관계법 내용을 자세히 설명했다. 하지만 내 설명이 부족했던지, 아니면 부정축재조사반의 기세에 눌렸던지, 그날 국장의 표정은 내내 밝지 못했다.

그날 그 문제에 직속상관인 K 직세과장은 개입시키지 않았다. 왜냐하면 과장은 자유당 정권 말기에 사세국과 미국 조세고문단 간의 업무 협조를 위해 영입된 산업개발위원회 출신의 신참(新參)이었기에 그분 역시 세법(稅法)에는 문외한일 수밖에 없었다.

만약 그날 사세국장이 나 아닌 과장을 불렀다면, 아니 국장이 과장을 데리고 장관실로 직접 갔다면 희극(喜劇)이 벌어졌을 것이다. 하지만 설마 주무계장인 나를 제쳐두고 그들끼리 그런 예규통첩을 기안·시달(示達)하지는 못했을 것이다.

그 후에 각 신문지상(紙上)에는 부정축재조사반의 부정사건이 대대적으로 발표되었고, 관련자 전원이 구속되었다는 보도가 있었다. 하지만 나는 그 사건의 연루자가 누군지 구태여 알아보려고 하지 않았다. 그때 만약 그들 요구대로 법률의 효력을 중지(中止)시키는 사세국장의 예규통첩을 기안·시달했다면 나는 설사 구속은 면했어도 세무관서에서 오랫동안 가소로운 인간으로 조롱을 받았을 것이다.

다음에 만약 군사정권시대 부정축재조사반의 부정사건을 다루는 이가 있다면, 이런 대목도 한마디 포함시킬 필요가 있을 것이다.

산업화 촉진, 세정(稅政)도 총동원

우리 사회에서 벌어지고 있는 직업 간, 지역 간, 소득계층 간의 알력과 갈등은 5·16 군사정권과 박정희 정부 때 베풀어진 엄청난 특혜(特惠)와 이를 바탕으로 강력하게 추진된 산업화(産業化) 정책에 근본 원인이 있었다고 본다. 앞으로 우리 관계(官界)나 정계(政界)는 물론 학계(學界)도 이 사실을 잊지 말고 기회 있을 때마다 특혜 받은 기업들이 지켜야 할 사회적 윤리관과 사회복지문제에 대해 각별한 책임감을 가져야 할 것이다.

5·16 군사쿠데타가 일어난 후 내 직분인 법인세 사무의 실무에 정신이 팔린 나는 정국(政局)이 어찌 돌아가는지, 그 추이에 대해서는 관심을 기울일 여유가 없었다.

민주당 정권이 5·16 군부세력에 의해 맥없이 무너지자 정치문제에 흥미를 잃은 데다가 정권을 곧 민간에게 이양할 것이라는 박정희 장군의 공약을 철석같이 믿고 있었기 때문이다. 더구나 나는 사세국 법인세계장으로서 국토개발대 출신 신규직원들을 대상으로 한 법인세법 교육의 강의준비에 쫓기고 있었다.

하지만 청사 밖에서는 정책(政策) 추진에 많은 변화가 있었다. 당시 자료를 놓고 회고할 때 최고회의 박정희 의장은 부정축재자 처리문제 하나만 놓고도, 몹시 고심한 것으로 짐작된다.

우선 4·19 학생혁명으로 집권한 민주당 정권이 부정축재 문제를 어떻게 처리했는지, 그 과정부터 살펴보자.

1960년 8월 18일, 민주당 소속 김채용 의원 외 16명은 '4월 혁명정신에 입각, 구 정권하의 경제적 부패(腐敗)를 숙정하고 제2공화국의 균등경제(均等經濟) 건설에 새로운 기초를 마련하기 위해서'라는 명분 아래 '부정축재 특별처리법'안(案)을 국회에 제출했다.

하지만 그 법안은 심의도 하지 못한 채 폐기되고 말았고, 동년 9월 5일에는 서민호 의원 외 13명과 이종린 의원 외 10명이, 9월 17일에는 조영규·김채용 의원 외 134명이, 11월 23일에는 국회 법제사법위원장이, 12월 31일에는 정해영·김창수 의원 외 9명이 '부정축재 특별처리법' 안을 각각 중구난방(衆口難防)으로 국회에 제출했다.

그러나 민주당 신·구파의 내분과 알력으로 말미암아 그 법안들 역시 모두 폐기되고 말았다.

그다음 해에 이르러 국회에서는 모처럼 여·야당의 합의 아래 '부정축재특별법'이 다시 제안되어 4월 4일에 민의원을, 4월 10일에 참의원을 간신히 통과했다. 그 결과 장면정부는 비로소 부정축재 처리에 착수할 법적(法的)근거를 마련할 수 있었다.

하지만 그 법률은 본격적인 시행에 들어가기도 전에 5·16 군사쿠데타에 의해 폐기되고 말았다. 그 후 국회의 권한을 대신한 국가재건최고회의는 1961년 6월 13일 '부정축재처리법(不正蓄財處理法)'을 새로 제정, 전격 통과시켜 그로부터 부정축재 조사는 원점에서 다시 시작되었던 것이다.

'국민을 배불리 먹여 살려야……'

5·16 군사정권에 이르러 다시 시작한 부정축재자에 대한 조사·처리가 어떻게 되었는지, 그 과정을 살펴보자.

당시에 최고회의는 '이 법은 국가의 공직 또는 정당의 지위나 권력을 이용하거나 기타 부정한 방법으로 재산을 축적한 부정공무원, 부정이득자, 학원 부정축재자의 부정축재에 대한 행정상·형사상의 특별처리를 목적으로 제정한다.'고 밝히고, 처벌대상에는 자유당 정권하에서 저질러진 부정행위를 총망라했다.

탈세, 외환 대부, 재산 도피, 수뢰 등의 방법으로 부정축재한 자가 법인체(法人體)인 경우에는 그 행위와 관련된 주주 또는 사원도 똑같이 책임을 묻기로 했다. 그리고 처리위원회의 결정에 고의적으로 불복하거나 기피하는 자에 대해서는 사형(死刑), 무기 또는 3년 이하의 징역(懲役)이나 통고된 금액의 2배 이하의 벌금(罰金)에 처한다는 등 어마어마한 내용이 담겨 있었다.

그 법률이 제정·공포되면서 부정축재 조사반은 저명한 기업인 10명을 비롯해 공직자 및 군 장성 등 30여 명의 저명 인사를 전격 구속(拘束)했다. 그리고 그해 8월 12일에는 부정기업인 및 기업체에 대해 27건 470여 억 환에 달하는 환수금(還收金)을, 9월 13일에는 부정공직자 및 군장성 등 34명에 대해 70여 억 환에 달하는 환수금을 내도록, 각각 통고처분을 단행했던 것이다.

그런데 10월 23일, 최고회의는 전날까지의 서슬이 시퍼렇던 태도를 갑자기 180° 바꿔 부정축재 환수에 대한 완화(緩和)조치를 단행하여 세상을 깜짝 놀라게 했다.

즉 '부정 이득자로서 국가 재건(再建)에 필요한 공장을 건설, 그 공장의 주식(株式)으로 환수금을 대신 납부하고자 하는 자에 대해서는…… 그 주식 중에서 부정축재 통고액(通告額)에 물가상승률을 곱한 금액에 해당하는 부분을 국가에 납부하게 함으로써…… 경제개발 5개년계획을 성공적으로 수행토록 하고자 부정축재처리법을 개정(改正)한다.'고 전격 발표했던 것이다.

최근 C일보에 실린 '근대화 혁명가 박정희의 생애'를 읽어 보고 나서야 그때 부정축재자에 대한 조사·처리가 왜 그렇게 극적으로 완화됐는지, 그 이유를 알 수 있었다.

당시에 일본에서 귀국, 연금(軟禁)상태에 있던 삼성의 이병철(李秉喆) 회장이 박정희 의장에게 건의한 탁견(卓見)을 들어보자.

"……이른바 부정축재자들을 처벌한다면 그 결과는 경제 위축(萎縮)으로 나타날 것입니다. 이렇게 되면 당장 국고의 조세수입(租稅收入)이 줄어들어 국가운영에 큰 타격을 받게 될 것입니다. 그보다는 경제인들에게 경제 건설(建設)의 일익을 담당하게 하는 편이 오히려 국가에 더 큰 이익이 될 줄 압니다."

또 구속된 경제인들의 전원 석방을 반대하던 최고회의 이석제(李錫濟) 의원을 달랜 박정희 의장의 용단(勇斷)도 들어 보자.

"이 사람아, 우리가 권력을 잡았으면 이제부터는 국민을 배불리 먹여 살려야 할 게 아닌가? 우리가 이북(以北)만도 못한 경제력을 가지고 어떻게 할 작정인가? 그래도 드럼통을 두드려 물건(物件)을 만들어 본 사람은 그들, 즉 기업인(企業人)들밖에 더 있는가. 그만큼 정신 차리게 했으면 이제 됐으니……."

그리하여 연금상태에 있던 이병철 회장과 구속됐던 경제인 10명이 곧바로 석방되었던 것이다.

산업화에 묻힌 부정축재 처리

비록 정권 장악의 명분을 찾기 위해서라 했지만, 경제개발에 관한 한 군사정권이 보인 의지와 결의는 그 후에도 수단·방법을 가리지 않고 계속 진행되었다.

'민주화(民主化) 세력들'의 피눈물 나는 반항(反抗)과 투쟁에도 불구하고 잘살아 보겠다는 우리 국민들의 산업화에 건 간절한 소망은, 소위 '산업화(産業化) 세력들'의 득세(得勢)를 눈감아 주고 말았던 것이다.

첫째로 1961년 7월 24일, 최고회의는 '예금·적금 등의 비밀보장에 관한 법률'을 제정, 금융기관에 일단 예입된 예금·적금은 그것이 설사 탈세·밀수·도박·뇌물·투자 등 그 어떤 부정·부패한 방법에 의해 취득·상속·양도된 돈이라도 출처가 어딘지 일절 묻지 않고, 또 그 비밀을 철저히 보장해 주기로 했다. 그리하여 국민의 저축성향을 유도하고 그 자금들이 금융기관에 최대한 흡수되어 산업자금으로 활용될 수 있도록 적극 유도했다.

둘째로 1962년 5월 10일 최고회의는 '부정축재환수를 위한 회사설립 임시조치법'을 개정, 부정축재자가 만약 환수채무액의 3분의 1만 국가에 납부하더라도 회사 설립이 가능하도록 허용했다. 그리하여 부정축재자에게 경제개발계획에 적극 투자할 기회를 최대한 확대해 주었다.

셋째로 최고회의는 동년 5월 28일 '조세범(租稅犯)에 관한 특별조치법'을 제정, 1960년 말 이전에 발생한 사채·투기 등을 포함한 일체의 탈세행위를 완전히 사면(赦免)했다. 그리하여 모든 경제인들이 마음 놓고 경제개발계획에 동참할 수 있도록 유도했던 것이다.

넷째로 군사정권은 1962년 6월 10일에 화폐단위 10환을 1원으로 절하(切下)하는 내용의 화폐개혁을 단행했다. 그리하여 민간인이 장롱 안에 감춰두었던 현금을 밖으로 끌어내 금융기관에 예·적금하게 함으로써 산업자본으로 최대한 활용할 수 있도록 유도책을 강구했던 것이다.

이상과 같이 5·16 군사정권은 부정축재자에 대한 처리를 대폭 완화하고, 지하경제를 통해 탈세와 부패 그리고 부정의 온상이 되어 오던 '예·적금의 비밀'까지도 철저히 보호했다. 그리하여 민간자본(民間資本)의 축적과 산업자본의 동원을 위해 과거의 경제범죄 일체에 대해 그야말로 수단·방법을 가리지 않고 면죄부(免罪符)를 주었던 것이다.

산업화 위한 세제특례, 굴욕외교, 월남파병, 독일차관

특히 그 후 1965년 1월 박 대통령이 국군의 월남 파병(派兵)을 결심한 것은 파병에 따른 월남 특수경기(特需景氣)와 미국이 파월군인에게 제공할 달러 수당(手當)을 예상한 결정이었다. 당시에 파월(派越)장병 수는 31만 명에 달했고, 그 가운데서 4,770명이 전사하고 1만여 명이 부상했었다.

그리고 굴욕외교(屈辱外交)라는 학생·야당 및 재야인사들의 완강한 반대에도 불구하고 그해 12월 기어코 강행된 한일협정(韓日協定)은 국교 정상화에 따라 일본이 제공할 경제협력과 원조자금을 기대한 결단이었다.

또한 60년대에 우리 광부와 간호사를 독일에 파견한 것은 그들이 벌어서 보낼 임금(賃金) 송금을 기대한 것과, 또 하나 독일에서 도입한 차관(借款) 1억 4,000만 마르크에 대한 일종의 '담보제공'이었다고 볼 수 있다.

당시에 일본으로부터 청구권과 독립축하금 등의 명목으로 받아들인 자금(資金)은 포항제철·고속도로의 건설 등에 투입되어 경제개발의 토대가 된 것은 너무나 잘 알려진 사실이다. 우리 재벌들은 5·16 군사정권과 박정희 정부가 우리나라의 산업화 과정에서 경제계에 얼마나 크고 많은 특혜를 베풀었는지 깊이 인식하고, 사회적 책임을 결코 소홀히 해서는 안 될 것이다.

금융자산의 비밀 보장을 철폐하고 실명제(實名制)를 시급히 실시해야 할 문제, 날로 늘어나는 빈부의 격차를 완화해야 할 문제, 예금·적금의 이자와 주식 배당금을 포함한 완전한 종합과세를 실시해야 할 문제, 의무교육과 의료보험의 확대, 그리고 가난한 영세계층에 대한 생계보장, 소득재분배를 통한 복지정책의 강력한 추진 등 우리 사회가 하루속히 해결해야 할 '부(負)의 유산' 등 과제들이 너무나 많다고 본다.

오늘날 우리 사회에서 벌어지고 있는 직업 간, 지역 간, 소득계층 간의 갈등과 대립에는 이상과 같은 5·16 군사정권과 박정희 정부에 의해 추진된 산업화 과정에 그 책임의 일단이 있음을 잊어서는 안 된다.

특히 한일 국교정상화에 따라 묻혀 버린 여자정신대문제, 원폭 피해자문제, 강제 노무자문제, 사할린 잔류자문제의 처리와 일본 정부가 보유 중인 우리 문화재(文化財)의 반환문제 등은 하루속히 해결해야 할 과제이다.

5·16 군정의 야심작 '재무부 감사과'

고생하던 수습행정관 시절 점심때마다 고시동기와 함께 중앙청 꼭대기를 오르내리던 옛날을 잊을 수 없다. 나는 그로부터 불과 5년 뒤에 중앙청 과장으로 승진(昇進)되어 그 건물 안에서 근무하게 되자 참으로 감개무량했다. 하지만 5·16 혁명정부가 큰 기대를 갖고 시작한 세무행정의 개혁(改革)사업은 감사과장 나 한 사람의 힘만 가지고 추진하기에는 너무나 벅찬 과제였다.

5·16 군사정권이 재무부에 처음 창설한 행정기구는 뜻밖에도 사세국 감사과(監査課)였다.

감사과에서는 사세국 산하 지방관청과 소속 공무원들의 직무를 감찰하고 행정운영의 개선과 향상을 도모하기 위한 감사계(監査係), 과세자료의 수집과 활용을 통해 근거 과세를 도모하기 위한 조사계(調査係), 탈세정보의 수집과 처리를 통해 납세자의 성실한 신고 납세를 유도하기 위한 사찰계(査察係) 등 막강한 계(係)가 설치되었다. 말하자면 지금 국세청에 설치·운영하고 있는 감독관실, 조사국, 심사국 업무의 대부분이 망라된 대단히 강력한 기구였다.

5·16 군사정권이 들어서자마자 제일 먼저 창설한 감사과는 세무공무원의 기강(紀綱)확립과 납세자의 탈세(脫稅)방지를 통해 재정자금을 확충하기 위하여 재무부장관이 야심을 품고 발족한 기구였다. 하지만 소수정예(精銳)를 자랑하던

보수적 사세국에서는 예상치 못한 기구 확대요, 특히 독립된 감찰·사찰기구의 창설은 사세국의 기존(既存)세력들에 대한 불신(不信)을 의미하는 것이었다.

그러면 어째서 재무부에 감사과가 갑자기 창설되어야 했는지 그 배경을 잠깐 살펴보자.

약관 30세, 재무부 감사과장

그에 앞선 1960년 9월 30일 장면 정부의 재무부장관 김영선 씨는 신년도 예산안을 국회에 제출하면서 자유당 정권이 남긴 횡포(橫暴)를 다음같이 지적한 바 있었다.

"자유당정권은 재정 면에서 해마다 국민에게 막대한 조세부담을 강요했음에도 불구하고 무려 2,700억 환이나 되는 국고채무(國庫債務)를 남겨놓았을 뿐아니라 국영 및 관리기업체의 부채(負債)도 누적시켰고, 그 중 정부 출자기관의 부채만 해도 작년 말 현재로 415억 환에 달해 장래의 국민부담을 더욱 높여 놓고 있는 실정입니다."

그리고 새해 조세정책에 관해서는 "세무행정 면에서도 환율의 현실화와 세제의 개편에 따라 세원(稅源)을 재검토함과 동시에 자료의 과학적 분석·검토에 의한 근거과세(根據課稅)를 위주로 행정력을 전환하고 징세제도의 획기적인 개선 등으로 공평(公平)과세에 주력할 것입니다."라고 포부를 밝혔다.

김학렬·김정염·이철승 국장들 격려

그러나 장면 정부는 그들의 포부를 펴보기도 전에 5·16 군사쿠데타를 맞고 말았고, 군사정권은 그해 6월 13일 송요찬 내각수반의 이름으로 추가경정(追加

更正)예산안을 최고회의에 상정했다.

그는 제안 설명을 통해 "……금번의 추가경정예산 편성의 기본방침은 실업대책과 경제활동의 정상화를 위한 긴급경제시책의 반영에 중점을 두고, 일부지역에서 당한 수해(水害)복구대책을 비롯한 긴급하고 불가피한 사업을 신속 과감하게 추진하는 것입니다."라고 밝혔다.

자유당 정권이 남기고 간 엄청난 부채에다, 군사정권이 감원(減員)한 군인 및 공무원들에게 주어야 할 퇴직금, 대홍수(大洪水)로 입은 수해 복구비, 도시 실업자의 농촌 정착비, 수출 진흥을 유도하기 위하여 지급할 보상금 등 당시에 군사정권이 시급히 해결해야 할 경비는 너무나 많았다.

그런데 막대한 재정지출을 뒷받침해야 할 군사정권의 재원(財源)은 단지 일반경비의 절감, 담뱃값의 인상, 국토건설사업비의 전용(轉用), 그리고 부정축재처리법에 의한 환수금 50억 환밖에 없었다. 따라서 군사정권이 믿고 의지할 안정적인 재원이란 오로지 '세금의 증징(增徵)'밖에 없었던 것이다.

그 같은 시대적 요청의 일환으로 당시의 재무부장관 천병규(千炳圭) 씨는 큰 용기를 내어 감사과의 신설을 결심하고 혁명정부의 승낙을 얻었다. 재무부 기획관리실장이던 이철승(李喆承) 씨, 예산국장이던 김학렬(金鶴烈) 씨, 이재국장이던 김정렴(金正濂) 씨 등 고위간부들의 추천을 받아 직세과 법인세계장이던 내가 1961년 11월 21일 초대 과장에 파격적으로 발탁·승진되었다.

그때 내 나이 만 29세였다. 당시에 군사정부가 각 부처의 일반경비를 대폭 절감하고 공무원 수를 최대한 감원하여 일반경비를 최대한 절감(節減)하면서도 유독 재무부에 감사과의 증설(增設)을 허용했으니, 이 기구에 대한 정부 고위층은 물론 재무부 수뇌부의 기대와 포부가 얼마나 컸던가는 쉽게 짐작할 수 있다.

예산국장과 이재국장은 나를 복도에서 만나기만 하면 "이 과장만 믿는다." "열심히 잘해라."는 등 성원과 격려 말씀을 아끼지 않았다.

그렇게 되자 나 역시 어린 나이에 중앙의 중책을 맡았으니 선배들의 기대와 신뢰에 어긋나지 않도록 최선의 노력을 다하기로 다짐한 것은 물론이었다.

감사계장에는 서울 출신 이정옥(李正鈺) 씨, 조사계장에는 대구 출신 백낙준(白樂準) 씨, 사찰계장에는 광주 출신 정래유(丁來裕) 씨를 직접 발탁했다. 때마침 재무부 청사(廳舍)는 수리된 옛 총독부 건물인 중앙청 5층으로 이사를 가야 했다.

수습행정관 시절 점심때마다 고등고시 동기와 함께 중앙청 꼭대기에 오르내리던 옛일을 회상하면서, 불과 5년 만에 중앙청 과장(課長)으로 승진해 그곳에서 근무하게 된 자신이 놀랍고 또 한편 자랑스럽기도 했다.

쉽지 않은 사세국 혁신업무

하지만 유감스럽게도 나는 신설 감사과에 대한 장관과 선배들의 기대에 부응(副應)할 수도, 안 할 수도 없는 딜레마에 빠졌었다.

첫째로 감사계 사무는 직세·간세·징세·수득세과 등 사세국 내 각 과의 기성(旣成)관료들로부터 제대로 협조를 받을 수 없었다. 사세국장의 예규통첩과 업무지시는 직세·간세 등 부과과(賦課課)에서 지방사세청을 거쳐 일선 세무서에 시달·시행되고 있었기 때문에 신설된 감사과가 직무감찰의 결과 내린 개선·시정명령에 대하여 주무과에서는 그들의 고유권한이 침해된다고 자료제공을 꺼려했기 때문이다.

그래서 감사계로 하여금 사세국 부과 각과의 전문요원들을 차출받는 방향으로 감사계획을 수립·추진하도록 차선책(次善策)을 강구할 수밖에 없었다. 그리하여 동원된 각 과와 감사계의 요원들을 내가 직접 인솔하기로 했던 것이다.

둘째로 조사계 사무는 과세자료의 통·수보 사무가 그때까지 제도상 확립되지 못한 단계였다. 당시는 회사들이 월급이나 배당금·이자 등을 지급하는 경우에 해당 세금을 따로 맡아두었다가 국가에 바치는 원천징수제도만이 의무적으로 실시되고 있었기 때문이다.

납세자가 사고파는 거래 자료를 전부 세무서에 의무적으로 보고하게 하고 그 결과를 점검하기 위해서는 각 부과과에서 관련세법을 보완해 거래원천징수제도를 확립해야 할 필요가 있었다.

그래서 조사계로 하여금 우선 중요한 원자재에 대한 세관의 통관자료, 고액여신(與信)업체에 대한 은행의 대출자료, 요소별 분배국민소득자료 등을 수집하여 지방사세청에 배포해 행정에 활용토록 하는 편법을 사용할 수밖에 없었다.

셋째로 사찰계 사무는 탈세정보의 접수처리에 그치지 않고 부과과가 보관하고 있는 중요기업의 세금 결정결의서 분석을 통해 탈세혐의를 포착해야 한다.

당시는 팩스·컴퓨터가 없던 시절이라 감사과에는 중요한 납세자의 법인세 또는 소득세 결정결의서를 취합·보관할 시설도 없었고 또 부과과에서는 감사과의 제출 요구를 이런저런 핑계로 기피했기 때문이다.

따라서 접수되는 탈세정보에 국한, 내사(內査)를 통해 탈세혐의가 확인되는 경우에 한해서만 지방사세청의 조사과 직원들을 동원해 탈세조사를 진행할 수밖에 없었다.

더구나 최고회의는 1962년 5월 28일 조세범에 관한 특별조치법을 제정·공포하여 1960년 말 이전에 발생한 탈세범죄를 전면 사면했다. 그리고 그 이전인 1961년 7월 24일에는 '예·적금에 관한 비밀보장법'을 제정·시행하여 탈세자금에 대한 추적조사를 완전히 봉쇄해 놓고 있었다.

당시에 나는 29세, 본국에서 원천·법인세 등 핵심업무를 담당해 봤지만, 사세국 타과에 버티고 있던 나이 많은 기성 관료들 눈에는 전문지식과 실무경험 면에서 아직도 부족한 애송이로 보였을 것이다. 따라서 자칫하면 업무마찰이 생길 우려가 농후했다.

만약 내가 장·차관과 선배들의 기대에 부응하기 위해 사세국의 각 부과과에 대해 관계세법 개정안을 제안하거나, 행정상의 개선을 요구하거나, 필요한 요원들의 차출을 요구하거나, 필요한 공간·장비 등의 공급을 청구했다면, 기성(旣成) 4개 과와 정면충돌을 각오해야 했다.

더구나 사세국 내 기성관료들 대부분은 나보다 연상(年上)인 데다가 기득권을 빼앗기지 않으려고 저항과 방해공작을 은근히 펴는 경우가 많았다. 나는 그것을 극복할 배짱을 아직 갖추지 못했던 것이다.

강력한 국세청 기다릴 수밖에

일제강점기부터 있어 온 사세국의 기성(旣成)조직은 일종의 기득권자들의 집단이어서 보수적 장벽은 그만큼 두텁고 높았다. 반면 그 장벽을 뚫어내기에 나는 모든 면에서 사실상 역부족이었다.

더구나 내게 힘을 실어줘야 할 새 사세국장은 외부에서 들어온 신참이라 카리스마가 부족했고, 1962년 6월 10일 화폐개혁의 실패로 천병규 장관마저 물러나고 그 후임으로 등장한 K 장관은 금융전문가로서 세정개혁(稅政改革)에는 아무런 관심도 없었다.

군사정부나 재무부 수뇌부에서는 사세국에 감사과를 창설하면서 젊은 나에게 많은 기대를 걸었지만 그것은 일제강점기 이래로 뿌리 깊게 남아 있는 기성 세무관료들의 막강한 직장이기주의를 과소평가했기 때문일 것이며, 만약 그분들이 그 실정을 알았다면 자체정화(自體淨化), 근거과세(根據課稅), 탈세근절(脫稅根絶) 등 군사정권의 강력한 의지와 결의를 내·외에 과시하자는 데 목적을 뒀다고 봐야 할 것이다.

한 가지 성과가 있었다면, 그때까지 세금에 관한 납세자들의 억울한 이의신청에 대한 규정이 각 세법에 흩어져 있었던 것을 '국세심사청구법' 하나로 묶고 체계화하여 민권(民權) 신장에 다소나마 기여할 수 있었다는 점이다.

세무행정에 획기적 개혁을 가져올 감찰·사찰기능을 발휘하기 위해서는 일개 감사과의 창설만으로는 어림없는 일이었다. 대통령의 결단 아래 '국세청'이라는 거대하고 강력한 기구를 재무부 외청(外廳)으로 분리·독립시키고, 대통령의 개인적 신임이 두터운 인사가 청장으로 등장하는 1966년을 기다려야 했다.

사세직 고역(苦役), 사세청에서 첫 체험

세무행정은 전문지식과 실무경험을 필요로 하는, 그야말로 특수 전문기술분야이다. 만약 현직에 있었던 그때 솔직하고 겸손한 자세로 전문가인 부하들로부터 실무(實務)를 철저히 묻고 배우지 않았다면 나는 세무관서에서 근무하는 동안 고시출신이라는 허울을 둘러쓴 채 자신과 남을 속이고 재무관료 19년을 '수박 겉핥기'로 마감했을지 모른다.

공무원에 임명된 후 나는 처음으로 지방근무를 시작했다. 때는 1962년 10월 17일, 부산·대구시를 포함한 경상남·북도를 관할구역으로 하는 부산지방사세청 세무국장 자리였다. 재무부 감사과장에서 전근된 이유는, 긴 장래를 위해 실무(實務)경험을 단단히 쌓고 오라는 윗사람의 특별 배려였다.

1962년의 경우 부산청의 징수목표액은 전국 1,805억 원의 30%에 해당하는 545억 원, 큰 세목은 물품세·토지세·소득세·법인세·주세 등의 순서였다. 당시에 부산청 관내에는 모직·제당·합판·화공약품 등 공산품(工産品) 공장과 주정·청주·맥주·소주 등 주류(酒類) 양조장이 많았다.

국장실 처음 차지, 관용차도

나는 처음으로 국장실 독방을 차지하고 전용 지프차를 타고 다니는 신분이 되었다. 나이 31세로 관청가(官廳街)에서는 아주 드문 일이었다. 세무관서에는 그때까지도 일제강점기의 관료주의적 계급의식이 철저해 과·계장 등 직속 부하들은 물론 부산·대구·마산 등 대도시의 세무서장들도 나를 깍듯이 상관으로 대해 주었다.

부산청은 6·25 전쟁 때도 피해를 전혀 입지 않았고, 오랫동안 임시수도(臨時首都)가 있던 곳이라 사무적 노하우가 잘 보존되어 있었다. 그래서 업무체계와 직원들의 사무능력이 전국에서 가장 안정되고 우수한 지역으로 높이 평가되고 있었다.

거기서 근무하는 동안 나는 평소에 공부한 학문적 지식을 토대로 철저히 실무경험을 쌓기로 결심했다. 하지만 천진난만한 생각은 곧 냉정한 현실에 부딪히고 말았다.

나는 견습생이 아니라 부산청 세무국장으로서 수백 명 부하를 직접 지휘·감독하고, 연간 500여 억 원에 달하는 막대한 세수(稅收)를 원활하게 확보해야 하는 막중한 책임을 진 실무책임자였다. 그런데도 불구하고 재무부 본부에서 선배 국·과장들의 신망과 동료들의 비호 속에 안주했던 백면서생(白面書生)의 틀을 그때까지 깨지 못하고 있었던 것이다.

기업체가 내야 할 세금의 크기를 직접 결재하는 '법인세 결정품의서'를 처음으로 보았고, 두터운 부속서류들을 앞에 놓고 어쩔 줄을 몰랐다. 때로는 과·계장을, 때로는 담당자를 불러 그 서류들을 하나하나 캐묻고 난 다음에야 비로소 결재서류에 도장을 찍을 수 있었다.

사실 그때까지 직장에서 계급만 높았지, 수많은 공산품들의 제조과정이나 각종 주류의 양조과정 같은 것은 전혀 알지 못했다. 또 기업회계와 세무회계의 차

이를 관계 증빙서류를 통해 직접 따져 보거나 계산해 본 경험도 전혀 없었다. 그리고 신고가 없거나 신고가 부당한 대중(大衆)납세자들의 과세표준을 결정하는 데는 호순조사·기준조사·권형사안회 등 여러 가지 제도와 절차가 있다는 사실도 역시 몰랐던 것이다.

그런데 얼마 후 "젊은 국장이 서류를 꼼꼼히 따지고 챙긴다. 앞으로 일해 먹기가 몹시 힘들겠다."는 소문이 들려오기 시작했다. 심지어 "부하직원들을 불신(不信)하는 것 같다. 젊은 사람이 설마 딴생각이 있어서 그러는 것은 아니겠지."라는 얘기까지 들렸다. 그제서야 내가 견습생이 아니라 이미 기성인이요, 보좌관이 아니라 책임자라는 현실을 깨달았다. 그래서 과·계장들에게 실무경험이 없다는 사실을 솔직하게 고백하고 그들의 이해와 협력을 구할 수밖에 없었다.

그때 만약 솔직하고 겸손한 자세로 전문가인 부하들로부터 실무를 철저히 묻고 배우지 않았다면, 아마도 나는 세무관서에서 근무하는 동안 자신과 남을 속이고, 관료생활 19년을 '수박 겉핥기'로 마감했을지 모른다. '특수 기술직'이라는 말 그대로 세무행정의 전문분야는 전문지식과 풍부한 실무경험이 없으면 도저히 감당할 수 없는, 그야말로 특별한 전문직종(職種)이 분명했다.

그때 나의 꿈은, 사세직의 총수 격인 재무부 사세국장을 두 번이나 역임하고 직세 계통의 법인세 통(通)이던 김만기 선배 같은 전문가가 되는 것이었다. 그 후 재무부 사세국의 집행업무가 따로 분리·독립되어 국세청이 개청되자 군인 또는 타관서 출신들이 온갖 연줄을 타고 세무관서에 대거 진출해 왔다. 그들은 오자마자 과장·서장, 심지어는 지방청장·본청국장 자리도 겁 없이 차지하곤 했다.

그들은 재임 중에 도대체 무엇을 알고 무엇을 보고 어떻게 서류에 도장을 찍었을까? 지금 생각해도 참으로 가소롭기 짝이 없는 일이다.

세무공무원 직업에 회의(懷疑)

부산청 부임 1년이 지나고 실무에 차차 눈뜨기 시작할 무렵, 나는 뜻밖에 납세자들의 집단 항의를 받는 불상사를 겪어야 했다.

부산의사회(醫師會)의 임시총회에 초청받았을 때의 일이었다. 그 자리는 부산사세청에서 진료과목별·지역별·개인별 과세표준의 지수(指數)를 비교·사정하여 병원의 세금을 매기는 과정에서 부산이 대구·마산 등지에 비해 과중(過重)하게 취급됐다는 것을 문제 삼고 그에 대처할 방안을 강구하기 위해 모인 자리였다.

나와 담당과장은 초청을 받고 그 회의에 참석해 있었다. 그런데도 불구하고 의사들은 군중 심리가 작용했는지, 우리를 향해 항의와 비난을 사정없이 쏟아냈고, 그들의 발언 수위는 짐작보다 심각하고 격렬했다.

의사들 조세저항에 퇴직 생각까지

"세무관리들은 명색이 인술(仁術)을 베푸는 우리들을 마치 시장 바닥의 장사꾼들처럼 취급한다."는 말에서부터 시작하여 "이번에 심한 경우는 전기(前期)보다 세금이 50%나 뛰어올랐다." 심지어 "앞으로 세금쟁이와 그 가족들은 진료도 해주지 말자."는 등 강경론까지 나왔다.

그제서야 그들이 왜 모였는지, 그 모임의 본뜻이 무엇인지, 알아차릴 수 있었다.

당시에 대구·마산 등지에 비해 부산 시내의 의사들은 매상액(賣上額)을 가지고 세금을 매기는 기준, 즉 과세표준이 일반적으로 낮은 편이었다. 특히 부산 시내의 유력(有力) 의사들의 경우에 그 정도가 너무 심하다는 여론을 일선 계장들의 보고를 통해 나는 잘 알고 있었다. 그래서 지역 간에, 또 동업자 간에 세금의 생명인 '형평(衡平)'을 맞추기 위해서는 부산 시내, 특히 일부 유명 병원에 대해서는 그 기회에 대담한 증액(增額)조치가 불가피하다고 판단, 내가 책임을 지기로 하고 그 조치를 단행하도록 지시한 것이 바로 말썽의 발단이었던 것이다.

그들의 항의가 끝나고 내가 답변에 나설 차례였다.

"부산은 나의 고향과 다름없는 곳입니다. 대학도 여기서 나왔습니다. 내 처남도 의사입니다. 내가 무슨 원수가 졌다고 여러분에게 가혹한 처사를 취하겠습니까?

오늘 여러분의 항의와 비난에 앞장서는 몇몇 의사들이 누구신지 저는 잘 압니다. 그분들은 부산 바닥에서 소위 유지(有志)급에 속하는 인사들로서 그동안 누가 봐도 지나치게 세금을 적게 물어 온 것이 사실입니다.

이번에 우리가 취한 처사는 부담이 지나치게 낮았던 일부 의사들을 공평한 수준으로 끌어 올리자는 데 목적이 있는 것이지, 결코 의사 전체를 중과(重課)하자는 생각이 아닙니다. 만약 우리의 이번 조치를 납득할 수 없다고 생각하는 분이 계시다면, 우리가 조사한 진료수입을 아예 이 자리에서 공개할 용의가 있습니다. 제 설명에 아직도 불만인 의사선생이 계시면 손을 들어 주십시오."

다행히 그날의 집단 항의는 그 정도로 수습이 될 수 있었다. 하지만 후유증은 두 가지로 남았다.

하나는, 의사회에서 항의·비난에 앞장섰던 소위 거물급 의사들은 나의 상관인 사세청장을 포함, 몇몇 권력기관장들과 어울려 여름에는 골프, 겨울에는 사냥을 즐기는 유지들이었다. 그분들은 나의 지시를 못마땅하게 생각해 한동안 나의 처신을 몹시 난처하게 만들었다.

또 하나는, 그 사건을 계기로 내가 세무공무원이라는 직업에 대해 심한 회의와 염증을 느끼기 시작하여, 하루속히 서울 본국으로 돌아갔으면 싶은 생각이 간절해졌다는 점이었다.

하지만 나의 서울 복귀희망은 상관으로부터 "이왕 내려간 김에 실무경험이나 단단히 쌓으라."는 한마디로 거절되어 결국 3년간이나 그곳에서 머물러야 했다.

그 대신 나는 직무에서 남는 여유시간을 보람 있는 일에 활용하기로 결심했다.

남는 시간, 행세 대신 강의·저술에

우선 모교인 부산대학교에서 특강시간을 얻어 재정학 강의를 시작했고, 그동안 공부한 책과 겪은 경험을 토대로 ≪조세개론≫ 책을 처음으로 저술하기 시작했다.

한편 아내에게는 혹시 세무공무원직을 감당하기가 싫어 사퇴할 경우에 대비, 미용학원에 다니면서 자격증이라도 한 장 따놓도록 단단히 다짐을 했다.

중학시절 나는 작문을 잘하고, 그림 그리기를 좋아하고, 나팔을 불고, 연극을 하며 자랐다. 천성이 금력(金力)이나 권력(權力)을 지향하는 타입은 아니었다. 말하자면 다정다감한 문학소년(文學少年)이었다.

권력이나 금력을 좋아하는 사람들에게 내가 맡았던 그 자리는 그야말로 안성맞춤이었을지 모른다. 하지만 내가 맡은 세무직은, 일을 열심히 하면 할수록 민원(民怨)을 사야 하는 고역(苦役)임을 뒤늦게 깨달았지만 내 스스로 자리를 박차고 나갈 용기까지는 없었다. 그 대신 남들이 모두 즐기는 골프를 배우다 말고 중단하고 말았다. 미움을 사는 직업, 주목받는 자리, 정통파·재래파 재무관료로서 사회에 대한 일종의 '염치와 수치심'이 크게 작용했던 것이다.

그때는 물론 지금도, 자기 돈으로 골프 치는 공직자가 과연 얼마나 될까?

근대화 징세군단 '국세청' 등장

평소에 나는 정년(停年) 60세의 긴 장래를 생각하여 영전이나 진급은 절대로 서두르지 않기로 했었다. 그런데도 수습행정관에 임명된 지 10년, 서기관에 승진된 지 5년 만에 또다시 나는 공무원의 별이라는 '이사관'으로 승진, 난생처음으로 전라남·북도와 제주도를 관할하는 광주지방국세청의 기관장(機關長)이 될 수 있었다.

국세청이 개청된 1966년 3월, 그때 나는 광주사세청 세무국장으로 근무하고 있었다. 부산청 세무국장에서 광주청으로 전근 발령이 났을 때 부산청 안팎에서는 "어찌된 일인가? 무엇이 잘못됐는가?" 하고 모두가 의아하게 생각했다. 말하자면 "어쩌다가 서울청 국장이나 재무부 과장으로 영전되지 못하고 후진 지역인 광주로 좌천(左遷)됐을까?" 싶었던 것이다.

부산청에 근무하는 동안 나는 술 얻어먹고 행세하는 등 대민(對民)접촉이 싫었고, 직무가 밖으로는 악역이요, 안으로는 고역인 점을 생각하여 일찍부터 서울 귀환을 간절히 희망했다. 하지만 장래를 위해 실무 경험을 더 쌓아야 한다는 역대 사세국장의 당부에 순종할 수밖에 없었다. 그 대신, 근무의 여가를 저서 집필과 대학 출강(出講)에 활용하는 등의 방법으로 그런대로 뜻있고 행복한 부산생활을 즐길 수 있었다.

부산청 근무가 3년째로 접어들자 "이제는 때가 됐다."고 생각한 나는 본국 복귀를 B사세국장에게 정식으로 요청했다. 그때 사세국장은 수습행정관 시절 재무부 본국 법인세계 차석 자리에서 앙앙불락(怏怏不樂)하던 고등고시 선배 바로 그분이었다. 그런데 국장은 뒷감당할 자신도 없으면서 "다음 이동(異動)은 자기에게 맡겨 달라"며 무조건 부산청에서 기다리라고만 했다.

서울 귀환의 꿈 무너지고 광주로

그런데 그분은 외부의 청탁에 못 이겨 서울국세청 국장 자리를 다른 사람에게 내주고, 대신 나를 1965년 8월 20일 광주청 국장으로 발령하고 말았던 것이다.

전근 발령이 나자 부산 내 주변에서는 분개하는 사람, 위로하는 사람이 적지 않았다. 하지만 나는 "탐탁잖은 관직을 내 발로 떠나지 못할 바에야 광주생활도 한 번쯤은 해볼 만한 것"이라 생각하고 가족을 인솔, 담담하게 부임했다.

내 발령을 의아하게 받아들인 것은 광주청 역시 마찬가지였다. 아니 부산청보다 더 심한 의혹의 눈으로 내 표정을 유심히 살피는 것 같았다. 특히 신문기자들의 눈초리가 날카로웠다.

"고등고시 출신에다 본국 법인세계장·감사과장, 부산청 세무국장까지 요직만 역임한 사람이 어쩌다가 광주청으로 좌천되어 왔을까? 무슨 사고라도 저지르고 쫓겨 온 것은 아닐지 모르겠다."고 생각했던 것이다.

더구나 광주시 동명동으로 가족을 동반해 온 식구가 이사까지 마치자 "다른 사람들은 가족 동반은 고사하고 오자마자 떠날 생각부터 하던데……." 하면서 더욱 의아하게 생각하는 것 같았다.

그때 내 나이 34세, 여전히 젊은 나이였다. 세무국장이 수행해야 할 직무는 부산청의 실무경험 3년으로 완전히 숙달되어 있는 상태였다. 주위의 시선을 아랑곳할 필요도 없이 주말이면 가족을 데리고 처음 보는 전라남·북도와 제주도의 수려한 풍광(風光)을 즐기며 유유자적할 수 있었다.

그러던 중 해가 바뀌어 1966년 재무부 사세국의 업무 가운데서 입법(立法)업무만 사세국이 축소된 세제국(稅制局)에 남기고, 집행업무 대부분을 전담하는 국세청(國稅廳)이 창설되었다는 소식이 서울에서 들려왔다.

국세청장에는 5·16 주체세력의 한 사람인 이낙선(李洛善) 씨가 취임하고, 청와대에서 그분과 함께 행정관 서영철(徐英哲) 씨가 조사국장으로, 배도(裴渡) 씨가 총무과장으로 나오고, 고등고시 선배인 이달형(李達衡) 씨가 간세국장, 그리고 고등고시 동기인 나오연(羅午淵) 씨가 직세국장으로 승진되었으며, 감사원 출신 3명이 감독관·사찰과장 등 요직에 부임했다고 했다.

평소에 나는 고급공무원의 정년 60세를 명심하고 있었기에 30대엔 사무관, 40대엔 서기관, 50대엔 이사관, 장·차관은 50대 이후로 생각하고 있었다. 그래서 후일을 기약하며 광주 국장생활에 불만이 없었고, 서울 친구들의 승진 소식을 듣고도 담담할 수 있었다.

나는 5년 전 재무부 사세국 감사과장 시절을 상기했다. 세무행정을 개혁하고 국세수입을 확충하기 위하여 군사정부가 의욕을 갖고 창설한 것이 감사과였다. 하지만 기존세력의 벽에 부딪쳐 이루지 못했던 그 계획이 이제야 공룡과도 같은 징세군단(徵稅軍團)에 의해 추진되는구나 싶었다.

국세청이 개청되자 종래의 지방사세청은 지방국세청으로, 세무국장은 부과국장으로, 총무국장은 징세조사국장으로 각각 이름만 바뀌었을 뿐, 맡은 직무에는 아무런 변동이 없었다. 따라서 국세청 본부의 인사(人事)이동에 대해서도 담담할 수 있었던 것이다.

국세청 개청, 고시동기들 승진 소식

그런데 국세청 개청(開廳)을 피부로 체감한 것은 본청이 개청된 후 2개월이 지난 어느 날이었다. 국세청장이 광주청을 초도순시(初度巡視)하기 위해 내방, 광주극장에서 시내 직원 전원과 관내 세무서장 전원을 소집한 가운데 '세무공무원의 새 결의를 다지는 궐기대회'가 열렸던 것이다.

행사는 광주청장의 선서문 낭독, 국세청장의 격려사 순서로 진행되었다. 그날 광주청장이 낭독한 선서문은 내가 평소에 마음먹은 바를 솔직하게 토로한 내용이었다.

그 글에서 나는 세무공무원이 평소에 느끼고 있는 애로와 고독감을 솔직하게 토로하고, '만약 정부나 본청이 우리가 평소에 느끼고 있는 직무상의 애로와 사회적인 고독감을 깊이 이해하고 또 우리의 노력을 제대로 평가해 준다면 우리는 용기백배, 신명(身命)을 바쳐 국가에 봉사할 각오가 되어 있다.'는 점을 특히 강조했다.

그날 본청 청장은 격려사를 통해 "국세청은 700억 원의 세수(稅收)를 확보함으로써 정부가 추진하는 경제개발5개년계획을 자금면(資金面)에서 적극 뒷받침하고, 그동안 세무공무원이 사회로부터 받아온 오해를 깨끗하게 씻어내며, 세금은 국민이 국가에 뺏기는 것이 아니라 국가와 산업 발전을 위한 자금을 조달하는 애국행위임을 국민에게 널리 알리기 위해 발족한 것"이라고 강조하면서 우리들의 각성과 분발을 촉구했다.

그 말을 듣는 순간, 나는 정신이 번쩍 들었다. '옳다. 이것이 바로 내가 평소에

듣길 원하던 진정한 의미의 세무공무원상(稅務公務員像)이다. 이 청장의 통솔방침에 호응, 우리가 최선을 다한다면 우리 직업도 결코 비관할 분야가 아니다.'라고 생각했다. 그리고 그전에 느끼지 못한 상사에 대한 신뢰를 굳힐 수 있었다.

그날을 계기로 나는 평소에 세무공무원의 직무에 대해 품어 오던 회의와 기피증을 싹 씻고 그때부터는 심기일전(心機一轉), 맡은 바 직무에 최선을 다하기로 굳게 다짐했던 것이다.

뜻밖에 발탁, 35세 광주국세청장

본청의 청장 일행이 서울로 돌아간 얼마 후, 본청 청장으로부터 "남에게 말하지 말고 혼자만 상경(上京)해서 자택으로 찾아오라."는 전화를 받았다.

그분은 나에게 "당신이 광주에서 작성해 지방청장이 낭독한 그날 선서문을 듣고 큰 감명을 받았다."고 말하면서 "본청에 기획관리관 TO를 새로 만들었고 당신을 그 자리에 승진 발령할 생각이니까 그리 알고 즉시 상경할 준비를 하라."고 말씀하셨다.

그런데 서울 다녀온 낌새를 알아차린 광주청장 U 씨는 상경 이유를 집요하게 꼬치꼬치 캐물었다. 더 이상 속이지 못한 내 말을 듣자 그분은 그날 밤, 당장 서울로 올라갔다. 그리고 본청 청장에게 한사코 매달렸던 것이다.

"저는 나이가 많고 돌봐야 할 자식들이 서울에 여럿 있습니다. 이 국장은 나이가 젊고 가족이 모두 광주에 와서 거주하고 있으며, 광주청 청장(廳長)으로 승진만 시켜도 충분히 만족할 것입니다. 제발 저를 기획관리관으로……."

그리하여 그분은 서울로 올라가고, 그해 6월 1일, 뜻밖에 내가 광주지방국세청 청장으로 승진 발령을 받았던 것이다. 그때 내 나이 35세였다.

광주청장으로 발령되자 주위 사람들은 "그러면 그렇지, 고등고시 출신에다 서울 본국·부산청의 요직을 역임한 사람이 광주에서 썩고 있을 까닭이 있겠는가?" "각 부처를 통틀어 광주에서 기관장으로 곧바로 승진한 예가 과거에 한 번도 없었는데 참으로 놀라운 일"이라면서 마치 자기가 겪는 경사처럼 모두가 기뻐하며 축하해 주었다.

그러니까 수습행정관에 임명된 지 10년, 서기관에 승진된 지 5년 만에, 직업공무원의 별이라는 이사관으로 승진하여 생후 처음으로 전라남·북도와 제주도를 관할하는 큰 관청의 당당한 기관장이 되었던 것이다.

발령 즉시 상경, 사령장을 받고 광주를 거쳐 부산으로 출장 가는 이 청장과 대통령의 4인승 전용 비행기를 타고 광주에 착임(着任)했다.

당시에 이 청장은 대통령 전용기를 타고 출장을 다닐 만큼 박정희 대통령의 기대와 신임이 돈독했다. 그가 맡았던 '700억 세수(稅收)확보' 책임은 그야말로 정부시책의 성패와 군사정권의 명운(命運)이 달린 막중한 임무였고, 그분은 박 대통령과 생사를 같이한 혁명 동지이기도 했던 것이다.

Ⅱ. 산업화시대 국세청

과세(課稅)와 대의(代議)는 불가분의 관계에 있다.
신이 그것을 결합시켜 놓았다. 영국 의회(議會)는
어떤 일이 있더라도 그것을 분리시킬 수 없다.
〈C. 몽테스키외 ≪법(法)의 정신≫에서〉

1

60년대 공화당 시절

국세청 개청(開廳) 6개월에 서울청장으로
세수목표 700억, 추상같은 '국정감사'
개청목표 달성에 편법도 동원
박 대통령 위로금, 세우회(稅友會) 기금

국세청 개청 6개월에 서울청장으로

생애 처음으로 큰 관청의 기관장(機關長)이 된 것은 1966년 내 나이 35세 때였다. 조직은 크건 작건 간에 기관장의 말과 행동이 전 직원들에게 시범(示範)이 되는 법. 긴 장래에 대한 꿈과 희망을 품고 상관과 정부를 믿으며 정말 열심히 일했다. 그런 나에게 일시적인 안일(安逸)이나 사사로운 욕심(慾心)이란 있을 수 없었다.

내가 광주지방국세청 청장에 취임했을 때 광주청의 관할구역은 전라남·북도와 제주도였다. 관내 세무서는 1급지가 군산·목포·광주·서광주·전주 등 다섯 군데, 2급지가 이리·순천·여수·제주 등 네 군데, 3급지가 정읍·진안·남원·제주 등 아홉 군데였다. 그래서 광주청은 규모가 작은 3급지 세무서가 전국에서 가장 많았다.

광주지방은 여천공업단지가 생기기 전이었고 중국과의 교역(交易)도 막혔던 때라 산업이 낙후되어 있었고 세원(稅源)도 그만큼 빈약했다. 광주청 본청의 직원수는 기능직·고용원을 합쳐 113명이었고, 산하 각 세무서에 929명, 합계 1,042명의 세무공무원이 근무하고 있었다. 연간 세수목표액은 1964년도의 경우에 27억 2,600만 원, 전국 세수목표액 267억 7,500만 원의 10.2%에 불과했다.

주요 세목은 주세·소득세·영업세·물품세 등의 순서였다. 소득세 가운데는 공무원과 군인들의 월급에서 매달 징수하는 근로소득세, 영업세 가운데서는 회사보다 개인영업자들이 납부하는 개인영업세의 비중이 압도적으로 높았다.

광주시는 행정·교육을 위주로 한 소비도시였다. 광활한 농촌 사이에 조성된 시가지에는 군사교육의 요람지답게 군부대가 많이 주둔하고 있었다. 지역경제는 주로 중소상인들에 의해 좌우되고 있었으며 높은 건물은 별로 없고 주변은 매우 조용했다.

당시에 성업 중이던 중요기업으로서는 목포의 삼학, 순천의 보해, 군산의 백화 등 양조장이 전국적으로 유명했다. 광주에는 광주고속·금남여객이 있었으며, '로케트건전지'가 전국적으로 소문났었다. 그리고 서울에 본사를 둔 현지 공장으로서는 광주에 전남·일신방직이, 군산에 호남제분과 합판회사가 몇 개 있을 뿐이었다.

그래서 당시에 광주청은 주세청(酒稅廳)이라는 별명을 듣기도 했지만, 지금은 보해양조장을 제외하고는 모두가 없어졌거나 소유권이 타 청(廳) 사람들의 손에 넘어가 버렸다고 한다. 그 대신 요즘 광주청은 GS칼텍스 공장을 필두로 대규모의 여천공업단지가 조성되어 각 산업이 골고루 발전하고 있다. 그래서 지금은 상공청(商工廳)이라 부르는지 모르겠다.

기관장 되자 느낀 막중한 책임감

관직에 진출한 이래로 처음 겪어 보는 기관장 생활이라 한동안 나는 흥분을 감출 수 없었다. 하지만 1,000여 명의 직원을 거느리고, 27억 원의 세수를 확보해야 할 막중한 책임을 느끼자 단단히 긴장되지 않을 수 없었다.

취임하자 가장 먼저 떠오른 생각은 "직원들의 사고를 조심해야겠다."는 것이었다. 그해 국세청 3대 목표의 하나가 '오명불식(汚名拂拭)'인 탓도 있었지만, 책임자인 내 눈앞에서 직원들이 경찰이나 검찰 등 사직(司直)당국에 붙들려 가는 꼴은 상상조차 하기 싫었다.

나는 가장 먼저, 검찰·경찰·정보부 등 사직당국의 최고책임자들을 예방하고 협력을 부탁했다.

"천여 명 직원들에 대한 집안 단속은 내가 책임껏 하겠지만, 만약 불미스러운 사고가 발생했을 경우에는 사건을 내게 인계해 자체 처리하도록 도와 달라. 그런 사고가 사회에 노출되면 우리는 납세자들에게 무슨 면목으로 세금을 신고·납부해 달라고 권장할 수 있겠느냐?"고.

다음에는 광주청 국·과장과 관할 세무서장 전원을 소집, 내가 관계기관장들을 순방한 뜻을 밝히고, 우리 청의 3대 목표의 첫째가 '오명불식'임을 특히 강조했다. 그리고 서울에서 목격했던 재무부 사세국 시절의 인사(人事)전통을 상기시키면서, 산하 세무서장이 직원들에게 돈을 받고 자리를 파는 소위 매관매직(賣官賣職) 행위만은 절대로 해서는 안 된다고 단단히 못 박았다.

당시에 세무관서 내에는 소위 이권(利權)부서라는 직책이 따로 있었다. 회사를 담당하는 법인계, 양조장을 담당하는 주세계, 시장을 담당하는 개인계 등이었다. 직원들 대부분은 일이 많고 책임만 무거운 서무계·징수계·조사계 등을 기피하고 전문지식과 실무경험을 필요로 하는 법인계를 비롯해 이들 이권부서에 배치되기를 원하고 있었다. 그래서 지방청장이나 세무서장의 인사이동에는 항상 말썽이 뒤따랐다.

그 대신 나는 "세수(稅收)는 다 같이 최선을 다하되 만약 목표액에 미달할 경우에는 광주지방의 낙후된 여건을 감안, 청장인 내가 혼자 책임지고 다른 직원들이 다치는 일은 절대로 없도록 하겠다."고 약속했다.

광주청은 6·25 전화(戰禍)를 잠깐 입긴 했지만 행정의 질서와 전통이 비교적 확고했고, 간부·직원들은 무엇보다 명예를 중요시했다. 광주시내 계장이 진안과 같은 오지·벽지세무서 과장으로 발령되어도 영전했다고 축하하며 집안에서 잔치가 벌어지곤 했다.

행복했던 관료생활, 광주청장 3개월

지금 생각해 보면 관료생활 19년 가운데 광주청장으로 재직했던 3개월이 가장 안정되고 행복했던 시절이었다. 충직하고 유능한 지방청 간부들이 서로 협력해 인사배치와 세수확보를 원활하게 감당했고, 재임 중 외부기관으로부터 형사고발 및 투서 같은 불미스러운 사건은 한 번도 없었다. 그리고 서울 본청에서 간섭이나 잔소리도 한마디 듣지 않았다.

주말이면 나는 청사 뒷마당 정구장에서 법원장·검사장·경찰국장 등 사직(司直)기관장들과 연식정구를 즐겼고, 술자리에서는 남도의 노랫소리와 춤 맵시를 즐기며 행복한 시간을 가질 수 있었다. 이따금 시골 세무서를 순시(巡視)할 때는 검찰·경찰의 현지 책임자들이 정중히 맞아 주었으며, 교통경찰은 내가 탄 승용차 '전남 관 7호'가 보이면 자진해서 교통을 정리해 주기도 했다.

광주청 재임 중에 지방청장으로서 특별히 관심을 갖고 노력한 일 가운데서 기억되는 일은 관내 세무서를 순시하는 과정에서 과장들에게 경종(警鐘)을 울려준 일이었다.

여수세무서를 방문했을 때 나이 많은 서장은 업무현황을 보고하기 위해 잔뜩 긴장하고 있었다. 하지만 조사과장은 내 알 바가 아니라는 듯 딴전을 부리고 있었다. 나는 서장을 만류하고 조사과장에게 업무현황을 대신 보고하게 했다. 그가 당황한 것은 갑자기 지명을 받은 데다 평소에 업무를 전혀 파악하고 있지 않았기 때문이다.

또 하나는 벽지에 숨어 있는 인재(人材)를 발굴한 일이었다. 제주세무서를 방문했을 때 서장에게 "혹시 아까운 인재가 육지에서 쫓겨 와 있는 케이스가 없느냐?"고 물었다. 그랬더니 "광주세무서에서 온 계장 한 사람이 누명을 쓰고 억울하게 세월을 보내고 있는 것 같다."고 보고했다. 귀청한 즉시 간부들에게 그의 교양·인품과 사무능력을 물어본 결과 너무도 강직한 나머지 누명을 쓰고 벽지로 밀려났다는 사실을 알 수 있었다. 나는 즉시 그를 지방청 감찰계장으로 발탁했다.

이상의 두 가지 사건은 관내 전 직원에게 당장 알려졌다. 관청은 크건 작건 간에 기관장의 언동(言動)이 전 직원들에게 시범(示範)이 되는 법. 먼 장래에 대한 꿈과 희망을 품고 일하던 나에게 일시적인 사심(私心)이나 사욕(私慾)이란 있을 수 없었다.

연말 앞둔 맞교대, 서울·광주청장

그래도 조심한 것은 술자리였다. 그 당시 광주에는 '춘원'이라는 음식점이 있었고, 그곳 아가씨들은 몇몇 기관장들의 단골인 것 같았다. 나는 기관장들 가운데서 나이가 가장 어렸지만 중학시절 익힌 나팔솜씨 덕분에 당장 그녀들의 환심을 살 수 있었다.

하지만 남의 원성을 사기 쉬운 수많은 부하직원들을 생각, 기관장들 사이에서 혹시라도 시샘을 받는 일이 있어서는 안 되겠다고 생각했다. 그래서 여색(女色)만은 특별히 조심했다.

광주에서 행복을 느낀 또 한 가지는 그곳에서 둘째 아들을 얻은 일이었다. 백말띠 해여서 잘못하다 딸을 낳으면 "팔자가 세서 어쩌나." 싶었다. 다행히 태어난 아이는 아들이었고, 광주(光州)의 광(光)자를 따서 광호(光浩)라 이름 지었다. 훗날 전국 고교 야구대회가 열릴 때면 그 애는 서울 우리 집 TV 앞에서 광주지방의 고교야구팀을 고향 팀이라고 열렬히 응원하곤 했다.

직업관료의 꽃이라는 이사관(理事官)으로 승진되어 큼직한 관청, 넓은 독방에서 남·여비서의 시중을 받아가며 천여 명의 직원을 거느리고 처음 기관장 생활을 하는 동안, 나는 비할 수 없는 자부심과 뿌듯한 행복감을 느낄 수 있었다.

'여기서 착실하게 2~3년을 보내고, 다음에 부산청장 아니면 본청 국장으로 떠날 때까지 칭송받는 목민관(牧民官)이 되자.'고 굳게 다짐했다.

그런데 호사다마(好事多魔)라고 해야 할까, 편하게 살 수 없는 팔자소관인지, 광주청장 3개월 만인 그해 9월 23일, 나는 또다시 본청 청장의 자택으로 소환을 받아 급거 상경(上京)했다.

그랬더니 뜻밖에도 깜짝 놀랄, 서울지방국세청의 청장을 맡으라는 통고였다. 그것도 재무부 사세국장을 역임한 거물(巨物)이요, 당시에 서울청장이던 고등고시 대선배인 B씨와 광주청장 자리를 맞바꾸는 전무후무한 파격(破格) 인사였다.

B씨는 공교롭게도 7개월 전에 나를 부산청 국장에서 광주청 국장으로 좌천시킨 직속상관, 바로 그분이었다. 사람 팔자란 정말 알 수 없는 노릇이었다. 하지만 그렇다고 달가워하고만 있을 수 없는 일이었다.

세수목표 700억, 추상같은 '국정감사'

만약 국정감사 자리에서 700억 세수목표액이 사전에 본청으로부터 계획적으로 배정된 사실을 시인했다면, 그 뒤에 열린 예산국회에서 내가 '희생양'이 되었을 것은 물론이고, 예산회계법의 위반과 영세상공인에 대한 인정과세 문제를 놓고 여야 간에 정치적 공방(攻防)이 크게 불붙었을 것이다.

1966년 10월 어느 날 아침이었다.

서울 중구 덕수궁 남쪽 돌담길 건너편에 위치한 서울지방국세청 회의실. 맞은편에는 20여 명의 여·야 국회의원들이 엄숙한 표정으로 책상 앞에 앉아 있고, 그 정면에 내가 섰으며, 등 뒤에는 40여 명의 서울청 국·과장들이 긴장된 얼굴로 줄지어 서 있었다.

오전 10시가 되자 그곳에서 서울특별시와 경기·강원도를 관할하는 서울청에 대한 국회의 국정감사(國政監查)가 시작되었다.

당시에 이르기까지 내가 겪은 지방청장 경험은 광주에서 보낸 3개월이 전부였고, 서울청장 취임 불과 10여 일 만에 들이닥친 중대 행사였다.

'국회의원들이 무엇을 어떻게 질문할까? 어떻게 대답해야 할까?' 불안하고 초조한 나머지 준비한 질의·응답자료 철을 쥔 내 손목이 파르르 떨렸다.

국회의 정책질의나 국정감사는 옛날 내가 잠시 C의원의 수행원을 했을 때, 또 재무부에서 사세국장을 수행하고 출입했을 때 많이 보아 왔다. 하지만 내가 직접 감사대상이 된 것은 그때가 처음이었다.

취임하자 맞닥뜨린 국정감사

광주청장으로 승진 발령되어 흥분과 감격이 채 가시지 않은 어느 날 본청 청장으로부터 호출이 있었다.

'웬일인가' 싶어 급히 상경한 나에게 뜻밖에도 "서울청장을 맡아줘야 하겠다."고 말했다.

"잘 아시다시피 저는 서울청에서는 서장도 국장도 경험해 본 적이 없고, 기관장 경험도 광주청에서 이제 겨우 3개월……."

"알고 있소."

"서울청은 전국 세수의 태반을 차지하는 수도청(首都廳)이고, 700억 세수목표를 달성하느냐 못하느냐의 열쇠가 달렸는데, 어쩌려고 이러십니까?"

"하지만 걱정할 건 없어요. 본청이 전폭적으로 후원할 테니까 안심하고 맡아주시오."

"재무부 사세국장 경험자인 대선배 B씨도 감당 못하고 밀려난 자리를, 더구나 받을 만한 정기분 세금은 벌써 납기(納期)가 다 지나가 버렸는데……."

"잔소리하지 마시오. B씨에게는 국세청의 운명이 걸린 대임(大任)을 도저히 더 이상 맡길 수 없다고 판단했기 때문이오."

가부(可否)를 말할 틈도 없이 발령 소식은 곧 광주로 타전되었고, 영전을 놀라워하는 주변사람들과 작별인사를 차분히 나눌 겨를도 없이, 나는 서둘러 서울

 영욕의 세월

행 KAL기를 타야 했다.

떠나던 날, 광주비행장에는 도지사를 비롯한 중요 기관장들이 모두 나와서 나를 환송해 주었다.

광주에서 근무하는 동안 중앙의 세무관서 주변에도 많은 변화가 있었다. 5·16 군사쿠데타를 성공시킨 박정희 의장은 민선(民選)에 참여, 대통령에 당선되자마자 본격적으로 경제개발 5개년계획에 착수했다. 하지만 미국의 경제원조 규모가 계속 줄어들자, 기간산업의 건설을 위한 산업 자본의 조달에 심각한 어려움을 겪고 있었다.

한국의 경제개발을 돕기 위해 내한했던 미국 '네이산 경제고문단'은 한국의 세제개편을 위한 대정부 건의를 통해 '국세청을 신설해 새로운 세원(稅源)을 개발하고 탈세(脫稅) 방지에 최대한 주력할 것'을 촉구했다. 그에 따라 박정희 대통령은 청와대·감사원·검찰요원을 동원해 '조세행정특별조사반' 3개 팀을 구성하고 세무행정의 실상(實相)을 속속들이 파헤쳤다. 그 결과 세무행정을 철저히 정비·강화하면 막대한 세수자금(稅收資金)을 조달할 여지(餘地)가 있다는 확신을 얻었던 것이다.

국세청장은 대통령 심복

1966년 2월, 정부는 박 대통령의 결단 아래 재무부 외청으로 국세청(國稅廳)을 창설했고, 초대청장에 청와대 조세행정특별조사반 반장을 역임한 이낙선 씨를 임명했다. 그리고 그해 3월 3일 마침내 역사적 개청을 보게 되었던 것이다.

물론 나는 광주에서 서울 소식은 대강 듣고 있었다. 그런데 막상 서울청장을 맡아 상경해 보니 과거 사세국의 과(課)는 직세·간세·징세 등 국(局)으로 승격되었고, 옛날 내가 역임했던 재무부 감사과(監査課)는 조사국·세정감독관실로 승격·확장되는 등 국세청은 공룡과도 같은 어마어마한 징세군단(徵稅軍團)으로 탈바꿈해 있었다.

국세청장의 승용차 번호는 700번. 전국 납세자에 대해서는 탈세 자수기간이 설정되어 있었으며, 조사국에는 소위 '007 가방'을 든 30여 개 사찰반(査察班)이 편성·운영되고 있었다. 그들은 전국의 지방국세청 및 세무서가 탈세신고를 권고하되 그래도 불응하는 대기업체에 대해서는 관계장부 일체를 압류하여 강제조사에 착수하는 등 대대적인 세무사찰을 병행하고 있었다.

전투장(戰鬪場)을 방불케 하는 본청의 분위기에 압도당한 나는 서울청장으로서 앞으로 무엇을 어떻게 해야 할지 어리둥절하던 차에, 그날 국회의 국정감사를 받았던 것이다.

추상같은 추궁, 세수목표 700억

국정감사는 야당의원이 주축이 되어 "국세청이 추진하는 700억 세수목표는 국회 예산심의권의 침해요, 대중부담(大衆負擔)의 압박"이라는 한 가지 문제에 집중되다시피 했다.

서울청장인 내 입을 통해 '본청으로부터 예산액과 상관없이 사전에 700억을 증액 배시(配示)받았다.'는 언질을 끌어내기 위해 집요한 질문공세가 계속되었다.

원래, 박정희 대통령은 1966년도 예산안을 국회에 제출하면서 "조세수입의 증가는 경제성장에 따른 증수(增收) 및 세제의 합리적인 개편과 아울러 음성세원의 포착, 탈세방지 등 세무행정의 쇄신을 통해 이뤄질 것"이라는 소신을 밝힌 바 있었다.

그리고 장기영(張基榮) 기획원장관은 그해 3월, 제1차 추경예산안을 국회에 제출하면서 "조세수입 116억 6,000만 원의 추가는 내국세에 있어서 음성(陰性)세원의 포착과 징세행정의 강화 등으로 '연간 672억 6,000만 원'의 징수(徵收)가 가능시됨에 따라 추가된 것"이라고 해명했다.

그에 대해 야당(野黨) 국회의원들은, 1966년도 당초예산 505억 원은 1965년도 내국세 세입예산 411억 원에 비해 무려 22.7%가 늘어난 증세로서 국민이 과연 이것을 감당할 수 있겠냐고 반발했다. 더구나 정부·여당이 추가경정 예산안을 두 차례나 편성, 불과 1년 사이에 전년 대비 무려 70.3%나 되는 300억 원의 세금을 더 걷겠다고 나서자 일제히 반기(反旗)를 들고 일어났던 것이다.

강제 배시(配示) 세수목표, 끝내 부인

야당에서는 국세청이 아무리 음성세원을 열심히 개발하고 탈세를 철저히 조사한다고 가정하더라도 그처럼 엄청난 세금을 불과 1년 사이에 증징(增徵)할 수 있다고는 도저히 믿을 수가 없었다.

국세청이 내세우는 700억이라는 세수전망에 대해서는 어디까지나 국세청 본청이 각 지방청으로, 지방청에서 다시 각 세무서로, 목표액을 강제적으로 할당하여 대중납세자로부터 무자비하게 세금을 쥐어짜려 한다는 강한 의혹을 품었던 것이다.

야당의원들은 제2차 추경예산안의 국회심의에 앞서 서울국세청의 국정감사를 통해 소위 '700억'은 세금의 자연증수(自然增收)가 아니라 '인위적(人爲的)인 강제징수'라는 증거를 포착해 박정희 정부를 철저히 공격할 증거를 확보할 속셈으로, 그날 악착같이 달려들었다.

"여보, 이낙선 청장이 승용차 넘버를 700번으로 정하고, 전국의 지방청과 세무서에 700억 세수목표액을 일일이 할당·시달해 세무공무원들을 밤낮으로 족치고 있는 줄은 삼척동자도 다 알고 있소. 그런데 일개 지방청장인 당신이 엄연한 이 사실을 부인(否認)한다고 해서 명색이 국회의원인 우리가 그냥 넘어갈 것 같소? 어림도 없는 소리!"

"아닙니다. 700억 세수는 우리들의 목표일 뿐, 세무행정을 추진하다 보면 그보다 많이 나올 수도 또 적게 나올 수도 있지 않겠습니까? 우리 청의 세수계획은 어디까지나 지방청장인 본인이 자발적·의욕적으로 내세워 본 목표일 뿐, 결코 본청으로부터 강제로 배시받은 숫자는 아닙니다."

야당의원들과의 공방전이 끝없이 평행선을 달리자 여당의원인 국정감사반의 반장은 여러 차례 정회(停會)까지 하면서 "그만 시인(是認)하고 말라."고 나를 달래기까지 했다. 하지만 끝까지 승복할 수는 없었다.

만약 내가 700억 세수목표액이 사전에 본청으로부터 배정된 사실을 시인했다면, 그 뒤에 열린 예산국회에서 나는 '희생양'이 되었을 것은 물론, 예산회계법의 위반사실을 놓고 여야 간에 정치적 공방전이 벌어져 정국이 크게 흔들렸을 것이다.

그날 국정감사실 밖에는 본청 서영철 조사국장이 시종 지키고 서서 상황을 체크하고 있었다. 본청인들 걱정이 되지 않을 수 있었겠는가.

개청목표 달성에 편법도 동원

본청 청장에게 서울지방국세청의 어려운 연말 세수(稅收)전망을 정직하게 고백했다. 그리고 탈세의 자수 신고 권장은 납세자의 저항만 유발하고, 연말체납정리는 영세업자를 더욱 곤궁에 몰아넣을 뿐 실효가 없다는 점을 강조했다. 그 대안으로 앞으로 받을 세금을 반달가량 앞당겨 받는 소위 '조상(繰上)징수'의 불가피성을 솔직하게 건의하여 어렵게 허락을 받을 수 있었다.

국회의 국정감사가 끝나자 나는 숨 돌릴 틈 없이 서울청의 1966년도 연말세수(年末稅收)대책에 착수했다. 그해 연말까지는 겨우 두 달 남짓, 연도폐쇄기인 새해 1월 15일까지 석 달밖에 남지 않았었다.

지방청의 국·과장들을 소집해 세수가능액을 다각도로 점검해 보았다. 하지만 고지서를 발부해서 정상적으로 받아들일 세금, 즉 정기분 법인세·소득세 등 가장 큰 세목들은 납기가 이미 다 지나가 버렸고, 남은 것은 매달 받는 주세·물품세와 근로소득세뿐, 더 이상 징수할 세금은 아무것도 남아 있지 않았다.

본청에서 설정한 탈세자수(脫稅自首)기간은 시간만 하염없이 흘러갈 뿐, 납세자의 자진신고는 지지부진한 상태였다. 말하자면 '털려면 털어 봐라.'는 배짱들이었다. 세무사찰 등 온갖 수단을 총동원했는데도 세수 증대를 획기적으로 기대할 여지가 없는, 그야말로 절망(絕望) 상태였다.

누가 봐도 물리적으로 불가능한 연말 세수(稅收)전망을 앞에 놓고 나는 심각한 고민에 빠졌다. 얼떨결에 서울청의 책임을 떠맡기는 했지만 달리 뾰족한 수가 없었다. '어떻게 할까' 고민하면서 서울청장 자리를 빼앗기고 힘없이 광주청장으로 떠나간 B청장이나 직접 책임을 지지 않는 본청 국장들의 처지가 몹시 부러웠다.

'본청 청장에게 좀 더 떼를 써서 광주청에 그냥 눌러앉아 있을걸……. 사세관서의 인사전통대로 선임국장(先任局長)들에게 이 자리를 양보할걸…….' 그렇게 후회했지만 때는 이미 늦어 있었다.

'만약 세수목표액을 달성하지 못한다면 대통령에 대한 본청 청장의 책임은 어찌 하고, 본청국장들의 비방(誹謗)은 어찌 감당할 것인가?' 하고 남몰래 많은 걱정을 했다. 하지만 '엎질러진 물' 어쩔 도리가 없었다.

이따금 위문 겸 격려 차 찾아오시는 본청 청장 내외분을 대하기가 몹시 거북했고, 청장의 심복이라 할 서영철 조사국장과 배도 총무과장이 원망스럽기도 했다. 그들이 본청 청장에게 나를 적극 추천했거나 아니면 발령(發令)에 선뜻 찬동했을 것으로 짐작되었기 때문이다.

하지만 700억 세수(稅收)를 좌우할 수도청장으로서 일단 책임을 맡은 이상, 사나이답게 단단히 마음을 고쳐먹기로 했다. 그리고 맡겨진 책무에 최선을 다하기로 다시금 마음을 굳게 가다듬었다.

'이동국세청', '집중체납정리반'도

연말 세수확보의 중요성을 나는 다시 한번 깊이 생각해 보았다.

첫째, 우리가 받아야 할 세금에 정부가 추진 중인 경제개발5개년계획을 자금면에서 뒷받침할 재정(財政) 투·융자사업의 사활(死活)이 달렸다는 것, 둘째, 경제개발에 따른 지폐 증발로 일어날 '개발 인플레'를 억제하고 물가를 안정시키기 위해서는 시중의 여유자금을 국고(國庫)에 최대한 흡수해야 한다는 것, 셋째, 검찰·경찰에서 함부로 손대 오던 세무간섭을 이번 기회에 철저히 배제하고 이 기능을 국세청으로 일원화시키기 위해서는 이번 기회에 대통령의 신임을 얻어야 한다는 것, 끝으로 700억 원의 세수확보를 목표로 요란스럽게 발족한 국세청의 위신은 어떤 일이 있어도 반드시 지켜야 하겠다는 것 등을 깊이 명심했다.

사실 선진국가들이 자본주의에 성공한 데는 나름대로 상당한 근거가 있었다. 즉, 영국을 비롯한 유럽 각국은 아시아·아프리카·남미 등을 무력(武力)으로 침략하고 식민지로 삼아 그곳에서 수탈한 재물(財物)과 노동력을 토대로 자본주의 기틀을 마련할 수 있었고, 일본 역시 청일·노일 전쟁에서 수탈한 전쟁 배상금(賠償金)과 조선·대만·사할린 등 식민지를 착취하여 자본주의화에 성공하였던 것이다.

따라서 뒤늦게 산업화에 착수한 우리나라의 자본 조달은 외자(外資)는 외국의 차관에, 내자(內資)는 국민의 세금에 의존하는 것밖에 다른 방도가 없었다.

당시에 내가 가진 능력은 뻔한 것이었다. 나이가 젊어 청장으로서 위신(威信)이 부족했고, 서울청에서 근무해 본 경험이 없어 지휘관의 카리스마가 없었으며, 서울청의 인적·물적 구성도 잘 알지 못했다. 더구나 시내 세무서장들은 사무에 백전노장(百戰老將)인 데다가 5·16 주체세력 등 정치적 배경도 막강한 인사들이 많았다. 그래서 만약 그들을 함부로 다루다가는 일은 안 되고 면박만 당할 위험성이 농후했다. 그래서 나름대로 대책을 세웠다.

먼저, 서울시내 직원들을 총동원해 밀주(密酒) 단속과 극장 입회를 실시해 보았다. 집합시간에 지각하거나 입회 장소에서 이탈하는 직원들은 명단을 파악, 즉시 시말서를 쓰게 했다. 그래야만 명령계통이 일사불란하게 설 수 있으리라 생각했기 때문이다.

다음, 부과국의 국·과장과 징세과장으로 구성된 '이동국세청'을 편성해 관내 주요 세무서를 차례로 점검하게 했다. 그 이유는 한 사람의 순시(巡視)보다 지방청 간부들이 집단적으로 행동함으로써 세무서장들을 분위기로 제압하여 세수가 능액 등 업무를 철저히 파악·독려할 수 있으리라 판단했기 때문이다.

또한 서울시내 세무서 직원으로 구성된 '집중체납처리반'을 편성해, 관할구역의 구분 없이 거액의 체납자에 대한 체납정리를 강행하게 했다. 그래야만 세무서 단위로 관내 체납자의 사정(私情)을 고려해 오던 폐단을 철저히 뿌리 뽑을 수 있다고 믿었기 때문이다.

하지만 이런 노력에도 불구하고 서울청 전체의 연말 세수(稅收)전망은 여전히 막막했다.

생각 끝에 최후의 수단방법을 궁리하기에 이르렀다. 즉 조상징수(繰上徵收)라는 기상천외의 변칙적인 방법을 동원해 보기로 했던 것이다.

그것은 다음 해의 1월 말로 납기가 법정(法定)되어 있는 주세·물품세 등과 2월 10일로 법정되어 있는 근로소득세 등 다음 연도의 세금을 1966년도의 연도폐쇄기인 1월 15일까지 국고(國庫)에 앞당겨 납부시키는 일종의 조기징수(早期徵收)방법이었다.

국고편에서는 1967년도의 수입이 되어야 할 주세·물품세를 15일간, 근로소득세를 25일간, 미리 징수하게 되고 납세자 편에서는 그만큼 자금을 일찍 부담하게 되는, 대단히 중대한 방법이었다. 그것이 비록 불법은 아니지만 나 한 사람의 결심만 갖고 결정할, 간단한 문제는 결코 아니었다.

그 대신, 지방청 이하에서 진행되고 있던 억지 탈세신고와 세무사찰을 일체 중지하고, 또 빈약한 대중체납자들에 대한 연말체납정리도 전면적으로 보류하기로 작정했던 것이다.

나는 본청 청장에게 서울청의 어려운 연말 세수전망을 솔직하게 고백하는 한편, 대안으로 '조상징수'의 불가피성을 역설했다.

최후의 징세수단, 조상(操上)징수 결심

심사숙고 끝에 내린 청장의 결단도 결코 쉽지는 않았을 것이다. 왜냐하면 납세자 편에서는 연말을 앞두고 그만큼 자금사정에 압박을 받고 이자부담도 늘어날 것이기 때문이었다. 우리 편에서도 납세자가 조기 납부를 거부할 경우에 그들을 강제할 아무런 법적 대안(代案)이 없었다.

그해가 다 가던 1966년 11월, 1967년도 제2차 추경예산의 국회 제출에 즈음해 장기영 경제기획원장관은 동년도의 경제동향을 다음과 같이 말했다.

"……1962년부터 1966년까지 제1차 5개년계획 기간 중의 연평균 성장률은 1966년의 예측을 포함해 8.1%가 됩니다. 이것은 세계에서 가장 높은 성장 국가군(國家群)에 속하는 것입니다. 이러한 고도성장을 이룩하는 데 근간이 된 것은 공업(工業)생산의 급속한 증대였습니다. 특히 작년에는 17.7%라는 유례없이 높은 증가율을 나타냈습니다. 중소(中小)기업은 금년 9개월간의 월평균 생산이 작년 동 기간의 월평균보다 25.8%가 증가해 제조업 전체의 증가율 12.5%의 배가 되는 증가율을 나타내고 있습니다."

따라서 당시에 '조상징수'라는 기상천외의 변칙적인 방법이 동원되긴 했지만, 만약 그해 그리고 다음 해에 국민경제가 제대로 성장하지 못하고 또 '개발 인플레'가 도와주지 않았다면, 서울청의 세수목표액 달성은 절대로 불가능했을 것이다.

그해 성탄절 저녁, 나는 서울청 직원 전원을 청장실로 불렀다. 그리고 청주(淸酒) 병을 들고 큰 물컵에 술을 한 잔씩 가득가득 따라 주었다. 술을 못 마시는 여직원도 빼놓지 않았다. 나는 한 잔을 단숨에 들이켜고 말했다.

"지금 여기서 내려다보이는 서울시청 앞 광장에는 크리스마스 트리의 불빛이 휘황찬란합니다. 저 멀리 명동거리에는 유흥에 들뜬 인파가 가득할 것입니다. 하지만 우리는 이 늦은 시간에도 사무실을 떠나지 못합니다. 그 이유는 맡은 바 임무를 완수함으로써 우리에게 따라다니던 오명(汚名)을 불식하여 세무공무원의 명예(名譽)를 되찾고, 나라의 경제건설에 적극 이바지한다는 사명감이 있기 때문입니다. 이런 자리는 우리 세무관서가 생긴 이래로 아마도 처음이자 마지막이 될 것입니다."라고 힘주어 말했다.

그리하여 그해 12월 31일, 나는 본청 청장에게 마침내 '서울청의 세수목표액 달성'을 보고할 수 있었다. 감격한 청장은 비서관을 시켜 '금일봉'을 보내주었다. 나는 그 돈 봉투를 들고 지방청 국·과장 전원을 인솔, 서릿발 같은 '요정(料亭)출입 금지령'이 내린 서울의 어두운 밤거리로 향했다.

내 보고를 받은 이 청장은 즉각 청와대에 그 결과를 보고 했을 것이고, 그분들 사이에서는 생애에 기념될 한판이 벌어졌을 것이다.

아마 서울청 회의실에는 지금도 제2대 청장이었던 36세, 나의 앳된 사진이 역대청장들의 사진과 함께 나란히 걸려 있을 것이다. 그날의 역사를 아는 이가, 그때 고락(苦樂)을 같이한 직원이, 과연 몇 사람이나 남아 있을까?

박 대통령 위로금, 세우회(稅友會) 기금

"국세청에서 선배인 우리를 예우해 주지는 못할망정 이렇게 내놓고 도매금으로 모욕할 수가 있단 말이오? 오명불식(汚名拂拭)이 무슨 뜻이오 그래놓고 우리더러 우리가 모아놓은 재무협회(財務協會) 재산을 내놓으라고? 어림없는 소리!" 역대 재무부사세국 총수(總帥)들의 항변이었다.

연말 세수확보 문제로 정신없던 어느 날, 이낙선 청장의 부름을 받았다. 물론 서울청장 시절이었다.

"당신 재무부 출신 아니오. 전직 사세국장들을 잘 알고 있지요?"

"네."

"그분들을 찾아뵙고 재무협회가 갖고 있는 재산(財産)을 앞으로 발족할 우리 국세청의 세우회(稅友會)로 넘겨 달라고 부탁 좀 해줄 수 없겠소?"

"네? 왜 하필 제가?"

"사세국 시절 본국에서 계장·과장 등 간부를 역임하고 역대 사세국장의 신임과 총애를 받은 사람은 국세청에 당신 한 사람밖에 없다던데……."

옛 재무부 사세국 산하에는 일제강점기부터 재무협회(財務協會)라는 막강한 공제단체가 조직·운영되고 있었다. 회원들은 전·현직 세무관료들, 오랫동안 회

비로 모은 기금(基金)이 쌓여 전국에 세무서 청사와 세무서장 관사를 적잖게 갖고 있었다.

700억 세수계획을 지휘했던 서울지방국세청 건물도 사실은 그 협회의 재산이었고, 매달 《재무》라는 월간잡지가 발행된 곳도 그곳이었다. 그 협회가 맡았던 역할은 사세국 행사의 홍보와 지원사업이었다.

대통령의 신년사 '민족중흥'

박정희 대통령은 1967년 새해 첫날, 붓글씨로 '민족중흥(民族中興)'이라는 신년 휘호를 쓰고 자신감에 넘친 신년사를 발표했다.

"나는 먼저 새해의 모든 영광과 만복(萬福)이 동포 여러분의 가정에 고루 깃들기를 충심으로 기원하는 바입니다.

지난 1년은 중흥(中興)하는 민족으로서, 발전하는 국가로서, 우리가 이룩하려 했던 많은 일들이 거의 뜻대로 이루어진 '성공(成功)의 해'였습니다. 우리는 혼돈과 위기가 감도는 아시아에서 우뚝 솟은 평화의 보루로서, 자유의 기수(旗手)로서, 번영의 표본으로서 태평양 공동사회 건설의 선도적(先導的) 사명을 지니게 되었습니다.

한편 근면, 검소, 저축을 행동강령으로 온 국력(國力)을 총동원했던 제1차 경제개발 5개년계획은 의존과 빈곤으로 얼룩졌던 이 나라에 자립(自立)과 번영(繁榮)의 터전을 마련해주었습니다. 이제 우리는 극복할 수 없을 것처럼 보이던 난관을 끝내 극복하고 제한된 자원으로 많은 성과를 올렸으며, 서구(西歐)의 전문가들이 불가능하다고 한 그러한 환경 속에서 바로 그 서구의 선진공업과 선진기술을 습득하여 그들과 겨루려 하고 있습니다.

우리 민족의 역사는 이제 새로운 출발의 시점에 서 있습니다. 수난과 빈곤의 역사는 끝나고 번영(繁榮)과 영광(榮光)의 새로운 역사가 이미 우리 앞에 전개되었습니다."

박 대통령의 자신감은 여기서 멈추지 않았다. 4개월 뒤 대선(大選)과 총선(總選)이 예정되어 있는 선거의 해를 맞은 정부는 1월 5일 오전 9시 30분 중앙청 중앙홀에서 시무식(始務式)을 갖고 1967년을 '전진(前進)의 해'로 명명하기도 했다. 그 날은 박 대통령에게 가장 득의만만한 새해 첫날이었고, 그 만족감 속에는 '700억 세수(稅收)목표 달성'도 들어 있었을 것이다.

세수목표 달성, 대통령의 '금일봉'

그러던 어느 날 이 청장은 만면에 웃음을 띤 얼굴로 나에게 말했다.

자기가 국세청장으로 취임하여 직원들을 직접 지휘해 본 결과, 박봉(薄俸) 속에서도 모두가 성실하게 열심히 일하는 모습을 보고 그 상황을 박 대통령께 보고드렸더니 "당신 어느새 그 사람들 편이 됐느냐?"고 하시면서 대단히 좋아하시더라고 말했다. 그리고 그날은 청와대를 다녀오는데 귀로에 대통령께서 "700억 세수확보에 수고가 많았다. 간부·직원들을 위로해 주라."고 하면서 금일봉을 주시더라는 것이었다.

"이 돈을 술값이나 해서 그냥 써버릴 것이 아니라 세무공무원이 퇴직할 때 연금(年金)과는 별도로 다만 얼마라도 보탬이 되도록 공제기금(共濟基金)을 만들고 싶은데, 이 돈만 갖고는 어림도 없지 않소? 그래서 재무협회가 갖고 있는 재산을 우리가 인수할 수 있으면 좋겠소. 이 국장이 꼭 한번 나서봐 주세요."

"고마운 말씀입니다. 결과는 장담할 수 없지만 선배들을 찾아가 부탁 말씀을 한번 드려 보도록 하겠습니다."

전직 세무관서 출신 가운데는 인태식 전 재무부장관, 정운갑 전 농림부장관, 추규영 전 전남도지사 등이 있었고, 역대 사세국장 출신에는 동경일고·경도제대 출신인 권택상 씨, 일본 고등문관시험 출신인 김만기 씨 등이 포함되어 있었다.

바쁜 틈을 이용해 서울에 계신 전직 사세국장 및 지방사세청장들을 만나 본 결과 그분들의 첫 반응은 뜻밖에도 냉담(冷淡) 그 자체였다.

"국세청의 3대 목표 가운데 하필이면 '오명불식'이라는 말이 왜 들어 있소? 그 말은 과거 세무관서 출신들을 모두가 오욕(汚辱)에 물든 사람이라는 뜻으로 매도하는 말이 아닙니까? 국세청에서 명색이 선배인 우리를 따뜻하게 예우해 주지는 못할망정 내놓고 이렇게 도매금으로 모욕할 수가 있냐 말이오? 그래 놓고 우리더러 우리가 모아놓은 재무협회 재산을 내놓으라니? 어림없는 소리!"

그분들이 분개하는 데는 나름대로 충분한 이유가 있다고 생각했다.

8·15 해방 후, 일본인 관료들이 다 떠나고 모든 행정이 공백상태에 빠졌을 때, 그분들은 국내에 남은 한국인 세무관료들을 추스려 행정조직을 정비했고, 6·25 전쟁 중에는 전 세목의 세율을 일률적으로 인상하고 토지수득세를 창안, 전쟁 중 재정(財政) 및 양정(糧政)의 두 가지 어려운 문제를 해결해 낸 우리 재정의 큰 일꾼들이었다.

하지만 민주당 정부가 들어서자 자유당의 부정선거에 협력했다는 구실로, 훈련된 1·2선의 기관장 출신 간부 전원을 일시에 추방했고, 5·16 군사정권은 들어서자마자 무자격자인 장교출신들을 세무관서의 요직에 대량 파견해 기술행정의 일각을 망가뜨렸으며, 국세청이 개청되고 나서는 3대 목표의 하나에 '오명불식'을 집어넣어 전직 세무관료들을 옥석(玉石) 가리지 않고 일괄 모욕했다고 그들은 분개하고 있었던 것이다. 그분들의 얘기를 듣고 나는 부산청 세무국장 시절에 느낀, 자기 직업에 대한 회의와 실망감을 다시 한 번 상기했다.

세리(稅吏)·세금쟁이 등 듣기 거북한 사회의 호칭에는 분명 세무공무원의 직업을 헐뜯고 흉보는 뜻이 담겨 있었다. 그리고 우리가 직무에 충실하면 할수록 납세자의 반감과 저항에 부딪히기 쉬운 숙명을 항상 괴롭게 생각해 온 것이 사실이었다.

옛 재무협회 이름과 재산 '세우회'로

"국세청에는 우리가 키운 후배들이 아직도 많이 남아 있지 않소? 그 재산을 후배들에게 유익한 곳에 쓰겠다는데 반대할 이유가 없지 않겠소? 잔소리 말고 깨끗이 넘겨줍시다."

이 말은 사세국장을 두 차례 역임했고 나를 친동생처럼 믿고 아껴주시던 김만기 씨의 결단이었다. 그리하여 옛 재무협회의 막대한 재산은 사단법인 세우회(稅友會)로, 월간잡지 ≪재무≫는 월간 ≪국세≫로 각각 넘어갈 수 있었다.

당시 세우회 이사장 이달형 씨는 1967년 3월 11일, ≪국세≫ 창간호에 다음과 같은 발간사를 실었다.

"국세청 발족 1주년과 '세금의 날'을 맞아 월간 ≪국세≫를 세상에 내놓으며 조심스럽고도 대견스러운 마음 금할 수 없습니다. ……상부상조(相扶相助)의 정신을 바탕으로 이루어진 세우회가 발행하는 본 잡지는 대개의 전문지가 그러하듯 일방적으로 치우치거나 딱딱한 전문논설을 위주로 하는 것을 가급적 피하고자 합니다. ……납세자와 세무당국 사이에 공동의 광장이 될 수 있는 살아 움직이는 잡지, 누구라도 이 잡지의 내용을 구성하는 주인공이 될 수 있고 널리 개방된 잡지, 또 연구·개선하고 창조·발전하는 훌륭한 잡지를 만드는 데 최선을 다하고자 합니다.”

창간호를 보면 축하 광고란에는 청장 이낙선(李洛善), 차장 김재덕(金在德), 기획관리관 조진희(趙晋熙), 징세국장 장재식(張在植), 직세국장 서영철(徐英哲), 간세국장 장태명(張泰明), 조사국장 이철성(李喆晟), 총무과장 배도(裴渡), 세정감독관 박영호(朴英鎬) 씨 등의 이름이 보인다.

그 잡지를 보면 당시에 국세 본청에 근무하던 간부가 누구누구며 정통파와 외래파의 면면이 누구였던가를 쉽게 알 수 있다.

그리고 ≪국세≫ 1호에 실린 세우회 ‘게시판’을 보면, 홍성세무서의 4급 직원 조관형 씨를 비롯해 퇴직회원 15명이 납부한 상조금 합계 2만 2,000원에 대해 세우회가 그들에게 지급한 퇴직금·유족부조금은 137만 8,000원에 달했다는 기사를 읽을 수 있다.

적립기금, 2009년 말 현재 1,800억 원

사단법인 ‘세우회’는 2009년 말 현재로 1,800억 원의 기금이 적립되었고, 국세청 개청 이래로 2만 2,127명의 퇴직자들에게 누계 2,416억 원의 상조금이 지급되었다. 그리고 국세청의 기관지 월간 ≪국세≫는 2009년 말 현재로 통권 514호가 발간되었다.

700억 세수목표를 달성하여 박정희 대통령으로부터 치하(致賀) 말씀과 함께 받은 하사금과 과거 사세국 출신들의 모임인 재무협회의 재산이 바탕이 된 사단법인 ‘세우회’ 그리고 월간 ≪국세≫는 창설된 지 어느덧 43년을 맞았다.

지금도 이들 공제(共濟)사업은 건전하게 잘 운영되고 있다고 한다. 다행스러운 일이 아닐 수 없다.

세우회 창설 당시의 인사(人士)들은 대부분 세무관서를 떠난 지 오래되었고, 유명을 달리한 분도 많다. 새삼 인생무상을 느끼지 않을 수 없다.

그동안 세우회는 기금 적립과 퇴직금 지급에 치중하고, ≪국세≫는 명칭이 ≪국세월보≫로 바뀌어 한동안 세무정보 및 자료전달지로 그 내용이 변질되었다. 그러나 그 후 명칭이 다시 ≪국세≫로 돌아오고, 그 내용도 국세 관련 종합정보지로 자리매김하는 등 충실해지고 있어 다행스럽다.

당시에 산파역을 맡았던 필자로서 '세우회'는 앞으로 전직과 현직 세무공무원이 서로 돕고 위하는 '인정의 가교(架橋)'가 되고, ≪국세≫는 세무행정의 어제를 되새기고 내일을 밝히는 '조세문화의 창달지(暢達誌)'로서 크게 발전하기 바라는 마음 간절하다.

2

60년대 개발독재 시절

장충체육관에서 터진 국세청 함성

'내 사주팔자가 왜 이런가?' '내가 지금 공무원인가, 딴따란가? 국세청 여자배구팀이 겨우 자리를 잡았다 싶었는데 이번에는 또 국세청이 후원하는 극단을 해 보자고?' 혼자 투덜대면서 남산 산마루에 자리한 드라마센터로 극작가 유치진(柳致眞) 선생을 찾아갔다.

국세청 청사는 개청 당시에는 서대문 언덕바지에 있던 노라노양재학원 건물이었다. 그 후 1967년에 안국동 네거리 모퉁이의 한국병원 자리로 청사를 옮겼다.

개청 이듬해 국세청의 세정지표는 명랑세정(明朗稅政)으로 바뀌었다. 개청목표였던 강권세정(强拳稅政)이 달성되자 1년 만에 일대 변신을 도모했던 것이다.

그해 2월 27일, 나는 서울지방청 청장에서 본청 조사국장으로 전근되었다. 물론 조사국장 역할은 7년 전에 재무부 감사과장을 겪었기에 대강은 알고 있었다. 하지만 업무를 파악해 본 결과 기구와 조직이 과거에 비해 엄청나게 비대해지고, 그 역할 또한 전국을 대상으로 한 탈세의 정보수집과 직접조사(調査) 등으로 권한이 대폭 강화되어 있었다.

어느 날이었다.

"이 국장, 운동 좋아해요?" 본청 청장이 물었다.

"네, 야구랑 권투를 좋아하고, 배구는 좀 하는 편입니다만……."

"권투는 왜?"

"우리 고향 통영은 옛날부터 권투가 성행했고, 통영중학은 서울의 중앙·배제·한양중학 선수들과 교환경기를 자주 했거든요. 땀과 코피를 흘려가며 정정당당하게 싸우는 사나이들 경기라 멋있지 않습니까?"

"뜻밖인데? 그건 그렇고, 우리 청에 운동팀을 하나 만들면 어떨까 싶어서……."

"딱딱한 관청에 운동팀이라뇨? 뭣하게요?"

"우리가 작년에 700억 세수를 확보하느라 온 사방에 얼마나 요란을 떨었소? 그래서 일반국민들은 국세청을 무서운 관청으로 낙인찍고 있지 않소? 또 세무공무원은 세금을 쥐어짜는 두려운 존재로 오해를 받고……."

"그건 그렇습니다. 하지만 그 세금이 국가·사회의 안녕과 번영을 위해 알뜰하고 유익하게만 쓰인다면 문제는 없죠."

"그거야 우리 입장이고, 남들이야 그걸 잘 알지도 못하지만 설사 안다고 해도 우리를 무섭고 두려운 존재로 보는 건, 솔직히 말해 사실 아니오?"

"그런데요?"

"그래서 우리에 대한 사회일반의 인식을 부드럽게 바꾸고, 직원들의 직장에 대한 애착심(愛着心)도 높이기 위해 실업운동팀을 하나 만들었으면 좋겠다 싶어서 하는 말이오."

그때 나는 삼성생명의 중역으로 진출한 이달형 씨에 이어 사단법인 세우회의 이사장직을 겸무하고 있었다. 조사국장이라는 본업에다가 세우회 일까지, 특히 월간 ≪국세≫도 매달 기획·출판하기가 벅찬 마당에 청장은 또 실업운동팀을 구상해 보라고 했다.

대민(對民) 교류용 '여자실업배구팀' 창단

청장은 만날 때마다 "어찌 되어 가느냐?"고 계속 재촉했다. 한번 결심하면 물러서지 않는 그분의 기질상 일과성 얘기로 끝날 일이 아니라는 것을 깨달았다.

나는 그 시절 축구·야구·농구·탁구·배구 등 일반인들에게 인기 있는 운동종목을 염두에 두고 생각해 보았다. 그 결과, 여자배구팀이 가장 알맞겠다는 생각이 들었다. 여자팀이라야 대외적으로 인상이 부드럽고, 배구는 내가 좀 아는 편인 데다, 새 팀을 만들어도 기성팀과 실력 차이가 그렇게 많지 않을 것 같은 생각이 들었다.

여고팀 가운데서 당시에 경기 성적이 가장 좋은 숭의여고팀과 접촉해 보기로 하고, 청장의 허락을 받았다. 그런데 상대방의 반응은 뜻밖에도 부정적이었다. 어린 여학생들은 모두가 산업·제일 등 은행팀 아니면 석유공사나 태광·동일방직 등 회사팀으로 가기를 원하고 있었다. 국세청은 딱딱한 관청에다 장래에 대한 보장도 막연해 꺼릴 수밖에 없었던 것이다. 내가 생각해도 결심하기가 어렵겠다 싶었다.

수비전법으로 연전연승 '국세청팀'

감독과 졸업 선수 10여 명 전원을 한꺼번에, 그리고 앞으로 나올 졸업생은 전원 받겠다는 조건으로 간신히 성사시킨 '국세청 여자실업배구단'은, 1978년 1월 4일 국세청 강당에서 겨우 결단식(結團式)을 가질 수 있었다.

그때는 국군 복장을 한 북한 특수부대원 31명이 '청와대 습격과 박정희 살해'를 목적으로 자하문 고개를 넘어오다 28명이 사살되고 김신조가 체포되기 직전이었다.

감독은 당시 숭의여고 감독이었고, 훗날 그가 불모지에서 양성한 페루의 국가대표팀이 세계 3위를 차지하여 페루의 국민적 영웅으로 추앙받는 박만복(朴萬福) 씨, 코치는 훗날 대농(大農)과 국가대표팀의 감독이 된 이창호(李昌浩) 씨였고, 단장은 내가 맡을 수밖에 없었다.

그로부터 나의 일과는 전례 없이 바빠졌다. 제 집에는 빈손으로 들어가기가 예사면서 선수단 숙소에는 무엇인가 선물을 사들고 찾아가야 했고, 제 자식들의 생일은 곧잘 잊으면서 선수들의 생일은 꼭 챙기는 등 배구단을 위해 온갖 정성을 다했다. 옛날 서울운동장 야구장의 건너편 성동세무서 뒤뜰에 배구선수용 숙소와 연습장을 신축한 것도 그 무렵이었다.

매달 세우회의 편집부를 방문, 월간 ≪국세≫의 표지를 비롯해 화보·특집의 제작에 이르기까지 일일이 의견을 제시하고, 잡지가 발간되면 편집요원들과 소주잔을 기울이며 꼼꼼한 품평회(品評會)도 잊지 않았다.

"여보 이 국장, 당신 요즘 얼굴 보기가 상당히 힘든데 조사국장 자리는 내놓고 아예 세우회로 나가서 잡지와 배구단 일에 전념하는 게 어떻겠소?"

"좋지요, 정말 그렇게 할까요?"

이런 농담을 주고받을 정도로 이 청장과 나는 생각과 정서가 찰떡궁합이었다. 더구나 배구단이 실업팀 가운데서 나이가 가장 어리고, 키가 제일 작고, 프로 경험이 전혀 없는데도 각종 선수권대회에서 잇따라 우승하자, 배구와는 생면부지이던 청장과 부인은 어느새 열렬한 배구 팬이 되고 말았다.

국세청 실업팀 창설을 계기로 내가 이사장을 겸무하던 세우회 주최로 전국 지방국세청 대항 배구대회도 매년 서울에서 개최했다. 각 청 선수들의 분전(奮戰)도 치열했지만, 자기 팀을 응원하는 응원단의 열성 또한 대단했다. 시합 때를 전후해 각 청에서는 그만큼 근무와 운동에 활기가 흘러넘쳤다.

당시에 우리 배구계에서는 나를 가리켜 한국의 '다이마쓰 히로부미(大松傳文)'
라 한다는 소문이 돌았다. 다이마쓰 히로부미는 일본 '가이쓰카' 팀의 배구감독
에서 출발해 회전(回轉)리시브라는 독특한 수비전법(守備戰法)을 개발, 국가대표
팀을 철저히 강훈련하여 1964년 동경올림픽에서 무적 '소련팀'을 꺾고 기적과도
같은 우승을 일궈낸 일본 스포츠계의 영웅이었다.

선수들에게 "어떤 고생을 하더라도 목표 달성의 기쁨을 맛보게 하겠다."고 다
짐한 그의 행동을 본받아 나도 국세청 여자배구단 훈련에 그 수법을 그대로 적
용했던 것이다.

대민 홍보용, 계몽연극단 계획도

그러던 어느 날 청장은 또다시 나에게 어려운 문제를 끄집어냈다.

"세우회가 후원하는 극단을 하나 만들어 전국을 순회공연해 보면 어떻겠소?"

"극단이라뇨? 그건 또 뭣하게요?"

"지방민들에게 좋은 예술작품을 선보이면서 동시에 우리 국세청 홍보도 하면
좋지 않겠소?"

"연극으로 납세홍보라? 잘못하면 예술작품을 망칠 텐데요."

"그거야 원작(原作)에 충실하면서 납세 홍보는 살짝 곁들이면 될 게 아니오."

"글쎄요. 우리 입맛대로 잘 될까요?"

"정 어려우면 원작은 그대로 두고, 우리는 공식적인 후원만 하는 방법도 있을
텐데……."

나는 또다시 청장의 열의에 압도되어 그 시절 연극·영화배우로 인기 높던 김진
규(金振奎) 씨의 한남동 집을 찾아갔다. 역시 유명 배우이던 부인 김보애(金寶愛)

씨도 내 열의에 감동하고 적극 찬동하여 일이 성사되는 듯싶었다. 하지만 문제는 극단 일을 전담해 줄 단장을 찾는 일이었다.

'내 사주팔자가 왜 이런가?' '내가 공무원인가, 딴따란가? 배구팀이 겨우 자리를 잡았다 싶었더니 이번에는 극단이라?' 혼자 투덜대면서 남산 산마루에 있는 드라마센터로 극작가 유치진(柳致眞) 선생을 방문했다.

그분은 고향 선배였고, 내가 서울지방국세청장 시절 국유지인 극장 대지의 임대료가 체납되어 건물이 철거당할 뻔한 것을 막아 드린 적이 있었다.

"신극(新劇)은 관객이 적어서 드라마센터는 아직까지 적자 운영입니다. 연극이 흥행될 만큼 우리네 살림살이가 넉넉해질 때까지 이 국장에게 진 빚도 갚을 겸 국세청을 위해 시간을 내줄 수는 있소. 하지만 문제는 연극 하나를 무대에 올리자면 막대한 경비가 들 게요. 그쪽은 관청이고 청장도 언제까지 그 자리에 있을지 알 수 없는 일 아니오? 적잖은 돈을 투자하면서 지방순회를 언제까지 감당할 수 있을는지……."

"글쎄요."

연극공연에 대한 유 선생의 반응은 짐작한 그대로였다. 청장의 좋은 뜻을 십분 이해하면서도 배구단 하나만이라도 제대로 유지·운영하는 방향으로 생각을 바꾸도록 청장에게 건의했다.

'700억' 세수확보를 위해 천지가 진동하듯 불같이 달려들던 그분에게 스포츠와 연극을 향한 그 같은 정열과 낭만이 따로 숨어 있었다는 사실을, 아는 사람은 아마 별로 없을 것이다.

만약 그분이 생존해 계신다면 술잔을 기울이며 '700억 세수작전', '세우회·여자배구단 운영' 등 밤새껏 나누고 싶은 추억들이 참으로 많은데…….

정치사찰 보상 '모범납세자상'

"정직함을 상징하는 '모범납세자 동판(銅版)'은 대대로 이어질 우리 회사 사장들에게 잘 전해 주시오." 유한양행의 유일한 사장이 후임 사장들에게 남긴 유언이었다.

국세청 조사국장으로 근무하던 1967년 여름 어느 날, 우리 국 사찰요원들은 유한양행의 본사와 공장 그리고 지방에 산재한 특약점에 이르기까지 제조·판매·경리·결산관계 서류 일체를 압류하고, 2주일째 탈세 조사를 계속하고 있었다. 하지만 탈세에 관한 구체적 단서는 하나도 찾지 못하고 있는 상태였다. 난관에 부딪친 나는 심한 좌절감을 느꼈다.

세무사찰(稅務査察) 가운데는 이따금 정치적 냄새를 풍기는 사건들이 있긴 있었다. 하지만 대상 업체의 규모가 비교적 작고 내용도 단순해, 조사국장직 수행은 파란 없이 그런대로 소강(小康) 상태를 유지하고 있었다.

털어도 먼지 안 나온 제약 회사

그런데 유한양행 사건만은 단연 예외였다. 착수할 때부터 상부의 하명(下命)

사항이라 동기가 수상했고, 서류 영치에서 시작해 서류 분석을 진행한 지 보름이 지나도록 아무런 단서를 찾지 못해 고전하고 있었던 것이다.

"사찰과장, 어떻게 하지?"

"국장께서 조사과정을 직접 챙겨 보시지 않았습니까?"

"이 사건은 청장의 특별지시인데 빈손을 내밀 수도 없고……."

"글쎄요."

생각한 끝에 불안해하는 사찰과장을 달래고 2층 청장실로 올라갔다. 불같은 성격의 이 청장에게 단단히 야단맞을 각오를 했다.

"청장님, 최선을 다한다고 노력은 했습니다만, 아직까지 성과(成果)가 없습니다."

"뭐요? 담당 반장(班長)은 믿을 수 있소?"

"예, 사찰반 두 개를 추가로 투입하고, 진행 상황을 일일이 챙겨 보기도 합니다만……."

"'털어서 먼지 안 나오는 데 없다.'고 하지 않소? 그렇게 큰 회사에서 탈세 근거가 하나도 안 나온단 말이오?"

"그야 조그마한 기장 누락이나 계산 착오까지 없다는 말씀은 아닙니다만, 혹시 필요하시다면 국장을 바꿔 재조사(再調査)를 해 보시면……."

"쓸데없는 소리!"

최악의 경우를 각오했다. 조사국장으로서 취급해 본 대소(大小)사건 가운데서 무혐의 사건은 정말 그때가 처음이었다. 물론 부스러기 같은 세금 누락은 있었지만…….

그 사건에 대한 청장의 반응은 그로부터 1주일이 지나서야 겨우 나타났다.

"이 국장, 상부(上部)보고를 끝냈소. 맡은 일이나 계속 잘하시오."

"네. 그럼 부스러기 같은 탈세액은 아예 없는 것으로 눈감겠습니다."

그 일을 겪고 난 후 유한양행이 도대체 어떤 회사인지 알아봤다. 사업은 제약업, 대표는 유일한(柳一韓) 씨였다.

그분은 아홉 살에 단신으로 미국에 건너가 고난과 역경을 이기고 명문대학을 졸업하였으며, 식품회사를 설립해 사업을 확장했다. 그 후 22년 만에 귀국, 세브란스 의과대학의 교수 초빙을 사양하고 국민 보건에 기여할 일념으로 제약회사 유한양행을 창설, 당시에 이르고 있었다.

그분은 종업원들에게 주식을 나눠주는 지주제(持株制)를 우리 사회에서 처음으로 도입했고, 회사 경영을 자기 가족이 아니라 외부의 전문경영인에게 맡겼다. 우리 사회에서 기업공개를 처음 실시해 기업의 소유와 경영을 분리시켰으며, 공과기술학원을 비롯해 유한중·고(中·高)와 유한대학을 설립하고 거액의 자기 주식을 연세대학교에 기부하는 등 육영사업에도 많은 노력을 기울이고 있었다.

그분은 이승만 정권 시절 상공부장관으로 입각(入閣)하라는 경무대의 권유를 받았으나 정경분리(政經分離) 원칙을 고집하며 사양했고, 역대정권의 정치자금 제공 요구를 끝내 거절해 오고 있었다. 그래서 당시에 여당 공화당의 정치적 미움을 받아 세무사찰 대상이 되었을지 모른다.

세무사찰 보상 '모범납세자' 동판

그분에 대한 세평(世評)은 어느덧 청장 귀에도 들렸고, 어느 날 나는 청장과 사후대책을 논의할 기회가 있었다.

"이 국장, 우리가 유 선생께 못할 짓을 했죠?"

"저도 그런 가책을 느끼고 있습니다."

"우리가 탈세자를 철저히 파헤치는 것도 좋지만, 선량한 모범납세자에게는 무엇인가 칭찬하고 보호해 드릴 줄도 알아야 하지 않겠소?"

"동감입니다."

"그런데 '세금의 날' 행사가 끝난 마당에 이 회사만 따로 표창할 수도 없고……."

"어떻습니까? 국세청 이름으로 이 회사에 '모범납세업체'라는 동판(銅版)을 하나 만들어 드리면?"

"그래 그것 참 좋겠소. 회사는 자랑이 되고 우리는 보호해 드리고……."

그리하여 유한양행은 국세청이 신설·제공한 '모범납세자' 동판의 첫 수상자가 되었고, 경향 각 신문은 그 사실을 즉각 대대적으로 보도했다.

그 일이 있은 지 얼마 후였다.

"이 국장, 오는 5월 장충체육관에서 대통령 및 영부인 배(杯) 쟁탈 전국실업배구대회가 열리는 줄 알고 있죠?"

"네, 알고 있습니다."

"그런데 남자 우승팀에게는 대통령배, 여자 우승팀에게는 영부인배를 각각 수여하기로 배구협회에서 결정했소. 영부인배 기부를 어디 점잖은 데다 부탁했으면 좋겠는데, 어디가 좋을지 한번 생각해 보시오."

당시에 청장은 국세청에 여자실업배구단을 창단·운영한 것이 인연이 되어 대한배구협회 회장직을 겸하고 있었다.

"글쎄요, 영부인배 기부야 누구라도 싫어하지 않겠지만, 문제는 우리가 볼 때 그 회사가 참으로 깨끗하고 남의 모범이 되는 그런 회사라야 하지 않겠습니까?"

"그래서 하는 말이요."

"그동안 '세금의 날'에 모범납세자로 훈장이나 표창을 받은 회사들은 많지만 그들은 주로 전기 대비 매상액 증가, 이윤율, 납세 성적 등 외형상(外形上)의 기준을 갖고 선정했으니 그 회사가 실제로 성실한지 아닌지, 그 여부까지는 알 수 없거든요. 잘못했다가 뒷말이 나면 곤란하고……."

"그렇지."

"어떻습니까? 청장께서 아시는 유한양행의 유 선생께 부탁을 드려 보면……."

"그거 정말 좋겠소. 영부인께서도 보고를 들으면 아마 기뻐하실 게요."

대통령 영부인 배(杯) 건 배구 결승전

그 후 유일한 사장은 순은(純銀)으로 큼직하게 만든 '대통령 영부인 배'를 손수 들고 내 사무실로 오셨다. 1970년 4월 25일 장충체육관에서 그 컵을 건 전국 실업여자배구대회의 결승전이 벌어졌다. 그 넓은 관중석의 반은 산업은행, 나머지 반은 국세청의 응원단이 각각 자리를 가득 메웠고, 장장 세 시간에 걸친 혈전(血戰)이 전개되었다.

본부석에는 대통령 영부인 육영수 여사, 민관식 대한체육회장, 이낙선 상공부 장관, 산업은행 총재, 때마침 새로 취임한 오정근 국세청장이 흥미와 관심에 가득 찬 얼굴로 지켜보고 있었고, 양 팀 응원단의 열띤 응원소리는 장내가 떠나갈 듯 진동했다.

'3대0'의 열전(熱戰)이 끝날 때까지, 나는 관중석에서 입술이 타들어가고 손에 땀을 쥐며 안절부절 못하고 있었다.

첫 세트가 시작되기 전에 나는 감독에게 메모를 적어 보냈다. "이번 세트만 따라. 선수 전원에게 1주일간의 유급(有給)휴가를 보내주겠다."고.

두 번째 세트가 시작되기 전에는 "이번 세트만 따라. 청장께 말씀드려 선수 전원에게 한복을 한 벌씩 선물하겠다."고 했고, 세 번째 세트가 시작되기 전에는 "이번 세트만 따라. 감독과 코치에게 오늘 저녁에 주지육림(酒池肉林)을 실컷 맛보게 해주겠다."고 했다.

혈전이 끝나고 우리 팀의 우승이 확정되자 나는 어느 틈엔가 선수들에 이끌려 경기장 중앙에서 헹가래의 주인공이 되어 있었다. 장충체육관에서 처음이자 마지막으로 경험한, 감동과 영광의 순간이었다.

그 후, 국세청 배구팀은 후임 청장의 무관심으로 인해 방직회사 '대농(大農)'으로 전원 이적되고 말았다. 하지만 김영자·조혜정·박인실·이상안 등 대형선수들은 함께 이적한 감독 박만복, 코치 이창호의 지도하에 맹훈련을 받아 계속해서 좋은 성적을 거두었다.

특히 1973년 10월 우루과이에서 열린 '세계배구선수권대회'에서는 국세청 출신 선수 5명이 주축이 된 한국 대표팀이 국제대회 사상 처음으로 동메달을 획득, 대한민국의 국위를 크게 선양했다. 그 공로가 높이 평가되어 정부는 감독·코치·선수 전원에게 체육훈장 '백마장(白馬章)'을 수여하는 등 큰 경사가 있었다.

이제 이낙선·유일한 씨 두 분이 세상을 떠난 지도 오래되었다. 유 선생은 고령에다 노환이 겹쳐 사장 자리를 후진에게 물려주면서 다음과 같이 말했다고 한다.

"정직함을 상징하는 '모범납세자 동판'은 대대로 이어질 우리 회사의 자랑이오. 후임 사장들에게 잘 전해 주시오."

아마도 지금쯤 땀과 눈물로 싸워 얻은 그 많은 우승컵들은 내 이름과 함께 흔적도 없이 사라졌을 것이다.

이태원에서 잡은 '위장오퍼상'

외국인 상사원(商社員)들이 한국인 현지처를 학대한다는 신문보도를 보고 분개한 끝에, 이태원에서 우연히 잡은 외국인 위장오퍼상. 그때 그 파장(波長)이 장차 우리나라에서 처음으로 국제조세조약이라는 외교(外交)문제로까지 이어질 줄을 나는 그때 전혀 예측하지 못했다.

조사국장직에 재직한 1967년을 전후해 서울 용산구 이태원에는 수많은 외국 상사원들이 입주해 있었다. 그들이 현지처로 삼아 동거하는 한국 여성과 마찰을 빚는 일이 잦다는 신문보도가 어느날 내 눈에 띄었다.

그들은 젊은 한국여성과 계약결혼을 하고 가정부 겸 사무원 역할까지 시켰으니 얼마나 편리했을까? 그들이 떠날 때는 후임자에게 그 여성들을 인수인계하는 일도 예사였다고 한다. 그때는 우리 국민의 1인당 평균소득이 연간 100달러를 겨우 넘어설까 말까 할 정도로 가난한 시절이었다. 그래서 서민들의 생활 형편은 그만큼 어려웠다.

조사과 직원을 이태원 현지로 파견해 내사(內査)를 시켜 보았다. 그 결과 유명한 외국인상사 직원들이 관광·상용(商用) 등의 명목으로 단기비자로 입국해 개인주택을 임차하고 사실상 장기체류하고 있다는 사실을 알 수 있었다.

도입 자재(資材)에 숨겨진 위장 오퍼상

한편 유력한 국내 대기업들을 조사해 보니 기계·설비·원자재와 선박 등을 외국기업으로부터 도입은 했지만 중간에 일체의 중개 없이 직접 수입한 것으로 위장, 장부처리를 조작해놓고 있었다.

당시는 박정희 정부가 부정축재자들을 구속에서 풀어주고, 탈세액을 주식으로 대납토록 허락하며, 출처를 불문하고 예·적금의 비밀을 철저히 보장하는 등 산업자본의 동원을 위해 온갖 방법을 총동원하고 있던 시절이었다.

그래도 부족하자 정부는 '한·일 굴욕외교(屈辱外交)'를 한사코 반대하는 야당·학생들의 격렬한 반대데모를 힘으로 억누르고 무상원조 3억 달러, 유상차관 2억 달러, 상업차관 2억 달러를 타결 지어 그 자금으로 제2차 경제개발 5개년계획을 본격적으로 추진하고 있었다.

부산·인천의 항구에는 매일 일본 등지로부터 엄청난 물량의 생산자재(生産資材)가 속속 도입되고 있었다. 일본·미국 등의 외국인상사가 직원을 파견하여 상품을 소개·판매할 경우에는 마땅히 우리 세법이 정한 대로 영업세·법인세 등 세금을 물어야 했다. 그런데도 표면상으로는 시장조사·사무연락·관광·여행 등 갖은 명목과 구실로 직원들의 임시 체재(滯在)를 가장해 교묘하게 탈세행위를 범하고 있었다.

돈은 우리나라에서 벌고 세금은 자기 나라에 갖다 바치는 꼴이 됐으니 우리나라는 조세주권(租稅主權)이 침해되고 국고(國庫)에 들어와야 할 수입의 막대한 손실을 눈뜬 채 당하고 있었던 것이다.

직원들을 제철·석유화학·금속·기계공업·선박·시멘트 등 유력 회사들에 파견해 그동안 수입된 생산재의 거래처와 수입물량, 도입가격 등을 철저히 조사·파악하게 했다. 그리고 출입국관리소를 통해 외국상사 직원들의 국내 체류상황도 구체적으로 파악하게 했다.

조사가 본격화되자, 외국상사들은 우리 정부에 대해 개별적 또는 집단적으로 불평과 항의를 제기하기 시작했다. 일본상사가 특히 심한 편이었다. 그들은 일정한 사무실이 없고, 직원이 상주하지 않으며, 단지 사무연락만 한다고 변명했다. 따라서 물리적 개념인 고정사업장이 없는데도 우리 측이 억지로 세금을 매기려 하는 행위는, 위법·부당하다고 강력하게 항의를 제기했던 것이다.

그에 대해 우리 측은 비록 수출국 상사가 지점·출장소·연락사무소 등 공식적인 명칭은 사용하지 않고, 상사원들이 주재하는 장소가 개인주택이고, 필요한 경우에만 잠깐씩 체류한다고 하더라도, 그들이 실제로 상품의 매매를 중개한 이상, 기능적 개념인 고정사업장으로 봐야 하고, 따라서 우리 세법에 따라 세금을 부과해야 하겠다고 주장했다.

내가 그 사건에 착수한 동기는, 젊은 여성들이 외국인의 현지처로 고용되어 인간적인 대우를 받지 못하고 모욕과 구타를 예사로 당한다는 신문 기사를 읽고 의분을 느꼈기 때문이었다. 그런데 현장에 대한 내사(內査)를 하면 할수록 반드시 조세주권을 찾아야 하겠다는 재무관료의 직업의식과 애국심이 고개를 들었다.

국세청 직세국에서는 우리 측 자료를 토대로 외국인상사들에게 도매상에 해당하는 영업세율과 새로 만든 소득표준율을 적용, 영업세 및 법인세를 인정(認定)과세할 태세를 갖추기 시작했다.

경제적 약소국가의 비애(悲哀) 실감

그런데 우연의 일치인지는 모르지만 그때 일본 쪽에서는 재일교포들에 대한 세무조사를 대대적으로 강화하고 있다는 소식이 들려왔다. 한·일 간에 세금분쟁(稅金紛爭)이 일어날 조짐이 나타나기 시작했던 것이다. 그러나 문제는, 당시에 이르기까지 외국과의 세금분쟁을 조정하기 위한 조세조약(租稅條約)이 체결된 예가 한 번도 없었다는 사실이었다.

만약 우리 정부가 일본상사에 대해 세금부과를 강행할 경우 재일교포들에 대한 세무압박이 강화되어 한·일 양국 간에는 필연적으로 외교분쟁이 일어날 위험이 농후했다.

당시에 우리나라는 선진공업국가인 일본·미국 등 무역 상대국과 비교할 때 모든 면에서 낙후되어 있었다. 또 외국 국적의 항공기와 선박이 우리 영공과 영해를 더 많이 왕래하고 있었다. 게다가 우리나라는 외국의 자본과 기술을 하루속히 도입해야 할 필요성이 절실한 때였다.

외국인 기술자들도 상사원들과 함께 많이 체류하고 있었다. 그리고 그들이 국내에서 받는 배당·이자·임금 등 소득에 대해서는 외자도입촉진법 등을 통해 세금을 감면해 주는 실정이었다.

그만큼 외국자본의 국내 도입과 외국기술자의 국내 진출을 적극 권장하던 시절이었고 우리나라는 그들에 비해 분명히 경제적 약자(弱者)였다.

우리나라는 경제적 강자(強者)인 무역대국과 세금문제를 조세주권에 입각하여 당당하게 주장하지 못하고 많은 세원(稅源)을 억울하게 빼앗기고 있었던 것이다.

그 후 일본인 상사에 대해서는 양국 정부 사이에서 도매업 대신 오퍼상에 대한 별도의 낮은 영업세율과 소득표준율을 책정·적용하는 방향으로 일단 타협이 이루어졌다. 그리고 그 사건을 계기로 재무부 세제국에서는 일본을 비롯해 선진 각국과 이중과세 방지를 위한 조세조약의 체결작업이 본격적으로 시작되었다.

조세조약 체결의 역사적 계기

1970년 10월 29일에 이르러 '소득에 관한 조세의 과세회피 및 탈세방지를 위한 대한민국과 일본국 간의 협약'이 체결되었고, 뒤이어 독일·덴마크·미국·프랑스 등 선진 각국과도 점차 조세조약이 체결되기 시작했다.

원래 국가 간에 체결되는 조약은 그것이 경제문제든, 정치문제든 반드시 호혜(互惠)·쌍무(雙務)원칙이 지켜져야 한다. 하지만 군사·외교적으로나 경제적으로 약한 나라는 강대국의 힘의 논리에 밀려 억울한 불평등조약을 강요당할 수밖에 없음은 역사가 증명하고 있다.

외국상사에 대한 과세문제를 처음으로 제기했을 때 우리나라는 아직도 경제적 약자였고, 조세조약을 맺자고 주장할 만한 처지가 아니었다. 하지만 고정사업장의 경우 뒤늦게나마 국세청이 국제조세 이론을 토대로 우리의 과세권을 관철하였고, 재무부가 조세조약을 당당하게 거론하여 조세조약을 체결하는 계기를 마련했으니 참으로 다행스러운 일이 아닐 수 없었다.

우연히 이태원에서 잡은 오퍼상, 그때 그 파장(波長)이 장차 조세조약이라는 큰 문제로까지 파급될 줄을 나는 짐작조차 하지 못했다.

이제 우리나라는 개발도상국의 껍질을 벗고 선진국 대열에 들어서서 여러 후진국을 상대로 당당하게 조세조약을 협상·체결하는 단계에 들어섰다. 어렵던 시대, 흘러간 역사의 뒤안길에는 사회 일반에게 알려지지 않은 전문관료들의 숨은 활약과 애국 행위가 참으로 많았던 것이다.

설렁탕 물 타기, 국세청 물가단속

국세청의 물가단속이 '설렁탕에 물 붓기'식으로 끝날 바에야 애시당초 착수할 필요가 없었다. 실없는 일로 더 이상 세무공무원을 악역(惡役)으로, 국세청을 원부(怨府)로 만드는 일이 되풀이되어서는 안 될 것이다.

1967년 한여름, 정부의 물가(物價)대책회의가 열리고 있던 경제기획원 회의실, 장관은 장기영(張基榮) 씨였다. 나는 재무부·상공부·농림부 등 다른 경제부처 국장들과 함께 그 자리에 참석해 있었다.

"국세청에서 누가 와 있소?"

"네, 조사국장이 와 있습니다."

"그래요? 오늘부터 당장 대중요금에 대한 물가단속을 시작하시오. 최근 인상된 설렁탕·곰탕·커피 값과 이발·미용·목욕탕 요금을 이전 가격으로 당장 인하시키고, 만약 불응하는 업자가 있으면 세무사찰을 하든, 무엇을 하든, 잔뜩 혼을 내주시오. 알겠소?"

"알겠습니다." 더 이상 한다, 안 한다 대답할 분위기가 아니었다.

장기영 장관, 그분은 한국일보사 사주(社主)였고, 1964년 박정희 정부의 경제기획원장관에 기용된 이래로 1967년에 이르기까지 3년 동안 다른 부처의 장관들을 실질적으로 장악하고 경제개발 5개년계획을 불도저처럼 밀어붙인, 그야말로 개발독재(獨裁)시대의 주역(主役) 중의 주역이었다.

그 전년도에 정부가 각 부처에 지시한 1967년도 예산안의 편성 지침은 다음과 같았다.

"첫째, 수입과 지출이 부합되는 균형예산을 편성함으로써 안정재정(安定財政)을 굳게 지킨다.

둘째, 국민들의 소비성 지출을 억제하고, 재정운용의 효율을 높이는 한편 재정 투·융자 재원을 최대한 확보한다.

셋째, 세수 및 저축재원을 적극 동원함으로써 경제의 자립도(自立度)를 높인다.

넷째, 정부투자기관의 경영을 합리화하고, 공공요금의 징수를 철저히 함으로써 투자재원의 자급도(自給度)를 높인다." 등이었다.

정부는 상품의 수출과 관광 수입이 차차 늘어나고 해외에 나간 기술·근로자들의 본국 송금이 점점 늘어나서 한국은행에 보관된 외화 보유고가 누적되자, 달러를 맡긴 회사나 개인들에게 내줄 한화(韓貨)를 증발해야 할 소위 '외환(外換) 인플레'에 대한 대비책을 어떻게 강구하느냐를 놓고 고심하고 있었다.

게다가 정부투자기관의 경영합리화를 이유로 전기·수도·철도 등 공공요금이 인상되고, 버스·택시요금과 대학등록금의 인상도 불가피해 정부당국은 계속 올라가는 물가문제에 골머리를 앓고 있었다. 그런 가운데 서민생활에 직접 영향을 미치는 대중 접객요금까지 인상되었으니, 물가당국은 흥분할 수밖에 없었다.

그날 회의에서는 상공부를 동원해 공산품 출고가격의 억제에 나서는 한편, 접객업소의 요금단속을 국세청에 강력히 지시하여 그 불똥이 조사국장인 나에게 떨어졌던 것이다.

원래 물가란 생산품의 원가(原價)를 중심으로 수요·공급의 메커니즘에 의해 등락(騰落)이 좌우되는 법. 공공요금이 인상되어 상품의 생산원가가 올라가고 국민소득이 늘어나서 일반대중들의 소비성향이 높아지면 물가는 당연히 뛰기 마련이다.

그런데도 물가당국은 자본주의의 시장원리를 무시하고 행정력을 동원해 물가를 힘으로 끌어내리려 했으니 억지도 이만저만이 아니었다. 하지만 언론을 등에 업고 불도저처럼 밀어붙이는 부총리의 지상명령을 어찌 마다할 수 있었겠는가?

'눈 가리고 아웅', 국세청 물가단속

회의 내용을 국세청장에게 보고하고 우리 나름대로 물가단속 계획을 수립했다. 그리고 그 내용을 출입 기자단에게 알렸다.

그 결과 그날 저녁 TV를 비롯해 다음 날 조·석간신문에서는 "국세청, 전국 물가단속(物價團束) 특별조사에 착수"라는 제목 아래 그 내용이 대대적으로 보도되었다.

그런데 물가단속의 결과는 어이없는 반동(反動)으로 나타나고 말았으니 어찌하랴.

"국장님, 서울시내는 우리가 가자마자 업자들이 요금표를 바꿔 달고 요금을 일제히 내렸습니다." 단속반장들의 보고였다.

"아, 그래요? 수고가 많았소."

"그런데 사실은 이번 단속이 무용지물(無用之物)인 것 같습니다."

"왜 그렇소?"

"글쎄, 대중음식점들이 음식 값을 내리기는 했지만, 대신 양(量)을 늘리기 위해 설렁탕·곰탕에 물을 잔뜩 퍼붓고 소금을 타서 손님들이 배고파 죽겠다고 아우성이고, 자장면 같은 것은 양념으로 넣어야 할 돼지살코기가 비곗덩어리로 둔갑

영욕의 세월

하여 주인과 손님 사이에 싸움이 붙어 야단들입니다. 불고기는 기름이 잔뜩 끼인 것을 내놓거나 아니면 그 양이 형편없이 줄었고요.”

“그래요?”

“이발소·미장원 같은 접객업소의 경우에는 종업원들이 불친절해서 손님과 마찰이 잦고, 고급손님들은 요금과는 별도로 팁을 주니까 결국 팁 못 주는 가난한 서민들만 골탕을 먹는 결과가 되고 있습니다.”

“그러면 어떻게 하지?”

“이런 판국에 우리가 나선들 별수가 있겠습니까? 가격이나 요금은 분명히 내렸는데, 음식의 양(量)이 줄어들고 서비스의 질(質)이 떨어지는 것까지 우리가 어떻게 따질 수 있겠습니까?”

“그건 그래요. 우리가 맡은 물가단속은 결국 ‘눈 가리고 아웅 하는 식’밖에 안 된다 그 말이군.”

악용하는 ‘세무사찰’, 불신받는 세무행정

그 일이 있은 후에도 각 부처로부터 걸핏하면 국세청에 ‘세무사찰’을 해달라는 요청이 속출했다.

고급요정 출입자, 외제 사치물품 구입자, 호화 외국 여행자, 병역기피 유학생의 부친 회사, 양담배 상습 흡연자, 상습 도박자, 공해 배출업소 등의 단속에도 세무사찰을 마치 전가(傳家)의 칼처럼 남용했던 것이다.

1975년 박정희 정부는 공산품 가격을 억제하기 위해 ‘부당이득세법(不當利得稅法)’을 공포·실시했다. 이 법률은 정부가 결정·지정·승인·인가 또는 허가하는 물품의 가격과 부동산이나 기타 물건의 임대료 또는 요금의 최고액을 기준으로

하고, 거래 단계별, 지역별, 기타의 구분에 따라 국세청장이 정하는 기준가액(基準價額)을 초과 거래해 부당이득을 얻는 개인이나 회사에 대해서는 부당이득액 전액(全額)을 세금으로 환수한다는, 무서운 내용으로 되어 있었다.

물론 조사국장 재임 중에도 이 세법은 그대로 살아 있었다. 하지만 그동안 세금을 부과·징수한 실적은 한 건도 없었다. 제조회사와 도매업자가 서로 짜고 상품을 이중가격으로 암(暗)거래할 경우 행정력만 갖고서는 도저히 그들의 음성(陰性)거래를 잡아낼 방법이 없었기 때문이다.

속담에 '지키는 사람 열이 도둑 하나를 못 당한다.'고 하듯이, 흉악범도 제대로 잡지 못하는 판국에 공시가격 위반쯤은 아무도 범죄로 여기지 않았던 것이다.

원래 세금이란 곡식을 뜻하는 화(禾) 변에 기쁨을 의미하는 태(兌) 자를 합쳐서 만든 말이다. 1년 농사를 끝낸 농부들이 신(神)에게 수확을 감사하기 위해 가을에 기쁜 마음으로 제단(祭壇)에 바치는 제물, 즉 곡식이 세금의 유래라고 한다.

요즘 이 말의 뜻을 얘기한들 수긍할 사람은 별로 없을 것이다. 하지만 국민이 국가·사회를 위해 자기가 마땅히 내야 할 세금을 내기도 벅찬 마당에, 세금이 행정의 편의를 위한 징벌(懲罰)의 수단으로 남용되거나 혹은 야당을 탄압하기 위한 무기로 악용되는 일이 있어서는 안 된다. 이 같은 폐단은 우리 사회에서 하루속히 근절되어야 할 것이다.

세무행정력이 '설렁탕에 물 타기식'으로 끝날 바에야 더더욱 그러한 것이다.

더 이상 세무공무원을 악역(惡役)으로, 국세청을 원부(怨府)로 만들어서는 안 된다. 박 대통령의 시해까지 몰고 온 부마(釜馬)사태 직전에 부산세무서가 성난 상인들에 의해 불탔고, 5·18 광주민주화운동 때 광주세무서가 데모 군중들에 의해 방화(放火)된 사실을 위정자들은 결코 잊어서는 안 될 것이다.

'세금의 날' 벌어진 기자소동

나는 20여 명의 기자들을 만나고 보내는 동안 같은 사과(謝過)의 말을 수없이 되풀이했고, 결국 만취하고 말았다. 한밤중에 몸을 가누지 못하는 나를 고맙게도 우리 집까지 데려다 준 사람은 그 자리에 마지막으로 도착한 조간신문 기자였다. 다음날 '세금의 날' 신문기사는 아무런 사고 없이 무사히 보도될 수 있었다.

제2회 '세금의 날 및 국세청 개청기념식' 행사를 사흘 앞둔 1968년 2월 29일이었다. 내 사무실 문을 열어젖히고 달려드는 한 무리의 집단이 있었다.

"여보 조사국장, 도대체 이럴 수가 있소?"

"갑자기 왜들 이러시죠?"

"갑자기고 나발이고 당신네 사찰과장 그 사람 깡패요? 미쳤소?"

"이럴 게 아니라 내가 알아듣게 말씀을 좀 천천히 해 보세요."

그들은 국세청 출입기자들이었고, 나를 잡아먹을 듯 노려보는 눈에는 살기가 등등했다.

사연인즉 탈세사건의 조사·처리사무를 담당하는 조사국 사찰과장이 말다툼 끝에 모 경제신문의 K 기자에게 주먹질을 했고, 그 소식을 전해들은 젊은 기자들이 분개한 나머지 항의차 내게 달려왔던 것이다.

“기자가 어떻게 처신했기에 얻어맞기까지 했단 말입니까?”

“여보, 그럼 기자가 얻어맞을 수도 있다 그 말이오?”

“아니 그건 아니죠. 하지만 무슨 영문인지 모르는 일이니까 일단 Y 과장을 불러 어떻게 된 일인지, 사정부터 알아봐야 할 게 아닙니까?”

그들은 더 이상 상대할 가치가 없다고 생각했던지, “청장실로 가자!”고 하면서 우르르 뛰어나가 버렸다.

이윽고 2층 청장실에서 구내(構內) 인터폰이 울렸다.

“이 국장, 기자들이 몰려와 당신네 Y과장이 사무실에서 기자를 때렸다고 야단법석들인데 어찌된 일이오?”

난처한 듯한 청장 목소리였다.

“글쎄올시다. 저도 지금 과장을 찾고 있는 중인데 본인을 만나본 후 자세한 내용을 보고드리겠습니다.”

그날 얻어맞은 K 기자는 사찰과장 방에 들어가 진행 중이던 탈세사건의 처리 상황을 끈덕지게 캐물었고, 견디다 못한 과장이 “일에 방해가 되니까 나가 달라”고 사정하는데도 대들다가 결국 주먹질까지 당했던 것이다.

“기자를 처음 상대한 것도 아닐 텐데 좀 더 참지 그랬소.”

나는 뒤늦게 찾아온 사찰과장에게 말했다.

“저도 참으려고 애는 썼죠. 그런데 그 사람이 하도 얄밉고 끈덕지게 달려드는 바람에 그만……”

“K 기자 그 사람 평소에도 못됐기는 하지만……”

“국장님 죄송합니다. 청장님께 사정 말씀이나 잘 드려 주십시오.”

그러나 사태는 그것으로 끝나지 않았다. 보고차 청장실로 들어서자 그곳에는 청장을 비롯하여 직세국장·총무과장·공보관 등이 근심스러운 표정으로 기다리고 있었다.

'세금의 날' 취재거부, 기자단 결의

보고를 들은 청장은 "그 친구를 때리기는 잘 때렸는데, 때린 시기가 안 좋아서……." 하며 말끝을 흐렸다.

걱정스러운 마음에 "왜요?" 하고 묻자 오혁주(吳赫柱) 공보관이 입을 열었다. 그는 서울대학교 출신의 고등고시 후배였다.

"조금 전 기자실에서 긴급총회가 열렸는데, 사흘 앞으로 다가온 제2회 '세금의 날' 기념행사의 기사를 전면 보이콧하기로 결의했다고 합니다. 단, 대통령 각하의 유시(諭示)만은 그대로 싣기로 하고요."

나는 공보관을 붙들고 청장실을 나올 수밖에 없었다. 책임국장으로서 어떻게 처신해야 할지 자명(自明)한 일이었다.

그날 퇴근 무렵, 청장의 신신당부를 들어야 했다.

"대통령 각하를 비롯해 정부 요인(要人)들이 참석하는 큰 행사인데 설마 기자들이 기사를 전면 보이콧까지야 하겠소. 하지만 기자들을 잘 달래 주시오. 나도 신문사마다 따로 부탁은 해볼 테니까."

그때부터 뛰기 시작했다. 기자단 간사, 유순한 기자들을 개별적으로 혹은 집단적으로 붙들고 실수를 사과하며 나의 딱한 처지를 호소했다. 하지만 신통한 반응은 얻을 수 없었다. 다음 날 3월 1일은 금요일이자 3·1절 휴무일이었다. 그날 조·석간신문에는 기자협회가 국세청장에게 엄중 항의했다는 내용의 공식성명이 크게 보도되어 있었다.

과장의 기자 구타, 사건의 발단

국세청 출입기자들은 평소부터 청장 개인에 대해 감정이 안 좋은 편이었다. 출입기자들은 견습기자를 갓 벗어난 경제부의 초년생들이 대부분이라 혈기가 왕성하기도 했지만, 청장은 국세청에 부임한 지 1년이 지났어도 역시 군인 출신이라 기자들을 부드럽게 대해 주지 못했다.

"잘 걸렸다. 박 정권의 언론관(言論觀)을 바로잡기 위해서라도 이번 기회에 청와대 출신 청장의 콧대를 단단히 꺾어 놔야겠다." 이것이 젊은 기자들의 공감대였다.

"더구나 사찰과장은 이 청장이 반장을 지낸 청와대 조세행정특별조사반에 참가했던 감사원 출신에다 박 대통령과 동향인 선산(善山) 사람 아니야? 그걸 믿고 평소부터 우리 알기를 게딱지같이 했으니 정말 잘 걸렸다." 이것 역시 그들이 기세를 올린 또 하나의 요인이었다.

그다음 날 출근하자마자 공보관을 다시 불렀다.

"어떻소? 괜찮을 것 같소?"

"아닙니다. 기자들과 개별적으로 대화는 해보고 있지만, 그들 기세가 워낙 등등해서 꺾일 징후가 아직 보이지 않습니다."

"우리 일로 수고가 많소. 월요일 아침까지 계속 잘 부탁합니다. 공보관만 믿겠소."

퇴근길에 출입기자들의 전화번호표를 손에 쥔 나는 조선호텔 길 건너편에 있는 단골 일식(日式)집 '미조리'의 2층 방 하나에 자리를 잡았다. 그리고 전화기를 붙들고 출입기자 한 사람 한 사람에게 전화를 걸었다. "여기 오실 때까지 아니 통행금지 시간이 다 될 때까지라도 기다리겠습니다."

영욕의 세월

끈끈한 인간관계, 겨우 문제해결

다행스럽게도 석간(夕刊)신문 기자는 초저녁에, 조간(朝刊)신문 기자는 한밤중에, 그래도 한 사람씩 참석해 주었다. 나는 20여 명의 기자들을 만나고 보내는 동안 같은 사과(謝過)의 말을 수없이 되풀이했고, 결국 만취하고 말았다. 한밤중 몸을 가누지 못하는 나를 고맙게도 우리 집까지 데려다 준 사람은 마지막으로 도착한 조간신문 기자였다.

이렇게 해서 '세금의 날' 신문기사는 아무 지장 없이 무사히 보도될 수 있었다.

그 후 출입기자들을 위해 청장으로부터 야단을 맞아가면서도 기삿거리를 자주 흘렸고, 그들의 공사(公私)행사가 있을 때는 사생활을 희생하면서까지 어김없이 참석했다. 그리고 이따금 술자리를 제의해 오는 외부의 친지가 있으면 나 대신 우리 기자실의 후생문제를 도와 달라고 부탁하기도 했다.

말하자면 그때부터 나는 실업배구단 단장, 세우회 이사장에다 국세청에서 남들이 싫어하는 또 하나, 기자단을 감당하는 고역을 맡아야 했던 것이다.

그런 보람이 있었던지 나는 기자들이 출입처에서 선임·예우하는 소위 명예간사장(名譽幹事長)으로 선임될 수 있었다. 당시에 명예간사장에게는 신문에 절대로 나서는 안 될 출입처의 난처한 기사를 기자단 결의로 빼주는 특전이 주어지기도 했다. 만약 기자들이 '세금의 날' 기념식 기사를 보이콧했다면 어떻게 되었을까, 생각만 해도 끔찍하다.

그들은 내가 관직에 재임하는 동안 두고두고 호의를 베풀었고, 그 호의는 내가 대학에 진출한 후에도 결코 줄어들지 않았다. 대학교수 시절 매일경제신문에서 사설(社說)을 쓰게 된 것도, 잡지·TV·라디오 등 각종 매스컴을 많이 탈 수 있었던 것도 모두가 그들의 신의(信義)에서 우러나온 호의 덕분이었다.

그 시절 경제부처 가운데서 재무부의 명예간사장에는 이재국장 장덕진(張德鎭) 씨가, 농림부 명예간사장에는 농정국장 이득룡(李得龍) 씨가 맡아 일을 잘 처리한다는 소문이 자자했다. 조직에는 표 나지 않는 숨은 일꾼이 반드시 한두 사람 끼어 있기 마련이다.

그런 사람이 있어야 관청이 조용하고 기관장이 편해진다. 그런 고역(苦役)은 기관장에게 아부하는 얌체 심복(心腹)이 아니라 주로 그 관청의 재래파 정통파가 조용히 감당해 주었던 것이다.

부하 사표 받은 정통관료의 눈물

'젊은 사람이 무엇 때문에 고향과 다름없는 부산으로 내려와 늙은 부하들에게 못할 짓을 해야 하는가? 여기 오기를 정말 잘못했다.'고 후회해 봤지만 소용없는 일. 때는 이미 늦어 있었다.

1968년 4월, 나는 본청 조사국장에서 부산지방국세청장으로 전근되었다. 재무부 산하 부산사세청 세무국장으로 근무한 지 5년 반, 이사관으로 승진된 지 1년 반 만의 일이었다.

"부산으로 보내 달라."고 부탁했을 때 이낙선 청장은 예상한 대로 "무슨 소리냐?"는 듯이 한마디로 거절했다.

"당신은 국세청의 요직인 서울청장을 역임했고, 지금은 본청 조사국장 아니오? 그런데 좌천이 분명한 부산청장으로 후퇴하겠다니 그게 말이 되오? 지금 자리는 당신이 좀 더 맡아줘야 하겠으니 쓸데없는 생각은 하지도 마시오."

물론 그분의 반응은 충분히 예상하고 있었다. 조사국장은 전국의 탈세정보를 총괄하고 세무사찰을 전담하는 막중한 자리라서 청장의 개인적인 신임이 필수적이었다. 더구나 청장의 관심이 지대한 세우회 이사장과 실업배구단 단장도 내가 겸하고 있던 터였다.

공적(公的)으로는 '700억 세수목표' 달성의 주역이었고, 본청에서 가장 요직이라는 조사국장직을 맡아 속칭 '이 청장의 바른팔' 혹은 '차기 차장 후보'라는 등의 소문도 듣고 있었다. 그리고 사적(私的)으로는 월간잡지 《국세》의 제작과 여자배구단의 육성 등을 통해 청장과 호흡이 잘 맞고 서로 절친하다는 주위의 부러움을 한 몸에 받고 있는 처지였다. 더구나 골치 아픈 국세청 출입기자단과의 협력관계를 전담, 청장의 부족한 점을 보완하고 있었으니, 그런 측면에서도 청장은 나를 몹시 유용하게 생각했을 것이다.

그러나 나는 재무부 사세국 출신 정통파 재무관료로서 이사관 승진 1년 반이면 서열상 부산청장 정도가 적합하다고 생각했다. 고급공무원 정년 60세까지의 긴 장래를 생각할 때 승진을 서둘러야 할 하등의 이유가 없었고, 따라서 일단 후퇴하는 편이 긴 장래로 보아 온당하다고 생각했다. 그때 내 나이 37세, 그래서 부산청장 자리로의 후퇴는 당연한 생각이요, 오히려 겸손한 태도라고 스스로 자부했던 것이다.

긴 장래 생각하고 부산으로 후퇴

생각하던 끝에 재무부 시절 신뢰와 총애를 아끼지 않던 전직 사세국장 김만기 씨를 방문했다. 부산으로 일단 후퇴해야겠다는 내 생각에 공감(共感)을 얻기 위해서였다. 마음속 얘기를 자세히 듣고 난 뒤 그분은 조용히 말했다.

"청장이 절대로 보낼 수 없다고 하는데 당신이 혼자 고집을 부리다가 혹시 미움만 사면 어쩌려고?"

"설마 그렇게까지야……."

"모르지, 청장 그 양반 군인 출신이고 청와대에서 나왔다면서. 정통관료 출신이라면 당신 뜻은 충분히 이해할 수 있겠지만……."

"제가 못 견디겠다고 생각하는 이유의 첫째는 이따금 상부에서 내려오는 야당 인사에 대한 정치성 세무사찰사건의 조사·처리문제입니다. 그동안 이런 사건들은 선거가 끝날 때까지 지연작전을 펴는 등의 방법으로 적당히 끝내기는 했지만, 언제 또다시 그런 사건들이 하달(下達)될지 알 수가 없습니다. 둘째는 세무사찰의 사건처리에 관련된 외부의 압력문제입니다. 5·16 주체세력 가운데는 불문곡직하고 사건의 백지화(白紙化)를 요구해 오는 경우가 있어서 저도 청장도 난처한 때가 많았습니다. 처음에는 청장에 대한 대통령의 신임이 두터운 탓인지 외부의 기득(旣得)세력들은 물론 주체세력들도 청탁이나 압력이 없었는데……. 셋째는 청장과 가까운 주변 사람들의 시기와 질투심 때문입니다. 제가 장차 그 양반과 운명을 같이할 사람도 아닌데 잘못하다가는 그분만 떠나고 그 뒤에 저만 혼자 남을 경우, 뒷일을 혼자서 어떻게 감당해야 할지, 정말 난감합니다."

"그런 점도 있겠지. 어쨌든 청장이 당신을 특별히 믿고 좋아하는 편이니까 말씀을 잘 드려 보시게."

끈질긴 간청(懇請)을 이기지 못한 이 청장은 "그러면 1년간만 가 있다가 곧 올라오시오."라며 겨우 허락했다. 그리고 자기가 타던 외제승용차를 부산으로 내려보내 주어 지프차 대신 타도록 호의를 베풀어 주었다. 그리하여 바다가 있고, 생선이 있고, 온천이 있고, 친구들이 많은 부산으로 나는 겨우 전근될 수 있었다. 부산청 관내인 통영은 어머니가 계신 고향이요, 대구에는 처가가 있었다.

부산에 도착하자 서울청장을 맡은 이래로 심신이 분주하고 피곤하던 서울생활에서 겨우 벗어난 해방감과 고향에 돌아온 안도감에 마음은 한결 가볍고 포

근했다. '여기서 2·3년쯤 심신을 푹 쉬고 지방민들로부터 칭송받는 지방청장이
되도록 선정(善政)을 베풀어야 하겠다.'고 굳게 다짐했다.

부산에서 실감, '호사다마'라는 말

그런데 호사다마(好事多魔)라는 말 그대로 그렇게 애써서 무리하게 부임한 부
산청에 도착한 지 불과 10여 일 만에, 본청으로부터 청천벽력과도 같은 지시를
받았다.

"55세 이상 사무관·서기관 전원을 권고사직(勸告辭職)시키라."는 지시였다.
"이유는 불문곡절하고 후진들을 위해서"라고만 했다. 부산청 해당자는 서기관과
사무관이 각각 3명씩, 모두 6명이었다.

국세청이 개청되고 대통령 특명으로 세무행정을 파헤친 이낙선 씨가 청장으로
부임한다는 소식이 들렸을 때 세무관서에서는 퇴출당할 희생자 수가 엄청나게
많을 것이라 예상하고 모두가 전전긍긍했다.

그런데 이 청장은 부임 후 인위적인 파직(罷職)은 한 사람도 시키지 않았고, 세
무공무원의 퇴임 후를 생각해 오히려 세우회 공제(共濟)기금까지 만들었다. 그런
양반이 갑자기 불문곡절하고 "강제사표를 받으라."고 엄명(嚴命)을 내렸으니 모
두가 깜짝 놀랄 수밖에…….

"청장님, 사무관 이상 고급공무원의 정년은 법적으로 60세까지 보장돼 있지
않습니까? 저는 이때까지 시말서 한 장 쓴 일도, 징계 한 번 받아본 일도 없습
니다."

"갑자기 그만두라고 하시지만 공무원법이 보장하는 정년을 무시하고, 무슨 죄
로 사회적 사형(死刑)과도 같은 사표를 내라고 하십니까?"

"평소 인기 없는 직장에서 상관이 시키는 대로 열심히 일한 죄밖에 없습니다. 그런 고역을 견뎌낸 나를 직장에서 보호해 주지는 못할망정, 쫓아내려 하시다니 배은망덕도 분수가 있지 이게 도대체 말이 됩니까?"

"지금 제 슬하에는 아직도 시집·장가보내야 할 나이가 꽉 찬 아들딸이 있습니다. 저는 명예롭게 정년퇴임할 날만 믿고 정직하게 살아왔기 때문에 모아놓은 재산도 없습니다. 이럴 줄 알았다면 징역 가는 한이 있더라도 차라리 한 살림 모아둘 것을……."

"나이 많다고 괄시한다면 차라리 벽지나 한직(閑職)에 좌천시키면 될 게 아닙니까?"

"처자식이나 일가친척들에게 왜 사표를 냈는지, 이유를 뭐라고 설명해야 합니까? 저는 못합니다. 정 끌어내려면 마음대로 해 보십시오."

해당자들의 이 같은 항의를 받고 나는 명색이 재무부 출신 정통파 관료요, 그들의 직속상관으로서 대답할 말이 없었다.

4·19 학생혁명 이후, 장면 정권이 부정선거에 협력했다는 구실로 사세관서의 지방청장·세무서장 등 기관장 전원을 일괄 사퇴시키고, 5·16 군사혁명 후 부정 공직자를 색출해 일시에 추방한 사실은 있었다.

그런데 그 어려운 고비를 다 넘기고 또 국세청이 밀어붙인 700억 세수목표액을 무난히 달성하고 말단직원까지 박 대통령의 따뜻한 치하를 받은 지 불과 1년 만에 포상(褒賞)은 고사하고 사표를 내라니 그들은 물론 나 자신도 도저히 납득할 수가 없었다.

"해당자들을 벽지나 한직으로 좌천시키면 안 되겠습니까?"

"여생을 위해 해당자들에게 탁주양조장 면허장이라도 한 장씩 줄 수 없겠습니까?”

본청 청장에 대한 호소와 간청은 “NO!”라는 한마디로 되돌아왔을 뿐, 사표 요구의 하수인(下手人) 되기를 거부하려면 내가 먼저 사표를 낼 수밖에 없었다.

‘젊은 사람이 무엇 때문에 고향과 다름없는 부산으로 내려와 늙은 부하들에게 못할 짓을 해야 하는가? 내가 정말 잘못 왔다.’고 후회해 봤지만 때는 이미 늦어 있었다. ‘좋은 일엔 꼭 마(魔)가 끼기 마련’이라더니…….

눈물로 작별, ‘강제사표’ 서장들과

대구세무서장 김경남(金慶男) 씨를 포함한 해당자 전원이 경상도 사나이답게 용퇴(勇退)를 결심해 주었을 때, 나는 부산사세청 회의실에서 합동퇴임식을 열고 눈물의 고별사를 했다.

“지금 이 자리를 떠나는 선배들은 남은 우리를 위해, 세무관서의 장래를 위해 자기를 희생시키는 것입니다. 공무원법 상의 정년제도와 사세관서의 인사전통을 잘 알면서도 여러분들의 앞날을 지켜주지 못한 나의 무력감만 한탄할 뿐, 변명할 말은 한마디도 없습니다. 앞으로 저는 여러분들의 직업 보도(補導)를 위해 최선을 다할 결심입니다. 남은 직원·간부 여러분도 이분들을 기억하고, 무엇인가 도움이 될 일을 찾는 데 협력해 주시기 바랍니다.”

이 말을 끝내자 나는 목이 메었고 퇴임자 전원은 눈물을 흘렸다. 그날의 고별사가 떠나는 그들에게 무슨 위안(慰安)이 되었을까? 당시는 전직 세무공무원에게 주는 세무사제도도 실시되기 전이어서 더욱 안타까운 마음을 금할 수가 없었다.

국세청의 그 조치는 IMF 외환위기 이후 우리 사회에서 유행처럼 번지고 있는 구조조정과 관련된 '명예퇴직'이나 '조기 퇴임'과 비슷한 경우로 보일지 모른다. 하지만 그 조치는 요즘의 '1계급 특진' 또는 '퇴직금의 할증지급' 등을 조건으로 하는 인원 정리와는 성격이 전혀 달랐다. 그리고 관청·기업에서 보편적으로 진행되고 있는 기구축소 경영합리화와도 그 성격이 달랐다.

불과 7년 후에 내 자신에게 닥쳐올 운명, 숙정(肅正)이라는 이름의 강제사표를 그때는 상상조차 하지 못했다. 그만큼 재래파·정통파 직업공무원들은 법적인 정년만 믿고 순진하고 어리석게 살았던 것이다.

이낙선 청장, 그분은 재임 중 많은 업적을 쌓았다. 초등학교 교사 출신답게 다정다감해 대내적으로 세우회를 설립, 퇴직공무원들에게 연금과는 별도로 상조금을 지급하게 했고 대외적으로는 여자실업배구단을 창설해 세무공무원의 단결과 사기를 높이는 등 인정도 많았다.

그런데 서기관·사무관 등 불과 20여 명을, 그것도 실제로 사표를 낸 사람은 그보다 훨씬 적은 수였던 간부들을 강제 퇴임시켜 과연 얼마나 인사 체증(滯症)이 해소될 수 있었던 것인지, 생각할수록 그분의 실덕(失德)이 지금도 애석하게 생각된다.

세금 용도 밝힌 '국세이동전시회'

'만약 내가 지사나 시장이 된다면, 우리가 고생하면서 어렵고 힘들게 받아들인 세금을 좀 더 알뜰하게 투자하고 유효적절하게 사용할 수 있을 텐데……' 이런 생각은 세무관서에 근무하는 동안 항상 내 머릿속에서 떠나지 않은 바람이요, 아쉬움이었다.

권고사직자들에 대한 부산지방국세청의 합동퇴임식을 간신히 끝내고 울적한 마음을 달래고 있던 1968년 가을, 서울 본청으로부터 모처럼 위안이 될 업무 연락이 왔다.

국민이 힘써 내 주신 세금이 외교·국방·치안·교육·산업·경제 등을 위해 어떻게 잘 쓰이고 있는가를 알기 쉽게 알리는 '국세이동전시회' 개최 계획이 시달되어 왔던 것이다.

그해 중앙정부의 일반회계에서 써야 할 예산규모는 2,657억 원, 그 가운데서 국세청이 받아들여야 할 내국세(內國稅) 수입은 예산 전체의 57.2%에 해당하는 1,520억 원이었다.

국세청이 개청된 1966년도의 내국세 수입이 700억 원, 그다음 해인 1967년도가 1,038억 원이었고, 1968년도에 이어 1969년도의 세수목표액은 무려 2,180억 원으로 크게 증가하고 있었다.

그런데도 국세청은 해마다 과중한 목표액을 꾸준히 달성, 국고에 보탰으니 정부·여당은 의도하는 경제성장과 산업개발에 필요한 재정자금(財政資金)을 제대로 투자할 수 있게 되어 흡족했을 것이다.

국세청에 대한 박정희 대통령의 치하가 대단했던 것은 물론 청장 개인에 대한 신뢰도 역시 더욱 높아졌다.

대통령 치하 '자립경제'·'조국근대화' 역군

박 대통령은 새해 예산안을 국회에 제출하면서 의기양양하게 다음과 같이 시정(施政)방침을 밝혔다.

"1968년은 5개년계획의 제2차 연도가 되는 해로서 우리가 자립경제(自立經濟) 건설과 조국근대화(近代化)라는 민족적 과제를 하루속히 완수하기 위해 더욱 분발해야 할 중대한 해라고 생각합니다."

제2차 계획은 목표연도 이전에 앞당겨 달성할 수 있을 것이라는 강한 자신감을 나타내면서 동년도 예산안의 특징을 다음과 같이 강조했다.

"첫째로 균형예산(均衡豫算)이라는 점입니다. ……세입(稅入)은 세제(稅制)의 합리화와 세정(稅政)의 강화를 통해 그 전망이 확실할 뿐 아니라 저소득층에 대한 조세부담 경감과 고소득층 및 대기업에 대한 중과(重課)라는 원칙하에 단행함으로써 일반대중의 조세부담은 가중시키지 않도록 하였습니다."

그해는 박정희 대통령이 윤보선 입후보자의 강력한 도전을 물리치고 집권에 성공한 지 8년째로 접어들던 해였다. 그래서 그는 그 어느 때보다도 의기양양하고 자신만만했던 것이다.

그해 중앙정부의 세입(歲入)예산을 보면, 내국세·관세·전매익금 등 세금수입이 세입 전체의 78.0%로 압도적인 비중을 차지했고 기타 수입은 5.4%에 불과했다. 그에 힘입어 미국의 경제원조에 의존하는 대충자금(對充資金) 수입은 10.0%에 머물렀고 그해부터 받아들이기 시작한 우리 국군의 월남 파병(派兵)에 대한 미국의 경비 지원 수입은 1.8%에 달했다.

따라서 그해에 이르러 우리나라의 국가재정은 국내에서 빚을 얻는 국채수입이나 외국에서 돈을 빌리는 차관수입 등 적자요인(赤字要因)을 일체 배제하고 우리 국민의 힘으로 나라살림의 수입과 지출이 맞아떨어지는 균형예산을 처음으로 편성하기 시작했다. 그리하여 그때부터 우리 재정은 균형재정(均衡財政)의 바탕 위에 외국의 원조 없이도 자립할 수 있는 단계를 바라보게 되었던 것이다.

그렇게 되자 세수확보에 사명감과 자신감을 한층 굳힌 이 청장은 매년 늘어나는 세금이, 어디에 얼마나 유효적절하게 잘 사용되고 있는가를 일반국민에게 널리 알려야 하겠다는 사명감을 느꼈던 것이다.

그해 정부가 쓴 경비, 즉 세출(歲出)예산을 살펴보면, 예산규모 2,657억 원 가운데서 외교·치안·교육 등 일반행정비와 국방비의 비중은 각각 44.7%와 24.3%로 전년도 수준으로 억제된 반면, 산업부흥과 경제개발에 투자할 재정 투·융자비(投·融資費)예산의 비율은 전년도보다 높은 30.7%에 달했다.

박충훈(朴忠勳) 경제기획원장관은 그해 예산안의 국회 제출에 즈음해 정부가 추진하려는 재정투·융자계획을 다음과 같이 설명하면서 정부의 힘찬 포부를 밝혔다.

"신년도 재정 투·융자는 932억 원의 재원(財源)을 확보함으로써 67년도의 844억 원보다 88억 원이나 늘어났습니다. ……이와 같은 재정 투·융자는 신년도 총투자(總投資) 소요액 가운데서 중앙정부가 맡아야 할 투자해당액으로 이것을 가지고 새해 우리나라의 경제성장을 강력히 뒷받침할 수 있게 될 것입니다.”

그리고 그는 그해 재정 투·융자의 부문별 중점사업을 다음같이 밝히면서 정부의 높은 투자의욕을 강조했다.

“첫째, 식량증산과 농어촌 소득증대를 위한 농수산(農水産)부문에 236억 원, 둘째, 급격한 수요증가로 시설확장이 시급한 전원(電源)개발을 비롯한 에너지개발에 48억 원, 셋째, 경제발전의 애로부문이 되고 있는 교통·통신 등 사회간접자본에 366억 원, 넷째, 국가발전과 경제개발의 기초가 되는 교육 및 과학기술에 127억 원, 다섯째, 중소기업의 육성과 수출 진흥에 29억 원을 각각 투자할 것입니다.”

국세청 활약, ‘균형예산’·‘재정자립’

그때 국세 본청에서 제작된 ‘국세이동전시회’ 자료는 50여 개의 커다란 컬러 전시판에 이상과 같은 정부의 세입·세출예산 내용과, 특히 재정투·융자 계획을 형형색색의 통계·도표에다 천연색 사진까지 곁들여 누구라도 보기만 하면 당장 알 수 있게 잘 만들어져 있었다.

1967년 9월 말에 우리나라의 수출은 2억 4,500만 달러로서 전년도 실적을 이미 초과 달성했고, 산업생산은 8월 말에 전년도 같은 기간보다 25%가 증가했다. 특히 비료와 시멘트 생산은 전년도보다 36%와 30%, 전력은 26%나 증가세를 나타냈다.

전시회 내용 가운데서 특히 눈에 띄는 재정 투·융자의 성과는 다음과 같았다.

즉, 공업부문에 있어서 가장 활발하게 건설이 이뤄진 화학(化學)비료는 제1, 제2비료 등 대규모 공장이 속속 준공·가동되어 1960년의 8만 5,000톤에서 115만

4,000톤으로 비약적인 증가세를 보였고, 질소(窒素)비료는 국내 수요를 완전히 충족하고도 남았다.

활발한 건설 '붐'을 뒷받침한 시멘트 시설의 증가 역시 괄목할 만해 그해의 생산능력은 1961년에 비해 3배로 늘어난 212만 톤에 달했다. 정유(精油)시설도 울산 정유공장의 시설용량이 일당 5만 5,000배럴에서 11만 5,000배럴로 확장되었고, 그에 이어 제2정유공장도 이미 건설에 착수했다. 전력(電力)은 급속한 공업발전과 더불어 산업의 에너지원으로서 중요한 투자대상이 되어 발전시설 용량은 76만 9,000kW로서 1960년에 비해 배로 증가했다.

그 이외에 나일론·폴리에스테르·폴리아크릴·아세테이트 등 각종 섬유공장과 PVC·폴리에틸렌 등 합성수지공장, 신문용지·크라프트지 등 제지(製紙)공장, 전기기계공장, 자동차공장, 메탄올·질산 등 화학공장도 밤낮없이 준공을 서둘렀다.

세무공무원의 염원, 혈세(血稅) 절약을……

평소에 세무공무원이 자기의 직무에 충실하면 할수록 사회적으로 칭찬보다는 미움과 원망을 사기 쉬웠음에도 불구하고 국가에서 큰 공사나 각종 사업을 착수 또는 준공할 때는 그 자금을 조달하느라고 고생한 세무관서는 완전히 배제되어 왔다. 그 대신 사업 부처들끼리만 기념행사에 참석하고 그 업적을 과시하는 광경을 볼 때마다 항상 나는 서운한 생각을 금할 수 없었다.

특히 신문이나 TV보도를 통해 이들 사업관청에서 우리 국민이 내고 세무공무원들이 힘들여 거둬들인 세금을 빼먹거나 각종 부정공사와 불량납품 등으로 대형 사고들이 보도될 때에는 참으로 분노를 금할 수 없었다.

그러던 차에 갖은 애로와 역경 속에서 우리가 받은 세금이 국리민복(國利民福)

영욕의 세월

을 위해 얼마나 유용하게 잘 투자되고 알뜰하게 사용되는가를 일반국민들에게 널리 알릴 전시회를 고향과 다름없는 부산에서 열게 되었으니, 나는 물론 직원들 역시 용기백배하여 신바람이 날 수밖에 없었다.

나는 부산의 옛 역전 광장에다 전시장을 준비하고 도지사·시장을 비롯해 부산대 총장·법원장·검사장·경찰국장 등 유력한 기관장들과 유수한 기업인들을 초청하여 1969년 9월 31일 개장 테이프를 끊고, 그 자리에서 신명나게 개회사를 낭독했다. 그리고 될 수 있는 대로 많은 사람들이 전시회를 참관할 수 있도록 유도하기 위해서 상공회의소를 통해서는 상공인들을, 교육구청을 통해서는 초·중·고 학생들을 동원하는 데 많은 노력을 기울였다.

그야말로 세무공무원으로서 십년 묵은 체증이 하루아침에 시원하게 뚫리는 듯한 상쾌감을 느낄 수 있었다.

'내가 만약 도지사나 시장이 된다면, 우리가 어렵고 힘들게 받아들인 세금을 좀 더 알뜰하고 유효적절하게 잘 투자할 수 있을 텐데…….' 하는 생각은 세무관서에 근무하는 동안 항상 머릿속에서 떠나지 않은 바람이요, 아쉬움이었다.

그것은 아마도 세무공무원이라면 그때나 지금이나 누구나가 다 같이 공감하는 간절한 소망일 것이다.

휴전선 접적(接敵)지역, 서울·중부청 분할

"서울청장을 또 맡으라고요? 싫습니다! 저는 참모가 적임이지 기관장은 제게 적합하지 않습니다. 그리고 본청 조사국장 말입니까? 그 자리는 제가 벌써 한 번 맡았고, 굳이 부산청장으로 후퇴했던 이유도 그 자리를 떠나고 싶었기 때문입니다. 제발 그 두 자리만은……."

1969년은 북한의 불온(不穩)분자를 색출한다는 명분으로 우리 사회에서 주민등록증이 처음으로 발급된 해였다. 그해 3월, 나는 부산에서 서울로 돌아왔다.

그전 '세금의 날' 기념행사에 참석하기 위해 서울 본청에 들렀을 때, 이 청장은 내가 부산청으로 떠날 때 "1년만 있다가 돌아오라."고 한 자기 말을 상기시켰다. 그리고는 "본청의 간세국장 자리를 맡아 달라."고 말했다.

하지만 나는 그 말에 심한 불만을 느꼈다. 부산청으로 떠난 지 채 1년도 되기 전에, 그곳에서 권고사직 대상자들 설득에 상심(傷心)이 많았고, 국세이동전시회의 준비·개최에 고생이 많았으며, 소위 조상(操上)징수라는 변칙방법 하나 없이 연간 세수목표액을 깨끗이 달성해 부산시와 경상남·북도의 납세자 전원에게 감사의 인사 편지까지 보냈었다. 부산에서는 새해 건투를 다짐하며 세무서 대항 가장행렬과 체육대회까지 성대하게 개최한 바 있었다. 그런데 벌써 전근이라니 기가 막혔다.

당시에 본청 간세국은 양조장의 면허·검사문제로 사고가 자주 발생했고, 나의 전문분야는 그쪽이 아니라 직접세 분야, 그 가운데서도 법인세 계통이라는 사실을 세무관서에서는 모두 잘 알고 있었다. 그런데 1년도 안 된 보직(補職)의 성급한 교체 시기도 문제려니와 청장이 아무리 믿고 맡길 국장이 없다고 하더라도 나더러 비전문 분야를 맡으라는 말은 도저히 참을 수 없었다. 특히 후임 부산청장은 외부에서 뛰어든 비전문가로서 청탁에 의한 정실인사(情實人事)가 분명했다.

"명색이 부산시와 경상남·북도를 관할하는 지방기관장을 어찌 취임 후 1년도 되기 전에 서둘러 바꿀 수 있습니까? 더구나 간접세 업무는 전문분야도 아닌데……."

간신히 말한 이 같은 불평은 그분의 군대기질과 권위의식을 크게 상하게 한 게 분명했다. 그 결과 본청이 아니라 서울청에서 분리되어 경기·강원도만 관할하는 신설 중부청 청장으로 좌천성 인사를 당하고 말았던 것이다.

새 청장 서울청장·조사국장 제의

서울로 돌아오자 나는 그동안 서울청장·본청조사국장·부산청장 등 속칭 국세청의 3대 요직을 거치는 동안 쌓였던 심신의 긴장과 피로에서 벗어나 모처럼 홀가분한 여유를 만끽할 수 있었다.

중부청의 관내 사정은 서울청장 시절에 이미 다 파악되어 있었고, 중부청은 세수목표액이 적어 사무 처리에 아무런 부담감이 없었다. 그리고 청사 소재지가 서울시내여서 사랑하는 가족 그리고 다정한 친구들과 오랜만에 즐거운 시간을 가질 수도 있었다. 그때 내 나이 38세, 고급공무원의 정년 60세를 생각할 때 아직

젊고 앞으로 기회는 얼마든지 있다고 자신했다.

중부청에 부임한 지 한 달이 지났어도 나는 본청 청장과 사적인 대화의 기회를 갖지 않았다. 좌천에 대한 불만의 표시로 그분과의 대면(對面) 기회를 일부러 피했던 것이다.

그러던 어느 날, 전매청장 B 씨의 방문을 받았다. 그분은 장인어른의 친구요, 내 결혼주례를 맡아 주신 이효상(李孝祥) 국회의장의 비서실장 출신으로서 평소에 나를 친동생처럼 아껴 주었다.

"이 사람아, 본청 청장은 명색이 자네 상관이 아닌가? 자네가 언제까지 버틸 작정이야? 이 청장 그 사람 마음이 여린 사람이라 자네를 좌천시켜 놓고 후회를 많이 하고 있다네. 자네 지프차를 새 승용차로 바꿔주고 중부청 청사도 자네 마음에 드는 곳으로 이사하게 해줬다면서. 그만하면 되었으니 이제는 찾아가서 화해를 청할 때가 됐네."

"알았습니다."

화해차 본청에 갔다가 세우회 이사장과 배구단 단장의 책임까지 다시 맡아 달라는 부탁을 받아 나는 또다시 과외(課外)업무를 겸할 수밖에 없었다. 그 대신 세우회 사무국장에는 부산청장 때 권고사표를 받았던 김경남(金慶男) 서장을 초청·발령해 보답했고 월간 ≪국세≫의 편집장에는 수재로 소문난 통중 선배 정창수(鄭昌壽) 씨를 발탁·임용했다.

다시 본청 조사국장으로

1970년 해가 바뀌자 이 청장은 상공부장관으로 영전·입각(入閣)하고, 후임에는 전례대로 5·16 혁명주체요, 해병대 출신으로 수산청장을 역임한 O 씨가 부임해 왔다.

새 청장은 중부청으로 초도순시차 내방했고, 업무보고가 끝나자 지방청의 국·과장들을 모두 물러가게 했다.

"여보 중부청장, 나는 국세청에 대해서 아는 게 아무것도 없소. 나에게 조언(助言)해 줄 만한 일이 있으면 언제든지 말해 주시오."

"과분한 말씀입니다. 전임청장도 처음에는 사무적인 내용을 잘 모르셨을 겁니다."

"아니 그 양반은 청와대에서 조세행정특별조사반 반장을 역임하면서 세무행정을 많이 분석·파악했으니 제법 전문가가 다 되어서 오지 않았소?"

"그야 백지(白紙)에서 출발한 것은 아니었죠. 하지만 '인사(人事)가 만사'라는 말이 있듯이 국세청에서는 청장께서 인사배치만 공정하게 잘하신다면 직무수행에 큰 지장은 없을 줄 압니다. 세무관서에는 인사전통이 확고하게 서 있는 만큼, 각자의 전문분야에 따라 '신상필벌(信賞必罰) 원칙'만 잘 지켜 인재를 적재적소에 배치한다면……. 이곳에는 우수하고 유능한 재래·정통파 관료들이 아직 많이 남아 있습니다."

"그래요? 그건 그렇고, 어때요? 중부청장, 서울청장 자리를 한 번 더 맡아 줄 수 없겠소?"

"아니 무슨 말씀이십니까? 서울청장 자리는 다시 맡을 수가 없습니다."

"왜요? 서울청장이라면 전국 업무의 2분의 1에 해당하는 막강한 인사권과 부과권을 가진 세무관서 최고의 요직이요, 누구나가 선망하는 자리 아니오?"

자기 말에 감지덕지할 줄 알았는데 '웬일인가' 싶은지 새 청장은 의아한 것 같았다.

"일상 업무를 추진하는 데는 누구 못지않게 잘 해나갈 자신이 있습니다. 하지만, 서울청은 원래 외부의 청탁·압력이 심하고 직원들의 사고가 빈발하는 곳이라서 언제 어디서 무슨 변고(變故)가 터질지 알 수 없습니다. 대민 접촉이 심한 지방청 근무는 더 이상 감당할 자신이 없습니다.”

“내가 국세청에 올 때 당신이 국세청 개청 원년에 700억 달성의 주역이라는 사실을 알고 왔고, 당신을 서울청장감으로 딱 점찍고 왔는데……”

“죄송합니다. 그 대신 제 건의 말씀이나 하나 들어 주십시오.”

“뭔데요?”

서울청 중부청 분할, 직원들 사기(士氣) 진작

“중부청에 부임해서 관내인 경기도·강원도를 돌아본 결과 휴전선에 가까운 세무서에는 서울청에서 승진해 전근되었거나, 사고로 징계를 받아 좌천된 직원들이 많았습니다. 서울청이 경기·강원도를 함께 관할하던 시절에는 직원들이 서울로 돌아가기 위해 열심히 일하는 경향이 많았답니다.”

“그런데요?”

“하지만 지방청이 서울과 경기·강원도로 양분되자 경기·강원도에 남은 중부청 직원들은 이제 서울은 타청이라 돌아갈 희망이 없다고 보고, 직원들 대부분이 자포자기 상태에 있습니다. 특히 휴전선 가까운 접적(接敵)지역에 근무하는 직원들은 더 이상 쫓겨 갈 데가 없다고 생각해서 행패가 심하고, 근무태도도 불성실하기 짝이 없습니다.

접적지역 주민들은 세금 받기도 어려운데 만약 세무공무원이 조금만 잘못해도 당장 반감을 사기 쉽습니다. 해당 지역 세무서장들은 그런 직원들을 어떻게 지도·단속해야 할지, 방법이 없다고 비명들입니다.

만약 그들이 주민들을 자극해 반국가적 분위기를 조성한다면 국가의 안보면에서도 큰 문제가 아닐 수 없습니다. 그러니까 서울시내를 동서(東西)로 분할해

영욕의 세월

서 동쪽과 강원도는 서울청으로, 서쪽과 경기도는 중부청으로 관할구역을 재조
정하신다면 침체된 중부청을 활기차게 부활시켜 직원들을 보다 효과적·효율적
으로 활용할 수 있을 것 같습니다.”

“서울시내를 분할한다면 세무서 사이에 행정상의 불균형이 생겨 사무추진에
마찰과 갈등이 생길 것 같은데요?”

“그건 문제가 없습니다. 멀리 떨어져 있는 부산·광주·대전청도 서울 본청에서
얼마나 조정(調整)역할을 잘하고 있습니까?”

“당신이 서울청장직을 정말 맡지 않겠다면, 본청 조사국장을 맡아 주세요.”

“조사국장 말입니까? 그 자리는 제가 이미 한 번 맡았었고, 부산청장으로 후
퇴한 이유도 그 자리를 피하고 싶었기 때문입니다. 제발 그 두 자리만은…….”

하지만 수일 후 나는 본청 조사국장으로 발령되고 말았다. 국세청 개청 이래
35세짜리 서울청장에다가 속칭 국세청의 대표적 요직이라는 조사국장을 두 번
맡는 진기록을 남겼다. 그 후 청장은 자기의 인사처리가 미안했던지, 국장용 지
프차 대신 전임청장이 타던 외제 승용차를 배치해 주었다. 하지만 정치적 사건을
또다시 취급해야 할 조사국장 자리를 꺼렸던 내 마음은 흡족할 까닭이 없었다.

아니나 다를까 1971년 4월 10일 투표일을 앞두고 3선 당선을 노리는 박정희
대통령과 통합야당의 김대중 입후보자 사이에서 치열한 선거전이 벌어졌다. 그
와중(渦中)에서 정치적 중립을 지켜야 하는 직업관료로서 처신하기가 참으로 미
묘하고 괴로웠다.

그 후 서울청은 내가 건의한 대로 서울의 반(半)과 강원도를 관할하는 서울청
과 서울의 나머지 반과 경기도를 관할하는 중부청으로 양분(兩分)되었다.

세무사찰 대신한 '성실보고회원제'

"탈세혐의가 확실치 않은데도 불구하고 만약 우리가 세무사찰이라는 칼자루를 함부로 휘두르다가는 남이 평생 이룩한 생업(生業)을 하루아침에 망쳐 버리기가 십중팔구란 말이오. 권력은 될 수 있는 대로 아껴야지 함부로 남용하면 많은 사람이 다치는 법이요."

1970년 2월 1일 국세청 조사국장을 다시 맡은 나는 내심 불만이 가득했다. 새 청장이 본청의 다른 국·실장들을 제쳐 두고 나에게 외제승용차까지 배정해 주면서 호의를 베풀었지만 마음은 편하지 않았다.

남들은 그 자리가 막강한 권력을 발휘하는 곳이요, 국세청장의 개인적인 신임도 두터워야 하는 요직이라 생각하고, 두 번이나 그 자리를 차지한 나를 몹시 부러워하는 눈치였다. 하지만 남의 뒷조사 역할은 적성에 맞지 않았고, 특히 그 자리는 이따금 야당 측 인사들에 대한 정치적 사건을 취급해야 할 경우가 있어서 정말 싫었다.

나는 60세 정년 때까지 공무원 생활을 해야 할 직업관료였다. 집안에는 의지할 삼촌이나 사촌이 없었고, 슬하에는 어린 5남매가 있었다. 정치세력을 이용해 자리를 보전하거나 승진을 서둘러야 할 하등의 필요가 없었다. 그래서 정권(政

權)과 운명을 같이해야 할지도 모를 그런 위험한 직책은 무조건 피하고 싶었던 것이다.

1968년 4월, 본청 조사국장을 맡은 지 1년여 만에 본청 청장의 간곡한 만류에도 불구하고 부산청장으로 굳이 후퇴했던 이유가, 바로 그런 정치사찰(政治査察)을 피하고 싶었기 때문이었다.

그런데 아니나 다를까 조사국장에 다시 취임하자마자 상부로부터 "몇몇 신문사를 세무사찰하라."는 지시가 있었다. 그 조치는 아마도 정부·여당이 신문사들의 사기(士氣)를 꺾기 위한 일종의 정치적 포석(布石)이 아니었나 싶다.

고민 끝에 나는 "이왕 할 바에야 신문사 전체를 대상으로 해야 차별이 없겠다."고 건의했다. 사찰 결과 담세력(擔稅力)이 있는 신문사는 한두 곳에 불과했고 나머지는 결손투성이였다. 흑자신문사들은 야당성(野黨性)이 강해 정치적으로 언론 탄압이라는 오해를 받을 소지가 너무나 많았다. 나는 그 이유를 들어 본청 청장을 설득, 사건 처리를 지연시킨 끝에 조사결과를 전부 불문(不問)에 붙이는 데 성공할 수 있었다.

당시에 조사국 사찰과에는 행동대로서 사무관을 반장으로 하고 사무 역량이 탁월한 반원들로 구성된 20여 개 사찰반이 배치되어 있었다. 그들인들 탈세 조사를 즐기진 않았겠지만, 그렇다고 해서 하는 일 없는 무작정 대기(待期)상태는 견디기 힘들었을 것이다.

하지만 시인 정현종의 <권력>에서처럼, "권력은 있을 때 행사하는 걸 삼가야 한다."고 생각했다. "정말 힘 있는 존재는 그게 저절로 되고, 그게 스스로 안 되면 힘이 없다는 증거라서 권력이란 그 행사를 삼가할 때 힘차고, 그런 삼가가 저절로 이뤄질 때 가장 아름다운 것"이라고 믿었던 것이다.

세무사찰권 남용, 철저히 경계

때마침 사찰과장에 의욕이 왕성한 K 과장이 나도 모르는 사이에 배치되어 왔다. 내가 요구한 사람이 아니었는데. 짐작컨대 사찰권 발동을 주저하는 나를 답답하게 여긴 O 청장의 의지가 담긴 인사배치였을 것이다.

그는 자꾸만 일을 벌이려고 했다. 그의 속셈이 권력을 휘둘러 이득(利得)을 넘보려는 것임을 간파한 나는 그를 철저히 견제하는 데 노력했다.

"사찰과장, 국세청이 개청하면서 탈세자수를 강권한 지 4년, 납세자들은 거액의 탈세 유혹을 버린 지 오래됐을 게요. 우리가 확실치 못한 비방성 정보만 갖고 세무사찰권을 남발한다면, 납세자와 이제 겨우 협찬(協贊)단계에 들어선 국세청의 이미지만 나빠질 게 아니오?"

"말씀은 잘 알겠습니다만, 멀쩡한 사찰반원 수십 명을 무한정 놀리고 있을 수도 없고……."

"여보, 요즘 같은 평화시대에 국군장병 수십만 명을 국가가 왜 먹이고 입히고 훈련시킵니까? 일단 유사시에 대비하자는 게 아닙니까? 막강한 우리 조사국이 평소에 탈세의 자료 및 정보를 수집·분석하고 있고, 일단 탈세혐의가 포착되면 강력하고 철저한 세무사찰권이 발동된다는 사실은 세상 사람들이 다 알지 않소? 그래서 우리 국(局)은 칼이 칼집에 들어 있어도 제 몫은 충분히 하고 있다고 봐야 돼요."

"그렇지만, 탈세 적발의 실적(實績)도 내야 하고 또 조사반원들을 직접 관리하는 주무과장의 입장에서는……."

"당신 애로사항은 충분히 이해하겠소. 하지만 생각해 보시오. 세무사찰을 당하는 납세자의 입장을. 그들이 일단 세무사찰을 당하면 장부·서류 일체가 압수되어

영욕의 세월

일상업무에 큰 지장을 받는 것은 물론, 어느 회사가 사찰을 받는다고 소문이 나면 돈 줄 사람은 도망가고 돈 받을 사람은 악착같이 달려들고, 거래처는 혹시 사건에 연루될까봐 당장 거래를 끊는 등 막가는 사태가 벌어지지 않소? 탈세 혐의가 확실치 않은데도 불구하고 우리가 함부로 달려들다가는 남이 평생 이룩한 생업(生業)을 하루아침에 망쳐버리기가 십중팔구란 말이오.”

“글쎄요.”

“더구나 제조업체에는 적게는 수천 명, 많게는 수만 명의 근로자들이 취업해 있소. 회사를 잘못 건드려서 만약 사업을 망치는 경우가 생긴다면 그 많은 실업자와 가족들은 어떻게 합니까? 이낙선 청장 시절에 경찰이나 검찰이 탈세사건에 함부로 손대지 못하게 대통령에게 ‘세무사찰 일원화’를 간절히 건의한 의도가 바로 여기에 있소. 그러니까 세무사찰은 정말 신중에 신중을 기해야 한다 그 말씀이오. 알겠소?”

탈세예방 제도화, ‘성실보고회원제’

조사국이 탈세사범을 추적·적발하는 일 못지않게 중요한 역할은, 납세자가 탈세의 유혹을 아예 포기하도록 사전에 예방하는 방법을 제도적으로 마련하는 일이라 생각했다. 많은 고민 끝에 C 조사과장을 불렀다.

“조사과장, 설탕·판초자·시멘트·철강 등 독과점(獨寡占)품목은 제조회사와 도·소매업자 간의 유통단계가 비교적 단순하고 분명한 편이죠?”

“그렇습니다.”

“그럼 이런 방법은 어떻겠소? 제조회사와 도·소매업자가 하나의 조합을 만들어 모두가 그 조합의 회원으로 가입하는 겁니다. 제조회사는 도매업자 소재지 세무서에, 도매업자는 소매업자 소재지 세무서에 가서 팔고 산 상품에 대한 판매보고서를 내게 하고, 세무서는 그 보고서들을 토대로 도·소매업자의 세금을 근거과세(根據課稅)하는 방향으로 행정을 바꿔 보면 어떻겠소?"

"말씀은 쉽습니다만, 국장님 그게 안 되는 게 문제요, 솔직한 현실 아닙니까?"

"그거야, 과세자료를 정직하게 통·수보(通·受報)한 업체에게 우리 국세청이 주는 인센티브가 아무것도 없으니까 그렇죠."

"인센티브라니요?"

"만약 그 조합이 중심이 되어서 거래보고서 주고받기를 제대로 하는지, 그것을 챙겨서 객관적으로 그 사실이 확인된다면 세무서는 해당 도·소매업자에게 하는 과세자료의 추적조사나 영업세에 대한 인정과세 같은 세무간섭(稅務干涉)을 일체 폐지하고 또 그들에게 적용하는 소득세의 표준율을 낮춰주는 등 여러 가지 혜택을 주는, 그런 방법 말이요."

"그건 직세국 소관인데요?"

"그러니까 그 국의 협조를 받아야지요. 그쪽도 우리 의견을 결코 반대하진 않을 거요."

"만약 그런 방법을 악용, 업자들이 서로 짜고 정확한 판매보고서 주고받기를 계획적으로 속이는 사태가 발생한다면?"

"그때는 해당 품목의 제조회사로부터 도·소매업자 전체에 이르기까지 전국적으로 세무사찰을 대대적으로 단행, 그야말로 '일벌백계(一罰百戒)'로 임하면 되지 않겠소?"

"그래서요?"

"하나의 조합이 잘 운영되면 다음에는 다른 독과점 품목으로 그 대상을 차차 늘려가는 거요. 그렇게 되면 우리는 행정력을 절약할 수 있고, 근거과세를 확대할 수 있으며, 납세자와의 세무마찰도 최대한 줄일 수 있을 게 아니겠소? 말하자면, 선진국가에서 실시하고 있는 부가가치세의 전 단계 세액공제(稅額控除)제도와 비슷한 건데, 그 제도와 다른 점이라면 제조회사를 중심으로 회원사(會員社)들이 자발적으로 상호 독려·감시하는 점이라 할 수 있겠죠."

"그것 참 괜찮은 착상(着想)인 것 같습니다."

"그래요? 요즘 사찰과에서 자꾸 기업체를 건드리려고 해서 골치가 아파 죽겠는데, 만약 이 제도가 실시된다면 지금 놀고 있는 사찰과 요원들을 이 일의 지도·관리요원으로 활용할 수 있겠지요. 앞으로 우리 조사국은 탈세적발만 능사로 삼을 게 아니라 과세자료의 통·수보를 사전에 잘 지도·단속해서 탈세를 사전에 예방하는 방향으로 행정을 이끌고 나가도록 합시다."

제도 정착단계, 부가가치세 졸속 도입

그것이 부가가치세가 도입될 때까지 국세청에서 시행한 소위 '성실보고회원조합' 제도였다. 직세국의 협조를 기꺼이 얻은 것은 물론, 독과점 품목을 생산하는 대기업들의 적극적인 호응 아래 많은 품목에 대한 '성실보고 회원조합'이 결성·운영될 수 있었다.

그 후 내가 국세청을 떠나 대학으로 가고 부가가치세 제도가 우리나라에 도입되자, 이 제도는 자동적으로 사라지고 말았다. 하지만 제도상 전 단계에서 납부한 세금을 다음 단계에서 자동적으로 공제하는 방법, 즉 자동검정(自動檢定)장치는 회원조합제도에 뒤이어 부가가치세 행정에서도 핵심적인 역할을 하고 있다.

하지만 지금도 이 분야에는 많은 문제점이 남아 있다. 이 장치의 틈새를 악용하여 품목에 따라서는 처음부터 판매보고서도 없이 상품을 사고파는 무자료(無資料)상품이 범람할 수 있고, 자료 통·수보의 기피, 자료는 있되 거래자의 주소·성명을 속이는 불명자료(不明資料)의 발생 등 부작용이 적잖게 나타날 것이다.

앞으로 만약 국고(國庫)수입이 부족해 국세청이 세금 공세(攻勢)의 일환으로 이 분야에 행정력을 집중 투입하여 특정 업종의 생산단계에서 도매·소매단계까지 과세자료를 철저히 추적·조사한다면 폭발성 사고가 일어날 위험성이 대단히 높다고 봐야 할 것이다.

'부·마항쟁'과 '5·18 광주민주화운동'에서 세무서가 불탄 원인이 과연 어디에 있었는지, 정치인은 물론 국세청도 항상 명심하고 조심해야 할 것이다.

'국회의원 겸직(兼職)사건' 흥정으로 끝나

"만약 여당 측 국회의원의 겸직 수가 야당 측보다 많을 경우 청장님은 그 부담을 어떻게 감당하시겠습니까? 그러니까 이 사건은 청와대가 아니라 공화당 쪽으로 먼저 가져가시는 게 순서가 아닐까 싶습니다만."

박정희 정권이 국민투표로 확정된 3선 개헌안을 공표하고 다음에 올 대선(大選)을 벼르고 있던, 1970년 6월 초순 어느 날이었다.

검찰의 사건 수사에 동원되었던 조사국 소속 조사반장 한 사람이 나를 찾아왔다. 검찰에서 탈세사건을 손댈 때는 항상 전문지식을 가진 국세청 사찰요원들을 동원했기 때문이다.

"신문을 보니까 이번 수사에는 우리뿐만 아니라 관세청 직원들도 동원되어 있던데?"

"네, 검사 수 명을 포함해 상당수가 뛰고 있습니다."

"장소는?"

"장충동 금수장호텔 아시죠? 소위 호색가(好色家)들의 단골집, 러브호텔 말입니다. 그곳 한 층을 통째로 빌려 쓰고 있습니다."

“굉장한 규모로군, 그런데 웬일인가? 한창 바쁜 시간일 텐데.”

“네. 바쁘긴 합니다만, 회사의 장부·서류들을 챙겨 보는 도중에 이상한 서류가 한 장 있어서…….”

“무슨 서류인데, 아니 이건 K회사의 주주(株主)명부가 아니오?”

“네, 그렇습니다. 여길 보십시오. 현역 야당소속 국회의원 K 씨의 이름이 주주명단에 이렇게 똑똑히 적혀 있지 않습니까?”

“그래, 그럼 이건 국회의원의 겸직금지(兼職禁止) 규정에 정면으로 저촉되는 케이스인데…….”

“그래서 깜짝 놀라 국장님께 먼저 가져왔습니다.”

“내게 가져오길 잘했소. 하지만 등기(登記)한 사실이 아직 그대로 원부에 남아 있는지, 벌써 말소해 버렸는지, 알 수 없으니까 빨리 등기소로 가서 사실 여부를 확인해 오시오.”

당시에 검찰에서는 무슨 이유인지 알 수 없지만 경북지방의 3대 무연탄 탄광의 하나인 H탄광에 대해 국세·세관·외환 등 여러 분야에 걸쳐 다각적인 범죄수사를 진행하고 있었다. 하지만 국세청에서는 청장 지시에 따라 1개 사찰팀을 차출·동원해 주었을 뿐 사건의 추이에 대해서는 별로 관심을 갖지 않았다.

탈세 사건이라면 그쪽에서 손댈 게 아니라 전문기관인 우리 측에 넘겨야 옳다는 소신 탓이었다. 검찰에서 손댄 것을 보면 정치적(政治的) 사건이 분명했다. 조사반장이 K 의원의 겸직사실을 등기소를 통해 재확인해 왔다. 더 이상 지체할 이유가 없었다.

세무사찰 반장, 겸직사실 발견

"청장님, 이것 좀 보십시오. 국회의원의 겸직관계 증빙서류가 하나 나왔습니다."

"아니 어쩌다 이런 서류가……. K 의원이라면 야당 소속 전국구 의원 아니오?"

"네. 겸직금지 규정은 국회의원이 국사에 종사하는 동안 그 직위를 이용, 이권(利權)을 넘보지 못하도록 하기 위해 특별히 마련한 법률이고, 지난번 총선(總選) 때 박 대통령이 자기 소신이라고 하면서 특별히 강조까지 하셨지요. 여당도 아니고 주목받는 야당 국회의원이 어쩌자고 조심성 없게 큰 실수를 했네요."

"그래, 그렇다면 내가 곧 나가봐야 하겠소. 그 서류 이리 주시오."

"아니, 갑자기 어디로 가시려고 그러십니까?"

"각하께 즉시 보고를 드려야 하겠소."

"청장님, 제 생각에 그래서는 안 될 것 같습니다만."

"왜죠?"

"이건 야당 국회의원 한 사람을 자를 수 있는 케이스이긴 합니다만, 조사해 보면 여당 쪽에서 더 많은 케이스가 나올지 모를 일이 아닙니까? 그럴 경우 여·야 간에 정국(政局)의 긴장도 문제겠지만, 만약 여당 측 겸직의원 수가 더 많을 경우 그 부담을 청장님은 어떻게 지시겠습니까? 그러니까 청와대가 아니라 먼저 공화당 쪽으로 가시는 게 순서가 아닐까 싶습니다만."

"잔소리 그만 하고 내게 맡기시오."

"?"

그 일이 있은 지 며칠이 지났을까. 동아일보는 6월 19일자 제1면 머리기사를 통해 "야당은 제74회 임시국회의 폐회를 앞두고 자기네 기관지인 민주전선(民主戰線)의 압수사건, 국회의원의 겸직사건, 한국비료 및 한국알루미늄사건 등 3개

안건에 대한 특별조사위원회의 소집을 강력히 요구했다. 하지만 여당의 반대로 결말을 보지 못한 채 폐회되고 말았다."고 보도했다.

국회의원 겸직사건이 '어떻게 동아일보에 누설되었을까?' 싶었지만, 지면(紙面)의 구성에서 미뤄 볼 때 동아일보가 그 사건에 대해 특별히 큰 관심을 갖고 있는 것 같지 않다는 느낌을 받고 일단 안심했다. 하지만 그것은 속단이었고, 본청장은 내 보고를 받자마자 청와대로 달려갔던 것이다.

정부는 이미 그달 10일, 박 대통령이 서명하고 총리·법무부장관이 부서한 '국회의원 신분에 관한 공한'을 국회의장에게 전달했다.

그 공한에는 "K 의원이 국회의원의 신분인데도 불구하고 K사업 및 K상선의 이사(理事)로 있어 헌법 39조 국회법 30조 1·2항 및 128조 위배로 간주되어 공직에서 물러나야 할 것으로 사려된다."고 지적했다. 그러자 경향 각 신문들도 뒤따라 일제히 그 사실을 보도했다.

이효상(李孝祥) 국회의장은 그달 20일 서울 민사법원에 그 사실 여부를 조회해서 확인했고, 그달 22일에는 K 의원이 겸직으로 인해 20일자로 의원직을 자동 상실한 사실을 서면(書面)으로 본인에게 통고했다. 그렇게 되자 야당인 신민당의 정해영(鄭海永) 원내총무는 "당국이 K 의원의 퇴직을 문제 삼는 것은 그가 사상사(思想社)에 정치자금을 지원하고 또 5적시(五賊詩)의 작가 김지하 씨의 서울대병원 입원비를 부담해 준 데 대한 일종의 정치적 보복"이라 주장했다.

한편 야당인 신민당은 공화당 의원에 대해서도 김 의원의 경우와 같은 공·사단체의 임직원(任職員) 겸임 사실 여부를 독자적으로 조사하기로 결의하는 한편, 김수한(金守漢) 대변인을 통해 "비록 형식상으로는 국회법에 저촉되지 않지만 실질적으로 영리(營利)회사를 경영하고 있는 국회의원은 공화당 고위간부 가운데 얼마든지 있다."고 주장하면서 국회 본회의 소집을 강력히 요구해, 그때부터 국회의원 겸직문제는 일약 정치문제로 비화되고 말았다.

그러나 국회의장은 자기가 20일 서울지방법원에 조회해서 K 의원의 겸직사실을 이미 확인했기 때문에 국회의 별도 결의나 본인에 대한 통고 여부에 관계없이 퇴직은 이미 법적으로 효력을 발생한 것으로 단정하고, 그 사건을 기정사실화했다.

그에 대해 야당에서는 동월 22일, 원내총무를 비롯한 국회의원 33명의 이름으로 K 의원의 겸직사실 여부를 조사하기 위한 특별조사위원회의 구성에 관한 결의안(決議案)을 국회에 제출하는 한편, 오후에는 의장실에서 여야 총무회담을 열고 K 의원의 퇴직조치는 조사특위의 결론이 날 때까지 보류할 것을 강력히 요구했다. 그러나 여당과 국회의장은 그 요구를 일체 묵살하고 말았다.

야당도 여당도 '초록은 동색'

신문을 읽고 나는 사태가 여당권의 강경 방침대로 끝나는가 싶었다. 그런데 뜻밖에도 그달 24일, 이번에는 동아일보가 1면 머리기사로 여당소속 K 의원이 H 화약 이사로 재직했다가 야당의원의 겸직사실이 밝혀진 날 갑자기 이사직을 사임했고 이틀 뒤에 사임(辭任)등기를 마친 사실을 대대적으로 폭로했다.

그렇게 되자, 여당에서는 당 5역 회의를 열고 대변인을 통해 "공화당 소속의원 가운데서도 겸직의원이 있는가를 논의한 결과, K 의원도 법률상 의원 겸직금지 조항에 저촉된 사실이 확인되었다."고 항복하고 말았다.

국회의원의 겸직파동은 그것으로 끝나지 않았다. 여·야당은 "겸직의원이 두 의원 이외에도 더 있을 것"이라고 서로가 상대방을 공격하거나 모함에 대한 고소를 제기함으로써 겸직파동은 점점 확대될 기미를 보이기 시작했다.

여·야 흥정으로 끝난 겸직사건

그러나 시간이 흐르자 여야 간에는 "겸직문제를 가지고 시간을 무한정 끌 수 없다."는 회의론이 대두되기 시작했다.

"국회의원의 겸직문제는 겸직을 금지하자는 데 목적이 있는 것이지, 퇴직으로까지 끌고 가는 것은 법의 원래 정신이 아니다." "7대 국회의원 선거가 끝난 지 벌써 3년이 지난 지금 겸직규정은 사문화(死文化)된 지 오랜데 이 문제가 더 이상 정국(政局)을 볼모로 잡는 일은 바람직하지 않다."는 등 이상한 이유를 들어 여야 중진들 사이에서 정치적 절충론이 고개를 들기 시작했다.

국회에서는 여야 간에 줄다리기가 지루하게 계속되더니 그달 29일에 이르러 여당과 야당의 두 K 의원이 사퇴서를 자진 제출, 수리하는 선에서 겸직파동은 겨우 마무리될 수 있었다.

당시에 야당의 K 의원은 사퇴할 즈음, 성명을 통해 "1967년 국회의원에 당선된 이래로 K산업 및 K상선의 이사직을 계속 유지한 것은 법을 제정하고 다스려야 할 국회의원의 신분으로서 있을 수 없는 일이라 생각하며 책임을 통감, 의원직을 사퇴한다."고 순순히 고백했다.

지금 생각해 보면 약 2주간에 걸쳐 온 세상을 떠들썩하게 하고 여야 국회의원들로 하여금 허다한 시간과 정열을 낭비하게 한, 그러면서도 여야 간에 국회의원 1명씩의 흥정 사퇴로 끝나고 만 겸직파동은 과연 무엇을 얻고 무엇을 잃었단 말인가?

그 파동 이후 신민당 소속 K 의원 소유의 두 회사가 검찰의 탈세사건 수사에서 세금을 추징당했다거나 달리 처벌을 받았다는 소식은 듣지 못했다.

그때 O 국세청장은 대통령과 여당으로부터 과연 점수를 땄을까, 아니면 잃었을까?

영욕의 세월

국세청 역량 발휘, '고리채(高利債) 신고'

"사채는 그 속성상 대부분이 숨어 버리고 말 위험성이 대단히 높습니다. 청장님, 어떻습니까? 이번 사채신고의 조사·권장과정에서 제대로 성과를 거두려면 세무공무원이 가진 질문검사권을 발휘, 강제조사 방법을 동원하는 편이……."

정부는 제3차 계획에 착수하면서 개발 인플레를 수습하기 위해 1972년 6월 한국은행으로 하여금 새 5000원권을 발행케 하여 7월 1일부터 통용했다.

농촌에서는 정부가 3만여 개 마을에 시멘트 335부대씩을 지급하여 시작한 새마을 운동이 한참 신바람 나게 진행되고 있었다. 나도 몹시 싫어하던 조사국장직을 면하고 소망하던 직세국장으로 자리를 옮겨 즐겁게 근무하고 있었다.

역사에 '8·3 조치'로 널리 알려진 조정사채(調整私債)의 신고, 즉 '경제의 안정과 성장에 관한 대통령 긴급명령'이 공포된 것은 그해 8월 2일 한밤중이었다.

그날 밤, 절친한 친구들과 어울려 술집에서 시간 가는 줄 모르고 신바람 나는 시간을 보냈다. 통행금지 시간이 임박하자 모두가 일어나기를 아쉬워했지만, 후일을 기약하고 귀가하여 우리 집 대문을 막 들어서는데 뜻밖에 아내가 기다리고 있었다.

"여보, 청장실에서 당신한테 여러 번 전화가 걸려 왔어요. 빨리 나가 보세요."

"무슨 소리, 당신 내가 술 마시고 돌아다닌다고 혼내주자는 거지?"

"천만에, 이건 농담이 아니에요. 정말 당신 찾는 전화가 여러 번 걸려 왔다니까요."

"정말? 이상한데, 한밤중에 무슨 일일까?"

막 돌아가려는 관용차를 불러 세웠다. 그리고 세종로에 있는 종합청사를 향해 어두운 밤길을 달렸다. 현관에 도착해 계단을 뛰어오르려는데 운전기사가 나를 불러 세웠다.

"국장님 앞가슴에……."

"바쁜데 무슨 소리요? 내 앞가슴에 뭐가 묻었단 말이요?"

흰색 여름 남방셔츠 왼편 가슴 쪽에 빨간 립스틱이 선명하게 묻어 있었다. 당황하여 얼굴을 붉히며 땀에 흠뻑 젖은 운전기사의 T셔츠와 바꿔 입고, 지독한 땀 냄새를 참으며 계단을 달려 4층 청장실로 들어갔다.

그곳에는 본청 청장을 비롯해 차장·비서관 등 여러 사람이 긴장된 얼굴로 라디오의 중계방송에 귀를 기울이고 있었다. 목소리는 분명 박정희 대통령의 육성이었다.

"무슨 일입니까?"

"잠자코 라디오나 들어 보시오. 우리도 뭐가 뭔지 잘 모르겠소."

"……둘째로 우리 경제의 또 하나 병폐는 고리사채(高利私債)의 성행입니다. 사채의 성행은 자금의 수급(需給)사정 또는 제도금융의 미발달 등 경제적 이유가 없는 것은 아니나, 우리나라 특유의 사회적 인습(因襲)에 깊이 뿌리를 박고 있는 것 또한 사실입니다. ……나는 이상과 같은 경제문제를 과감·신속하게 해결하려 함에 있어서 ……대통령 긴급명령으로 다음 요강의 조치를 취하기로 하였습니다.

첫째, 모든 기업은 1972년 8월 2일 현재 보유하고 있는 사채(私債)를 전부 정부에 신고해야 한다. 모든 사채는 1972년 8월 3일자로 월리(月利) 1.35%, 3년 거치 후 5년 분할상환의 새로운 채권채무 관계로 의법 조정되거나 차주(借主) 기업에 대한 출자(出資)로 전환되어야 한다.

둘째, 금융기관은 3,000억 원의 특별금융 채권을 발행하여……."

이상과 같은 대통령의 긴급명령 내용은 8번까지 이어졌다. 그리고 그 방송은 되풀이해서 중계되었다.

밤새 꾸려진 '국세청 8·3 대책본부'

"이 국장, 어떻게 하지요?"

"재무부에서 혹시 조사요령 같은 것 나온 것 없습니까? 전언통신(傳言通信)이라도."

"아무것도 없어요. 장관께서 즉시 출근, 각하 방송을 잘 듣고 대비책을 빨리 강구해 달라는 말씀만 하셨는데……."

너무나 갑작스럽게 당한 일이라 난들 당장 뾰족한 수가 생각나지 않았다. 순간 머리에 떠오른 것은 사채를 제대로 파악하기 위해서는 우선 전국의 회사들이 갖고 있는 비밀장부나 사채기록들을 완전히 확보해야 하고, 장부기록의 삭제·변조를 방지하기 위해서는 내일 아침 회사직원들이 출근하기 전에 우리 직원들을 조사처에 미리 배치 완료해야 하며, 그 조사는 어느 정도 강제성을 띨 수밖에 없겠다고 생각했다.

"청장님, 긴급명령에는 사채의 조사요령에 관해 아무런 언급이 없습니다. 우리가 만약 납세자에게 사채신고를 권장만 하고 기다리다가는 사채는 그 속성상 대부분이 숨어 버리고 말 위험성이 높습니다. 어떻습니까? 법적 근거는 없지만, 우리가 공무원의 질문검사권을 이용, 강제조사 방법을 동원하는 편이……."

"글쎄……."

"이번 조치는 월 3.5%의 고리로 고통받고 있는 기업체들을 어떻게든 살려주자는 데 목적이 있는 것 같으니까, 채무(債務)기업들에게 어느 정도 강제성을 띤다고 해도 사후에 그들로부터 충분히 용서받을 수 있다고 생각합니다."

"……좋습니다. 뒷일은 내가 전적으로 책임을 질 테니까, 이 국장 말씀대로 합시다."

급히 기안용지를 폈다. 그리고 모두가 지켜보는 자리에서 나는 술기운을 떨치며 다음과 같은 '전언 통신문'을 기안, 6개 지방국세청장 앞으로 긴급 타전(打電)케 했다.

8·3 사채 지시공문, 내 손으로

그 공문을 분담해 5개 지방청으로 전화하는 데는 청장도 나도 동석한 간부들도 예외가 될 수 없었다.

'경제안정과 성장에 관한 긴급명령에 따른 지시 (1)'

1. 1972. 8. 2 발표한 '경제의 안정과 성장에 관한 긴급명령' 중 국세청에
   서 담당할 사안에 대한 지시임.

2. 각 지방 국세청장은 각 세무서 관할 내 병종 배당이자소득세 원천징
   수 의무자 전원(개인·법인)에 대하여 다음 사항을 조사·파악할 것.

   ㉮ 부채(負債)과목, ㉯ 기준일(1972. 8. 2) 현재 부채잔액, ㉰ 사채금액

(사채정의에 의한 금액)

3. 본 조사는 해당세무서 전 직원을 동원하고 2~3명을 1조로 8월 3일
   오전 6시(통행금지가 해제되는)를 기해 일제히 착수하되, 소재지가 2
   개 이상이며 해당 청이 다른 회사는 지방청장이 업무량을 감안, 응원
   배치할 것이며 지방청 직원도 최대한 활용할 것…….

4. 해당 업소의 개점(開店)이 늦을 때는 조사자가 개점 시까지 대기하고
   있다가 본 취지를 설득하고 관계장부의 제시를 요구할 것이며, 만약
   불응 시에는 금고·캐비닛·책상 등에 강제조사를 실시하여 서류의 조
   작을 미연에 방지할 것…….

그 공문의 타전이 끝나자 본청장은 청장실 옆 본청 회의실을 '8·3 조치 국세청 대책본부'로 지정하고, 나를 본부장으로 구두 발령했다. 나는 그때부터 법인세과장 윤순복(尹淳福) 씨 등 직원 수 명을 비상소집, 24시간 근무태세에 들어갔다.

철야근무 '국세청 8·3 대책본부'

그다음 날 나는 청장에게 세무서가 없는 지역과의 사무연락을 취하기 위해 대책본부에 경찰 경비전화를 가설해 줄 것을 건의하여 즉각 내무부의 협력을 얻을 수 있었다. 말하자면 당시에 긴급명령의 발령을 계기로 국세청을 중심으로 한 범정부적(汎政府的)인 협력태세가 완전 가동될 수 있었다.

재무부에서 인쇄물로 된 긴급명령문과 관계세칙(細則)이 국세청에 전달되어 온 것은 긴급명령이 공포된 날로부터 여러 날이 지난 후였다. 그동안 나는 없는 밑천을 가지고 신문기자들의 빗발치는 질문공세에 응해야 했고, 수시로 TV·방송의 마

이크 앞에 서야 했으며, 지방에서 걸려 오는 전화질문에 일일이 답해야 했다.

그리고 각 지방국세청에 대해서는 사채신고를 기피하는 대규모 개인업체와 제조회사는 신고를 이행할 때까지 설득을 계속하되 끝까지 불응할 경우에는 공무원의 질문검사권을 발동해 강도 높은 세무조사를 병행하라는 등 전후 25차에 걸친 지시공문을 기안·시달했다.

사채신고의 권고기간이 지나고 신고를 본격적으로 받기 시작한 날, 본청장은 농담할 마음의 여유가 생겼던지, 긴급명령이 발동된 8월 2일 저녁에 있었던 일을 나에게 상기시켰다.

"여보 이 국장, 그날 당신 몸에서 지독한 냄새가 풍기더군."

"무슨 말씀입니까?"

"당신 입에서는 술 냄새가, 몸에서는 땀 냄새가, 얼마나 지독하게 풍겼는지 알아요? 그동안 사태가 급해 아무 말 않고 참았지만, 그땐 정말 고약한 그 냄새 때문에 미치겠더군."

"죄송했습니다."

"그런데 그때 당신이 입었던 자주색 T셔츠는 웬 옷이오? 공무원들이 여름에 입게 돼 있는 흰 남방셔츠는 아니던데?"

"?"

그제야 나는 만사를 깨달을 수 있었다. 그동안 청장에게 그 추태(醜態)를 사과할 겨를도 없이 '8·3 긴급조치' 업무에 밤낮으로 허둥댔던 것이다. 그때 내 얼굴이 붉어진 것은 두말할 나위가 없었다.

그날 밤 내가 입었던 T셔츠가 설마 운전기사 것인 줄은 아무도 몰랐을 것이다.

3

70년대 유신헌법 시절

사채대책본부에서 만난 박 대통령
이권(利權)행정 차단, 법인세 연합조사
공평과세 지향, 대중세 혁신
조세분야 탈출의 꿈, 끝내 무산
강요된 사표, 국세청 '74 숙정(肅正)'

사채대책본부에서 만난 박 대통령

박정희 대통령이 비서실장·부총리·재무부장관 등 일행들 맨 앞에 조용히 서서 기다리고 있었다. "이철성 국장이라고 했지? 정말 수고가 많았소." 하며 내미는 그분의 부드러운 손을 나는 서슴지 않고 힘껏 잡았다. 그러자 일행이 탄 엘리베이터 문이 조용히 닫혔다.

조정사채의 신고 마감일인 1972년 8월 8일을 하루 앞둔 날 초저녁이었다. 신고권장 및 접수사무가 큰 고비를 넘겨 대책본부에서 집계(集計)를 지켜보던 나는 모처럼 마음의 여유를 느끼고 있었다.

그날 김대중 씨는 일본 동경에서 중앙정보부 요원들에 의해 강제 납치되어 귀국 도중에 있었다. 하지만 아무도 그런 사건이 진행 중인 줄은 알지 못했다.

"이 국장, 저녁식사라도 함께 하러 갑시다."

본청 청장이 말했다.

"감사합니다만 제가 자리를 뜰 수가 없어서……."

"여보, 그동안 당신이 많은 고생을 했는데 내가 별로 도운 게 없지 않소. 오늘은 저녁식사라도 한번 대접하고 싶소. 지방에서 올라오는 보고는 직원들에게 맡겨도 되지 않겠소?"

"글쎄요."

청장과 비서관 그리고 나는 안국동 한국일보 건물 조금 못 미친 골목길 양식집에 도착, 위스키 한 잔씩을 마셨다. 호주가인 청장의 권유와 예쁜 마담의 미소를 이기지 못한 내가 두 잔째 술을 막 입에 대려는 순간이었다.

'따르릉' 울리는 전화 벨소리에 전화를 받은 비서관이 금세 긴장하더니 부동자세를 취했고 곧이어 수화기를 본청 청장에게 건넸다.

"네, 접니다. 곧 가겠습니다."

앉은 자리에서 벌떡 일어난 청장은 그 말을 끝내기가 무섭게 허둥지둥 2층 계단을 뛰어 내려갔고, 길 건너편에 서 있는 승용차로 쏜살같이 달려갔다.

때마침 밖에는 억수 같은 폭우가 쏟아지고 있었다. 하지만 비서관과 나는 우산 생각은 고사하고 두근거리는 가슴을 억누르며 무작정 그분 뒤를 따를 수밖에 없었다.

"청장님, 무슨 일입니까?" 차 안에서 불안해 묻는 내 말에 청장은 단 한마디, "아이고 난 죽었다."고만 대답했다.

본청장과 비서관은 엘리베이터로, 나는 계단으로 뛰어 3층 대책본부에 도착하니 직원들은 숨을 죽이고 청장실 옆문을 가리키며 잔뜩 긴장하고 있었다.

조심조심 문틈으로 청장실을 살펴보니 청장은 아직 도착하기 전이었고, 응접세트 주인자리에 당대의 최고권력자, 박정희 대통령이 조용히 앉아 계셨다.

박 대통령, 한밤중에 '대책본부'로

'정말 죽었구나!' 싶어 전신이 떨렸다.

'상대방은 명색이 한 나라의 절대권력자, 대통령이 아닌가? 자리를 지키지 못한 것도 문제지만, 술까지 마셨으니 장차 이 일을 어떻게 한다?' 하고 나는 불안감을 넘어 공포감마저 느꼈다.

그 후 얼마나 시간이 흘렀을까, 청장실 쪽 문이 열리고 대통령이 대책본부로 들어섰고 이어 청장, 김정렴(金正濂) 비서실장, 김학렬(金鶴烈) 기획원장관, 남덕우(南悳祐) 재무부장관 등이 뒤따랐다.

나는 사방 벽에 붙여놓은 '현황 차트'를 가리키며 조정사채의 조사에 착수한 이래로 우리가 추진해 온 진행상황을 순서대로 차분하게 보고했다. 보고가 끝나자 내 어깨에 얹힌 대통령의 부드럽고 따뜻한 손길을 온몸으로 느낄 수 있었다.

"일하는 데 혹시 불편한 점은 없었소?"

"네, 내무부에서도 협조를 잘 해주고 있습니다."

"그래? 그동안 수고가 많았소. 신고 마감일까지 사채신고(私債申告)는 대개 얼마나 들어올 것 같소?"

"네, 약 3천억 원 가까이 들어올 것 같습니다."

"여보 재무부장관, 우리가 신고를 2,000억 원 정도만 받아도 성공적이라고 말하지 않았소?"

"네, 각하. 만약 3,000억 원이 신고된다면 대성공입니다."

"청장 이하 모두들 수고가 많았소. 그럼."

대통령 일행이 대책본부를 떠나자 우리는 겨우 한숨을 내쉴 수 있었다. 그런데 배웅차 나갔던 청장이 급하게 되돌아와 나에게 손짓하는 게 아닌가. "밖으로 나가자."고……

순간 다시 불안을 느낀 나는 멈춰선 엘리베이터 앞으로 달려갔다. 그 속에는 일행들 맨 앞에 박 대통령이 조용히 서서 기다리고 계셨다.

"이철성 국장이라고 했지? 정말 수고가 많았소." 하며 내미는 그분의 부드러운 손을 서슴지 않고 힘껏 잡았다. 이윽고 엘리베이터 문이 조용히 닫혔다.

당시에 최종 집계된 조정사채 신고액은 2,855억 원이었다. 그 후 청와대에서는 국세청의 노고를 치하해 고용직을 포함한 전 직원에게 3,000원씩 대통령의 위로금을 하사했고, 국세청은 평소의 저력을 발휘해 면목(面目)을 내외에 크게 일신할 수 있었다.

당시에 채무기업의 사채조사에서 만약 국세청이 강제성(强制性)을 띠지 않았다면, 대통령이 기대한 2천억 원은 고사하고 고리대금업자의 방해와 채무기업의 주저(躊躇)로 신고액은 그보다 훨씬 적었을 것이다.

마감된 조정사채의 신고자 수는 당시에 가동하던 법인(法人)영업자 1만 300여 명 가운데서 83.5%에 해당하는 8,600여 개였다. 그러나 개인(個人)영업자 59만 1,000여 명 가운데서 신고자는 단지 5.4%에 해당하는 3만 2,000여 명에 불과했다.

당시에 우리나라의 사채규모가 전문가들에 의해 대략 GNP의 30% 이상일 것으로 추정되고 있던 시절이라 개인영업자의 신고건수 및 액수는 기대한 것에 비해 대단히 적었다고 볼 수 있다.

아직도 많은 농가·상공인 부채

훗날 개인영업자인 친지 한 분을 만나 그가 왜 사채신고를 하지 않았는지, 그 이유를 물어보았다.

"여보, 5·16 군사정권이 농어촌 고리채(高利債) 정리를 한 적이 있지 않소? 그때 농민들은 살판이 난 줄 알고 정부가 시키는 대로 많이들 신고했죠. 그런데 신고를 끝냈다고 해서 그들이 더 이상 사채에 의존할 필요가 없을 정도로 형편이 풀렸다면 좋겠지만 천만의 말씀. 자식들의 등록금이다, 가족들 치료비다, 집안의 각종 경조사다 해서 다시금 급전(急錢)이 필요해 손을 벌렸을 때 사채업자들이 뭐라고 대답한 줄 아시오?

'당신, 신고(申告) 좋아하니까 정부에 또 신고하시오. 더 이상 빌려 줄 돈 없소. 설사 돈이 썩어도 당신같이 의리 없는 사람한테 돈 빌려 줄 생각은 추호도 없소.

우리 장사꾼들이 언제 정부를, 은행을 믿고 살았소? 그래도 급하면 얼굴 맞대고 사는 이웃 친구들에게 빌리고 갚는 게 서민들 처지 아니오? 소위 의리 또는 신의(信義)라는 것 말이오. 만약 급하다고 빌려 놓고 정부가 신고하란다고 신고해 버리면 신의는 없어지고 마는 게 아니겠소? 신의가 없어지면 시장 바닥에선 절대로 살아남지 못한다 그 말이오. 알겠소?'라고 말하며 딱 잘라 거절하더랍니다."

지금도 내 손에는 1972년 8월 2일 저녁, 종합청사 내 국세청 회의실에서 직접 기안해서 각 지방청장에게 긴급 타전한 제1호에서 제25호까지의 기안공문(起案公文) 복사판이 남아 있다.

언제 어쩌려고 복사를 해 두었을까? 그 이유는 알 수 없다. 그날 너무 긴장했던 탓인지, 술에 취한 탓인지, 공문 글씨들이 비뚤비뚤해서 보기가 매우 흉하다. 설마 이 같은 회고록을 쓰기 위해서 복사해 둔 것이었을까……?

그로부터 무려 50년 가까운 세월이 흘렀다. 당시에 대기업들은 경제개발을 서둘던 박정희 정부의 사채신고 덕분으로 월 3·4부의 고리채에서 해방되어 자금 면에서나 부담 면에서 큰 도움을 받았다.

'월간조선' 2005년 4월호 부록에 의하면 박 대통령은 그 후 기자회견에서 '8·3 조치' 때에 "우리 통화량은 4,000여 억 원에 불과한데 사채신고액이 3,000여 억 원에 달했다. 우리 사회에서 사채가 이렇게 많을 줄 몰랐다. 사채신고액의 4분의 1을 회사 자본으로 출자(出資)전환했고, 2,000여 억 원은 은행에서 사채자금을 융자로 바꿔주는 대환(貸換)조치를 취했으며, 642억 원을 산업합리화 자금에서 융자(融資)해 줘 그 조치로써 정부는 채무기업에게 합계 약 1,000억 원의 부담을 경감(輕減)시켰다."고 밝혔다.

그 이전인 1961년 국회를 대신한 국가재건최고회의는 4·19 학생혁명으로 촉발되어 착수한 부정축재 기업인을 처리함에 있어서 그들을 경제개발(經濟開發)계획에 동참시키기 위해 구속을 해제했고, 환수통고액을 주식으로 대납케 했으며, 예·적금의 비밀을 보장했고, 과거의 탈세를 완전 사면해 주는 등 수많은 특혜를 베풀었다.

그 후에 단행된 '8·3 조치'는 경제개발을 위한 박 대통령의 굳은 의지와 강한 집념이 끝까지 뒷받침된 것이라고 볼 수 있다. 그러나 영세한 농가 및 중소 상공인들은 금융자산 실명제(實名制)가 실시되고, 신용금고가 저축은행으로 확장되고, 사채업이 대부업(貸付業)으로 합법화된 지금도 뭉칫돈으로 주고받는 고리채에서 완전히 해방되지 못하고 있다.

빈부의 격차(隔差), 이것은 진정 어쩔 수 없는 자본주의의 숙명(宿命)인가? 참으로 안타까운 현상이 아닐 수 없다.

이권(利權)행정 차단, 법인세 연합조사

과거에 출장 가는 직원들 가운데는 세무조사에 착수하기도 전에 '이번에는 세금을 얼마 내라.'고 해놓고 그에 응하면 좋고, 만약 응하지 않으면 일부러 갖은 구실로 납세자를 못살게 굴어, 대상업체로부터 조롱당하거나 반감을 사는 등 폐단이 적지 않았다.

조정사채의 신고·접수 사무가 말끔히 끝나자, 나는 직세국장 본래의 업무에 열중했다.

당시에 나는 기존 제도와 관행을 유지하면서 권력기관의 고급관료(高級官僚)로서 대접받고 행사하는 데 만족할 수 없었다. 내가 소속된 직장이 어떻게 하면 좀 더 신뢰와 존경을 받을 수 있을까를 항상 연구했고 공평과세의 이상을 향해 행정을 한 가지라도 더 개선해 보려는 열의에 가득 차 있었다.

가장 먼저 착수한 것은, '주식회사·합명회사 등 영리(營利)회사들을 상대로 한 법인세(法人稅)를 조사·결정하는 시스템을 어떻게 합리적으로 개혁(改革)할 것인가?' 하는 문제였다.

공개법인을 비롯하여 특별·상장·정부출자법인과 금융·보험법인, 독·과점법인 등에 대한 세무조사는 지방국세청 법인세과에서 전담했고, 기타 작은 법인들은 각 세무서의 법인세과가 담당하고 있었다.

재무부 사세국에 고정배치된 이래로 나는 세무행정 가운데서 가장 중추적이며 어려운 사무라는 법인세 분야에 각별한 관심을 갖고 있었다.

법인기업체는 지금도 그렇지만 대개가 고액(高額)납세자였고, 그들은 주로 제조·건설·금융·수출 등 주요 업종을 망라하고 있었다. 세무공무원이 그런 대기업들을 상대로 세무조사에 임하기 위해서는 세법에 관한 전문지식과 회계에 관한 실무경험이 충분해야 했다.

따라서 법인세 전문요원들은 양성하기가 어려웠고, 일단 양성된 요원들은 자기 분야에 대한 자부심이 대단했으며, 명색이 세무공무원이라면 누구나가 그 분야에 종사하기를 갈망했다.

세무공무원은 기술직, 핵심은 법인세 전문요원

재무부 사세국 시절, 전국적으로 유명한 법인세 전문가로는 1940년대에는 김만기(金萬基)·성두현(成斗鉉)·김석환(金錫煥)·김옥경(金玉卿)·백상하(白相夏) 씨 등이, 1950년대에는 박장규(朴章奎)·정영국(鄭永局)·박준규(朴俊圭)·권태호(權泰浩)·이규철(李圭哲) 씨 등이, 1960년대에는 최진배(崔震培)·백낙준(白樂準)·문병환(文炳桓)·서달원(徐達元)·장병순(張炳淳) 씨 등이 있었다.

그분들은 재무부에 부설된 세무관리양성소에서 법인세법의 기본이론을 교육받고, 선배들로부터 실무를 도제식(徒弟式)으로 훈련받았으며, 이런 힘든 과정을 거쳐야 비로소 전문요원으로 인정받을 수 있었다.

나도 예외는 아니었다. 사세국에 고정배치된 이래로 법인세 전문요원(專門要員)이 되기 위해 나름대로 많은 노력을 기울였다.

4·19 이후 부정축재 조사가 시작됐을 때 나는 사세국장의 보좌관이었다. 하지만 조사대상의 선정이나 조사 및 복명요령 등에 대해서는 아는 바가 없었고, 사세국장과 조사반장 사이에서 주고받는 얘기도 무슨 말인지 알아듣지 못했다. 하물며 세무관서에서 내로라하는 법인세 전문요원들의 출신지·학력·경력·사무능력이나 인품 등에 대해서는 더더욱 아는 것이 없었다.

세무관서에서 고급간부로 대접을 받고 행세하려면 무엇보다 먼저, 법인세 사무를 알아야 했다. 법인세 전문요원이라야 정통(正統) 세무관료라 할 수 있었다. 법인세 사무를 모른다면, 세무서장이나 지방청장은 물론 특히 세무관서의 '보스'인 재무부 사세국장 노릇은 어림도 없는 일이었다. 심지어 '세무서를 움직이는 것은 법인세계장·직세과장·서장이고, 지방사세청을 움직이는 것은 법인세계장·직세과장·세무국장 등 소위 3인조'라는 말이 널리 통용되기도 했다.

그래서 재무부 사세국에 발을 들여놓자마자 나는 여러 가지 전문분야 가운데서 특히 법인세 분야를 동경했고, 틈만 나면 부기(簿記) 및 법인세법 공부에 몰두했던 것이다.

당시에 나에게 자극이 된 것은 5·16 군사쿠데타 이후 재무부 사세국의 법인세계장(法人稅係長)에 보직된 일이었다. 자타가 공인(共認)하는 요직의 계장은 되었지만, 장면 내각이 선발한 국토개발대 출신 신규직원들에게 법인세법을 교육시키는 과정에서, 나는 실무를 몰라 수강생들로부터 질문을 받고 진땀을 뺀 적이 많았다.

내가 법인세 사무에 겨우 눈을 뜬 것은, 사세국 법인세계장과 감사과장을 거쳐 부산사세청 세무국장직에 이르렀을 때였다. 그 사무를 익히기 위해 그만큼 많은 노력을 기울여야 했고, 국세본청에서 그 사무를 총괄하는 직세국장이 되자 법인세의 조사시스템을 장차 어떻게 보완할 것인가를 놓고 많이 고심했던 것이다.

기술직에 비전문가·외부 인사 득실

당시에 국세청에는 비전문가인 외부인사가 여러 가지 연줄을 타고 들어와 각급 간부자리를 많이 차지했다.

5·16 직후에 들어온 군장교 출신을 비롯해 국세청 개청 후 역대청장이 자발적 혹은 비자발적으로 받아들인 신참(新參)인사들이 적지 않았다. 그들은 법인세 사무 같은 고도의 전문적·기술적 사무를 알 까닭이 없었다. 그런데도 그들은 대도시 법인세과장 자리나, 큰 세무서의 서장 자리를 잘 차지했다. 말하자면 그들은 정실인사의 표본이었고, '염불에는 관심이 없고 잿밥에만 관심이 많은' 소위 이권(利權)부서의 사냥꾼들이었다.

군 출신 국세청장과 그의 심복 총무과장이 인사를 전횡(專橫)하자 전문분야를 중시하던 세무관서의 인사전통은 무너질 수밖에 없었다.

때마침 대규모의 첨단산업이 급속도로 발달하고 대기업의 수효가 날로 늘어나자 법인세 업무는 양적으로 확대되고 질적으로 강화되어 갔고, 외국인 기업의 수도 점차 늘어갔다. 따라서 그 조사업무에는 숙달된 전문요원이 많이 필요했다.

게다가 대기업에서는 세무대책의 일환으로 세무관서에서 훈련된 법인요원을 고액 보수와 높은 직책을 미끼로 유인·채용해 갔고, 경리직원들에게는 일상적인 업무 외에 세무대책을 체계적으로 교육시키기도 했다.

세무관서에 남은 전문요원들은 박봉에 고생하느니 차라리 월급이 많은 일반기업으로 옮겨가거나 시세(時勢)가 높아진 회계사·세무사로 전향, 개업하는 사람의 수가 늘어갔다.

그 결과 전문요원의 수는 점점 줄어 갔다. 더구나 국세청의 전문요원들에 대한 인사배치가 엽관운동에 의해 좌지우지되기 시작하자 심각한 업무의 공백(空白)현상이 나타나기 시작했던 것이다.

비전문가들에 의한 법인세 조사는 사무적인 접근보다 추징세액의 흥정이 앞서, 출장 직원들은 세무조사에 착수하기도 전에 '이번에는 세금을 얼마 내라.'고 해놓고 그에 불응하면 갖은 구실로 납세자를 못살게 굴어, 대상 업체로부터 조롱당하거나 반감을 사는 등 폐단이 적지 않았다.

당시에 공인회계사의 회계감사는 형식에 흘렀고 증권시장도 제대로 발달하기 전이었다. 세수확보에 조급한 나머지 비전문가에 의한 억지과세가 자행되자 납세자들의 이의신청, 심사·재심사청구 등 불복(不服)사건이 속출하기 시작했다. 비전문가인 본청 청장 또는 지방청장은 직원들에게 무조건 불복건수를 줄이라고 명령했고, 명령을 받은 직원들은 납세자에게 사건의 취하를 강요하거나 후일 선처를 미끼로 회유(懷柔)하는 등 웃지 못할 사태가 많았다.

정예요원 선발 '연합조사반' 편성

그런 실정을 감안한 나는 각 지방청 법인세과에 지시하여, 그 관내 세무서에 남아 있는 전문요원들을 총동원해 큰 업체에 대해서는 세무서의 관할구역에 상관없이 지방청장 책임하에 연합조사반(聯合調査班)을 편성, 조사를 담당하게 했다. 그리고 본청 법인세과에서는 그 결과를 취합, 본청장에게 보고하는 방향으로 업무체제를 개편했다.

그 방침이 시달되자, 일부 세무서에서는 '권한이 박탈 또는 축소됐다.'는 등 볼멘소리가 터져 나왔다. 그 소리가 큰 곳은 주로 비전문가가 세무서장 혹은 법인세과장으로 보직된 세무서였다. 그들의 저의(底意)가 어디에 있는지 충분히 예측한 나는 일절 그에 귀를 기울이지 않았다.

세무공무원들에게 전문분야가 각각 따로 있고, 그에 따라 인사배치가 적재적소로 행해지던, 재무부 사세국 시절의 인사전통은 정통파 간부들의 노력에도 불구하고 군 출신 역대 청장 및 지방청장들에 의해 서서히 무너져 갔던 것이다.

다행히 노태우 정부 이래로 서영택(徐榮澤)·추경석(秋敬錫)·임채주(林采柱)·이건춘(李建春) 씨 등 정통파 재무관료가 국세청장에 발탁되기 시작했다. 그 결과 전문요원들에 대하여 법인세를 비롯한 교육·훈련이 체계적으로 강화되고, 지방청에 전담조사국이 증설되었으며, 그들을 중심으로 법인세 사무가 합이론적·합법적으로 추진되어 세무행정의 신뢰감이 점차 회복되어 가고 있다고 한다. 세무행정의 장래와 납세자 보호를 위해 다행스러운 일이 아닐 수 없다.

공평과세 지향, 대중세 혁신

세무행정의 역할은 약한 자에게 많은 세금을 부과·징수하는 것이 아니라 오히려 그 반대다. 정통파 세무관료들 대부분은 어떻게 하면 납세자에 대한 수평적·수직적 공평(公平)을 달성할 수 있을까 고심하고 있고, 그 목표와 이상을 실현하기 위하여 항상 연구, 노력한다.

우리 조세제도에 부가가치세라는 세금이 도입되기 전에 영업세(營業稅)라는 세금이 있었다.

이 세금은 납세자 수가 많고, 그 가운데는 점포·시장·집단상가 등에서 장사하는 영세납세자들이 많이 포함되어 있었다. 세금의 부과를 둘러싸고 말썽이 가장 많은 대표적인 세금이었다.

직세국장으로서 두 번째 노력은 당연히 이 세금에 집중되었다.

당시에 영업자들은 개인이든, 회사든 모두가 소득세 이외에 또 하나, 6개월 동안의 매출액에 대해 영업세라는 세금을 납부해야 했다. 하지만 의사·변호사 등 세무서가 말하는 소위 서업(庶業)소득자들은 사회봉사(社會奉仕) 또는 지적 산업(知的産業)이라는 직업의 특성을 감안해 영업세는 면제하고, 대신 사업소득세만 물리게 되어 있었다.

당시에도 개인영업자의 대부분은 세무서에 장부(帳簿)를 내놓지 않거나, 내놓
더라도 실적을 아주 줄인 이중장부를 내놓는 경우가 많았다. 그래서 세무서에서
는 할 수 없이 영업장의 소재지·위치·규모·전세금, 종업원의 수·보수, 전기·동력·
수도 등의 사용량과 같은 외형적(外形的)인 자료를 토대로, 해당지역 동업자들의
업황(業況)을 고려해서 납세자의 개인별 매상액을 추계했다.

그렇게 조사한 결과를 가지고 동업자 가운데서 누가 장사를 제일 잘했는지,
가장 못했는지, 서로의 권형(權衡)을 맞춰 매출액을 최종적으로 확정했고 그것
을 토대로 납세자별 세금이 각각 부과되었다.

영업세 시대, 인정과세는 '필요악'

세무행정에서 '필요악(必要惡)'이라고 말하는 이른바 인정(認定)과세제도가 바
로 이것이었고, 옛날은 이 제도가 거의 보편화되다시피 했다.

물론 중소영업자들은 이 같은 인정과세에 불평불만이 많았다. 하지만 자기가
갖고 있는 실제 장부를 내놓고 그에 따라 세금을 부과받을 경우에는 자기의 실
제 매상액이 노출되는 것은 물론 자기와 거래하는 상대방의 거래액까지 노출시
킬 경우를 각오해야 했다.

또 종업원의 임금, 점포나 공장의 임대료, 사채 이자 등 각종 경비 내용을 밝
히게 되면 종업원의 근로소득세, 사채업자에 대한 이자소득세까지 대신 물어줘야
하는 불이익도 감수해야 했다.

그런 각오가 되어 있는 견실한 영업자의 경우에 문제될 것은 없었다. 하지만
그렇지 못한 영세영업자 또는 불성실납세자의 경우에는 세무서의 인정과세 금액
이 자기의 실제 매출액을 초과하지 않는 한, '울며 겨자 먹기'식으로 인정과세를

감수할 수밖에 없었던 것이다.

하지만 인정과세라고 해서 세상 사람들이 추측하듯 세무공무원이나 세무서장이 자기 마음대로 세금을 증감(增減)시킬 수 있는 것은 결코 아니었다.

개인영업세를 조사할 때가 되면 세무서에서는 구역담당자가 납세자들의 업종별·업태별 매상액, 즉 과세표준을 각각 조사해 그 결과를 과·계장에게 보고한다. 과·계장은 조사·보고된 납세자의 업종별 과표기준을 서로 비교하고, 지방청에서는 각 세무서에서 조사·보고된 업종별·업태별 최고액 납세자를 놓고 세무서 간에 과세표준을 다시 비교해서 균형을 맞춘다.

하지만 균형작업은 그것으로 끝나지 않았다. 마지막으로 국세 본청에서는 각 지방청에서 보고된 업종별·업태별 최고액 납세자를 놓고 각 지방청의 과·계장이 참석한 가운데 전국적으로 다시 비교 조정하는 '권형사안회(權衡査案會)'를 연다. 그리하여 전국적인 안목에서 최고액 납세자를 중심으로 과세표준의 균형을 맞추었던 것이다.

지방청 또는 본청에서는 권형사안회에 대비해 비교대상이 될 만한 납세자들을 별도로 표본조사해 비교 자료로 삼았다. 본청의 최종 사안회가 끝나면 그 자료는 지방청을 거쳐 세무서로 보냈고, 세무서에서는 마지막으로 사안회를 열어 납세자별 세금을 최종적으로 결정했던 것이다.

근거과세 겨냥한 '대중세 혁신방안'

그런데 전국 권형사안회를 주재해 본 결과, 크게 두 가지 문제점을 발견했다.

하나는, 개인영업자의 매출액 계산에 절대적 근거가 되는 납세자별 세대장(稅臺帳)의 기록 내용이 너무나 허술하다는 것이었고, 또 하나는 한자리에서 계속

영업하는 납세자는 매년 매기마다 세금이 자꾸만 인상되어 너무나 불리했다.

그래서 만약 그런 상태를 그대로 방치한다면, 전자의 경우에는 지역담당자가 기본사항만 속인다면 과·계장은 그 사실을 도저히 발견할 수 없었다. 그리고 또 후자의 경우 한자리에서 계속 영업하는 고정사업자는 자꾸만 세금부담이 늘어나서 불리할 수밖에 없고, 따라서 아예 영업장을 이동하거나 상호를 바꿀 수밖에 없게 되어 있었다.

개인세 과장 양창환(梁永煥) 씨와 나는 개인영업자의 세(稅)대장을 직접 점검하고 담당자의 장난을 막을 수 있는 조치를 강구했다.

그리고 계장·과장 또는 서장은 수시로 현장을 방문하여 세(稅)대장과 기록사항을 직접 대조 확인하도록 했다.

영원한 과제, 수평적·수직적 공평과세

한 장소에서 5년 이상 계속 영업하는 목욕·이발·음식·숙박업·서점 등은 인정과세를 목적으로 하는 각급 권형사안회 대상에서 아예 제외시키고 또 과세표준을 무조건 전기(前期) 대비 일률적으로 인상하지 못하도록 '자동부과(自動賦課)제도'를 국세청 훈령으로 제정·실시케 했다.

그 결과 광화문우체국 옆의 중국음식점 '아서원', 수송초등학교 앞의 한식집 '장원', 을지로 2가의 냉면집 '우래옥' 같은 음식점은 '전기 대비 무조건 몇% 인상'이라는 오랜 굴레에서 겨우 벗어날 수 있었다.

지방에서도 유명한 접객업소들은 한자리에서 안심하고 영업을 계속할 수 있게 만들었다. 그 결과 국내외의 여행객들은 그런 업소를 도시의 길잡이로 삼았고 다시 찾아가는 사람들에게는 옛 추억을 되살리는 명소(名所)가 될 수 있었다.

국세청의 자동부과제도가 실시된 어느 날, 중국음식점 아서원(牙敍園)의 주인
이 찾아왔다. "매년 매기마다 영업세를 무조건 인상당했지만 타국(他國)이라 말
은 못하고 죽을 지경이었는데 자동부과제도 덕분에 살게 되어 참으로 고맙다."
는 것이었다. 그때 그 음식점은 비싼 세금에다 영업부진으로 큰 기와집이 흉물처
럼 방치되어 있었다.

부가가치세제도가 도입된 이후에도 '기본사항 조사표'는 국세청에서 계속 활
용되고 있고 '자동부과제도'는 현행세법에서 장기·계속사업자에 대한 '차등률(差
等率) 적용대상자' 제도로 그 내용이 보완되었다고 한다.

민주주의 국가에서 국민의 납세의무가 당연하다면 납세자에 대한 수평적·수
직적 공평은 조세체계와 세무행정이 지향해야 할 가장 기본적 목표요, 이상이라
할 수 있다.

오늘 이 순간에도 가게에서, 술집에서, 시장 바닥에서 푼돈을 놓고 생존경쟁을
벌이고 있는 중소·영세납세자들을 생각할 때 이런 목표, 이런 이상은 반드시 지
켜져야 할 것이다.

조세분야 탈출의 꿈, 끝내 무산

"저는 세무서에서 서기부터 시작한 골수 세무관료가 아니고, 고등고시 재정·경제부문 합격자입니다. 세무분야에서 근무한 지가 너무 오래되어 잘못하면 관직생활을 세무관료만으로 끝낼 수밖에 없을 것 같아서 안타깝습니다. 이 분야에는 저보다도 유능한 고등고시 출신 인재(人材)들이 많이 남아 있으니 이번 기회에 제가 새 분야로 떠날 수 있도록 허락해 주십시오."

1970년도는 진귀한 이야깃거리가 유난히 많았다. 정부가 남서울계획을 발표하자 강남 일대의 땅 투기가 과열되기 시작했고, 일본 적군파에 의해 KAL기가 평양으로 납북되어 갔으며, 마포구 와우아파트가 붕괴되어 80여 명의 사상자가 발생했고, 평화시장에서 재단사 전태일 씨가 노동자 학대에 반항하여 분신(焚身) 자살하는 등 어수선한 사건들이 뒤를 이었다.

1971년 새해가 밝자 나는 평소 마음먹은 바를 올해에는 꼭 성사시켜야 하겠다고 굳게 다짐했다. 국세청을 떠나 재무부 이재국이나 예산국 등 새 분야로 진출, 발전하기 위해서는 부득이 외부인사의 도움을 청해 봐야 하겠다고 생각했던 것이다.

세무관서에 발을 디딘 지 어느덧 18년, 그대로 가면 장래가 세무행정(稅務行政) 분야에 편중·고착되어 기껏해야 재무부 세제국장·세정차관보 내지 국세청 차장 정도나 바라볼 뿐, 재무부 내에서 예산(豫算)·금융(金融) 등의 분야로 진출하거나 재무부의 차관·장관 등으로 대성(大成)할 기회는 영영 사라질 것 같은 답답함을 느끼고 있었다.

그 당시는 역대 국세청장들이 모두가 군인 출신, 특히 5·16 주체세력 출신들이어서 민간인 출신 국세청장의 등장은 도저히 기대할 수 없는 암울한 시대였다.

새 분야 진출계획, 본격 추진

그전 해에 나는 일본 대장성(大藏省) 초청으로 동경을 비롯한 주요 도시의 세무관서를 시찰했다. 그곳에서는 고등고시 출신들을 대장성 내의 각 국에 순환 배치하여 장래의 재무부장관, 나아가서는 수상(首相)감으로 키우기 위해 계획적·체계적으로 양성하고 있는 것을 보고 큰 감명을 받았다.

장래문제를 의논할 분으로 재무부 과장시절 많은 애정을 베풀어 주셨던 재무부장관 출신 김정렴 비서실장을 생각해 보았다. 하지만 청와대는 우선 상당한 거리감이 느껴졌다. 그래서 장인어른의 제자로 여당의 거물이요, 재정위원장인 K 의원의 도움을 청해보기로 했다.

"국장이라면 어느 지방국세청 국장이오?" 찾아간 내게 K 씨가 물었다.

"지방청이 아니라 국세본청 직세국장입니다."

"그래? 그런데 어째서 내가 당신을 한 번도 못 봤을까?"

"제가 이사관 생활을 하는 동안에는 외부활동은 하지 않기로 작정해서……."

"명색이 고급공무원인데 그래서야 쓰나? 경제부처 국장들은 내가 대개 다 아는데……. 그건 그렇고, 부탁이라는 게 뭐요?"

"재무부로 돌아갔으면 싶습니다. 세제국장이나 아니면 다른 국장이라도……."

"승진 부탁은 아니고? 곧 총선이 있을 텐데. 이 국장, 당신 혹시 이재국장(理財局長)직은 맡을 수 있을까?"

"공부는 다소 해야 하겠습니다만, 제가 대학은 경제학과를 졸업했고 고등고시는 재정·경제부문 출신이라 그 자리 정도는 감당할 자신이 있습니다."

"그래요? 그럼 B정책의장께 가서 날 만났다는 얘기를 그대로 하세요. 그다음 일은 내가 알아서 할 테니까."

사무실로 돌아온 나는 본청 청장을 곧바로 대하기가 약간 거북했다. 하지만 비록 세무계통에서 출발은 했지만 앞으로 새 분야를 개척, 이 나라의 정통재무관료로서 보다 폭넓고 깊이 있는 인물로 대성(大成)하기 위해서는 어쩔 수 없는 일이라고 마음을 굳게 먹었다.

그때까지 역대 재무부장관 가운데서 세무계통 출신은 단 한 사람, 인태식 씨가 있었을 뿐, 차관도 한 사람 없었다.

그런데 그해 4월에 접어들자 여당 내에서는 소위 4인방(四人幇)과 오치성 내무부장관의 사이가 악화되어 가고 있었다. 야당이 내무부장관 불신임 결의안을 내놓자 여당 내 4인방을 중심으로 그 결의안을 통과시킬 분위기가 조성돼 가고 있었다. 양자 간에 벌어진 알력은 그해 5월 25일에 있을 국회의원 선거를 앞두고 4인방과 그의 측근들 선거구의 경찰서장들을 오 장관이 자기 마음대로 교체해 버린 것이 화근이었다.

양자 간의 대립은 날이 갈수록 사생결단으로 치달아 극에서 극으로 흘렀고, 도하(都下)신문들은 그 사건을 연일 대서특필하고 있었다. 사태가 그에 이르자 박 대통령은 "그 결의안은 무조건 부결(否決)시킬 것"을 공화당에게 엄중 지시해 정가(政街)의 관심은 온통 그 사건의 추이에 집중되어 있었다.

그런데 운명의 날인 1971년 10월 3일 내무부장관의 불신임 결의안은 뜻밖에도 국회를 통과하고 말았다. 그렇게 되자 불같이 진노한 박 대통령은 공화당 내 ‘4인방’을 항명(抗命)집단으로 지목해 잔인한 보복 조치를 단행했다. 그에 연루된 4인방 중 한 사람이 바로 내가 태산같이 믿었던 장인어른의 제자 K위원장 바로 그분이었다.

그리하여 세무관서를 떠나, 재무부 수습행정관 시절 고정 배치를 희망했던 이재국(理財局), 금융분야에서 자신의 능력을 마음껏 발휘해 보고 싶었던 간절한 꿈은 첫 시도에서 실패하고 말았다.

1973년 3월에 들어서자 청와대 출신이고 전매청장을 지낸 K씨가 국세청 청장으로 부임해 왔다. 점령군처럼 나타난 그의 인상에서 사람을 의심부터 하고 대하는 섬뜩함을 느꼈다. 하지만 군인 출신 청장을 두 분이나 겪어 본 나는 특별히 걱정할 필요를 느끼지 않았다.

그분이 취임한 후 사방에서 소문들이 자자했다. “K 청장은 이철성 국장이 국세청에 있는 한 청장 노릇을 제대로 해먹지 못할 것이다.” “이 국장은 국세청에서 더 이상 견디기 어려울 것이다.” 등이었다. 속으로 “청장 자리가 뭘 해먹는 자리라던가?” 하고 비웃으면서, 그럴수록 하루속히 답답한 국세청을 떠나 넓은 행정 분야에서 마음껏 활약하고 싶은 생각이 더욱 간절했다.

새 분야 진출, 두 번째도 실패

1974년 해가 바뀌자 새 분야로 진출할 두 번째 시도에 착수했다. 국세청장을 역임한 L 상공부장관을 비롯하여, 고등고시 선배요, 광주청장 시절 도지사로서 친밀하게 대해 주었던 K 농림부장관, 고등고시 동기인 재무부 K 차관·C 차관보 등을 찾았다. 그런데 그분들의 반응은 한결같이 불가(不可)였다.

"이 국장, 당신 혹시 K 청장과 사이가 나빠진 것은 아니오?"

"아닌데요."

"당신이 역대 청장들로부터 단단히 신임을 받고 있는 줄 알 만한 사람들은 다 알고 있소. 지금 청장도 당신을 싫어하지 않는 모양인데, 군인 출신에다 청와대 쪽 신임이 두터운 사람이라 그 양반이 'OK' 하지 않는 한 재무부장관은 고사하고 그 어느 누구도 당신을 국세청에서 빼내지 못할 게요."

"청장이 설마 방해까지야, 국장 TO를 비워 주겠다는데……."

"아니야. 국세청 개청 이후 군인 출신 청장의 동의 없이 국세청 국장을 타 부처로 빼낸 케이스가 하나도 없다는 사실은 당신이 누구보다 잘 알지 않소? 꼭 떠나고 싶다면 K청장의 양해를 직접 얻거나 아니면 상부 또는 외부의 강력한 세력을 동원하지 않는 한 어려울 게요."

"상부·외부세력이라?"

때마침 국세청에서는 우리 국이 중심이 되어 추진하던 영업세 기본사항 조사가 한창 진행되고 있었다. 그 현장 확인작업에 새 청장은 많은 흥미와 관심을 표했고, 서울시내 세무서의 점검(點檢)행각에 매일 나와 동행하다시피 하고 있었다.

그렇게 되자 청 내에서는 "청장이 이 국장을 총애하는 것 같다." 심지어 "조만간 차장이 추방되고 이 국장이 승진될 것 같다."는 등 그럴듯한 소문들이 유포되기 시작했다. 하지만 세무행정에 이미 흥미를 잃고 있던 나는 그런 소문에도 아무런 흥미를 느끼지 못했다.

전출 계획, 청장이 제동까지

그러던 어느 날, K 청장이 조용히 나를 불렀다. 그분은 어느새 내 동향을 정확하게 파악하고 있었다. 아마도 누군가 나의 전출(轉出)문제를 그에게 벌써 타진해 본 것이 분명했다.

"여보, 이 국장. 당신 여길 떠나 다른 부서로 가고 싶은 것 같은데 그건 안 되오."

"젊은 사람의 장래를 생각해서……."

"안 되오. 나는 당신을 더 중용(重用)할 생각인데, 딴생각일랑 절대 하지 마시오."

"나는 세무서 서기에서 시작한 골수 세무관료가 아니고, 고등고시 재정·경제부문 출신입니다. 세무분야에서 근무한 기간이 너무 길어 자칫하면 관직생활을 세무관료로 끝낼 수밖에 없을 것 같습니다. 이 분야에는 나보다 유능한 고시 출신 인재들이 많이 남아 있지 않습니까? 이번 기회에 저를 새 분야로 나가게 허락해 주십시오."

"글쎄 안 된다니까요. 나도 이곳에서 관직생활을 끝낼 생각은 없고, 장차 다른 부처로 진출하게 되면 그때는 당신을 꼭 데리고 가고 싶소. 그때까지 딴생각 말고 나를 좀 도와주시오."

그리하여 새 분야로 진출하기 위한 두 번째 시도 역시 좌절되어 청와대로 찾아갈 의욕마저 잃고 말았던 것이다.

강요된 사표, 국세청 '74 숙정(肅正)'

억지 파직(罷職)을 당했던 그때 내 나이는 43세. 직장에서 징계처분은 고사하고 시말서 한 장도 써낸 적이 없었다. 오히려 그 전 해에는 직급상 최고훈장인 '황조근정훈장'을 받기까지 했다.

1974년 2월 12일 아침 출근하기 직전, 집에서 KBS TV의 뉴스를 통해 국세청의 해직(解職) 대상자 명단에, 그것도 맨 앞에 내 이름이 포함되어 있다는 사실을 알았다. 이 글을 읽고 있는 독자들도 아마 의아하게 생각할 것이다. '어찌 된 일인가?' 하고…….

하지만 그건 사실이었고, 이승만 정권 때인 1956년 수습행정관에 임명된 지 19년 박정희 집권 13년 만에 앞길이 구만리 같은 내가 하루아침에 관직을 박탈당하고 말았던 것이다. 그때 내 나이 43세였다.

당시는 정부·여당이 모든 분야에 걸쳐 철저하고 강력한 통제력을 발휘하던 시대였다. 박정희 정부는 1972년 10월 17일, 유신헌법(維新憲法)을 제정해 영구집권의 토대를 구축했고, 1973년 8월에는 '김대중 납치사건'을 일으켜 국내외의 비난이 비등했으며, 12월에는 재야(在野)인사들이 뭉쳐 개헌(改憲) 청원 100만 명 서명

운동을 전국적으로 전개했다.

그리고 내가 해직된 그해 1월 8일에는 누구도 개헌문제를 거론조차 할 수 없도록 입을 꽉 틀어막는 대통령의 '긴급명령(緊急命令) 1·2호'가 선포되었고, 그달 26일에는 연세대 학생 7명이 검찰에 긴급 구속되는 등 살벌하고 험악한 사태가 벌어지고 있었다.

징계도 통고도 없던 파직(罷職)사건

그해 1월 중순쯤, K 국세청장은 소위 못할 것이 없다는 유신정국에 편승했음인지, 국세청 소속 사무관 이상 507명 전원에게 국세 행정에 대한 납세자들의 불평불만이 심하다는 이유로 도의적인 견지에서 일괄사표를 제출할 것을 요구했다.

"불과 며칠 전 전국 세무관서장 회의석상에서 '신뢰받는 세무공무원이 되자.'고 참석자 전원이 다 함께 다짐까지 했는데, 이제 와서 또 무슨 수작인가?" 불평하면서도 별수 없이 대세(大勢)에 따라 사표를 쓸 수밖에 없었다.

그런데 운명의 그날, 본청장에 의해 사무관 이상 이사관에 이르는 무려 113명에 대해 내용적으로는 의원면직(依願免職), 대외적으로는 숙정(肅正)이라는 이름 아래 '선별적인 사표수리'라는 역사상 유례없는 대형 파직사건이 발생하고 말았던 것이다. 해당자들이나 그의 가족 친구는 물론 온 세상이 깜짝 놀랐다.

TV 방송을 듣고 망연자실한 순간, 내 눈앞에는 박정희 대통령의 얼굴이 떠올랐다. 불과 2년 전 8·3 조치 국세청 대책본부에서 만났던 그날, 그분이 보인 따뜻한 얼굴과 어깨에 얹은 부드러운 손길이 생각났다. 하지만 사태의 심각성을 깨달은 나는 1년 전에 받아 서가에 꽂아 둔 훈장증(勳章證)을 뽑아 마당에 던져 버렸다. 8개월 전 박정희 정부로부터 받은 훈장증에는 조롱하듯 다음 글이 적혀 있었다.

훈 장 증

귀하는 공무원으로서 맡은 바 직무에 전력하여 국가 사회 발전에 이바지
한 바 크므로 대한민국 헌법의 규정에 의하여 다음 훈장을 수여함.

홍조근정훈장(紅條勤政勳章)

1972년 7월 1일

대통령　　박 정 희

국무총리　　김 종 필

　그때 아내는 40세, 애들은 초등학교 6학년인 장남을 포함해 2남 3녀였고 막
내딸은 불과 5세였다.

　그 사건이 터진 지 얼마 후 총무처 출신으로 함께 파직된 차동근(車東根) 씨가
어디서 들었는지, 다음 말로 나를 위로했다.

　"요즘 각 부처에서 계속 해직되고 있는 소위 숙청(肅淸)공무원들은 그 명단을 관
보(官報)에 싣고, 공직 근무 당시에 관계가 있던 기업체에는 일절 취직도 하지 못하
도록 제한조치를 취했다고 합니다. 하지만 이번에 국세청에서 해직된 우리 명단은
총무처에서 관보에 싣지 않고 또 취업제한 대상에도 넣지 않기로 했답니다.

　그러니까 강요된 의원면직과 사고로 인책(引責) 수리된 사표는 다르며, 우리의
경우 위법(違法)·부당(不當)한 처사였다는 사실을 정부 스스로가 인정하고 있는
것 같습니다."

　하지만 고등고시 출신 고급관료로서 명예를 생명으로 알고 장래의 대성(大成)
을 꿈꾸며 절제하고 살아온 나에게 그의 말은 아무런 위안이 될 수 없었다.

　　　　　　　　　　　　　　　　　　　　　　　영욕의 세월

서울대 출신 파직 사유 '무능'

파직된 지 한 달가량이 지난 어느 날, 우리 집에 반가운 손님 두 분이 찾아왔다.

한 사람은 서울대 경제학과 출신으로 서울국세청 심사과장직에 근무하다가 나와 같이 파직된 최병로(崔炳魯) 씨였다. 그분은 퇴직 후 시골에서 술 도매상을 경영하며 생계를 도모하는 한편, 건국대학에서 박사학위 과정을 밟고 있었다.

또 한 사람은 서울대학교 법학과 출신으로 고등고시 후배였고, 수습행정관·사무관을 거쳐 서울시내 세무서장직에 근무하다가 우리와 함께 파직된 오재선(吳載善) 씨였다. 그분은 퇴직 후 부산에 본사를 둔 직물회사에서 고용사장직을 맡아 생계를 유지하고 있었다.

그날 나는 국세청장이 총무처장관에게 제출한 '국세청 고위공무원 숙정자 명단' 사본(寫本)을 그들에게 보여 주었다. 그 자료는 국세청에 출입하던 정보기관원이 마치 자기가 당한 일처럼 분개하면서 갖다 준 '대외비(對外秘)' 자료였다.

그 명단에는 이사관급에 대해서는 해직사유에 아무런 구분이 없었고, 서기관·사무관급에 대해서는 해임사유를 무능(無能)·주택(住宅)·징계(懲戒)·여론(與論) 등 네 가지로 각각 구분해 놓고 있었다.

그런데 그 두 사람은 어이없게도 '무능'이라 기록되어 있었던 것이다. 명색이 서울대 출신 엘리트들을 두고 무능이라니 도대체 그 기준은 무엇이며 누가 무슨 자격으로 그렇게 평가했단 말인가?

그 명단을 본 순간, 두 사람은 입을 다물지 못했으며 '어찌 이럴 수가?' 하고 절규했다. 그리고 다시금 치욕감을 참지 못하는 듯 얼굴이 온통 새빨갛게 상기되어갔다.

군(軍) 출신 청장이 자기는 서울대 출신도, 국가고시 합격자도 아니면서, 절대권자의 비호(庇護)를 받아 권력을 쥐었다는 단 한 가지 요행을 믿고, 앞길이 구만리(九萬里)같은 젊은 사람들의 장래를, 인생을 그렇게 무자비하게 짓밟아 버렸던 것이다.

명예회복 다짐 '제2의 인생' 출발

그날 그 자리에서는 일간신문의 지상(紙上)에 보도된, 국세청 숙정의 '배경'에 대한 여러 신문의 가십이 화제에 올랐다.

"모 지역 출신 간부의 농간이란다. 이번에 당한 사람은 경상도 출신이 대부분이다. 역대청장의 신임을 받은 사람들은 모조리 추방되었다고 한다. 군 출신 등 외래파는 완전히 제외되었고, 재래파만 당했다. 2층 집에 사는 사람들은 다 포함시켰다고 한다." 등 여러 가지였다. 특히 그들은 날더러 "경상도 출신 보스라서 당했다."고 그럴듯하게 말했다.

나는 그들에게 "쓸데없는 소리! 나와 같이 일한 직세국 과장 가운데서 소위 요직이라는 법인세과장은 전라도 출신 윤순복(尹淳福) 씨, 개인세과장은 충청도 출신 양창환(梁昶煥) 씨, 외국인세과장은 이북 출신 강동구(姜東求) 씨였고, 한 직이라는 종합소득세과장이 경상도 출신 노동권(盧東權) 씨였다. 그런데 무슨 소리냐?"고 내뱉듯 말했다. 그리고 청와대 유력인사가 나의 파직이 "K 청장의 본의(本意)가 아니고 당신과 라이벌 관계에 있는 특정인 측의 압박(壓迫)을 받은 결과"라고 전해주던 말을 나는 굳이 그들에게 말하지 않았다.

그때 그 파동에서 용케도 살아남은 외국인세과의 사무관 한 사람이 훗날 국세청 차장을 거쳐 청장, 건설부장관으로 영진한 추경석(秋敬錫) 씨였다.

"그런데 국장님은 장차 어떻게 하실 작정입니까?"

“나? 나는 대학교수가 되었으면 좋겠소.”

“예? 그 나이에 언제 석사·박사학위를 따고, 언제 전임교수(專任敎授)가 될 수 있겠습니까?”

“하기야 그 흔한 석사학위도 하나 없으니까 어렵고 아득한 일이지, 또 안 될 수도 있고. 하지만 생각해 보시오, 우리가 처자식들에게 숙정공무원이라는 오명(汚名)을 남기고 죽을 수는 없지 않소? 국세청에 남아 있는 후배들의 사기(士氣)를 생각해서라도 말이오.”

“하지만…….”

“하지만이 뭐요? 우리가 장사를 하든지, 회사의 고용사장을 한다면 생계(生計)문제쯤은 해결할 수 있을 게요. 하지만 이런 수모(受侮)와 굴욕(屈辱)을 짊어지고 기나긴 여생을 어떻게 살아갈 수 있겠소?”

“국장님 말씀은 잘 알아듣겠습니다. 인기 없는 세무공무원 출신에다 수치스러운 숙정공무원이라는 낙인까지 찍혔으니, 우리가 어떤 고역을 치르더라도 그 굴욕을 극복해 처자식에게 명예롭고 자랑스러운 남편과 아버지가 되자, 그 말씀이죠?”

“그렇소.”

그 후 두 사람도 갖은 노력 끝에 경제학박사 학위를 취득하고 대학교수가 되었다.

무능하다는 등 웃기는 구실로 배척받은 사람들이 훗날 박사가 되고 교수가 되어 사회적으로 부활할 줄을, 한동안 기고만장했던 K 청장과 그의 추종자들은 아마 상상조차 못했을 것이다.

1968년 울부짖다시피 매달리는 연상(年上)의 부하들로부터, 본청의 명령을 이

유로 억지 사표를 받았던 부산국세청 청장 시절로부터 불과 7년 만에, 그것도 그
들보다 더 비참한 모습으로 나는 관직을 떠났다.

다시 말하거니와 그때 내 나이 43세. 공무원법상 신분보장 규정은 엄연히 살
아 있었다. 나는 그때까지 징계처분은 고사하고 시말서 한 장도 쓴 적이 없었다.
그랬던 내가 권리요, 자랑이던 관직을 독재권력의 비호를 받은 자에 의해 그렇게
억울하게 빼앗기고 말았다.

아득히 먼 한려수도 입구 통영에서 고시합격증 한 장을 달랑 들고 의지할 사
람 하나 없는 천 리 타향에 달려온 내가 고군분투한 '제1의 인생'은 그렇게 허무
하게 끝났던 것이다.

Ⅲ. 민주화시대 국세청

모든 빚 중에서 세금처럼 갚기 싫은 것도 없다.
정부에 대해 이 무슨 커다란 해학(諧謔)이란 말인가.
〈R. W. 에머슨/정치학(政治學)〉

1

70년대 긴급명령 시절

'제2의 인생', 높은 장벽, 교수 입문
재무관료 출신, 대학교수 제1호
관료경험 살려 조세학 연구에
국세청 74숙정, 대법원 위법 판결
관료출신 절대 조심, 대학 보직
박 대통령 고민, VAT·중화학공업
'서울의 봄'에 열었다 닫은 '재정학 교실'

'제2의 인생', 높은 장벽, 교수 입문

"직업공무원의 별이라는 이사관(理事官) 생활을 10년 가까이 한 사람입니다. 어디 갈데가 없어서 대학에 온 줄 아십니까? 교수는 월급이 많습니까? 지위가 높습니까? 젊지 않은 나이에 연구·강의하기가 쉽습니까? 내가 대학에 온 목적은 단 한 가지 '제2의 인생'을 명예롭게 살다 죽기 위해서입니다."

1973년은 우리나라가 제1차 오일쇼크를 맞아 기름 값을 포함한 모든 물가(物價)가 일제히 뛰던 해였다. 밤거리는 어두워 뺑소니 사고가 늘었고, 사람들은 화장지·비누·라면 등을 사재기에 바빴다. 관공서에서는 전구의 3분의 1을 뺐고, TV에서는 아침방송이 없어졌다. 정부는 사치품에 세금을 중과했고, 청와대에서는 에어컨을 끄고 창문을 열어놓고 근무했다.

그 보람이 있었던지 1974년 우리나라의 경제성장률과 상품수출은 전년도보다 8.1%, 38.3%가 각각 늘었고 GNP성장률은 7.1%에 달했다.

그해 9월 1일 나는 성균관대학에서 조교수(助敎授) 발령을 받아 대망하던 교수생활을 시작했다. 강의과목은 재정학(財政學)과 조세법(租稅法), 학부에서는 교양과목인 경제원론(經濟原論)도 몇 시간 맡아야 했다.

그때 주변에서는 "정(正)교수는 어렵겠지만, 부(副)교수도 아닌데"라고 흉보는 친구, 후배들이 많았다. 하지만 나는 낯선 분야에 새로 진출한 마당에 강사가 아니라 전임교수(專任敎授)가 된 것만도 만족스럽게 생각했다. 사실은 전임강사라도 불만이 없었을 것이다.

그해 11월, 청량리 대왕(大旺)코너에서 춤추던 남녀 88명이 불에 타 숨지는 끔찍한 대화재사건이 발생했다. 그리고 몇몇 대학에서는 유신헌법을 반대하는 학생데모가 산발적으로 시작되고 있었다.

성균관대에서는 의식화된 학생들이 중심이 되어 재단의 퇴진을 요구하는 예비데모를 막 시작하려는 무렵이었다. 하지만 나는 대학에 온 이상 바깥세상 일은 아예 잊어버리고 오직 학문에 전념하리라 결심하고 있었다. 학교 안팎이 몹시 어수선하던 어느 날, 경제학과의 C교수가 뜻밖에 이상한 소문을 내게 전해주었다.

교수 2개월에, 벌써 텃세 움직임

"이 교수, 언짢게 듣지 마시오. 우리 학생들이 재단퇴진을 요구하는 데모를 시작했는데 그 이유 가운데 이 교수 케이스가 포함될 것 같습니다."

"네?"

"학생들이 뭘 알겠소. 짐작컨대 짓궂은 성대출신 교수 한두 사람이 선배랍시고 후배들 점수 따려고 공연한 얘기를 부추기고 있는 게 아닌가 싶소."

청천벽력 같은 소식이었다. 그때 나는 건국대 대학원에서 경제학과 석사과정을 수학하는 한편, 성대에서 맡은 과목의 교재 준비에 눈코 뜰 새 없이 바쁜 나날을 보내고 있었다.

그런데 '이게 무슨 날벼락인가?' '장차 이 일을 어찌 감당해야 할 것인가?' 싶어 그저 난감했다. 당시 성대에서는 1년에 교수 충원이 1~2명에 불과했다. 더구나

이단자(異端者)인 나의 취임은 전체 교수 및 직원들의 비상한 흥미와 관심의 대상이었다. 게다가 나는 세상 사람들이 허물하기 쉬운 관료 출신인 데다 인기 없는 재무공무원 출신이 아닌가?

나에 대한 학생들의 혐의사실이 교내에 그럴듯하게 퍼지거나 내가 제대로 그 내용을 해명하지 못할 경우, 나는 관직에 이어 두 번째로 망신을 당하고 대학에서 쫓겨나게 될 위기감을 느꼈다.

다행히 일부 학생들이 배척하는 이유를, 그리고 배후에서 그들을 선동하는 교수가 누구인지를 쉽게 알 수 있었다. 잠자코 사태의 추이를 좀 더 지켜볼까 싶었지만, 학생들의 분위기는 쉽게 가라앉을 것 같지 않았다. 그러다가 재단배척 데모에 정말 내 케이스가 포함된다면 그때 가서는 도저히 수습할 여지가 없을 것 같았다. 그렇다고 해서 나를 임명한 총장이나 추천한 대학원장도 그 사태 앞에서는 아무런 도움이 될 것 같지 않았다.

그런 위기를 타개하기 위해서는 남의 도움을 기다릴 것 없이 직접 화마(禍魔)에 뛰어들어 가부간 결단을 내야겠다고 결심한 나는 화근(禍根)을 제공한 문제의 교수 연구실을 방문했다.

배척 선동한 교수와 맞대결

"L 교수님, 제가 이철성입니다. 잠깐 실례해도 되겠습니까?"

"무슨 일이오?"

의자에 앉으라는 말도 없었다. 그는 새파랗게 젊은 30대 교수였는데도…….

"지금 학생들이 재단배척 데모를 하고 있는 중인데, 배척 이유 가운데 저의 교수임명 문제가 포함될 것 같다고 해서……."

"그렇소. 뭐가 잘못되었소?"

내 얼굴을 똑바로 쳐다보는 그의 시선은 비웃는 듯했다.

"네. 교수님께서 내용을 잘못 알고 계신 것 같아서 찾아왔습니다만."

"내가 뭘 잘못 알고 있단 말이오? 할 말이 있으면 어디 해 보시오."

태연자약한 그의 태도는 마치 가엾은 먹이를 앞에 둔 짐승 같았다.

학생 선동 교수와 맞대결

"첫째로 제가 대학의 야간학부 출신이라고 말씀하신 것 같은데……."

"당신 이력서를 보니까 재무부 근무 중에 대학졸업장을 받은 걸로 되어 있습니다. 그게 야간대학 출신이라는 증거가 아니고 무엇이요?"

"보십시오. 저는 대학 재학 중에 고등고시에 합격, 정부에 들어가느라고 졸업장을 늦게 받았어요. 제가 졸업한 부산대학교는 국립(國立)이라 야간부는 없습니다. 재학 중에 고등고시에 합격한 것이 자랑은 될지언정, 시빗거리가 될 수는 없지 않습니까?"

"그래요?"

"둘째로 제가 속칭 숙청(肅淸)당한 부정공무원이라서 깨끗한 대학에 교수로 들어올 자격이 없다고 말씀하신 것 같은데."

"그게 틀렸소? 당신은 신문에 대대적으로 보도된 대로 정부에서 숙청된 사람이 분명하지 않소? 더구나 말썽 많은 재무관료 출신이고."

"세무공무원 출신이라는 말씀은 맞습니다. 하지만 내가 당한 것은 맑을 청(淸) 자 숙청이 아니라 바를 정 자 숙정(肅正)입니다. 도의적인 책임을 지고 일괄사표를 내자고 해서 피동적으로 냈을 뿐, 징계받은 일도, 또 해직 사유를 사전·사후에 통고발은 일도 없이 그야말로 일방적으로 파직당했단 말입니다."

"어쨌든 잘린 데는 상당한 이유가 있었을 게 아니오?"

"교수님, 도둑질을 한 반사회범(反社會犯)도 간첩짓을 한 국사범(國事犯)도 우리나라에서는 변호사의 도움을 받고 3심(三審)제도에 의해 공개재판을 받을 권리가 보장돼 있습니다. 자신을 변호할 기회가 있어야 하고, 만약 처벌을 받아야 한다면 그 이유가 무엇인지, 본인에게 반드시 통고가 있어야 할 것 아닙니까?

수백 명 간부 전원에게 도의적인 사표를 내자고 해놓고 한마디 변명할 기회도 없이 사표를 받아버리고, 사후에 해직 사유도 알리지 않았습니다. 독재 권력에 의해 희생되어 일방적으로 해임당한 사람을, 명색이 정의(正義)를 추구하고 진리(眞理)를 탐구하는 대학에서 동정은 못할망정 매도하다니, 그게 말이 됩니까? 만약 교수님이 그런 경우를 당했다면 잠자코 승복(承服)하겠습니까?"

"만약 그게 사실이라면……."

"셋째로 제가 대학당국의 필요에 의해 채용된 것이 아니라 재단(財團)의 압력을 받아 낙하산식 정실(情實)로 들어왔다고 하셨다는데."

"그 말이야 맞지 않소. 당신 같은 사람을 우리 대학에서 구태어 채용해야 할 하등의 이유가 없지 않소?"

"조세와 예산문제에 관해 이론과 실무를 겸한 교수요원이 필요하다고 사방에서 찾다가 나를 총장에게 추천해 주신 강오전(姜伍銓) 대학원장은 지금도 이 대학에 계십니다. 재단에서는 나를 자기들이 밀어낸 전임 박동묘(朴東昴) 전 총장이 내신한 사람이라고 발령을 거부하다가 이번에 새로 취임한 황산덕(黃山德) 총장이 '그렇지 않다'고 해명하자, 비로소 발령을 내주었습니다. 이 사실은 지금 당장 대학본부에 물어 보면 알 게 아닙니까?"

"?"

그의 얼굴에서 동요하는 기색이 엿보였다.

"교수님, 제가 정부에서 명색이 '직업공무원의 꽃'이라는 이사관(理事官) 생활을 무려 10여 년 한 사람입니다. 정교수는 고사하고 부교수도 아닌 일개 조교수로 대학에 들어올 때 내 결심은 남달랐습니다. 제가 어디 갈 데가 없어서 대학에 온 줄 아십니까? 교수는 월급이 많습니까? 지위가 높습니까? 젊지 않은 나이에 연구·강의하기가 그렇게 쉽습니까?"

"?"

그의 얼굴에서 당황하는 기색을 발견하자 나는 틈을 주지 않고 마지막 공세를 폈다.

"제가 말한 이상의 세 가지 이유 가운데서 단 한 가지라도 거짓이 있다면, 동생 같은 당신 앞에 무릎을 꿇고 사과하며 당장 대학에 사표를 내겠습니다. 문교부든 총무처든 국세청이든 대학본부든 당신이 알아보고 싶은 대로 다 알아보세요. 그런데 내 말이 사실인데도 불구하고 당신이 만약 다시금 후배 학생들을 교사·선동한다면, 그때는 당신을 절대로 그냥 두지 않겠소."

성균관대 출신 선동교수, 재임용에서 탈락

그 후 교내 데모는 반정부데모로 본색을 드러내더니 연일 격렬하고 집요하게 전개됐다. 나는 데모학생들을 말리느라 교문 앞까지 나섰다가 경찰이 쏜 최루탄 가스를 정통으로 얻어맞고 길바닥에 뒹굴며 가슴이 찢어지는 듯한 고통을 겪었다. 그 후 재단은 일단 퇴진했지만 재단을 배척하던 학생들의 벽보에서 내 이름은 끝내 나타나지 않았다.

그때 만약 배척을 받아 대학에서 물러났다면 나의 장래는, 나의 인생은 또 한 번 크게 뒤바뀌었을 것이다. 더구나 공무원 재직 중에 내가 만약 부정을 저질렀거나 권력을 남용한 사실이 있었다면, 대학생활에서는 물론 그 후의 사회생활에서도 결코 무사하지 못했을 것이다.

오랜 역사와 전통을 가진 성균관대학교는 졸업생·교수·재학생·직원 수가 엄청나게 많다. 좋은 애기는 잊히기 쉽지만 나쁜 소문은 천리(千里)를 달린다고 하지 않던가?

그날 내가 받은 충격과 상처는 국세청 파직의 그날과 함께 오랫동안 내 마음 속에서 지워지지 않았다. 하지만 나를 학생들에게 교사·선동했던 교수는 그 후에 조교수 재임용 심사과정에서 탈락하여 해직되고 말았다.

재무부·국세청 출신의 '교수 제1호'가 뚫어낸 대학교수에의 관문(關門)은 그렇게 벅차고 험난했던 것이다.

재무관료 출신, 대학교수 제1호

고등고시 시험이야 자기 혼자서 붙거나 떨어지면 그만이지만, 교단을 주목하는 수많은 학생들 앞에서 만약 실수를 범한다면 그것은 도저히 용서받지 못할 일. 뒤늦게 자초한 시련은 나에게 참으로 잔인하고 가혹한 대가(代價)를 요구했다.

학생들이 대학재단을 배척한다는 명분으로 시작했던 데모에서 내 문제가 없어지긴 했어도 신참교수인 나를 바라보는 교내의 시선은 여전히 부담스러웠다.

"학문과는 거리가 먼 재무관료 출신인데, 강의를 제대로 해낼 수 있을까? 행세만 하던 고급관료 출신이 힘든 연구생활을 감당할 수 있을까? 아마 오래 견디지 못할 것이다." 심지어 "두고 보자. 곧 손들고 떠날 것이다."라는 소문이 꼬리를 이었다.

나의 교수 발령장을 결재하는 과정에서 성대재단 이병철(李秉喆) 이사장께서 "내가 오래 사업을 하는 동안 퇴직관리들을 많이 봤고, 또 우리 회사에 취직도 많이 시켰다. 하지만 학교 선생을 하겠다는 전직관리는 처음 본다. 기특한 일이기는 하지만 고급관리 하던 사람이라 아마 오래 견디기 어려울 것이다."라고 말했다는 얘기를, 그분의 사위인 중앙일보 이종기(李鍾基) 이사로부터 전해 들었다.

한편 나의 교수로의 변신을 알고, 여러 기업을 운영하던 고향 선배 고(故) 서정귀(徐廷貴) 씨 부인은 "박봉(薄俸)인 대학교수 생활을 고집할 게 아니라 우리 그룹에 와서 사업 전체를 맡아 편안한 생활인이 되는 편이 훨씬 나을 것입니다. 남편의 고향 선거기반을 물려줄 테니 장차 국회의원 출마도 고려해 보시던지요."라면서 사장직 수락을 꾸준히 종용했다. 그 권고는 고인(故人)의 생전 유언이기도 했다.

그때 내 나이 44세, 재무관료 생활 19년이 사회경력의 전부였고 대학의 학부 졸업장만 달랑 한 장 있었을 뿐, 석사학위도 학술논문도 하나 없었다. 그랬으니 '어찌 공부를 해내며, 언제 석·박사학위를 따고, 정교수(正敎授)로 승진할 수 있을까.' 싶어 주위에서 나의 만용(蠻勇)을 의문시한 것은 너무도 당연한 일이었다.

하지만 나의 그 결심은 여러 가지 인생행로를 놓고 심사숙고한 끝에 내린 결심이었다. 그러기에 그 어떤 어려움이 닥치더라도 뚫고 나가 대학교수로서 당당히 서겠다고 거듭 다짐했던 것이다. 그 다짐은, 다른 직업이 아니라 홀대받은 재무관료 출신이요, 억지 파직을 당한 사람으로서 그동안 쌓이고 쌓인 분(忿)과 한(恨)을 명예로운 교수생활을 통해 기어코 깨끗이 풀고야 말겠다는 집념 그것이었다.

'제2의 인생', 험준한 학문의 길

하지만 막상 교단에 서 보니 대학교수 생활이 짐작보다 훨씬 힘들고 어렵다는 사실을 깨달을 수 있었다. 교양학부에서 맡은 과목은 '경제원론', 경영대학원에서 맡은 과목은 '재정학'이었다. 우선 서울대 조순(趙淳) 교수와 부산대 이정환(李廷煥) 교수의 ≪경제원론≫, 그리고 서울대 차병권(車軒權) 교수와 고려대 유한성(柳漢晟) 교수의 ≪재정학≫을 교재로 선택했다.

그런데 이들 분야에는 고등고시 시험을 준비했을 때나 재무부와 국세청에서 근무하던 시절 실무상의 필요에 따라 수시로 공부했을 때와는 너무도 다른, 학문의 양적·질적 변화와 괄목할 진보가 나타나 있었다.

특히 신학문인 '케인즈 이론'을 토대로 고등수학과 통계학을 이용한 각종 원리·원칙의 설명이 교재의 도처에 반영되어 이해하기가 참으로 어려웠다. 서울대 대학원의 석사과정 학생을 가정교사로 초빙해, 미국 사무엘슨 교수의 경제학 원서를 놓고 오랫동안 특별지도를 받았다. 그리고 방학이 시작되면 부산으로 달려가 대학동기 김일곤 교수로부터 현대경제학의 어려운 대목들을 되풀이해서 묻고 또 물었다.

그러나 대학강의를 위해 공부해야 할 과목은 그것만이 전부가 아니었다. 대학교수 생활 1년 반을 겨우 넘긴 1976년 어느 날 뜻밖에도 '사회개발지표론(社會開發指標論)'이라는 생소한 학부 과목을 맡아야 할 상황이 벌어졌던 것이다. 판문점에서 북한군에 의해 미군장교에 대한 '집단 도끼만행(蠻行)사건'이 일어난 바로 그 무렵이었다.

그 과목을 맡긴 교수는 C일보 논설위원 출신으로 사회개발학과의 학과장을 맡고 있던 양흥모(梁興模) 교수였다. 그분은 자기 학과에서 새 학기에 개설할 강좌에 그 과목이 들어 있지만 맡을 만한 교수도, 채택할 만한 교재도 없다면서 나더러 국가예산 가운데서 사회개발비 부문을 중심으로 해서 그 강의를 꼭 맡아달라고 간청했다. 교수 초년생에다 마음까지 약한 나는 선배 교수의 억지 부탁을 끝내 뿌리치지 못했다.

그런데 경제기획원에서 발간한 <예산개요>에 사회개발비 예산은 들어 있었지만, 그 예산을 학문적으로 뒷받침할 만한 이론은 재정학 교재 어디에도 없었다.

 영욕의 세월

여러 사람을 수소문한 끝에 고려대 김완순(金完淳) 교수를 통해 KDI의 사회 개발실장 주학중(朱鶴中) 박사를 겨우 소개받을 수 있었다. 그분으로부터 사회 개발(社會開發) 문제에 관한 각종 문헌과 자료를 얻고 직접 지도를 받아가며 교 재 준비를 위해 아까운 여름방학 3개월을 송두리째 바쳤다.

멋모르고 달려든 대학 교단. 강의시간 틈틈이 그리고 밤늦게까지 연구와 강의 준비에 힘겹게 매달려 왔는데, 새로 과목을 또 맡은 자신의 무모한 결정을 두고 두고 나는 얼마나 후회했는지 모른다.

고등고시 공부야 나 한 사람이 붙거나 떨어지면 그만이다. 하지만 교단을 주목 하는 수많은 학생들 앞에서 만약 강의 도중에 실수를 범한다면 어찌 용서받을 수 있겠는가? 뒤늦게 자초한 시련 앞에서 나는 가혹하고 잔인한 대가를 치러야 했다.

학문적 이상 '공평과세', '복지국가'

하지만 그런 힘든 과정을 거쳐 단편적으로나마 얻은 학문과 지식을 종합·정 리해 본 결과, 경제학자로서 앞으로 내가 추구해야 할 철학과 신념이 무엇인가를 차차 깨달을 수 있었다. 학자로서 참으로 큰 성과였다.

즉, 칼 마르크스가 말하는 공산주의 사회에서는 빈부(貧富)의 격차가 해소되 고, 실업문제가 해결될 수 있다는 등 이론상의 장점은 있었다. 노동자계급이 일 당독재하는 공산주의 사회에서는 자본가도 이윤도 없고, 따라서 노동자에 대한 착취도 세금도 있을 수 없다고 했으니 너무나 당연한 결론일 것이다.

그에 반해, 애덤 스미스가 제창한 자본주의 사회에서는 모든 사람들에게 시 장을 통해 경제활동의 자유와 경쟁이 보장되고, 그 결과로서 국민생활이 향상될 수 있는 등 여러 가지 이론상의 장점이 있었다. 이윤을 추구하는 자본주의 사회에서 개개인의 생존경쟁은 필연적이요, 따라서 자본가와 노동자가 분화되고 빈부의 격차가 확대되는 것은 어쩔 수 없는 숙명이라는 것이다.

1930년대 '세계 대공황'을 겪은 자본주의 사회는, J. M. 케인즈의 등장에 힘입어 자기 모순을 슬기롭게 극복하고 현대와 같은 수정(修正)자본주의 체제로 발전해 왔다. 하지만 빈부의 격차와 만성적 실업이라는 고도(高度)자본주의의 숙명적 약점을 아직도 완전히 해결하지 못하고 있다.

그를 위해 국가는 소득재분배를 위한 공평세제(公平稅制)를 도입하고, 완전고용을 달성하기 위한 공공투자(公共投資)를 확대하고, 영세계층을 위한 사회복지(社會福祉)를 증진시키는 등 수많은 노력을 기울이고 있다.

이것이 바로 현대국가가 지향해야 할 정책적 과제였던 것이다.

다시 말하면, 우리가 살아가는 이 자본주의 사회가 사회주의 내지 공산주의의 도전을 물리치고, 보다 건강하고 안정된 사회로 발전하기 위해서는 세제개혁을 통한 빈부격차의 완화와 공공지출을 통한 사회복지의 증진이 무엇보다 시급한 당면과제라는 사실을 깨닫게 되었던 것이다.

그에 이르러 비로소, 재무관료 출신으로서 재정학을 전공하는 교수라는 적역(適役)을 얻었다는 기쁨과 보람을 깊이 느낄 수 있었다. 그리하여 우리 사회에서 사회복지를 중요시하는 사회개발지표가 물질적 성장을 우선시하는 GNP지표를 능가하는 날이 하루속히 와야 하겠다는 신념을 굳힐 수 있었다.

세상에 헛고생은 결코 없었다.

현대국가가 추진해야 할 당면과제에 대하여 이론적 무장을 갖춘 나는 그 어떤 과목을 강의하든, 그 어떤 원고를 쓰든, 그 어떤 토의에 참가하든, 공평세제·복지국가를 신조처럼 앞세우며 일가견을 가진 경제학자로서 당당할 수 있었다.

억지로 맡은 과목, 귀중한 여름방학을 송두리째 바친 교재 연구가 나의 학문적 성장을 가져다준 밑거름이 될 줄은 미처 몰랐다. 옛날 사무관 첫 보직(補職) 시절 현업(現業)에 발령받는 고시동기들을 부러워하고, 사세국 본국에서 기획업무에 종사하는 자신의 고행(苦行)을 한탄했던 것이 훗날 전화위복이 되었으니 참으로 '세상에 헛고생은 없는 법'이 아닌가 싶다.

관료경험 살려 조세학 연구에

나는 '재무관료 출신, 대학교수 제1호'로 취임한 이래로 65세 정년에 이르기까지 24년간 자랑스럽고 행복하게 대학교수생활을 누릴 수 있었다. 만약 내가 구차하게 관계(官界)에 머물러 있었거나 정계(政界)를 기웃거렸다면 정년은 고사하고 과연 대학의 명예교수 같은 영광과 행복을 누릴 수 있었을까 싶다.

대학에서 자리가 잡히기 시작하자 매일경제신문사로부터 원고 청탁이 왔다. 제목은 <절세(節稅)>로 하고 몇 회라도 좋으니까 박스에 넣는 연재물로 매일 써 달라는 것이었다.

비록 대학교수로 변신은 했지만 불과 7개월 전까지 국세청에서 세금을 받는 편에서 일했던 내가 갑자기 세금을 내는 납세자 편에서 세금을 적게 내는 방법론을 제시한다는 것은 우선 부담스럽고 또 부자연스러운 일이었다. 나 자신을 변절자(變節者)라고까지 말할 수는 없겠지만, 19년간 몸담았던 옛 직장에 대해 뭔가 반기(叛旗)를 드는 것 같은 미안한 느낌이 들었다고 할까.

세금에는 납세자가 위법·부당한 방법으로 고의적으로 납세를 기피하는 탈세(脫稅)행위가 많다. 하지만 합법적 또는 합리적 행동을 통해 세금을 적게 내는 정당하고 바람직한 절세(節稅)의 경우도 얼마든지 있다.

입법자가 처음부터 절세와 같은 결과가 나오기를 기대하고 세법을 만드는 경우가 많다. 따라서 정당한 절세는 하등 꺼릴 이유가 없는 것이다. 예를 들면, 비싼 주세(酒稅)는 술의 과음을 예방하고 국민보건에 이바지할 수 있다. 고율의 양도소득세는 부동산의 투기를 억제하고 국가 세입(歲入)에 기여할 수 있다.

또 생산과정에서 나타나는 '조세의 소전(消轉)'이라는 현상은, 납세자가 현실적으로 세금은 냈지만, 생산 원가를 절감하거나 회사 경비를 절약해서 자기의 실제 부담이 전혀 늘어나지 않도록 함으로써 국민경제의 발전에 기여하는 경우이다.

그리고 교환과정에서 나타나는 '조세의 전가(轉嫁)'라는 현상은, 생산자와 소비자가 서로 부담을 모면하기 위해 경쟁하여 그 결과로 상품에 매겨진 세금은 냈지만, 경쟁에서 지는 쪽이 최종적으로 그 세금을 부담하는 것으로 자유경쟁이라는 시장원리에 충실한 경우이다.

특히 정치적으로 나타나는 재정투쟁(財政鬪爭)이라는 현상은, 예를 들면 시골의 농어민들이 자기들에게 매겨진 농·수산세를 다른 집단, 즉 도시의 상공업자들에게 영업세로 전가(轉嫁)시키기 위해 여론을 환기시키거나 국회의원들을 동원해 세법개정의 방법으로 세금을 회피하는 합법적인 방법인 것이다. 이것은 민주주의 국가에서 조세회피 행위의 대표적 예로 오히려 권장해야 할 정치활동이라 할 수 있다.

납세자를 계몽하는 의미에서 세법에 어긋나는 탈세행위는 하지 않도록 충고해야 하겠지만, 국민경제의 발달에 기여할 '조세의 소전'은 적극 권장하고, 민주주의 국가에서 일반대중들이 '납세자 주권'을 충분히 발휘할 수 있는 재정투쟁에는 모두가 적극 참여하기를 촉구하는 의미에서 나는 그 원고를 집필하기로 결심했던 것이다.

신문 연재 시작, <절세(節稅)>

그 원고가 끝난 1975년, 월간잡지 ≪세무와 회계≫ 사에서도 원고 청탁이 들어왔다. 제목은 <생활경제학>으로 하고 30회 이상 연재물로 매달 써달라고 했다.

당시 경제학 교재는 마치 유행병처럼 '케인즈 이론' 일색으로 포장되어 있었다. 옛날의 미시(微視)경제학을 공부한 사람이나 경제이론을 체계적으로 공부하지 못한 일반사람들이 교과서를 통해 경제지식을 얻기란 사실상 어렵게 되어 있었다.

잡지사에서는 그 점에 착안하여 누구라도 열심히 읽기만 하면 경제문제에 관한 상식쯤은 어느 정도 알 수 있도록, 쉬운 문장으로 알기 쉽게 써달라고 했다. 나는 그 원고를 쓰면서 경제학 교수로 성장하기 위해 필요한 예습 및 복습과정을 밟는다고 생각하고 전심전력을 다했다.

첫 논문, '한국의 장기 세제방향'

곧이어 삼성문화재단에서는 나를 '한국경제' 특집을 만드는 연구계획의 자문위원으로 위촉했다. 재단 관계자가 매일경제신문에서 재무관료 출신인 나의 '절세' 원고를 보았던 것이다. 연구과제는 '우리 세제의 장기적 개혁방향'이었다.

나는 그 과제를 함께 연구할 교수들을 각 대학에서 다각도로 수소문했다. 그 결과 조세정책 분야에는 연세대 김대준(金大濬) 교수를 비롯해 고려대 김완순(金完淳) 교수와 서강대 김종인(金鍾仁) 교수를, 세법 분야에는 서울대 이태로(李泰魯) 교수를, 세무회계 분야에는 서울대 윤계섭(尹桂燮) 교수를 각각 예방하여 승낙을 받았다. 그리고 각자에게 알맞은 연구과제를 분담하고 공동연구에 착수했다.

연구기간 1년이 지나 학술세미나를 거쳐 1976년 2월 동 재단의 연구총서인 ≪제6집 한국경제−세제개혁의 방향≫에 우리들의 연구논문이 수록되었다. 그리고 그

연구보고서는 재무부를 비롯해 국세청·국세심판소, 전국의 대학·공공도서관·연구기관과 국회·신문사·경제단체 등 각계각층에 널리 배포되었다.

연구제목과 집필자를 소개하면 <한국의 장기세제(長期稅制) 방향>은 내가, <조세부담의 적정화(適正化) 방향>은 김대준 교수가, <상속세 부담의 국제비교와 개선 방향>은 김완순 교수가, <부가가치세 도입의 의의와 실태에 관한 문제점>은 김종인 교수가, <세무행정의 개선 방향>은 이태로 교수가, <법인기업의 과세실태에 관한 조사>는 윤계섭 교수가 각각 분담했다.

이 논문들은 학계에서 연구비를 받고 세금문제를 학문적으로 다룬 우리나라 최초의 역사적인 학술논문이었다. 그리고 우리 조세정책의 형성 과정에 처음으로 학자들이 참가한 역사적 전기가 되기도 했다. 나는 그 연구를 통하여 같은 전공 분야에 관심을 가진 선임(先任)학자들을 알게 되었다.

그 후 이들 선배 교수들과는 공·사 간에 자주 만나 교우(交友)를 넓혔고, 그들로부터 선진 각국의 전문서적과 최신 논문 및 자료를 많이 소개받을 수 있었다. 어느 날, 김완순 교수가 말했다.

"이 교수, 당신은 딱딱한 관료 출신이라 기성 교수들과는 대화가 전혀 안 될 줄 알았는데 참으로 뜻밖이오. 당신같이 세금과 예산에 관한 전문지식과 실무경험을 풍부하게 가진 사람이 대학에 나온 것은, 실정을 잘 모르는 우리 학자들로 볼 때 참으로 큰 소득이라 할 수 있소."

물론 나는 '과찬의 말씀'이라 겸손해했고, 하루라도 먼저 학계에 진출한 선배 교수들을 진심으로 존경하고 사숙하는 자세를 잃지 않았다. 성대에서는 한동안 '이 교수 그 사람, 젊은 교수에게는 물론 사무직원들과도 만나기만 하면 인사를 먼저 한다.'는 소문이 나돌 정도로, 교내의 대인관계에 있어서도 겸손한 자세를 잃지 않도록 항상 조심했다.

신참교수의 금기, 대학보직

재무부에서 수습행정관으로 근무하던 시절 나는 병역의무를 필하기 위해 논산 훈련소에 입대했었다. 그때 나는 나이와 사회적 신분을 남들 앞에 드러내지 않았다. 처음 들어가면 누구나 신병(新兵)이라는 생각을 끝까지 지키려고 했던 것이다.

그런 태도는 대학에 들어가서도 마찬가지였다. 내가 만약 대학에서 과거의 관료 경력을 코에 걸고 교만을 부렸다면 교내는 물론 교외에서도 틀림없이 지탄의 대상이 되었거나 소외당하고 말았을 것이다. 그리고 선배 교수들로부터 선진(先進)학문을 배울 기회도 얻지 못한 채 학계에서 소위 왕따를 당하고 말았을지 모른다.

그 후 경제부처의 저명한 고급관료 출신들 가운데 나처럼 대학 진출을 시도한 사람이 몇 명 있었다. 그들은 재단으로부터 일단 교수발령은 받았지만, 학과 교수회의에서 강의시간을 배정받지 못해 대학을 떠날 수밖에 없는 경우가 많았다. 그리고 강의보다는 대학의 학·총장 등 보직(補職)에, 연구보다는 사교(社交)에 열중한 사람들은 대학사회에서 뿌리를 내리지 못하고 도중하차하는 경우가 역시 많았다.

지나고 보니 대학에서 의식적이든, 무의식적이든 공사간(公私間)에 겸손하게 처신한 것은 참으로 잘했다고 생각된다. 그 결과 나는 '재무관료 출신 대학교수 제1호'로서 65세 정년이 될 때까지 무려 24년간을 아무 탈 없이 원만하고 행복하게 지낼 수 있었다.

만약 내가 주위의 권유에 이기지 못해 관계(官界)에 복귀했거나 정계(政界)에 진출했다면 '명예교수'의 영광과 학자로서의 행복은 결코 누리지 못했을 것이다.

국세청 74숙정, 대법원 위법 판결

"공(功)은 없어지고 과(過)만 남는 직업, 지금은 재무관료 생활을 속 시원하게 잘 청산했다고 생각합니다." 대학교수로 간 나를 공화당 정책의장께서 정책위원회의 경제기획원 담당 전문위원으로 초빙했을 때 내가 했던 말이다. 그 후 대법원은 "강요된 사표는 무효"라고 판시하여 유신정국을 악용, 아까운 인재들을 도살(屠殺)한 만행에 철퇴를 내려 주었다.

대학에서 첫 시간 강의가 없는 날은 조간신문을 펴보는 습관이 있었다. 그런데 1975년 6월 28일 C일보 사회면에 반가운 뉴스가 당장 눈에 띄었다. 누가 봐도 금방 눈에 들어올 사회면 톱기사였다.

'강요된 일괄사표(一括辭表) 무효'라는 굵직한 제목 아래 총무처 소청심사위원회 위원장이 낸 '의원면직 처분 무효화확인 청구소송' 상고심 공판에서, 서울고등법원이 국세청에서 해직당한 공무원에게 승소판결을 내린 원심을 대법원이 그대로 확정·선고한 것이었다.

대법원에서는 "공무원에게 사임할 의사가 없는데도 불구하고 오직 사직원이 제출됐다는 형식적인 사실에만 근거, 면직(免職)시킨 것은 잘못된 행정처분이며 위법(違法)이므로 마땅히 취소되어야 할 것."이라고 이유를 밝혔다.

그리고 "공무원은 국가공무원법 제68조의 규정에 따라 형의 선고, 징계처분 또는 법이 정하는 사유에 의하지 않고는 자신의 의사와 반대로 면직당할 수 없다.”고 밝히고, “임용권(任用權)의 남용으로부터 공무원의 신분을 보장할 필요가 있다는 원심판결은 타당하다.”라고 명쾌하게 판시했던 것이다.

공무원 생활을 하는 동안 나는 항상 공무원법상의 권리·의무규정을 깊이 명심하고, 시말서 한 장 쓰기도 두려워하면서 공사(公私)생활을 조심했다. 심지어 남의 지탄을 받는다고 골프를 중단했고, 이웃의 오해를 받는다고 아내 친구들의 내 집 출입을 꺼렸을 정도였다. 그런 내가 도의적 일괄사표 끝에 온 세상이 떠들썩하게 ‘숙정’이라는 이름으로 1974년, 관직에서 파직을 당했으니 그때는 참으로 기가 막혀 견딜 수가 없었다.

파직된 이후 주위 사람들로부터 “너무 억울하고 분하지 않느냐?”, “행정소송을 제기해 끝까지 싸우라.”는 등의 독려를 수없이 받았다. 그리고 같이 해직된 사람들 중 일부는 국세청장의 의원면직 처분에 불복, 소청에 이어 행정소송을 준비 중이라는 소식도 듣고 있었다.

그에 반해 국세청 K 청장은 해직자들의 집단소송을 저지하기 위해 관계기관을 동원, 구체적인 대응책을 강구하고 있다는 소문을 들었다. 그래서 반발심을 느낀 나는 분함을 참느라 애썼다. 하지만 그때 내가 법적 투쟁을 포기한 것은 눈에 보이지 않는 유신체제의 압력에 굴복했거나 직장을 알선해 주겠다는 국세청장의 제의에 회유된 것은 결코 아니었다.

부산사세청 세무국장 시절 이래로 품어온, 세무관료 생활에 대한 염증으로 ‘이왕 나온 김에 일체의 미련을 버리고 새 분야에서 자신의 능력을 한번 더 마음껏 시험해 보자.’는 의지가 크게 작용했던 것이다.

여당의 1급 대우 초청받고

그 판결은 '숙정공무원'이라는 누명을 법적으로 완전히 벗겨 주었다는 점에서 반가운 소식이 아닐 수 없었다. 하지만 나는 그에 만족하지 않고 사회적 명예회복이라는 또 하나의 과제를 항상 명심하고 있었다.

그 소식을 접한 지 얼마 후 집권 공화당의 정책위원회에서 온 두 사람의 전문위원을 만났다. 한 사람은 당 대표위원의 비서관 출신인 박조현(朴祚鉉) 씨였고, 또 한 사람은 친분이 있던 서영수(徐榮洙) 씨였다. 그들은 정책의장 P씨의 지시를 받고 나를 찾아왔던 것이다.

"이 형, 힘들게 대학교수 생활을 고집할 게 아니라 우리 당의 전문위원(專門委員)으로 갑시다. 의장께서 이 형 소식을 듣고 대단히 애석해하시면서 우리 당의 경제기획원 담당 전문위원(당시에 1급 공무원 대우)으로 오신다면 최소 6개월, 넉넉잡아 1년 안에 1계급 승진시켜 희망부서에 복귀시켜 드리겠다고 말씀하셨습니다. 그렇게 되면, 이 형의 사회적 명예회복도 되지 않겠습니까?"

"아닙니다. 이왕 떠난 관직인데 새삼스럽게 되돌아갈 생각은 없습니다. 공무원법에 신분보장 규정이 확실하게 있긴 하지만, 공무원 팔자가 언제 또다시 벼락을 맞을지 누가 알겠습니까? 평소 내 직업에 대해 회의나 염증이 생겨도 타살(他殺)이면 모를까 차마 자살(自殺)할 용기가 없어 주저해 왔습니다. 공(功)은 없어지고 과(過)만 남는 직업, 지금은 재무관료 생활을 속 시원하게 잘 청산했다고 생각하고 있습니다."

그때 만약 그들을 따라나섰다면 내 인생의 축(軸)은 크게 바뀌었을 것이다. 청장이나 장관 한두 자리쯤은 능히 했을지 모른다. 하지만 그 결과가 내가 살아온 학자 인생보다 결코 낫지 않았을 것이다.

누명은 벗고 기록에는 정화 대상

그로부터 12년이 지난 1986년 4월, 국세청이 그해 '세금의 날'을 기해 발간한 《국세청 이십년사(二十年史)》를 교수연구실에서 받았다. 국세청에 남은 후배 추경석 차장이 보내 준 것이었다.

책을 받으면 으레 하는 버릇대로 나는 그 내용을 대충 훑어보았다. 그러다가 한 대목을 보고 갑자기 충격을 받았다.

그것은 '제4장 감사·감찰 부분 ③ 자체 정화(自體淨化)작업' 항목에서 어이없는 구절을 발견했기 때문이다.

《……1974년 2월 12일 K 청장은 자체 정화작업과 관련한 담화문을 발표하고, '팔다리를 잘린 아픔을 안고 이번 조치를 단행했으며 국민 총화를 이룩하려는 역사적 필연(必然)이며 국민의 여망에 부응하고자 하는 충심(忠心)에서였음'을 밝히고, '내적 충실을 이룩함과 동시에 외적 인식을 전환시키는 명확한 계기를 마련하고자 한다'고 말했다. 그리고 이러한 조치는 1974년도에 113명에 대해 단행되었고 이어 1976년에는 2차적으로 260명, 1977년에는 186명에 대해 동일한 조치를 취했다…….》

그리고 그 책 부록 '중요 세정연표 1974년'에서는 우리가 겪은 파직사실이 '기강확립(紀綱確立)을 위한 인사조치 단행, 이사관급 4, 서기관급 39, 사무관급 70명 면직(免職)'이라 기록되어 있었다.

그 책은 '강요된 사표 무효'라는 대법원 판결이 나온 지 12년이 지난 후에 발간된 것이다. 국내에서 발행 부수가 가장 많은 C일보 사회면에 실린 큼직한 그 톱기사를 국세청 간부들이나 20년사 편집자들은 분명히 읽었을 것이다. 그리고 그들 역시 직업관료인 이상 대법원이 내린 '무죄판결'이 세무관서 안팎에서도 큰 화젯거리가 되었던 것을 알고도 남았을 것이다.

그런데도 불구하고 ≪국세청 20년사≫에서는 1974년에 무고하게 파직된 사무관 이상 113명의 선배·동료들을 동정하기는커녕, 그 폭행을 전임청장의 업적으로 미화시키고 희생자들을 철저히 모욕하고 있었던 것이다.

그날 나는 '언젠가 이 구절은 반드시 시정(是正)하고야 말겠다.'고 굳게 다짐했고, 그 첫 행동으로서 지난 1993년 2월 20일 법문사에서 발간한 내 저서 ≪정치재정학(政治財政學)≫ 공무원의 신분보장(身分保障) 항목에 그 사건의 개요와 판결 결과를 자세히 수록했다.

≪국세청 20년사≫를 작성한 국세청의 담당직원들이나 그 책을 만든 당시의 청장도 지금은 그 기록들을 다 잊어버렸을 것이다. 하지만 '숙정'이라는 이름으로 젊은 행정가들의 전도(前途)를 짓밟은 사실을 지적·증언(證言)한 내 저서 ≪정치재정학≫은 영원히 세상에 남을 것이다.

관료출신 절대 조심, 대학 보직

'토끼는 한 마리만 쫓아야지 두 마리를 쫓다가는 한 마리도 못 잡고 만다.' '인생도 마찬가지. 대학에 갔으면 학문(學問)을 해야지 직위(職位)를 쫓다가는 오래 견디지 못한다.'는 교훈은 내가 24년간의 대학교수 생활에서 체험한 것이었다.

1978년은 영화배우 최은희 씨가 북한 공작원에게 납북되어 온 세상이 한동안 크게 시끄럽던 해였다. 그런 일이 일어나리라곤 아무도 상상하지 못했던 그해 2월 어느 날, 성대교수 전원이 1학기 개강을 앞두고 소위 '야외 세미나'라는 이름 아래, 매년 명승지에서 2박 3일을 보내는 연례(年例) 행사장에 가 있었다.

속리산 호텔에서 저녁식사를 마친 선배 교수들 틈에 끼어 나도 술자리에서 단단히 한몫을 하고 있었다. 대학에 들어온 지 어느덧 3년, 대학교수로서 학식과 덕망은 부족했지만, 관료생활 19년의 관록이었는지라 술자리에서만은 단연 예외였다.

그런데 '현승종(玄勝鍾) 총장이 호텔의 자기 방에서 나를 기다린다.'는 전갈을 받고, 아쉽게 그 자리를 떠야 했다.

조교수 2년에 처장서리(署理) 발령

"내가 서울을 떠날 때 재단이사장 민관식(閔寬植) 씨와 의논해 이 교수님을 본교 기획실장으로 발령하고 왔으니까 그리 아시고, 앞으로 잘 도와주세요."

정말 너무나 뜻밖의 말씀이었다.

"총장님, 갑자기 무슨 말씀을……?"

"이 교수님은 정부에서 큰 관청의 기관장을 여러 번 지낸 행정전문가 아닙니까? 그리고 문교부를 비롯하여 각 부처에 친구분들이 많이 계시지 않습니까? 우리 대학에도 대외적인 역할을 해야 할 일들이 많은데, 이런 일을 맡아 줄 마땅한 교수님이 있어야죠."

"안 됩니다. 저는 지금 박사과정에 진학해 있고, 서울대학병원의 조직·관리체계에 대한 연구논문을 맡아 바쁩니다. 그리고 의뢰받은 학술논문들도 있어 아직은 다른 일을 할 시간적 여유가 없습니다. 더구나 교내 사정도 잘 모르고 아직 조교수에 불과한데 어찌 원로교수가 맡아야 할 교무위원직을 제가 감당할 수 있겠습니까?"

"조교수면 어때요? 서리(署理)발령을 벌써 냈는데요."

그 방에는 어느새 교무·학생·사무처장이 들어와 있었고, 그분들은 작당한 듯 내 말을 묵살했다.

"누구는 보직을 맡고 싶어 맡는 줄 아세요?, 대학에 온 이상 학교 일도 도와주셔야 하지 않겠어요?"

그리하여 어쩔 수 없이 1978년 3월 3일부터 대학본부로 출근하기 시작했고, 그 다음 날은 사서교육원 원장의 겸무(兼務)발령장까지 받았다. 자연히 내 교수연구실은 텅 비었고 공부와 연구는 보직과 강의의 틈을 이용할 수밖에 없었다.

그런데 기획실장에 취임하자마자 교수회관 식당주변에서는 예상치 못한 소문들이 들려오기 시작했다.

"이 교수 그 사람 재무관료 출신이라더니 웃기는 사람 아니야?"

"발표한 학술논문이 있나, 박사학위가 있나. 대학에 왔으면 연구나 열심히 하고 학생들 공부나 잘 시킬 일이지, 총장을 꼬셔 그래 어느새 교무위원을 맡다니……."

"그 사람 아직 조교수 아니야? 우리 대학에 어찌 처장 할 만한 사람이 그렇게도 없단 말인가."

"말 말게. 자고로 재무관료 출신은 아첨 잘하고 교활하다니까."

"참 아니꼬워서, 그가 설치는 꼴을 장차 어찌 본담?"

교수식당에서는 몇몇 교수들의 냉소적인 표정도 직접 확인할 수 있었다. 심지어 개중에는 나더러 들기라도 하라는 듯이 대놓고 험담하는 이도 있었다. 특히 평소에 세무관서의 신세를 많이 진다는 L교수의 표변(豹變)된 험담은 유달랐다.

"세금 그거 참 문제야. 세법도 엉터리지만, 세무관료들 정말 개망나니거든."

"세법이 무슨 소용이야? 세무관리들 멋대로지."

"사업하는 사람들 세금은 돈 받아먹고 적당히 매기면서 우리 교수들 세금은 쥐꼬리 같은 월급에서 여축없이 꼬박꼬박 잘도 떼 간단 말이야."

"세상이 참 말세야, 말세."

하지만 나는 일부교수들의 비난과 험담에 일절 개의치 않기로 결심했다. 또 억지로 보직을 맡게 된 사정을 구차하게 변명할 필요도 느끼지 않았다. 그 대신 이왕 맡은 직책일 바에야 고등고시·재무관료 출신답게 본때를 확실히 보이고야 말겠다고 굳게 다짐했다.

강요된 보직, 그래도 최선 다해

먼저, 기획실 소속 직원들과 함께 교내 연구소들을 차례로 방문했다. 대학이 '진리탐구(眞理探求)의 전당'이라면 교육만이 아니라 학문을 연구·발전시키는 역할도 중요하다고 생각했기 때문이다. 예나 지금이나 대학 재정(財政)은 넉넉지 못해 교내 연구소들은 한결같이 연구비의 부족을 호소하고 있었다.

다음으로 이공(理工)대학의 실험·실습기재들을 살펴보았다. 과학은 하루가 다르게 발달하고 학생들은 졸업과 동시에 첨단산업에 뛰어들어야 한다. 그런데도 불구하고 그때까지 성대가 보유하고 있던 연구용 기자재(機資材)들은 너무나 부족하고 낙후되어 있었다.

연구소의 활성화를 위해서나 실험·실습 기자재의 충분한 확보를 위해서는 무엇보다 먼저 대학재정의 확충이 시급하다는 인식 아래 '성대 발전 장·단기계획'을 수립하는 데 열중했다. 그리고 총장을 도와 때마침 거론된 '새 재단 영입'에 직접 나서기도 했다.

기획실장 취임 1년이 가까워 올 무렵 봉명그룹 회장 L씨가 주도하는 새 재단이 들어섰다. 재단 이사들과 교무위원 전원을 모신 자리에서 나는 기획실장 1년 동안 연구·검토한 결과를 토대로 '대학이 보는 성대 발전 장·단기계획'과 앞으로 재단이 맡아야 할 '연차별 투자소요액'을 차트로 만들어 직접 설명하고 참석자들의 질문에 일일이 답변했다.

만류 뿌리치고 1년 만에 보직 반납

그 일이 끝나자 이제는 내 갈 길을 가야겠다고 생각했다. 기획실장과 사서교육원장 사직서를 총장에게 우송하고, 대학본부 사무실에서 내 교수연구실로 말

없이 철수했다.

기획실장의 역할은 이상의 활동만으로 충분했고, 교무위원으로서 누릴 특전과 행세는 신참교수인 내 몫이 아니라고 생각했다.

사표는 총장의 거부와 재단의 만류로 오랫동안 수리되지 않았다. 하지만 더 이상 지체할 수가 없어 총장에게 나의 신상(身上)을 다시 한번 솔직하게 설명했다.

"총장님, 저는 교수가 된 지 이제 겨우 4년, 배워야 하고 연구해야 할 과제들이 너무나 많습니다. 선생님이 교육자라면 후배에게 연구할 기회를 열어 주고 격려해 주셔야지, 앞길을 가로막아서야 되겠습니까? 제가 대학에 온 것은 총장이나 학·처장 같은 감투를 쓰고 싶어서가 아니라 학자로서 뜻있는 연구실적을 쌓고 교육자로서 훌륭한 제자들을 길러야겠다는 일념으로 온 것입니다."

사표는 제출한 지 한 달이 지나서야 겨우 수리되었다. 그 소식이 전해지자 교내에서 나에 대한 비난과 비방은 일시에 꼬리를 감추고 말았다.

"이 교수 그 사람, 우리가 잘못 봤나?"

"재단과 총장의 신임과 기대가 대단하다고 들었는데 어쩐 일이지?"

"곧 부총장이 된다는 소문도 있었는데?"

"교무위원 자리를, 그것도 임기 중에 자진해서 내놓다니……."

그로부터 교수회관에 있던 내 연구실 507호는 아침 일찍부터 저녁 늦게까지 등불이 가장 오래 켜진 곳으로 소문이 자자했다. 그 후에도 사무처장, 경영대학원장 등 교내 보직(補職) 자리를 권하는 주위의 제의는 있었으나 나는 끝내 그 호의들을 물리쳤다.

그 시절 대학에서 학·총장 등 보직을 맡은 관료출신 가운데서 정년을 지킨 사람은 아무도 없다. 성대 교수 24년을 파란 없이 보낼 수 있었고 '관료 출신으로서 대학에서 성공한 모델 케이스'라는 칭송을 들을 수 있었던 것은, 무엇보다 교내 보직을 철저히 멀리했기 때문이었다. 그 대신 학문 연구와 학생 지도에 최선을 다하고 국내외 학회활동에서 높은 평가를 받은 것도 많은 도움이 되었다고 생각한다.

'토끼는 한 마리를 잡아야지 두 마리를 쫓다가는 다 놓치고 만다.'는 교훈을 몸소 체험한 24년 교수생활이었다.

박 대통령 고민, VAT·중화학공업

세법이란 입법과정에서나 집행과정에서 납세자의 도의수준(道義水準)을 헤아리지 않고 행정력만 믿고 밀어붙일 경우, 적게는 조세저항 크게는 민중봉기(民衆蜂起)가 일어날 수도 있다는 역사적 교훈을 잊지 말아야 할 것이다.

박정희 대통령은 1978년 7월 6일 유신헌법을 이용, 장충체육관에서 통일주체국민회의 대의원들의 손을 빌려 9대 대통령으로 당선되었다. 하지만 그해 12월 12일에 실시된 제10대 국회의원 선거에서 여당·공화당은 전례 없는 고전 속에 힘겨운 선거를 치러야 했다.

해가 바뀌어 1979년, 새해는 밝았으나 박정희 정부에 대한 국민들의 반감은 나날이 쌓여 YH무역 여공(女工)사건과 사북(砂北)사태에 이어, 시국은 박 정권의 종말을 고할 10·26 시해(弑害)사건을 향해 숨 가쁘게 달려가고 있었다.

박 대통령 고민, 부가가치세 존폐문제

그러던 어느 날, 뜻밖에 나는 고등고시 및 재무부 후배인 박봉환(朴鳳煥) 씨의 전화를 받았다.

"서울 중구 을지로 입구 삼성빌딩 지하에 있는 이탈리안 레스토랑 '라칸티나'에서 잠깐 만나 뵐 수 있겠습니까?"

'무슨 일인가?' 궁금해하면서 만났더니 그는 뜻밖의 부탁을 하는 것이 아닌가.

"부가가치세제도를 도입한 것이 잘한 것인지 잘못한 것인지, 이 세제를 계속 존속시켜야 할 것인지, 폐지해야 할 것인지에 관해 연구논문을 한 편 작성해 달라."는 부탁이었다.

그 시절, 나는 대학에서 연구논문·강의실적 등 부교수 승진에 필요한 심사를 겨우 끝내고, 문교부의 연구용역과 교내연구소의 연구논문들로 고역을 치루고 있었다. 그리고 박사학위 논문의 제출자격 시험에 대비한 어학 및 전공과목 공부에도 밤낮없이 쫓기고 있었다. 세상 나서 가장 힘들고 바쁜 때였다.

석사 2년, 박사 3년의 학위과정을 간신히 끝낸 48세 나이에 몸도 마음도 초조하고 힘겨운 나날을 보내고 있었다.

그런 나에게 그의 부탁은 시간상 도저히 불가능한 일이었다. 게다가 국세청을 떠난 지 벌써 5년, 그동안 바뀐 세법의 내용도, 세법 실시 이후의 업계동향도 잘 알지 못했다. 더구나 내게는 대통령이나 여당의 뜻은 아닐지라도 박 정권하에서 관직을 빼앗긴 뼈아픈 상처가 아직도 아물지 않고 있었다.

"이 세법은 각계각층의 반대를 무릅쓰고 강행된 지 불과 1년 반밖에 지나지 않았는데, 벌써 존폐론(存廢論)이 튀어나온 이유가 뭐요?"라는 내 질문에 그는 다음 같이 대답했다.

"최근에 박 대통령은 경제과학심의회의 장관급 위원 전원을 일시에 전격 해임하고, 장덕진(張德鎭) 씨 한 사람을 상임위원으로 위촉했다. 그리고 중화학공업을 계속 가동해야 할 것인지, 부가가치세를 계속 징수해야 할 것인지, 이 두 가지

문제를 놓고 즉시 연구에 착수하되 어떤 결론이 나와도 좋으니 소신껏 연구하고, 그 결과를 빨리 보고해 달라고 지시하셨다.”는 이야기였다.

박 대통령은 “내가 집권한 이래로 이 두 가지 시책(施策)만은 도저히 더 이상 끌고 갈 자신이 없어졌네. 당국자들은 괜찮다고 변명하지만, 엄청난 돈을 쏟아 넣고 시작한 중화학공업은 날이 갈수록 적자(赤字)만 누적되고 있고, 일본도 대만도 손대지 못한 부가가치세는 날이 갈수록 원성(怨聲)만 높아가니, 요즘은 잠을 제대로 자지 못할 정도로 걱정스럽다.”고 하면서 간곡히 당부하셨다고 했다.

그래서 박 국장은 무임소장관 보좌관의 자리를 내놓고 장덕진 위원을 보좌하는 차관급 사무국장으로 초빙되어, 중화학공업 문제는 자기들이 중심이 되고 한국·산업은행과 KIST 요원들을 동원해 연구하기로 했지만, 부가가치세 문제만은 자기들이 도저히 감당할 자신이 없어서 사방에 수소문한 끝에 현직교수들 가운데서 내가 이론과 실무를 겸한 최적임자로 판단되어 그날 찾아온 것이라고 말했다.

연구비와 관계 자료는 내가 원하는 대로 얼마든지 제공하겠지만 국제적 위신과 야당의 공격을 감안해 비밀만은 철저히 지켜 달라고 신신당부했다. 하지만 나는 그의 요청을 받아들일 수 없었다.

그러자 그는 “이 선배가 자기를 공직에서 퇴출시킨 이 정권을 미워하는 심정은 충분히 이해할 수 있지만, 정부 시책이 잘못되어 일반국민이 고통을 당하는데도 나 몰라라 하고 책임을 회피하는 것은 학자의 양심이 아닐 것.”이라는 말을 남기고 일어서려 했다.

무심코 내뱉은 그의 마지막 한마디에 나는 그만 감동하여 단호했던 결심을 꺾을 수밖에 없었다.

국민 고통 덜기 위해 연구 수락

그로부터 다시 고행(苦行)이 시작되었다. 막상 그 일을 시작해 보니 각종 자료 분석은 물론 국세청 담당자, 세무사, 신문기자, 집단상가 상인들의 방문·면담 등 해야 할 일이 너무나 많았다. 인정에 못 이겨 수락한 자신을 자책했지만, 때는 이미 늦어 있었다.

부가가치세, 이 세금은 1976년 5월에 정부의 세법요강이 발표되고, 그해 9월 발표와 동시에 법안(法案)이 국회에 제출되었으며, 12월에 국회를 통과하자마자 즉시 공표된, 그야말로 급조된 관조(官造)세금이었다.

그 법안이 여당·공화당의 정책위원회에서 잠시 심의되었을 때 정부 측 관계장관은 '이미 대통령의 재가를 받은 내용'이라고 말해, 위원들의 반대 발언을 원천봉쇄했다는 사실을 그 뒤 그 위원회의 이만섭(李萬燮) 부의장을 통해 들을 수 있었다.

따라서 그 세법은 국민의 이해를 구하기는커녕 정부·여당의 충분한 찬반 토론도 없이, 영세상인(商人)들을 상대하는 대중세(大衆稅)행정의 경험이 없는 재무부 및 청와대 관계자들 손에 의해 서둘러 만들어졌던 것이다.

당시에 그 세법을 도입하면서 정부가 내세운 명분을 간단히 살펴보자.

'첫째, 영업세를 비롯한 16개 세목으로 남설(濫設)되어 있는 현행 소비세(消費稅)들을 6개로 통합하여 간소화하고, 둘째, 수출품 속에 들어 있는 간접세 해당분을 전액 업자에게 되돌려 줌으로써 수출회사가 수출경쟁력을 강화할 수 있도록 도와주며, 셋째, 기업의 투자재(投資材) 원가 전액을 일시에 감가상각(償却)하게 함으로써 기업가의 투자 의욕을 고취시킨다.'고 근사하게 해설해 놓고 있었다.

부가세 명분은 '근거 과세', 속셈은 '증세(增稅)'

하지만 내가 연구해본 결과, 정부가 내세운 이들 주장들은 유감스럽게도 모두가 다 허울 좋은 구실에 불과하다는 것을 알 수 있었다.

첫째, 공장·양조장 등 납세자의 편에서 볼 때 그들이 부담하는 간접세의 종류는 여전히 부가가치세 하나거나 또 하나 특별소비세나 주세로서 과거와 마찬가지였고, 따라서 세금 종류는 전혀 줄어들지 않았다. 둘째, 수출용 원자재는 그 이전에도 전액 면세가 이뤄져 와서 새로운 특혜는 아무것도 없었다. 셋째, 투자재에 대한 즉시상각 역시 호경기 때는 경기과열(景氣過熱)을 유발하는 등 오히려 경기조절에 역행할 위험성이 높다는 결론을 얻었다.

따라서 부가가치세라는 세금은 단지 최고 13%의 높은 세율로 물가(物價)를 일시에 끌어올려 일반대중들로부터 세금을 그만큼 증수(增收)하겠다는 속셈 이외에 다른 목적은 도저히 찾아 볼 수가 없었던 것이다.

또한 정부는, 그 세법에는 상품의 생산자로부터 도매·소매업자에게 상품이 거래되는 과정에서 앞 단계 납세자인 제조·도매업자가 뒷단계 납세자인 도매·소매업자의 부가가치세를 미리 공제해서 정부에 납부하고 그 자료를 해당 세무서에 통보해주는, 소위 '자동검증장치'가 마련되어 세무행정이 자동화되고 탈세를 근본적으로 봉쇄할 수 있는 등 제도적 장치가 아주 잘되어 있다고 강조했다.

그러나 검토해본 결과 생산자가 계획적으로 거래자료를 발생시키지 않는 무자료(無資料) 상품을 거래할 경우에는 과거와 같이 봉쇄할 방법이 없고, 악덕(惡德) 상공인들이 발생시키는 불명(不明)자료 역시 단속하기가 대단히 어려워 보였다.

특히 가난한 영세상공인들에 대한 과세특례제도는 소위 자동검증장치를 완전히 무력화시킬 뿐 아니라 만약 세무공무원이 납세자의 장부기장(記帳)과 세금계산서 주고받기 그리고 현금출납기 사용의 감시·감독 등 단속을 강화할 경우에는 벌금형과 함께 심지어 징역에 처할 수 있게 되어 있었다.

따라서 세무행정이 만약 일방적·강압적으로 운영될 경우에는 세무마찰(稅務摩擦)과 조세저항(租稅抵抗)이 일어날 위험성이 대단히 높다는 것을 발견할 수 있었다.

그 세법 도입은 정부·여당과 가까운 전국경제인연합회의 정주영(鄭周永) 회장을 비롯한 각계각층에서도 반대의 목소리가 높았다. 그래서 공포 후, 6개월을 머뭇거리다가 1977년 7월에 가서야 그 세율도 10%의 집행세율로 인하해서 간신히 시행에 들어갔던 것이다.

그렇게 되자 물가는 그 세금과 아무런 상관없는 농산물·구공탄 등 생활필수품까지 덩달아 치솟았다. 그리고 국세청이 세금계산서의 비치, 장부의 기장, 현금출납기 사용 등을 법대로 엄격하게 단속·처벌해 나가자 집단상가를 비롯한 영세상공인들과 심지어 노점·행상들까지 아우성 소리가 높았다.

"가난해서 장돌뱅이 짓을 해먹고 산다마는 무슨 놈의 세금이 건드렸다 하면 몇 배씩 뛰어오르냐? 매기고 싶은 대로 세금만 매기면 됐지, 무식한 장사꾼에게 장부나 영수증은 뭐고 세금계산기는 또 뭐야? 장사해 먹고산 지 수십 년이 지났지만 세무서 사람들이 벌금 매기겠다, 징역 보내겠다고 협박하는 꼴은 정말 처음이다."

이것이 내가 직접 들은 시장 중소상인들의 빗발치는 비명이요, 항의였다.

최선은 폐지, 차선은 벌칙 완화

영세상인들의 조세저항은 1978년 10대 국회의원 선거를 계기로 절정에 달했다. 여당출신 이만섭 입후보자는 "유권자 여러분께서 이번에 만약 나를 국회의원으로 뽑아 주신다면 서울에 올라가자마자 대통령께 직소해 부가가치세를 당장 없애겠습니다."라고 호소했을 정도였다.

그리고 총선거가 끝나 국회가 열렸을 때 여당소속 국회의원들은 재무부장관을 국회에 불러놓고 "당신은 윗사람 한 분의 신임만 받으면 장관도 해먹을 수 있지만, 10만 선량(選良)인 우리는 부가가치세 때문에 낙선할 뻔했다."고 삿대질을 하고 고함을 쳐서 장관으로부터 정중한 사과를 받아내는 등 험악한 사태가 벌어지기도 했다.

그러나 경제과학심의회에 제출한 최종 연구보고서 <부가가치세를 중심으로 한 세제개선방안(稅制改善方案)>에서 나는 그 세법의 폐지까지는 차마 주장할 수가 없었다.

왜냐하면 첫째로 그 세법은 일본·대만에서도 도입하려다가 중지한 것으로 만약 정부가 이 세법을 폐지할 경우 우리나라는 국제적 망신을 톡톡히 당해야 했다. 둘째로 가뜩이나 유신체제를 반대하는 재야 및 야당 측에게 영세상인들을 선동해 '정권 타도(打倒)'를 외칠 절호의 구실을 제공할 것이 뻔했다. 셋째로 납세자가 저항할 경우 세법이 폐지되는 나쁜 선례를 남길 뿐만 아니라 이미 구축된 부가가치세 행정이 하루아침에 무너져서 세정(稅政)에 일대 혼란을 가져올 위험성이 높았기 때문이다.

그 보고서에서 이상의 문제점을 솔직하게 기술하면서 나는 차선책(次善策)을 다음과 같이 건의했다.

"첫째 영세상인에 대한 감시·감독을 현재와 같은 엄벌(嚴罰) 위주에서 선도(善導) 위주로 즉각 방향을 전환하고, 둘째 영세납세자인 과세특례자의 범칙에 대한 처벌을 징역·벌금형에서 가산세·추계(推計)과세 등 간편한 행정벌(行政罰)로 완화하고, 셋째 그들에 대한 과세방법을 과거 영업세에서 하던 표본조사·권형과세 등의 방법으로 환원하며, 넷째 현행 최고세율 13%를 10%로 인하하여 더 이상 못 올리게 하고, 다섯째 '예·적금에 관한 비밀보장법'을 즉각 폐지하고 하루속히 금융자산 실명제(實名制)를 단행하여 고소득층에 대한 직접세 부과를 강화함으로써, 부가세로 인한 대중부담의 역진성(逆進性)을 적극 시정할 것" 등을 강조했다.

10·26 사건에 묻힌 내 '연구보고서'

그 보고서는 1979년 김영삼 씨에 대한 총재직 탈권(脫權), 부마항쟁(抗爭)에 이은 10·26 사건의 발생으로 인하여 박 대통령에게는 보고되지 못하고 말았다. 만약 박 대통령이 살아서 내 보고서를 보셨다면, 그 세제를 추진했던 사람들은 많은 타격을 받았을 것이고, 우리 세제에 일대 개혁이 단행되었을지 모른다.

전 청와대 비서실장 김정렴 씨의 회고록을 보면(1992년 1월), 부가가치세에 대한 언급이 유달리 많은 것을 알 수 있다.

예를 들면 "부가가치세를 시행한 지 2~3일이 지나자, 금전등록기의 기록을 조작하는 전문업자가 나타나서 돈을 받고 그 내용을 일부 조작해 주는 것이 밝혀졌다. 국세청은 부득불 큰 식당에 직원을 입회시켜 고객 수를 세고, 일부 인정(認定)과세를 다시 할 수밖에 없는 사태가 벌어졌다."고 지적했다.

그리고 "그 세금에 대한 비난의 목소리가 더욱 커졌다."고 개탄하면서, "서울시내 남대문·동대문·광장·평화 등 종합시장 상인들의 집단적인 반대가 이만저만이 아니었다."고 술회하여 사태의 심각성을 증언했다.

도서관에 비치·보관된 당시의 일간신문들을 보면 부가가치세가 시작된 지 얼마 안 된 1977년 10월 13일 서울 평화시장에서는 상인들이 가게 문을 닫는 철시

(撤市)사태가 벌어졌고, 1979년 10월의 부마항쟁, 1980년 5월의 광주(光州)민주
화운동에서는 세무서 건물에 방화(放火)사건이 일어난 사실을 보도하고 있다.

장덕진 의원을 따로 불러 부가가치세 존폐문제의 검토를 간곡히 당부했을 만
큼, 이 세금문제는 박 대통령에게 통치적(統治的) 차원에서 위기감을 느끼게 한
중대한 관심사였다는 것을 짐작할 수 있다.

최근에 '월간 조선' 2002년 2월호를 읽고, 박정희 대통령이 시해(弒害)되기 전
날, 전 국회의장 박준규 씨가 정보부장 김재규(金載圭) 씨를 만난 자리에서 부가
가치세 문제가 부마항쟁의 또 하나 도화선이었다고 말한 바 있다.

즉, 1979년 10월 25일 청와대 앞 안가(安家)에서 점심을 같이한 자리에서 김 부
장은 "부마사태는 박 대통령의 유신체제에 대한 직접 저항이 아니라 세금을 가
혹하게 부과하고 처벌한 데 대한 조세저항이 쌓여 그 사건의 도화선이 됐다."고
말했다 한다.

박 대통령이 시해된 10·26 비극이 일어난 후 나는 부가가치세의 입법(立法)작
업에 참여했던 재무부 K 과장에게 당시의 사정을 물어본 적이 있었다. "왜 그때
대중납세자(과세특례자)들에게 그처럼 가혹한 처벌규정을 두었느냐?"고.

그랬더니 그는 "자동검증장치가 잘 가동되면 세금의 90%는 문제가 없을 줄
알았지요. 그런데 막상 세법을 시행해 놓고 보니까 영세상공인들은 세금은 10%
밖에 안 내는데 납세자 수는 90%를 차지한다는 사실을 뒤늦게 알았습니다. 문
제는 바로 그런 영세(零細)납세자들에게 있었어요."라며 후회했다.

세금은 납세자의 도의수준에 맞춰야

원래 세금이란 입법과정에서나 집행과정에서 대중(大衆)납세자의 도의(道義)수

 영욕의 세월

준을 반드시 헤아려봐야 한다. 그런데도 당초에 부가가치세 행정은 수많은 대중납세자들을 상대하던 '영업세 요원'이 아니라 소수의 제조업자들을 상대하던 '소비세 요원'들을 동원해 착수하였고, 대중세 행정의 운영 경험이 전혀 없는 군인출신 국세청장에 의해 가혹하게 만들어진 세법을 힘으로 마구 밀어붙였으니 당연히 문제가 터질 수밖에 없었다. 부가가치세는 그의 졸속한 도입과 가혹한 처벌규정으로 인해 엄청난 조세저항이 이미 예고되어 있었던 것이다.

그 후에 이 세법은 대중납세자에 대한 처벌규정이 대폭 완화되었다. 그리고 김영삼 정권에 이르러 이전에 내가 건의했던 '금융자산실명제'도 단행되었다. 다행스러운 일이다.

하지만 당시에 정부가 과신했던 '자동검증장치'는 대중납세자 단계에서 아직도 지뢰와 같은 위험성을 내포하고 있다. 뇌관과도 같은 세무행정의 어려움은 대중세(大衆稅)라는 세금이 품고 있는 일종의 숙명이라 하지 않을 수 없는 것이다.

'서울의 봄'에 열었다 닫은 '재정학 교실'

황낙주 신민당 총무는 예산과 세금문제를 다루는 재정학(財政學)을 공부하기 위해 바쁜 중에도 틈을 내어 여러 차례 내 연구소를 방문했다. 그분의 성격이 학구적(學究的)이었던 탓인지, 친구 교수들은 개인지도에 보람을 느낀다고 했다. 그가 다음에는 김영삼 총재를 모시고 오기로 약속했지만, 12·12사건을 계기로 서울의 봄은 가고 그 강좌도 중단되고 말았다.

1980년 초 어느 날, 내 개인연구소였던 한국재정연구소에서 제1야당 신민당 원내총무 황낙주(黃洛周) 의원과 마주 앉았다. 당시는 철통같던 유신체제가 김재규의 총탄으로 기어이 무너지고, 미구에 닥칠 전두환(全斗煥) 장군을 중심으로 한 신군부(新軍部)의 등장이나 5·18 광주민주화운동도 전혀 예상하지 못한 때였다.

김영삼 씨를 당수로 한 신민당과 김종필 씨를 후계자로 한 공화당은 대선(大選)운동에 열중하느라 여념이 없던 소위 '서울의 봄'이었다. 김대중(金大中) 씨는 그들과는 별도로 정계 복귀와 대통령 출마를 적극 모색하고 있었고……

"개헌(改憲)·대선(大選)을 앞두고 황 총무께서 많이 바쁘실 텐데 여기까지 오시게 해서 미안합니다."

"별말씀, 평소에 존경하는 이 교수께서 부르시는데 제 사정쯤이야 어떻겠습니까? 그건 그렇고, 무슨 일이십니까?"

"외람된 말씀이지만, 김영삼 총재나 황 총무께서 공부를 좀 하시면 어떨까 싶어서……."

"공부요? 공부야 죽을 때까지 해야 하겠지만, 글쎄 지금은 하도 정신없이 바쁘게 쏘다니는 판이라 어디……."

"물론 압니다. 하지만 김 총재께서 만약 정권을 잡았을 때 어떤 정책을 펼 것인지, 그런 정책을 실천에 옮기려면 행정을 어떻게 운영해야 할 것인지, 그런 실무(實務)문제를 좀 알아둬야 하는 게 아닌가 싶어서요."

"그거야 우리가 정권을 잡으면 그때 가서 유능한 인재들을 널리 발굴해서 각 부처 장관으로 고루 기용하면 되겠죠."

"그야 그렇겠죠. 그런데 한자성어에 '지인지감(知人之鑑)'이라는 말이 있듯이 여당 핵심부, 특히 대통령은 실무를 어느 정도 알아야 하고 또 인재를 제대로 골라 쓸 줄 아는 안목이 있어야 하지 않겠습니까? 설사 총리·장관들의 학벌이나 인물 등이 외관상 아무리 우수하고 훌륭하다 하더라도 그들 역시 인간인지라 과장(誇張)이나 사심(私心)이 없을 수 없지요. 정권을 잡은 사람들은 장관들의 장점을 잘 활용해야 하겠지만, 감춰진 단점을 꿰뚫어볼 수 있는 능력도 가져야 한다고 생각합니다. 행정의 최종책임은 어디까지나 대통령과 집권당이 져야 하는 게 아닙니까?

주인이 사용인을 부리듯, 대통령이 사리(事理)를 알고, 철학(哲學)을 갖고 내각을 일사불란하게 끌고 가야죠. 만약 그렇게 하지 못한다면 국가 대사(大事)는 결국 중구난방으로 인해 허송세월할 수밖에 없을 겝니다."

새 시대 대통령은, '경세가(經世家)'라야

김영삼 총재, 그분은 한동안 서울 남산체육관에서 새벽에 자주 만나던 같은 고향, 같은 중학 출신이었다. 그리고 황낙주 총무는 고등고시 및 재무부 후배이던 황하주(黃厦周) 씨의 아우였고 김 총재 집권 후 국회의장을 역임한 분이다.

그 시절, 친하던 대학교수들은 바둑판이나 대폿집에서 만나기만 하면 "김재규 씨에 대한 군사재판이 어떻게 끝날까?" 하면서도 다음에는 "누가 대통령이 될까?"를 으레 화제로 삼았다.

그런데 주변 교수들의 전공이 나라의 살림살이를 연구하는 재정학 분야라 그랬던지, 다음에 등장할 통치권자는 투사형(鬪士型)보다는 박정희 대통령처럼 행정을 알거나 행정을 직접 챙기는 경세가(經世家)라야 하지 않겠느냐는 의견이 지배적이었다.

그래서 생각던 끝에 일종의 노파심에서 그날 황 총무를 불렀던 것이다.

"내가 잘 모르긴 하지만, 박 대통령은 행정을 밤낮으로 공부하고 일본의 명치유신 때처럼 부국강병책(富國强兵策)을 자기의 통치이념으로 삼아 국가 대사를 손수 친정(親政)하지 않았습니까?"

"하필이면 민권(民權)을 짓밟은 그 사람을 예로 들다니요……."

"물론 내가 말하는 것은 정치적 독재자 박정희 씨가 아니고, 우리 대중들을 빈곤의 악순환에서 해방시키기 위해 불철주야 고민한 경세제민(經世濟民)의 행정가 박정희 씨를 말하는 것이지요."

"하기야 그 어른이 우리 산업건설과 경제발전에 끼친 공로는 누구라도 과소평가할 수야 없을 겁니다. 그런데 이 교수님, 공부란 무슨 공부를 어떻게 하란 말씀입니까?"

"세금 공부를 좀 하시란 말씀입니다."

"네? 세금 공부요? 세금이야 국세청이 공평하게 잘 걷으면 그만 아닙니까?"

면장 노릇도 알아야, 하물며 대통령은

"글쎄, 세금문제란 그렇게 간단한 게 아니니까 문제죠. '서울의 봄'을 가져온 부마사건의 발단이 세금문제에도 있었다는 것은 김재규 씨가 한 말입니다. 프랑스 혁명, 미국의 독립전쟁, 우리 땅에서 일어난 동학난(東學亂)도 알고 보면 모두가 다 세금문제에서 출발하지 않았습니까? 서민(庶民)들의 감정에서 말한다면, '헨리 조지'의 토지단일세론(土地單一稅論)처럼 세금을 한 가지만 만들어서 재산이 많고 소득이 높은 재벌이나 지주들한테서 왕창 받아내면 문제는 간단하겠죠. 그리고 아르헨티나의 대통령 부인 '에바 페론'처럼 그런 돈을 소득세도 못 내는 노동자, 농민, 실업자나 생계가 막연한 요구호자들에게 펑펑 나눠주면 인심은 크게 얻을 수 있을 테죠. 소위 구빈(救貧)정책 말입니다."

"그렇지요."

"하지만 국민소득을 소비에만 쏟아버리면 무슨 돈으로 경제성장·산업발전을 도모할 수 있겠습니까? 경제성장 없이 실업자 구제는 어찌하며, 세원(稅源)의 배양 없이 나라살림은 어떻게 꾸려가고요?"

"그래서 경제성장과 사회형평을 조화시키는 방향으로 국가정책을 밀고 나가야 하겠다, 그 말씀이죠?"

"대체로 그런 말씀입니다. 그런데 그런 정책 방향도 중요하지만, 우리 사회에는 자기 세금을 덜 낼 뿐 아니라 국민이 낸 혈세를 훔쳐 먹는 소위 기득권(旣得權) 세력들이 적지 않게 버티고 있다는 사실입니다. 일부 여당소속 국회의원, 고급관료, 장성, 국책회사·은행 임원들 가운데는 사업의 계획·선택·결정 등 국가 예산의 편성단계에서 시작해 사업의 발주·시공·감리 등 예산의 집행단계에 이르기까지 엄청난 부정(不正)과 비리(非理)를 일삼는 사람들이 아직도 많습니다. 집권자가 설사 사정을 안다고 하더라도 그런 버릇을 하루아침에 뿌리 뽑기란 참으로 어려운 문제가 아닐 수 없습니다."

"경찰·검찰·감사원을 총동원해서 철저히 뿌리를 뽑아가야죠."

"말씀은 쉽습니다. 하지만 그들 역시 공직자이기에 앞서 잘 먹고 잘살고 싶은 생활인들 아닙니까? 평생을 군대에서 강직하게 근무했고 군수기지사령관까지 지낸 박 대통령이 재임 중 그처럼 철저하게 따지고 무섭게 챙겨도 공직사회의 부정·부패는 철저히 뿌리 뽑지 못하지 않았습니까? 하물며 독재 타도만 외치고 다녔을 뿐, 행정이라고는 해 본 경험이 없는 만년야당(萬年野黨) 출신들이 만약 정권을 잡으면 과연 행정을 얼마나 잘 해낼지, 그게 걱정이다 그 말씀입니다."

"알아야 면장(面長)도 해먹을 수 있다고 하듯이, 윗사람이 일을 제대로 알아야 아랫사람을 잘 부리고 일도 잘 챙길 수 있다 그 말씀이군요."

"그래서 말씀인데, 제가 이론과 실무를 겸비한 깨끗하고 정직한 재정학 교수 몇 분을 소개해 드릴 테니 다소 바쁘시더라도 시간을 내서 개인지도를 좀 받아 보시라 그 말씀입니다."

"듣고 보니 우리나라 살림의 실제가 어떤지, 저부터 듣고 배우고 싶네요. 하지만 우리 영감은 시간 내기가 아마 어려울 겝니다."

"그렇다면 황 총무께서 우선 한 달에 몇 번쯤 다녀 보시고, 그 후 꼭 필요하다 싶으면 총재를 모시고 오도록 하시죠."

최규하 정부 헌법연구, 엉뚱한 '이원집정제(二元集政制)'

그 후 황 총무는 바쁜 중에도 틈을 내어 내 연구소를 여러 차례 방문했다. 그 분의 성격이 학구적인 탓인지, 친구 교수들은 개인지도에 보람을 느낀다고 했다.

그해 2월 나는 최규하 정부의 제4공화국 헌법연구반의 자문위원으로 위촉되었다. 여는 둥 마는 둥 하는 그 회의에서 주된 논제(論題)는 대통령과 국무총리가 권력을 나눠 갖는 소위 이원집정제(二元執政制)의 장단점과 그 제도 도입의 타당성 여부였다.

나는 평소의 지론이던 평등사회 복지국가의 이념을 헌법의 재정·경제조항에 반영시켜야 하겠다고 의욕에 불타고 있었다. 하지만 그 회의의 분위기는 매번 그런 나의 의욕과는 전혀 딴판이었다. 나는 재정·경제팀의 동료위원이던 연세대의 최호진(崔虎鎭), 고려대학의 김완순(金完淳) 교수에게 "과도정부가 추진하는 개헌(改憲) 작업에 나는 더 이상 들러리를 서지 못하겠다."고 말하고 그 모임에 발길을 끊고 말았다.

그해 3월 개학이 되자, 내가 속한 성대에서는 총학생회의 조직이 완료되어 학원 민주화를 거부하는 총장 퇴진, 어용교수 퇴진, 재단비리 척결, 학내 언론자유 등을 내건 민주화 데모가 불붙기 시작했다.

4월 중순에는 신입생들을 전방에 파견하여 병영(兵營) 집체훈련을 시키는 문제가 전면에 등장해 학생들은 "우리를 기죽이는 입영(入營)제도를 즉각 폐지하라."고 요구했고, 뒤이어 서강·서울대에서도 학생들의 결의대회가 잇따라 열리자 학원문제는 점차 정치문제로 번져 갔다.

그해 5월에 들어서자 학생운동은 방향을 크게 선회하여, 경향 각 대학에서는 병영 집체훈련문제를 철회한 대신 '계엄령 해제, 유신잔당 퇴진, 이원집정제와 정부 주도의 개헌 반대, 노동3권 보장' 등 격렬한 구호를 내걸었고, '5·18 광주민주화운동'을 향한 정치투쟁이 전국적 규모로 확대되어 갔다.

그리하여 나의 노파심에서 시작된 재정학 교실은 결국 문을 닫았고, 황 총무와는 후일을 기약할 수밖에 없었다.

그 후 김 총재가 노태우 정권을 거쳐 집권에 성공했지만, '그가 재정학 교실을 다녔으면 좋았을 것을……' 하고 아쉬워했던 옛일이 지금도 잊히지 않는다.

2

80년대 전두환 시절

전두환 정부 첫 작업, 교육세 논쟁
관학(官學)협동 '한국조세학회' 창설
관료·교수경험 살린 신문 논설위원
아웅산에서 사라진 '조세지출예산제도'
21년 만에 폐지된 '예·적금 비밀보장법'
친북·반정부학생 설득에 실패

전두환 정부 첫 작업, 교육세 논쟁

교육세는 1981년부터 5년간의 임시세·목적세·시한세(時限稅)로 도입, 실시되었다. 하지만 얄밉게도 역대 정부는 당초에 국민에게 약속한 5년간의 공약(公約)을 어기고 계속 연장하여 오늘에 이르고 있고…….

1980년 세상은 전두환 보안사령관을 중심으로 한 소위 신군부(新軍部)의 세상이었다. 7월 4일 전직 국세청 청·차장이 포함된 고위공무원 232명이 숙청되었고, 8월부터 11월까지 불량배라는 이름으로 3만 8,000여 명이 삼청교육대에 수용되었다. 그해 9월 1일 전두환 씨는 유신헌법에 의해 제11대 대통령에, 그 다음 해인 1981년 3월 3일에는 통대(統代) 대신 선거인단으로 이름만 바꾼 개정헌법에 의해 제12대 대통령에 취임했다.

그해 2월 14일 나는 동아일보의 '교육세 거둬야 하나'라는 지상(紙上)토론에서 찬성하는 글을 실은 바 있다. 당시는 전두환 정권의 기세가 하늘을 찌를 듯 요란하던 시절이었다.

명색이 납세자의 편에 서야 할 대학교수가 가뜩이나 많고 무거운 세금에다가 전두환 정권이 추진하는 교육세의 신설을 찬성했으니 당시에 독자들은 "당신도 어용(御用)교수냐?" 하고 일단 의아하게 생각했을 것이다. 특히 현행 세금 받기에도 벅찬 세무공무원들은 선배인 나를 두고 더더욱 서운하게 생각했을지 모른다. 하지만 당시의 교육 여건을 자세히 살펴보면, 그렇게 비난만 하고 있을 상황은 아니었다.

'경상비(經常費)를 줄여 교육에 쓰는 자세를', '당장은 어려워도 먼 장래를 생각하자.'라고 신문사가 붙인 소제목 아래 실린 당시의 내 글을 다음에 요약한다.

교육은 '국가의 백년대계(百年大計)'

우리 세금체계는 국가가 경제성장을 촉진시키기 위해 국민의 저축·투자를 적극 장려하다 보니, 어려운 사람일수록 상대적으로 세금을 더 많이 내야 하는 소위 역진세적(逆進稅的) 구조를 갖게 되었다. 뿐만 아니라 우리 가계가 짊어져야 할 부담에는 세금 이외에도 야경비·적십자회비·의연금·기성회비·강제저축 등 잡부금(雜賦金)들이 적지 않다.

그런 형편이니 중하(中下)소득층의 경우에 그들의 1인당 실제부담률은 GNP의 30%를 넘어 정부가 발표하는 국민부담률보다 훨씬 무겁다고 봐야 할 것이다.

'이런 판국에 또 무슨 교육세냐?'라는 반론(反論)은 당연히 나올 법하다. 그런데 솔직히 말해서 못 낼 형편이면 어쩔 수 없지만, 낼 수만 있다면 아무리 어렵더라도 우리 자식들 교육만은 제대로 시켜야 할 것이 아닌가?

초등학교의 경우 하나만 예로 들어 보자. 산업화에 따른 도시의 과밀(過密)현상으로 인해 지금 서울·부산 등 대도시에서는 한 교실에 70명 이상을 수용하는 콩나물 학급 수가 4,321개, 1학년부터 3학년까지 2부제 수업을 실시하고 있는 학교 수가 3,859개, 한 학교의 학급 수가 60개 이상 되는 학교 수가 137개, 게다가 교사들이 받는 월급은 회사원들이 받는 월급의 평균 60%에 불과하다고 한다.

박정희 정부는 1인당 GNP가 1,000달러를 넘어서고 수출이 100억 달러를 달성하는 날이 오면, 우리도 다른 나라에 못지않게 "소비가 미덕"이라는 복지(福祉)사회에서 살게 될 것이라고 장담했었다. 하지만 그날은 벌써 지나갔음에도 불구하고 우리의 교육·사회 환경은 어찌하여 아직도 이 모양 이 꼴이란 말인가?

정부는 우리가 낸 세금의 무려 19.6%에 달하는 1조 4,980억 원을 교육비에 쏟아 넣고 있다. 그런데도 교육계에서는 앞으로 적어도 3,000억 원 이상의 돈이 더 필요하다고 아우성이다. 실정이 정말 그렇다면 어찌해야 할 것인가?

관청과 공무원 수를 줄여야 한다. 국가가 기업들에게 베푸는 감세(減稅)특전·보조금을 깎아야 한다. 청와대를 비롯한 모든 관청은 각종 경비를 아껴 써야 한다. 그래도 모자랄 경우에 우리는 어떻게 해야 할 것인가? 그 다음에 우리는 부득이 새 교육세 도입을 생각할 수밖에 없지 않겠는가?

교육자가 알 바 아니라면 돈은 누가?

그래서 나는 부득이 교육세를 찬성하는 편에 서지 않을 수 없었다. 하지만 그 후에 한국개발원(KDI)에서 개최한 교육관계 정책협의회에 참석해 보고 나서 실망을 느낀 나는 종전의 찬성 주장을 크게 후회했다. 왜?

그 자리에는 신문·TV에서 자주 본 우리 교육계의 원로 명사(名士)들이 기라성처럼 앉아 있었고, KDI 원장 김만제(金滿提) 씨의 소개로 나도 그곳에서 한 자리를 차지하고 있었다. 김원장은 그분들 앞에서 나를 다음같이 소개했다.

"이분은 예산·세제전문 대학교수로서, 우리 정부의 제5차경제개발계획 재정분과위원회 위원장이며, 매일경제신문사의 논설위원으로 활약하고 계십니다. 교육

계 인사는 아니지만, 앞으로 우리 교육발전을 도모하기 위한 정부의 계획수립이
나 여론형성에 많은 도움이 될 것입니다."

그날 참석자들의 발언과 토론은 주로 다음과 같은 내용으로 집약되었다.

"우리 경제가 이렇듯 고도성장(高度成長)을 이룩하고 우리가 이만큼 잘살게
된 원동력은 오로지 교육받은 인적 자원(人的資源)이 많았기 때문이다. 우리의
교육환경을 하루속히 선진국 수준으로 개선하지 않으면 우리 사회는 물론 우리
경제도 결코 내일을 기약할 수 없다.

초·중·고등학교의 교사 1인당 학생 수를 선진국 수준으로 대폭 줄여야 한다.
첨단산업을 뒷받침할 과학교육을 강화하기 위해서는 초·중등학교에 TV·컴퓨
터 등 교육용 기자재를 하루속히 완비해야 한다. 사범대학 출신 남자교사들을
중·고등학교에 붙들어 놓기 위해서는 교사 월급을 회사원 수준으로 대폭 인상
해야 한다.

사립학교의 재정난(財政難)을 타개하기 위해서는 국고보조금을 증액 지급해
야 한다. 만약 그게 어렵다면 재단의 수익사업을 완전 면세(免稅)해주거나 학생
들의 기부금 입학을 허용해야 한다. 국가예산의 30%를 교육비에 강제 배정할 수
있도록 관계 법률을 즉각 제정해야 한다."

오랜 기다림 끝에 겨우 내 차례가 돌아오자 회의장의 시선은 교육계의 이단자
인 나에게 집중되었다. 나는 첫마디로 그분들에게 다음과 같이 반문(反問)했다.
"교육환경의 개선이 그렇게 시급하다면, 막대한 소요(所要)자금은 도대체 어디
서 어떻게 조달할 것인가?" 그에 대해 "재원은 교육하는 우리가 알 바 아니다."라
는 항의가 좌석 여기저기에서 들렸다. 나는 기가 막혀 다시 묻지 않을 수 없었다.
"자금이 나올 재원(財源)을 구체적으로 지적하면서 교육비 증액(增額)을 말해야

지, 나올 데는 나 몰라라 하고 무작정 돈만 더 내라면 정부는 어떻게 대답할 수 있겠는가?

세금을 더 거둬야 한다면 어느 산업, 어느 계층에서, 무슨 명목으로, 어떤 세금을 더 거둬야 할 것인가? 세금을 더 거두라고 하면서 사립학교재단에 대해서는 세금을 감해줘야 한다면, 그 말은 모순(矛盾)이 아닌가? 이것도 저것도 안 된다면 국가가 국내에서 빚을 얻거나 외국에서 차관을 얻어다 쓸 수밖에 없는데, 우리나라는 지금도 국가 채무(債務)가 엄청나게 많으니 이 또한 어려운 문제가 아닌가?" 나는 다시금 목소리를 가다듬고 말했다.

국민 혈세(血稅) 쓰려면, 나올 곳 고민도 해야

"교육비를 증액시키기 위해서는, 나라를 지키기 위해 써야 할 예산상 국방비의 비중 30%를 깎아도 좋은가, 학생 부모들의 직장을 보장하고 산업을 발전시켜야 할 경제개발비를 줄여야 옳은가? 예산상 20%에 상당한 현 교육비 예산 자체에 더 이상 절약할 여지는 없는가?" 되묻지 않을 수 없었다.

교육 공간의 확보는 물론 컴퓨터 교실, 영상 교실, 과학교육용 기자재, 수세식 변소, 냉난방 장치 등 선진국 수준의 교육시설도, 교직원들에 대한 일반기업 수준의 처우 개선도 시급한 과제인 것은 분명하다. 하지만 나는 그 회의석상에서 국가재정의 어려움이 감안된 최소한의 요구가 나오기를 기대했었다. 그리고 교육계에서도 불요불급한 부분의 교육비 지출을 자성(自省)하는 목소리가 나오기를 고대한 것이 사실이었다.

그런데 그 자리에서는 오로지 선진국 수준의 교육환경 개선과 그에 대한 예산 증액을 요구하는 목소리만 높았던 것이다. 재무관료 출신 대학교수로서 나는 실망을 금할 수 없었다.

나라에 돈 쓸 데는 태산같이 많은데 도대체 그 돈은 어디서, 누구로부터, 어떻게 조달하란 말인가? 기업인인가, 근로자인가, 정치인인가, 군인인가, 관료인가, 교육자인가? 생각할수록 예나 지금이나 세무공무원의 처지가 참으로 딱하고 힘겹게 느껴졌다.

그 후 교육세는 5년간의 임시세·시한세(時限稅)로 도입, 실시되었다. 하지만 그 기간은 국민에게 약속한 5년을 어기고 연장되어 오늘에 이르렀다. 세금을 가지고 국민을 속이는 역대 정권(政權)이 심판받는 날은 언제 올 것인가?

영욕의 세월

관학(官學)협동 '한국조세학회' 창설

그동안 세제 개편과 세수 확보의 결정과정에서 경제계를 비롯하여 재계·정계·언론계의 정책적 개입은 많았다. 하지만 학계의 학문적 참여가 완전히 배제되어 왔다는 것은 참으로 놀라운 일이 아닐 수 없었다.

대학에 진출한 지 6년이 지나자 자신을 되돌아볼 마음의 여유가 다소 생겼다.

그동안 석·박사과정 5년을 수료하고, 논문제출 자격시험을 통과하고, 학위청구 논문의 심사를 통과했다. 그리고 부교수로 승진했으며 경영대학원에 세무학과를 신설했다. 교내의 한국경제연구소와 서울대병원·문교부 등 외부기관의 연구용역을 의뢰받은 논문들을 작성·완료하여 적잖은 금액의 연구비도 받았다.

그리고 '중앙·조선·동아·매일경제·서울경제' 등 신문사로부터 논단·토론·시론 등 원고를 청탁받아 평소의 소신을 마음껏 발표할 기회를 가졌고, KBS·TBC·MBC 등 TV방송국에 해설·토론자로 출연할 기회도 많았다. 하지만 보다 충실한 교수가 되고 훌륭한 학자가 되기 위해서는 다른 대학의 선후배 교수들과 학문적·인격적 교류를 통해 최신 학문을 보다 많이 흡수·소화해야 할 필요성을 느꼈다.

나는 1980년 2월 11일 '한국재정연구소'를 설립했다. 하지만 그 연구소는 내가 중심이 된 개인연구소여서 국내의 유명 교수들과 폭넓게 교류하기 어려웠다. 당시에 성대에도 재정학 담당교수가 한 분 계셨다. 하지만 경쟁의식 탓인지, 선배로서 또는 학자로서 나를 도와줄 기미는 전혀 보이지 않았다. 그리고 당시에 이르기까지 우리 학계(學界)에는 활동하고 있는 재정학회나 조세학회가 없었다.

그래서 재정학을 연구하는 전국 규모의 학술연구단체가 하루속히 설립되어야 하겠다고 생각한 나는 삼성문화재단에서 함께 공동연구를 했던 서울대·연세대·고려대·서강대 교수들을 만나 학회 창설을 다각도로 역설했다. 하지만 막상 창립단계에 이르러 학회를 대표할 만하다고 생각한 C 교수가 '재정학회'가 아니라 '재정금융학회'로 연구범위를 넓히자고 고집하는 바람에 오랫동안 준비해 온 계획은 수포로 돌아가고 말았다.

재정학 교수로서 나는 경제이론보다는 예산·세제의 정책 및 행정이 주된 관심 분야였다. 그래서 재정학 한 가지만 해도 힘에 겨운 마당에 금융 분야까지 연구 범위를 넓히자는 그분 제안에 도저히 응할 수가 없었다.

그 후에도 선진학문을 배워야 하겠다는 생각은 간절했다. 하지만 '재정학회'를 창설·선도해 줄 마땅한 교수가 나타나지 않자 재정학 가운데서도 세입(歲入)부문, 특히 조세문제에 관해서는 내가 나서도 괜찮겠다고 생각했다. 나는 주변의 여러 학자들, 특히 삼성문화재단의 공동연구에 참가했던 교수들을 설득해서 조세(租稅)학회의 창설을 추진했던 것이다.

교수들과 '한국조세학회' 창설

그리하여 1981년 7월 30일 서울대 이태로(李泰魯·세법)·윤계섭(尹桂燮·세무회계), 연세대 김대준(金大濬·조세정책), 고려대 김완순(金完淳·조세정책), 서강대 김종인(金鍾仁·조세정책) 교수들과 국세심판소 황하주(黃厦周·조세법) 원장, 세정회계법인 김익래(金翼來·세무회계) 대표를 발기인으로 하고 내가 대표가 되어 '한국조세학회'를 설립할 수 있었다.

조세학회의 창설을 서두른 가장 큰 이유는 사적으로 학문적 의욕도 왕성했지만 공적으로 학자들의 도움이 절실했기 때문이다. 내가 재무부 정책자문위원회의 관선(官選)위원으로 위촉되어 그 회의에 참석해 본 결과, 그 회는 단지 정부가 제출하는 세제개혁안의 통과기관에 불과하다는 것을 알았다. 그리고 제5차경제개발계획의 국무총리 정책평가 및 자문위원으로 위촉되어 그 회의에 참석해 본 결과 정부의 기본운영계획과 심사분석계획에는 조세문제가 완전히 누락되어 한 구절도 없다는 중대 사실을 발견했다.

말하자면 그때까지 우리나라 조세정책의 형성과정과 세무행정의 심사·분석 과정에서 우리 학자들의 참여(參與)가 완전히 배제되어 왔던 것이다.

조세정책 수립에 교수들 처음 참여

연간 국민총생산(GNP)의 20%라는 막대한 국민부담을 중앙 및 지방정부가 사용하는 이 나라에서 그 예산이 바르게 사용되고 있는가를 평가하고 그에 필요한 자금을 조달하는 세제개편과 조세수입의 결정문제가 충분히 분석·검토되고 있는가를 따지는 일은 참으로 중요한 문제가 아닐 수 없다. 그런데도 그 과정에서 재계·정계·언론계의 주의·주장은 비교적 충분히 반영되었지만, 학계의 학문적 참여는 완전히 배제되어 왔다.

그동안 우리나라의 재정학자들은 무엇을 해 왔단 말인가? 학계에 재정학 교수는 많지만 조세제도·조세법·세무회계 분야의 이론과 실무를 겸한 전문적 교수는 없었고 또 대학 강의에서 이런 과목을 개설한 4년제 대학은 하나도 없었다. 더구나 우리 재정·경제문제의 두뇌집단이라 부르는 한국개발원(KDI)에도 조세전문 연구위원은 없었다.

황무지였던 조세학분야 덕분에 그동안 나는 경제기획원의 예산제도심의회 심의위원을 비롯하여, 재무부·내무부·상공부의 자문위원으로 위촉되어 일반교수로서는 도저히 얻기 어려운 관계자료·정보·통계 등을 얼마든지 손쉽게 얻을 수 있었고, 그것을 교육과 연구에 널리 활용할 수도 있었다.

그리하여 교육세·잡부금·조세지출예산제도·부가가치세·금융자산실명제 등 정치적·경제적·사회적 이슈가 생길 때마다 나는 도맡아 신문·잡지에 원고를 쓰고, 라디오·TV의 대담프로에 등장했다. 하지만 국가재정과 국민부담을 생각할 때 그런 기회를 나 혼자 독점하여 희희낙락하고 있을 수 없다고 생각했다.

조세학을 전공하거나 전공할 잠재력을 가진 학자들을 널리 발굴·동원해 세금문제를 전국적·학술적 차원으로 승격·발전시키고, 조세학자들이 정책의 개발에 힘을 모아 다 함께 목소리를 높일 학술(學術)단체가 하루속히 설립되어야 하겠다고 생각했던 것이다.

임의단체 한국조세학회는 1981년 10월 30일 제1차 정기총회를 열어 전국의 대학·연구기관에서 널리 회원을 모집했다. 그리고 매년 학술연구발표회를 개최하여 학문적 기초를 다졌다. 1983년 10월에는 대외적으로 공신력을 높이기 위해 나의 출연금을 토대로 재무부장관의 설립 허가를 받고 용산등기소에 법인(法人) 설립 등기까지 마쳤다. 그리하여 조세학회는 명실 공히 공인된 학술연구단체로서 본격적인 활동을 시작했던 것이다.

조세학회 뒤이어 재정·세무학회도

1985년 12월 20일 조세학회의 첫 연구논문집을 발간하면서 나는 초대 이사장으로서 다음 발간사를 실었다.

"……하나의 조세제도나 한 가지 세법조문이라 하더라도 그것을 높은 학문적 수준으로 향상·발전시키기 위해서는 한 가지 측면에만 치중할 것이 아니라 재정학을 비롯하여, 헌법학·사회학·행정학·세법학·세무회계 등 여러 가지 인접(隣接)학문을 통해 다각적인 측면에서 종합적으로 접근해야 하겠습니다.

우리 학회에 아쉬운 대로 정책(政策)·세법(稅法)·회계(會計) 등 세 개 분과연구회를 두고 모든 회원들에게 두 개 이상의 연구회에 가입, 다른 학자들의 전공분야도 배우고 활용하도록 권장하는 까닭은 바로 이 같은 취지에 부합한다고 믿기 때문입니다……."

그리하여 이 학회는 창설된 지 어언 18년의 세월이 흘렀다. 역대 학회장에는 1대 장원종(張源宗·동국대), 2대 유한성(柳漢晟·고려대), 3대 곽태원(郭泰元·서강대), 4대 박종기(朴宗淇·인하대), 5대 최광(崔洸·외국어대), 6대 오연천(吳然天·서울대) 교수 등이 활약했고 그동안 학회에서 발표한 학술논문은 127편에 달했다.

학회 창설을 계기로 그동안 우리 회원들은 정부의 예산제도심의회·조세발전심의회·지방세발전심의회 등의 심의위원으로 위촉되고, 경제·정치·사회단체의 각종 자문에 응했으며, 신문·잡지의 원고를 청탁받고, 라디오·TV에 자주 출연해 세금 문제를 정치적·사회적 측면에서 크게 부각시키는 데 기여했다.

그러나 이 학회도 역사와 전통이 없는 학회어서 사회적으로 차차 주목을 받기 시작하자 여러 가지 문제를 낳기 시작했다.

연구논문의 심사를 소홀히 한다거나, 연구자의 선택에 정실이 개입된다거나, 집행부의 구성에 당파성이 개입되는 등 폐단도 적지 않았다. 그 결과 한국조세학회는 법적인 요건만 유지한 채 공전(空轉)되는 비운을 맞고 말았다.

우리 학회에 이어 조세정책을 다루는 재정학회·공공경제학회, 세무회계를 다루는 세무학회 등이 잇따라 발족하였고, 재정경제원 산하에는 한국조세연구원도 설립되었다. 한국조세학회가 이들 학회나 연구원이 다루지 못하는 세법 및 세무행정의 전문적·기술적 분야를 중심으로 실용성(實用性) 있는 학회로 부활·발전되기를 기대해 본다.

관료·교수경험 살린 신문 논설위원

신문사의 사설은 이슈가 생기면 시간을 다투는 글쓰기 작업이었다. 이슈가 생길 때마다 나는 대학교수의 신분인데도 신문사의 마감시간에 쫓기면서 피를 말리는 글을 써야 했다. 그 원동력은 전직 재무관료의 '한(恨)'을 풀기 위해서였다고 말할 수밖에 없다.

1981년 8월 1일 나는 매일경제신문의 비상임 논설위원(論說委員)으로 위촉되었다. 그 신문과의 인연이 시작된 것은 그보다 7년 전인 1974년 11월이었다.

관직을 떠난 후 대학교수로 변신, 그 신문에 '절세(節稅)'라는 제목으로 20회에 걸쳐 연재물을 집필했고, 그 후에도 시평(時評)·시론(時論) 등의 이름으로 길고 짧은 글들을 자주 실었다. 나를 논설위원으로 추천한 사람은 내가 국세청에 근무할 때 출입했던 그 신문사의 송덕만(宋德滿)·최인수(崔仁洙) 기자였다.

오랫동안 신문을 봐 왔어도 신문사의 사설(社說)이란 것이 어떤 것인지, 처음에는 잘 알지 못했다. 하지만 막상 논설위원을 맡아 여러 신문사의 사설들을 비교해서 읽어 보고 또 다른 논설위원들과 자주 교류하면서 사설이란 그 신문·잡지사의 주의·주장을 대변하는 가장 핵심적인 글이라는 것을 알았다.

그 신문에서 내가 맡은 분야는 주로 나라 살림살이에 돈을 쓰는 '예산문제'와

나라살림에 필요한 돈을 마련하는 '조세문제'의 두 가지였다.

사설을 본격적으로 쓰기 시작했을 때 나는 이승만 정권에서 시작, 박정희 정권에 이르기까지 그동안 우리 재정에서 일어난 역사적 사건들을 중심으로 <우리 재정(財政)의 전개와 소비세(消費稅)의 역할>이라는 박사학위 청구논문을 작성, 건국대학교 대학원에서 심사를 끝냈을 때였다. 그래서 중앙 및 지방정부의 살림살이와 국세 및 지방세 등 세금에 관한 통계와 자료들을 많이 갖고 있었다. 그리고 그동안 대학에서 행한 연구·강의를 통해 우리나라의 예산 및 세제에 관한 비판의식도 어느 정도 갖추고 있었다. 성균관대 경영대학원에서는 '한국경제론'과 '한국재정론' 강좌도 개설해 학생들과 자주 난상토론을 벌였다.

그렇게 학문적으로 중무장한 덕분에 사설을 쓰게 되자 나는 재무공무원으로 현직에 근무하면서 느꼈던 '한(恨)', 즉 국민의 피와 땀으로 조달된 혈세(血稅)가 각 분야에서 너무나 어이없이 허비·낭비되고 있는 현장을 철저히 파헤쳐 그 실상을 독자들에게 널리 고발하기로 결심했던 것이다.

전직관료 눈으로 본 예산·세정 비판

'재정의 세입면(歲入面)'에서는, 첫째로 세금은 소득계층별로 볼 때 경제성장 등 목적 여하를 불문하고 저소득층보다 중산층에, 중산층보다 고소득층에 무겁게 과세되어야 옳다고 보고, 세제개편문제에 있어서는 조세의 윤리적·도덕적 측면을 특히 강조했다.

둘째로 국가가 수출·투자 등을 장려한다는 명분 아래 특정계층 또는 특정산업에게 세금을 경감해주는 조세감면(租稅減免)제도는 남의 눈에 띄지 않게 뒷문으로 거래되는 '정상(政商)유착의 표본'이며 '숨은 보조금'으로 보고, 그의 축소를 강력히 요구했다.

셋째로 1962년 5·16 군사정권에 의해 제정된 '예·적금에 관한 비밀보장법'은 탈세·투기·뇌물·범죄·밀수 등 지하(地下)경제를 조장하며 종합소득세의 완성을 가로막는 결정적인 장애 요소로 보고, 금융자산 실명제(實名制)를 하루속히 단행할 것을 촉구했다.

넷째로 개인기업에게 기부금·헌금·찬조금 등의 명목으로 실제로는 권력기관이 강제적으로 징수·사용하는 잡부금은 '숨은 세금'이요, '관기(官紀)문란의 표본'이며 '국회 예산심의권에 대한 침해'로 보고, 잡부금을 남징해서 이뤄지는 일체의 사업은 즉각 중지하거나 아니면 '조세지출예산'으로 편성해 우리 국민이면 누구나가 알 수 있도록 정정당당하게 공개할 것을 촉구했다.

'재정의 세출면(歲出面)'에서는, 첫째로 방대한 중앙 및 지방행정기구와 불필요한 고위직(高位職) 공무원은 '작은 정부'를 지향하는 세계적 추세에 역행한다고 보고, 행정기구의 통폐합과 1급 공무원을 중심으로 한 중간 관리직의 대폭 감축을 촉구했다.

둘째로 공무원의 불안정한 신분과 낮은 보수는 공직사회의 부패와 대중수탈의 원인으로 보고, 공무원 수를 대폭 감원하되 남은 공무원들에 대해서는 정치적 중립성을 보장하는 동시에 처우를 획기적으로 개선해 기강쇄신을 도모할 것을 촉구했다.

셋째로 정치적 목적으로 시행되는 중앙 및 지방정부의 각종 전시(展示)공사와 대규모 기념사업들은 국민의 귀중한 혈세를 낭비하는 범죄로 보고, 고용 창출과 투자효과가 극대화되는 사업만을 엄선해서 투자를 중점적·집중적으로 실시할 것을 촉구했다.

넷째로 절대 빈곤층에 속하는 가난한 사람들은 사회안정과 국가안보의 치명적인 위험요소로 보고, 방위비를 포함한 정무비(政務費)를 최대한 절감해서 예산의 일정 비율을 복지비(福祉費)에 배정할 것 등을 강력히 당부했다.

'예산·세제를 다루는 국회'에 대해서는, 첫째로 국회는 '대의(代議) 없이 납세 없다.'라는 대원칙하에 납세자인 우리 국민을 성실하게 대변하여 정부의 독선·독주를 견제할 수 있는 유일한 대의기관으로 보고, 진정한 국리민복을 도모하기 위해서는 여당 국회의원들도 정부·여당의 거수기(擧手機) 노릇만 하지 말고 야당 못지않게 예산 및 세제심의에 최대한의 노력을 기울여 줄 것을 간곡히 당부했다.

둘째로 때마침 유행처럼 번지고 있던 영국의 케인즈 이론을 아전인수 격으로 해석하고 경기부양을 구실로 삼아 정치인은 인기를 얻기 위해, 관료들은 권한을 확장하기 위해 예산을 무모하게 팽창시키고 있다고 보고, 국가재정은 '수입 내 지출'이라는 균형예산(均衡豫算)주의를 엄격히 지킬 것을 촉구했다.

셋째로 차입금·국채·차관·채무보증 등 국가가 짊어지고 있는 채무(債務)는 현재의 빚을 우리 자손들, 즉 다음 세대에 떠넘기는 무책임한 배임행위로 보고, 국가채무의 신규 발생을 최대한 억제할 것은 물론, 누적된 국가채무를 계획적으로 상환하기 위한 감채기금(減債基金) 제도를 하루속히 창설할 것을 제안했다.

넷째로 국회의 결산(決算)은 정부가 예산을 합법적·효율적으로 집행했는지의 여부를 사후에 검증하고 그의 책임 소재를 밝히는 중요한 과정으로 보고, 앞으로 국회의원들은 예산에 못지않게 결산 심의에 있어서도 국민의 혈세(血稅)가 혹시 낭비·남용되지 않았는지, 책임소재를 철저히 밝혀 줄 것 등을 당부했다.

전직 재무관료 눈으로 국회 비판도

이상과 같이 써낸 신문사설들은 전두환 정부에서 시작, 노태우 정부에 이르기까지 10여 년간 약 300여 편에 달했다. 그동안 정부의 예산 및 세제당국은 내 사설에 대해 많은 관심을 보였고, 다른 신문사 논설위원들도 지지와 공감을 표시해 주었다.

하지만 국회와 정부가 예산과 세법을 입법하고 집행하는 과정을 지켜본 결과 나는 그동안 내가 썼던 신문사설들의 대부분이 한갓 '공염불(空念佛)'로 끝나는 것은 아닌가 싶어 안타까움을 금할 수 없었다.

따라서 내가 더 이상 그 신문에 사설을 집필해야 할 필요가 과연 있는지, 의문을 금할 수 없었다. 그 대신 이들 신문사설과 '조선·동아·중앙' 등 다른 신문·잡지에 실은 내 글들을 모아 1986년 9월 25일, ≪한국재정론(韓國財政論)≫을 발간하기로 작정했던 것이다.

그 책을 발간한 목적은 대학원의 교재로 삼겠다는 생각도 있었다. 하지만 그와 함께 오늘을 사는 내가 우리 시대의 예산·세제의 실상(實相)과 문제점을 후세에 증언(證言)으로나마 남겨야 하겠다고 생각했다. 그동안 써야 할 이슈가 생길 때마다 나는 대학교수라는 본분에 충실하고 신문의 마감시간에 쫓기면서, 피를 말리며 사설을 써 왔다. 그 원동력은 전직 재무관료로서 겪은 뼈에 사무친 원한이 살아 있었기 때문이었다.

그 책이 발간된 지 벌써 19년이라는 세월이 흘렀다. 그 후 노태우 정권에 이어 소위 '문민정부'라는 김영삼 정권이 지나가고, '국민의 정부'라는 김대중 정권과 '참여정부'라는 노무현 정권도 어느새 지나갔다. 앵무새처럼 애국애족을 부르짖는 국회의원과 국회는 오늘도 외관만은 여전히 버젓하다. 하지만 그 책에 포함된 글 가운데서 지나간 연도와 통계숫자만 바꾸면, 오늘날 그 내용을 수정해야 할 만큼 개선·개혁된 부분은 별로 발견되지 않는다.

그 글들이 우리나라의 재정 운영과정에서 더 이상 '공염불'로 끝나지 않는 날이 하루속히 오기를 간절히 바란다.

아웅산에서 사라진 '조세지출예산제도'

정부와 수혜자의 편에서는 일일이 보조금을 지급하는 방법보다 세법에 관계규정을 한 번만 추가하면 되는 조세감면 방법이 편리할 것이다. 하지만 그 방법은 정경(政經)유착의 표본이며 일반국민은 물론 대부분의 국회의원들도 모르고 속아 넘어가는 경우가 대부분이었다.

1983년 12월 1일, 나는 ≪주간 매일경제≫의 칼럼 <산책로(散策路)>에 다음 글을 기고했다.

"며칠 전 나는 '월간조선' 표지에서 '버마 암살 폭발사건, 운명의 나팔소리'라는 제목을 보았다. 작은 제목은 '아웅산의 분노, 순직 각료 7인의 얼굴'로 되어 있었다.

그 순간 지난 10월 9일 그분들의 국민장이 거행되던 날, TV를 지켜보면서 들은 진혼(鎭魂)의 구슬픈 나팔소리가 다시 생생하게 들리는 것 같았다.

순국한 각료들 가운데는 잘 아는 이가 많았다. 부총리 겸 기획원장관 서석준(徐錫俊) 씨, 상공부장관 김동휘(金東輝) 씨, 재무부차관 이기욱(李基郁) 씨, 건설부차관 김용환(金龍煥) 씨 등이 포함되어 있었다.

서 장관은 고등고시 후배였고, 김 장관은 고등고시 필기시험 동기였다. 그리고 이 차관은 처남의 고등학교 친구였고, 김 차관은 재무부 시절 부하였다……."

서석준 부총리, 학자 충고에 귀 기울여

내가 서 부총리를 마지막으로 본 것은 그해 맑은 초가을 한낮 한국개발연구원(KDI)의 회의실에서였다. 주말마다 점심시간이 되면 경제학자들과 차례로 어울리던 서 부총리가 그날은 재정학 교수들과 대화의 시간을 가졌고 나도 그 자리에 참석했다.

주된 화제는 '조세지출 예산제도'였고, 우리나라에도 이 제도를 하루속히 도입해야 하겠다는 얘기들이 많았다. 나는 그날 그 제도의 필요성을 다음같이 역설했다.

"정부가 산업자본을 축적 동원하기 위해 민간인에게 저축을 권장하거나 기간산업을 보호·육성하고 수출산업을 진흥·장려하기 위해 기업가에게 투자를 유도할 경우에, 개인이나 기업이 그에 적극 호응할 수 있도록 유도하기 위한 유인(誘引)조치로서 보조금을 지급하거나 세금을 감면해 주는 등 인센티브는 필요하고 또 유익한 것이다.

하지만 일반국민이 내는 세금으로 특정한 개인 또는 기업에 대해서만 보조금을 지급하거나 일반국민이 다 내는 세금을 특별한 개인이나 기업에 한해서만 감면해 주는, 이와 같은 유인조치는 그런 혜택을 받지 못하는 개인이나 기업의 편에서 볼 때 분명히 특혜요, 불공평한 처사로 시빗거리가 되지 않을 수 없다.

정부가 예산에 계상되어 있는 보조금을 지급하는 방법을 '직접지출' 또는 '예산지출'이라 한다. 따라서 세법에 규정되어 있는 세금을 감면해 주는 방법은 '간접

지출' 또는 '조세지출'이라 말할 수 있다.

만약 국가의 특별한 정책목표를 달성하기 위한 유인수단으로서 세금의 감면조치가 불가피한 경우라면 어떤 목적으로, 어떤 세금을, 얼마나 감면해 주는지, 그 혜택을 받는 것은 어떤 사람들 또는 어떤 기업들인지, 국회는 물론 우리 국민들도 알아야 한다.

따라서 정부는 마땅히 그 내용을 국회는 물론 우리 국민들에게 명백히 공개해야 할 의무가 있다. 그러기 위해서는 정부가 '조세지출'의 경우에도 '예산지출'의 경우와 마찬가지로 매년 그 내용을 상세하고 정확하게 표(表)와 서류로 작성하여 국회에 제출해서 국회의원의 심의를 거쳐 그 결과를 널리 공개해야 옳은 것이다.

왜냐하면 설사 국가가 정책목적을 달성하기 위해 그런 특혜를 베푸는 경우라 하더라도 그런 혜택을 받는 개인 또는 기업들이 과연 얼마만큼 국민경제에 기여하고 있는지, 국가는 그런 혜택을 베풀 만한 충분한 이유가 있는지, 따져 봐야 하기 때문이다.

이런 제도를 가리켜 '조세지출예산제도'라고 한다. 하지만 우리나라에 이 제도는 아직까지 도입·실시되지 않고 있고, 국세청·관세청·내무부가 매년 발표하는 국세 및 지방세의 감면실적 통계에는 이와 같은 내용이 허술하고 또 누락이 많아 아무도 그 내용을 정확하게 파악할 수가 없게 되어 있다."

그렇게 역설하고 부총리에게 재임 중 이 제도 하나만은 꼭 도입·실천하여 조세유인(租稅誘引)조치가 공명정대한 재정제도로서 하루속히 정착될 수 있도록 용단을 내릴 것을 당부했던 것이다.

그날, 서 부총리는 "대학교수들이 이론은 잘 알고 또 추구하는 이상은 높지만, 우리나라의 실정은 잘 모르는 줄 알았는데, 말씀을 듣고 깜짝 놀랐습니다.

이 선배 같은 관료출신이 학계에 많이 진출하면 이론과 현실이 잘 조화되어 국가의 정책개발에 크게 기여할 것”이라고 말했다. 그리고 “이 제도는 내가 재임 중에 꼭 실현될 수 있도록 최선의 노력을 다하겠다.”고 다짐까지 했다.

그 후, 이 제도를 주관할 부처를 놓고 경제기획원과 재무부 실무자 사이에서 서로 자기네가 맡겠다고 한동안 실랑이가 벌어졌다는 후문이 들리기도 했다.

사람은 떠나도……

그러나 서 부총리는 '아웅산'에서 가고, 모처럼 도입이 확실시되던 '조세지출예산제도'는 이제 망각 속에 묻혔다. 아까운 사람, 필요한 사람이 먼저 간다는 말은 이를 두고 하는 말인지 모른다. 아웅산에서 쓰러진 그분들을 생각하며 진혼의 나팔소리를 가슴 아프게 듣는 이는, 비단 나 한 사람만은 아닐 것이다.

그때 나는 그 글을 다음과 같이 끝맺었다.

“내가 재무관료로 근무하고 있었을 때 조세감면제도는 법률이 정하는 바에 따라 개인 또는 기업에게 세금이 당연히 감액 혹은 면제되는 제도인 줄 알았다. 하지만 대학에 나와 예산과 세제문제를 객관적으로 연구해 본 결과, 이 제도 속에는 너무나 많은 모순점이 포함되어 있다는 것을 알 수 있었다. 즉, 정부의 편에서는 보조금을 일일이 지급하는 방법보다 세법에 감면세 규정을 한 번만 추가하면 그만인 까닭에 조세감면방법이 매우 간편할 것이다.

이 방법은 그 혜택을 받는 경제인의 편에서도 대단히 편리하다. 관계부처와 개별적 혹은 집단적인 로비로 일단 정부방침만 결정되면 수속절차나 관계당국의 간섭을 일절 받지 않고, 게다가 관계법률이 개정될 때까지 그 특전은 무한정 보장되기 때문이다.

그에 비해 보조금을 지급하는 방법은, 관계부처가 매년 관계예산을 편성해 일일이 국회의 승인을 받아야 하고, 그 돈을 지급할 때도 적격(適格) 여부를 일일이 따져야 하며, 사후에는 감사원의 감사도 받아야 한다. 이렇듯 보조금제도는 수속절차가 까다롭고, 책임문제도 뒤따르게 되어 있다. 그래서 학자들은 조세감면제도를 '정경유착의 표본' 혹은 '뒷구멍 거래'라고 비난하기도 한다. 이 제도의 문제점에 착안해 나는 1982년 매일경제신문에 그의 폐단을 자세히 발표한 바 있다. 그러던 차에 KDI에서 부총리를 만나 그의 확답을 들었으니 우리나라에서도 드디어 이 제도가 본격적으로 도입·실시된다고 크게 기뻐했던 것이다.

하지만 그 기대는, 아웅산의 천지를 진동시킨 폭음소리와 함께 사라졌다. 사람은 갔어도 이 제도는 언젠가 시행될 날이 오고야 말 것이다."

21년 만에 폐지된 '예·적금 비밀보장법'

사채(私債)조직은 지하에 잠복해 있는 간첩조직보다 더 무섭고 막강하다고 한다. 5·16군정이 만든 '예·적금에 관한 비밀보장법'은 30여 년간 그 조직에 아무도 손댈 수 없는 법적·제도적 온상(溫床)을 제공해 왔다. 산업자금을 조달한다는 명분이었다. 이제 그 법은 금융실명제의 실시를 계기로 드디어 폐지되고 말았다. 하지만 그 조직을 배후에서 조종하는 고리대금(高利貸金)업자들은 아직도 세상을 비웃고 있는지 모른다.

금융자산실명제는 제도 도입의 당부(當否)·적부(適否) 등을 놓고 오랜 시비와 진통 끝에 1993년 8월 12일 간신히 시작되었다. 내가 알기로 그 이전에도 이 제도가 도입될 기회는 두 차례 있긴 있었다.

첫 번째는 1979년 9월, 내가 경제과학심의회의 위촉을 받아 연구·보고한 <부가가치세를 중심으로 한 세제개선방안>이 만약 박정희 대통령에게까지 보고되었다면, 그 보고서 속에 포함된, 1961년에 산업화를 촉진하기 위한 제물(祭物)로 시작된 '예·적금에 관한 비밀보장법'은 즉각 폐지되어야 한다는 주장이 실명제 도입으로 연결되었을지 모른다. 하지만 그 보고서는 박 대통령이 저격된 1979년 10·26 사건으로 인하여 끝내 햇빛을 보지 못하고 말았다.

두 번째는 소위 '장영자 부부의 거액 위조(僞造)어음 사기사건'을 계기로 1982년 7월, 전두환 정권에 의해 착수된 소위 '7·3 사채(私債) 양성화조치'였다. 그 조치는 우리 경제사회에 가히 혁명적이라 할 큰 충격을 던져 주었다. 하지만 정계나 경제계의 거센 반대에 부딪쳐 법률만 만들어 놓고 시행은 무작정 연기되고 말았던 것이다.

아침 식탁에 전화, '실명제' 뉴스

'7·3 조치'가 발표되던 1982년 7월 3일 아침, 나는 밥상에서 매일경제신문사로부터 걸려 온 다급한 전화를 받았다.

"이 교수님, 빨리 신문사로 나와 주셔야 하겠습니다."

"왜요? 사설거리라면 기자 편으로 자료를 보내주면 될 텐데……."

"아닙니다. 지금 정부에서 중대조치를 발표하고 있습니다. 우리도 발표 내용이 뭔지 잘 모르겠습니다. 우리 신문의 편집마감은 9시, 시간이 없습니다. 교수님 논평을 석간에 꼭 실어야 하겠습니다. 당장 신문사로 나와 주세요."

허둥지둥 달려간 나는 되풀이 방송되는 '7·3 조치'를 듣고, 그 자리에서 기자에게 논평(論評)을 당장 구설(口說)해 주었다. 다행히 그날 발표내용은 평소에 나의 지론(持論)이었던 '예·적금 비밀보장법'의 폐지, 즉 '금융자산실명제'의 단행, 바로 그것이었다.

논평이 그날 석간(夕刊)신문에 보도되자 그때부터 나는 신문·TV 기자들에게 정신없이 쫓겨 다니는 신세가 되었다. 재무부와 경제단체에서도 좌담·대담 등 온갖 토의석상에 나를 불러 냈다. 왜냐하면 당시에 그 문제의 초점이 어디 있는가를 잘 아는 사람이 없었고 신문 논평도 내가 가장 먼저 썼기 때문이다.

'7·3 조치', 그것은 이철희·장영자 부부의 거액 어음사기사건이 발생하여 온 세상이 발칵 뒤집혔을 때 전두환 정권이 경제장관들을 전격 교체했지만, 그래도 민심 수습이 안 되자 사태 수습의 고육지계(苦肉之計)로 내놓은 외과적(外科的) 수술이었다. 속칭 '금융자산실명제'였다. 따라서 만약 이·장 부부사건이 일어나지 않았다면 조세정의(租稅正義)에 역행하는 천하의 악법, '예·적금에 관한 비밀보장법'은 계속 유지되었을지 모른다.

당시에 정부는 "1983년 1월 1일 이후에는 예금·적금·주식·국공채·회사채 등 일체의 금융자산을 취득하는 개인 또는 법인은 반드시 금융기관에 주민등록증을 제시해 자기의 이름을 밝혀야 하고, 이자·배당 등 금융소득을 얻는 자에 대한 종합과세(綜合課稅)도 곧 실시할 계획"이라고 밝혔다.

그때까지 남의 이름으로 숨겨 놓은 금융자산에 대해서는 1983년 6월 말까지 본인 이름으로 실명화를 허락하되, 그 대신 5%의 특별과징금(課徵金)을 부과하기로 했다. 다만 숨겨 온 음성(陰性)자산 가운데 자기 또는 자녀의 명의로 되어 있는 예·적금에 대해서는 일정액까지 그리고 자기 회사에 대한 증자, 은행 주식의 신규 취득, 주택채권의 매입, 단자(短資)·신용금고를 설립하기 위해 출자·증자하는 자금에 한해서는 특별과징금을 전액 면제하기로 특례규정을 두었던 것이다.

당시에 우리 경제는 3년째 계속된 불경기의 늪에서 헤어나지 못한 채 허덕이고 있었다. 전두환 정권은 어려운 경제 난국(難局)을 타개하기 위해 그해 1월 4일, 내각의 '이론경제팀'을 나웅배(羅雄培), 강경식(姜慶植) 씨 등 '실물경제팀'으로 전격 교체하고, 적극적인 경기부양책에 착수했다.

실물경제팀은 들어서자마자 '1·14 경제 활성화 종합대책'을 비롯하여, '3·29 금리(金利) 인하조치', 부동산 경기의 진작을 목적으로 한 '5·18 경제 활성화 조치' 등을 잇따라 발표했다. 그리고 연간 계획상의 경제지표를 축소 조정하고, 총통화(總通貨) 공급량을 25% 대폭 늘리는 등 이른바 '6·17 당면(當面)경제정책'도

연이어 발표했다.

그래도 미흡하자 '실물 경제팀'은 종래의 안정정책을 일부 수정하여 기업과 기업인의 투자의욕을 고취시키기 위해 다시금 '6·28 경제활성화조치'를, 뒤이어 사채를 양성화하기 위해 '7·3 실명화조치'를 계속 단행했던 것이다.

이상의 여러 가지 대책들 가운데서 실명화 조치만은 날이 갈수록 준비 부족 또는 시기상조 등의 이유로 경제계에서 반대의 목소리가 점차 높아져 갔다. 본인 또는 자녀가 가진 일정액 이상의 음성자산에 대해 세무서가 자금출처를 조사할 경우에는 사채유통이 막히고, 귀금속·달러 등 환물(換物)심리가 팽배해 기업들은 당장 자금난에 허덕이게 될 것이며, 재산의 해외도피가 촉발되어 국내의 귀중한 자본이 외국으로 누출되는 등 중대한 사태가 발생할 것이라는 경고까지 들고 일어났다.

그리고 종합소득에 대한 종합과세의 도입은 행정력의 미숙과 업무량의 과다로 인해 당장 그 실효를 거두기 어렵다고 하면서 사방에서 강한 반감이 분출되기도 했다.

첫 실명제, 실명화(失名化)되고

사태가 그에 이르자 경제계의 여론에 편승한 여당 민정당은 '7·3 조치'의 핵심적 요소가 빠져 버린 소위 '경제조치보완방안'이라는 수정안을 전격 발표하고 말았다.

그러던 어느 날, 서울대 박우희(朴宇熙) 교수와 함께 나는 강경식(姜慶植) 재무부장관의 저녁식사 초대를 받았다.

"강 장관, 이왕 시작한 김에 대통령의 긴급명령으로 밀어붙이지, 왜 일반 법률로 시간을 끌다가 결국 일을 망치고 말았소?”

“각하께서 말씀하시기를, 혁명은 군인만 하는 줄 알았는데 행정관료도 혁명을 하는군. 내가 경제문제는 전혀 모르지만, 그 대신 뒷일은 전적으로 책임질 테니 소신껏 추진해 보라고 말씀하셨죠. 그래서 일반 입법방법을 취했는데 일이 이 지경으로 뒤틀어지고 말았네요.”

“여보, 박 대통령께서 ‘예·적금 비밀보장법’을 제정한 게 1961년이오. 그동안 무려 20여 년이라는 긴 세월이 흘렀소. 그렇게 오랫동안 굳어진 기득권(旣得權)세력들을 통상적인 입법조치 하나로 간단히 타파(打破)할 수 있다고 생각했단 말이오? 강 장관, 참으로 순진하시네요.”

“지나고 보니 후회가 많이 되네요. 하지만 실명제 실시를 위한 법률만은 이번 기회에 꼭 만들어 놓기로, 이것만은 각하의 약속을 단단히 받아놓았습니다.”

그래서 두 번째 실명제(實名制)는 허울 좋은 법률만 만들어 놓고, 무한정 실명화(失名化)되고 말았던 것이다.

이·장(李·張) 부부 거액 어음사기사건의 돌출을 계기로 온 세상에 그 제도가 당장 실시될 것으로 알려진 ‘금융자산실명제’가 날이 갈수록 퇴색되고, 급기야 무기 연기된 데는 경제계가 사채(私債)라는 손쉬운 자금원을 잃게 될까봐 우려한 데 주된 원인이 있었을 것이다. 하지만 그에 못지않게 또 하나, 정계가 경제계와 정상(政商)유착을 통해 조달해 오던 정치자금의 통로가 막히거나, 여당이 야당이나 정적(政敵)의 자금줄을 캐기 위한 수단으로 악용할까봐 두려워한 데도 그 이유는 있었을 것이다.

1993년 김영삼(金泳三) 정권에 이르러 ‘금융자산실명제’가 드디어 완성되었다. 하지만 지하에 잠복해 있는 간첩조직보다 더 질기고 막강하다는 사채망(私債

網). 그 조직을 배후에서 조종하는 고리대금업자들은 지금도 세상을 비웃고 있을지 모른다.

정계·관계·업계 관계 각층의 획기적 각성과 정화(淨化)가 앞서지 않는 한, 우리 사회에서 참다운 의미의 실명제는 아직도 요원하다.

친북·반정부학생 설득에 실패

"그러면 교수님은 자본주의 사회에 더 이상 모순은 없다고 보십니까?"
"왜 없어 많지. 그 모순의 대표적 현상이 부와 소득의 격차(隔差)문제지. 이것을 교정(矯正)하고 보완하기 위한 정책수단의 하나가 바로 내가 가르치는 세법(稅法)이라는 학문이야. 격차문제 해소의 소극적 방법은 국가가 세법을 통해 저소득 면세, 중소득 경과세, 고소득 중과세 하는 것이고, 적극적 방법은 국가가 예산을 통해 그렇게 조달된 자금을 저소득자에게 재분배(再分配)해 주는 것이라네."

1학기말 시험 감독을 끝내고 답안지를 채점하고 있던 1987년 7월 말, 교수들 앞에는 건강과 지식을 재충전할 신나는 여름방학이 기다리고 있었다.

그동안 나는 대학원 진학 5년 만에 박사학위를 취득했고, 학계 진출 9년 만에 정교수로 승진되어, 그야말로 심신(心身)의 여유와 행복을 마음껏 누리고 있었다.

그러던 어느 날, 갑자기 한 낯선 학생이 내 교수연구실 문을 열고 들어섰다. 노크도 없이 불쑥 들어온 그의 무례함이 약간 거슬렸지만 의자에 앉은 학생의 얼굴을 보자마자 섬뜩한 느낌이 들고 가슴이 뜨끔했다. 그의 얼굴은 병실에서 갓 나온 폐병환자처럼 창백했고 눈은 충혈되어 있었으며 누구에게 쫓기는 듯 눈동자를 사방으로 굴리고 있었다.

"법대 학생입니다. 교수님 세법(稅法) 강의를 수강 신청한……."

"아 그래, 그런데 어쩐 일인가?"

"교수님께 학점을 부탁하러 왔습니다."

"학점을?"

급히 수강신청 카드를 펴놓고 그의 학번과 이름을 살펴봤다. 분명히 수강신청은 했지만 출석란은 하얗게 비어 있었다. 물론 학기말 시험도 치르지 않은 상태였고.

"교수님, 제가 누군지 모르십니까?"

"모르겠는데. 법대소속 교수가 아니라서……."

"제가 바로 성대 데모의 주동자입니다. 저를 모르시다니……."

농구·배구·미식축구 등 운동선수들은 학기 초에 결석할 경우에 대비해서 사전에 교수의 양해를 구하거나 사후에 추가시험을 치는 경우가 이따금 있었다. 하지만 데모 주동학생이 학기말에, 그것도 당당하게 학점을 달라고 찾아온 것은 그때가 처음이었다.

그와 나 사이에 한동안 침묵이 흘렀다. 나는 마음속으로 '이 문제를 어떻게 처리해야 하나' 하고 몹시 곤혹스러웠다.

"교수님, 다른 교수님들은……."

"잠깐, 다른 교수들을 앞장세울 게 아니라 또 학점을 주고 말고가 아니라, 학생은 도대체 어쩌자고 공부는 팽개치고 딴짓만 하고 돌아다니는가?"

"부모가 애 터지게 벌어서 보낸 등록금을 까먹어 가면서까지 제가 만사를 팽개치고 쏘다니는 이유를 교수님은 정말 모르십니까?"

"나도 대학시절 인간사회가 부자와 가난뱅이, 자본가와 노동자, 착취자와 피착취자의 두 계급으로 양분(兩分)되어 있는 것을 보고 인간의 평등을, 착취가 없는 세상을 이상으로 하는 마르크스–레닌주의에 미쳐 한동안 그런 책 속에 파묻혀 지낸 세월이 있었다네."

"그래요? 그런데 어쩌다가 자본주의의 어용(御用)교수로 변절하셨어요?"

"말조심하게, 경제 성장(成長)이라는 '파이'도 충분히 키우지 못하면서 공평 분배부터 한다고 해서 잘되는 사회가 어디 있던가? 지난 1980년 8월 14일 폴란드의 그단스크 레닌 조선소에서 근로자들이 일으킨 파업이 소련 지배하의 공산왕국을 붕괴시킨 역사적 사건임을 자네는 알고 있겠지. 그때 근로자들이 외친 구호가 무엇인지 아는가? 그건 '공산정권을 타도하자.'가 아니라 단지 '생활조건을 개선하라'는 구호였단 말이야."

"?"

"자네도 소위 금서(禁書)라는 좌익(左翼)계통의 책들은 많이 읽었겠지. 또 김일성 선집, 항일 투쟁사, 주체사상 등 북한(北韓)서적들도."

"물론이죠. 하지만 저는 배부른 인텔리가 한가롭게 좌익서적(左翼書籍)을 뒤적이는 그런 공상적(空想的) 사회주의자가 아닙니다. 남한의 군사·독재정권을 타도하고, 그의 대안으로 남·북이 손잡고 이 땅에 진정한 의미의 민주사회·평등사회를 건설하자는, 실천적(實踐的) 사회주의자란 말입니다."

데모 주동학생과 이데올로기 논쟁

"내가 당국에 고발하지 않으리라 믿고 자네가 마음대로 지껄이는 것 같은데, 그건 그렇고, 학생은 언제 북한에 가보기나 했나?"

"안 가보면 모릅니까?"

"그야 그렇겠지. 북한방송을 예사로 듣는 세상이니까. 그런데 자네 생각에 이북은 노동자·농민들이 잘 사는 지상낙원이라 믿고 있겠지?"

"그렇게까지야……"

"공산주의 사회에는 이론상 영리를 추구하는 자본가가 없고, 그래서 임금(賃金)도 이자(利子)도 지대(地代)도 없겠지. 그리고 소위 잉여가치, 즉 자본가들이 독차지한다는 이윤(利潤)도 배당(配當)도 없고 따라서 자본가에 의한 노동자·농민의 착취가 있을 수 없겠지. 사람들은 능력껏 일하고 일한 만큼 생산물을 분배받고 산다니까 세금이 있을 수 없고, 그러니까 세법(稅法)공부도 할 필요가 없겠지.

또 무산(無産)대중을 마취시킬 필요가 없으니까 종교도 성직자도 없겠지? 그래서 학생은 공산주의를 표방하는 북한사회를 가장 '이상적인 지상낙원'이라 생각하고 있는 게 아닌가?"

"그렇지는 않죠. 남·북한이 설사 같은 독재체제라 해도 북한은 노동자·농민계급이 주인인 공산당 독재국가인 데 반해, 남한은 군사정권과 매판자본가(買辦資本家)가 결탁해 농민·노동자를 수탈하고 착취하는 '국가독점 자본주의'가 아닌가요?"

"그래, 이론상으로는 그렇게 말할 수 있겠지. 나도 북한에 가보진 않았으니까, 그곳이 실제로 어떻다고 단정할 수야 없지. 하지만 자본주의가 곧 악(惡)이요, 사회주의가 곧 선(善)이라고 단정하는 건 잘못인 것 같네.

사회주의에도 여러 가지가 있지만 같은 사회주의라도 지금 세계 각국에서 합법적으로 활약하고 있는 유럽형 사회주의는 북한·쿠바와 같은 교조적(敎條的) 사회주의와는 확실히 다르단 말이야."

"그게 뭔데요?"

사회주의 '완전고용·공평분배'에 유리

"유럽형 사회주의에서는 보수당과 사회당 사이에서 국민투표에 의해 정권이 교체되고, 시장경제(市場經濟)를 철저히 지키면서 복지·남녀평등·환경개선 등 사회개혁(社會改革)을 꾸준히 추구해 나가고 있다네."

"교수님도 아실 만큼 아시네요."

"농담은 치우고, 그래 자네는 그런 원대한 사상을 가졌는데 왜 시시하게 학점을 구걸하러 다니는가? 더구나 자본주의의 가장 상징적 제도인 세법에 대한 학점을 말일세. 자네가 신념을 갖고 그 길로 나섰다면 세법 학점은, 대학졸업장은 받아서 무엇에 쓰려는가?"

"그래도 대학졸업장은 받아둬야 하지 않겠습니까?"

"학생 말에 모순을 따지고 싶진 않네. 문제는 일반대중들에게 분배해야 할 생산물을 공산당이 지배하는 계획(計劃)경제체제가 더 많이 생산·분배할 수 있겠는가? 아니면 개인의 이기심(利己心)을 바탕으로 한 시장(市場)경제체제가 더 많이 생산·공급할 수 있겠는가, 문제의 초점은 거기에 있다고 봐야 할 것이네."

"?"

"자네, 사회주의와 공산주의의 차이가 무엇인지 아는가? 공산주의는 각자가 능력껏 일하고, 일 못한 사람도 공평하게 생산물을 분배해 준다는, 말하자면 사회주의의 최후·최고의 이상주의적 단계를 말하네.

능력껏 일하고 일한 만큼 공평하게 분배해 준다는 사회주의 사회에서 능력이 없는 사람은 어떻게 먹고 살며, 일하지 않은 사람도 공평하게 분배해 준다는 공산주의 단계에서 모든 사람에게 분배할 파이, 즉 생산물은 도대체 누가, 어떻게, 충분히 생산·공급해 줄 수 있단 말인가?"

“설사 생산물은 적더라도 계급 간에 착취가 없고 빈부의 격차가 없고 모든 인민에게 분배만은 공평하게 실시하는, 진정한 의미의 평등사회·공산주의 사회가 그래도 격차가 심한 우리 사회보다는 훨씬 낫지 않겠습니까?”

자본주의 ‘자유경쟁·경제성장’에 장점

“아니야. 자네가 좋은 대학, 좋은 학과에 들어오기 위해 고교시절 얼마나 열심히 공부했는가? 그게 인간이면 다 갖고 있는 이기심(利己心)이라는 거야. 사람에겐 원래 능력과 노력에 차이가 있게 마련인데, 이기심을 바탕으로 한 경쟁이 불필요한 사회라면 누가 뭐 때문에 남보다 열심히 공부하고 열심히 일하려 하겠는가? 또 그 결과로 얻어지는 대가에 차이가 없다면 누가 뭐 때문에 위험이나 고통을 무릅쓰고 값싸고 질 좋은 생산물을 불철주야 연구·개발하려 하겠는가? 그런 사회에서 과연 산업이 제대로 발달하고 경제가 고도로 성장할 수 있겠는가?”

“?”

“각 개인에게 자유로운 경쟁이 장려되고 그 결과인 사유재산(私有財産)제도가 보장되는 자본주의 사회, 그에 힘입어 전체 국민의 생활수준이 향상되는, 그런 산업(産業)사회가 참으로 바람직한 사회가 아니겠는가? 다시 말하면 자네가 말하는 평등이란 누구나가 자유롭게 경쟁할 수 있는 ‘기회(機會)의 균등’을 말하는 것이지 ‘결과(結果)에 대한 평등’까지 포함되는 말은 아니라는 점을 깊이 명심해야 할 필요가 있다 그 말이야.”

“그러면 교수님은 자본주의 사회에는 더 이상 모순이 없다고 보십니까?”

“왜 없어 많지. 그 모순을 교정(矯正)하기 위한 정책수단의 하나가 바로 세법이란 학문이야. 재산이 많고 소득이 높은 사람에겐 많은 세금을, 그것이 적거나 낮은 사람에겐 적은 세금을, 그것이 아주 없는 사람에겐 '부(負)의 소득세', 즉 가난한 사람들에게는 생계비·학비·치료비 등 최저생계비를 국가가 보장해 주는 소득재분배(所得再分配) 정책, 다시 말해 세금에 관해서는 '사회정책적 조세제도'가 바로 그런 제도란 말이야."

"그런 제도가 우리 사회에서 제대로 조직·가동되고 있다고 보십니까? 천만의 말씀입니다. 더구나 진보적·혁신적 사회주의 정당들은 역대 반동·파쇼 독재정권에 의해 제대로 결성조차 못하고 철저히 탄압받고 있지 않았습니까?"

"학생, 전두환 정권에 대한 학생들의 민주화 투쟁이 아무리 격렬해도 정권이 까딱도 않으니까, 혹시 '원수의 원수는 내 편'이라는 논리로 자네들이 실천적인 사회주의자라는 등 억지소리를 하는 것은 아닌가?"

"글쎄요? 그럼 저는 이제 가보겠습니다."

"학생! 아직 내 말은 끝나지 않았네."

그러나 그는 어느새 바람처럼 사라져 버리고 없었다.

소위 386세대 운동권 출신들이 우리 정치권에서 때를 만난 듯 활개 치던 시절이었다. 지금쯤 그 학생은 어디서 무엇을 생각하며, 무엇을 하고 있을까?

3

80년대 노태우 시절

6·29 민주화 '헌법재판소' 등장
'조세의 날' 받은 동탑산업훈장
재정경제자문회의에서 격정(激情) 토로
남기고 싶은 글 '복지국가대망론'

6·29 민주화 '헌법재판소' 등장

'6·29 민주화 선언'은 직선제를 통해 국민의 참정권을 확보한 민주화 투쟁의 승리였다. 독립된 헌법재판소를 우리나라에 처음으로 설치·운영하여 세무행정의 위헌(違憲) 사건들을 세법원칙에 따라 소신껏 판결할 수 있게 되었으니 세정민주화(稅政民主化)를 위해서도 참으로 큰 발자취를 남긴 역사적 선언이라 아니할 수 없다.

전두환 대통령의 6년 임기가 얼마 남지 않은 1987년 6월, 여당 민정당의 차기 대통령 입후보자 노태우 씨가 소위 '6·29 민주화 선언'을 전격 발표했다.

그 무렵 나는 대학에서 언제 그칠지 모르는 학생들의 반정부(反政府) 데모의 함성을 들어야 했고 날아오는 매콤한 최루탄 가스를 마셔야 했다. 하지만 강의와 연구를 중단하거나 포기하지는 않았다. 그 데모는 그해 4월 13일 전두환 대통령이 제12대 대통령선거를 계속 간접선거로 치르겠다고 발표한 데서 촉발된 것이었다.

노 후보가 행한 그 선언에는 '대통령 직선제(直選制)의 수용을 핵심내용으로 하고 시국사범의 석방, 국민기본권의 신장, 언론자유의 창달, 지방자치제도의 실시, 대학의 자율화, 정당활동의 자유보장' 등이 포함되어 있었다.

그 선언이 나오기까지 전국 방방곡곡에서는 '호헌(護憲) 철폐', '독재 타도', '직선제 쟁취해 군부(軍部)독재 끝장내자.'는 등 격렬한 구호를 외치며 연일 수없는 민중대회가 열렸다. 성대의 데모 주동학생이 나를 찾아와서 학점을 달라고 사정한 때가 아마 그 무렵이었을 것이다.

1987년 5월 6일에는 교수·종교계 인사들·문인·언론인들에 의한 시국선언이 있었고, 5월 18일에는 천주교 정의구현전국사제단에 의한 범국민대회 준비위원회가 구성되었으며, 6월 10일에는 국민운동본부의 주관 아래 6·10 대회 출정식이 거행되었고, 같은 날 서울을 비롯한 인천·수원·부산·마산 등지에서는 거리에 진출한 데모 군중들이 경찰과 치열한 공방전을 벌였다.

이들 민주화 투쟁은 6월 29일에 이르러 노태우 후보의 '직선제 대통령 선거제도 수용' 선언, 즉 항복선언을 계기로 일단락될 수 있었다. 그 선언에 담겨진 내용은 민주인사라면 누구나가 갈망해 마지않던 사항들이었다.

나는 그 가운데서도 특히 '국민기본권의 신장' 부분에 주목했고, 그 결과로서 1988년 9월 19일 국가 최고기관의 하나인 '헌법(憲法)재판소'가 창설되어 우리나라에서 조세법률주의(租稅法律主義) 원칙이 확고하게 뿌리 내릴, 역사적 전기가 마련된 것을 대단히 기쁘게 생각했다.

물론 그 이전에도 세법을 포함한 모든 법률이 헌법에 위반되는지의 여부를 최종적으로 가리는 명목상의 기관이 있긴 했다. 하지만 헌법위원회 등 과거 기관들은 이승만 정부 이래로 역대 정권의 통제 아래 구성·운영되었고 그 결과, 위헌 여부를 제대로 가린 실적은 한 건도 없었다.

그리하여 세금문제도 정부가 만든 세법이 일단 여대야소(與大野小)의 국회를 통과하기만 하면 그만, 납세자나 변호사들이 그의 위헌 여부를 따질 기회는 영영 사라져 버렸던 것이다.

법과대학 학생들에게 세법을 강의하면서 나는 장차 판·검사가 되고 변호사가 될 그들에게 조세법의 기본원칙을 되풀이해서 강조했다.

즉, '세법을 만들되 반드시 법률로써만 만들어야 하고, 그 법률은 명확해야 하며, 과거의 사실을 소급해서 과세대상으로 삼아서는 안 된다. 세법은 법을 입법하는 데는 물론 법을 집행하는 데 있어서도 모든 납세자에게 공평하게 해석·적용돼야 하고, 세금을 받는 사람이나 내는 사람은 모두가 성실하게 신의(信義)를 지켜야 하며, 세금을 매기는 과세대상은 명의자가 아니라 그 소득이 실제 귀속(歸屬)되는 자가 누구인가를 반드시 가려 과세대상으로 삼아야 한다.'는 등 누가 봐도 지극히 당연한 원칙들이었다.

우리나라는 사유재산제도를 기본으로 하는 자본주의 국가인 까닭에 국가가 개인의 사유재산을 침해할 경우에는 반드시 국회가 승인한 법률에 근거가 있어야 한다. 그리고 정부와 국회가 그런 법률을 제정 또는 개정할 경우에는 반드시 자본주의 각국에서 공인(共認)·수용하는 세법의 기본원칙을 지켜야 하며, 만약 그런 원칙에 어긋나는 세법이 제정되거나 그런 세법을 토대로 한 세무행정이 집행될 경우 그 모든 처분은 무효라는 점을 누누이 강조했던 것이다.

그러나 6·29 선언이 나오기 전까지 교내 강의와 교외 발언은 메아리 없는 절규로 끝나고, 세정상의 부조리는 공공연히 남용되어 왔다.

제도적 안전장치 '헌법재판소'

예를 들면, 헌법재판소가 개소되기 전에는 정부와 국회가 세법을 제정함에 있어서 국민이 갖는 가장 기본적 권리인 사유재산제도를 함부로 침해하는 사례가 많았고, 세법을 갖고 과거의 사실에 소급해서 세금을 매긴 예도 있었으며, 개인간의 자유로운 계약을 세법이 거부하여 헌법에서 보장된 계약의 자유가 침해된 사실도 많았다.

또, 과거 정부가 행정명령(行政命令)인 시행령을 제정할 경우에는 반드시 국회가 제정한 상위법(上位法)인 법률에 구체적 또는 개별적으로 위임한 근거가 명시되어 있어야 하는데도 불구하고, 정부는 그런 위임도 없이 시행령을 함부로 규정해 국민의 귀중한 재산권이 침해된 사례 또한 적지 않았다.

이뿐만 아니라, 과거에는 납세자가 세무관서의 위법·부당한 과세처분에 대해 행정상 구제(救濟)를 신청한 경우에 군인출신 국세청장은 담당 세무공무원들을 닦달해 납세자가 이의신청·심사청구를 하지 못하도록 압력을 가한 사례도 있었다.

심지어 대법원이 세무관서의 부가가치세 처분에 대해 위법·부당한 사실을 판결할 기미가 보이자 어느 군인출신 청장은 법원 행정처를 방문해 국가에 패소 판결을 내리지 못하도록 은근히 압력을 행사한 예도 있었다고 한다.

그러던 차에 1988년 헌법재판소의 개청을 계기로 세법을 포함한 모든 법률이 헌법에 위반됐는지의 여부를 객관적으로 확실하게 가릴, 제도적 안전장치가 확고하게 마련되었던 것이다. 따라서 명색이 세법을 강의하는 대학교수로서 반가운 마음을 금할 수 없었다.

위법·위헌사건 줄줄이 척결

헌법재판소가 발행한 ≪헌법재판소 판례집≫은 벌써 수십 권을 넘어섰다. 그 사실로 미뤄 볼 때 그동안 우리 행정의 집행과정에서 얼마나 많은 위헌(違憲)사건이 있었으며, 국민의 권리가 얼마나 많이 짓밟혀 왔는가를 능히 짐작할 수 있다.

그동안 역대 정부가 세금 받기에 급급한 나머지 행정편의(行政便宜)주의에 입각하여 헌법에 위반되는 세법과 세법의 위임 없는 시행령을 가지고 납세자들의 권익을 함부로 짓밟던 낡은 시대는 가고, 이제 세무행정도 세법의 기본원칙에 입각하여 합헌적(合憲的)·합법적(合法的)·합이론적(合理論的)으로 정정당당하게 운영되는 새 시대가 온 것이다.

그동안 헌법재판소에서 헌법에 위반되었다고 판결한 법률은 내가 아는 것만 해도 헤아릴 수 없이 많다.

예를 들면, 과거에 학교 교사(教師)를 채용할 경우 국립 사범대학 출신을 사립 사범대학 출신보다 우대해 온 폐단에 대해 '기회균등의 원칙에 위배된다.'는 청구자의 주장을 옳다고 받아들인 판결이 있었다. 각급 의회(議會)의 의원 입후보자가 일정액의 기탁금을 기탁하지 못할 경우에 입후보자의 자격을 박탈한 과거의 폐단에 대해 '국민의 참정권(參政權)을 침해했다.'는 청구자의 주장이 맞다는 판결도 있었다. 국가 또는 지방자치단체가 도로·공원·군사용지 등 행정상의 목적을 위해 개인의 부동산을 공공(公共)용지로 묶어 사유재산권이 침해된 경우에 '정당한 보상금이 지급되어야 한다.'는 청구자의 주장을 당연하다고 판결하기도 했다.

또 과거에 국가 또는 지방자치단체가 받아야 할 세금은 체납일 1년 이내에 체납자가 짊어진 부채가 있는데도 불구하고 그 사실을 무시한 채 국가 또는 자치단체가 자기 채권을 우선적으로 행사할 수 있도록 한 세법규정은 '민사채권(民事債權)을 침범했다.'는 청구자의 주장을 옳다고 받아들였다. 매매사실이 객관적으로 확실한 경우라도 부자(父子)간에 이뤄진 재산의 양도 및 양수는 무조건 증여로 간주한다는 세법규정은 '실질과세 원칙에 위반된다.'는 청구자의 주장을 옳다고 받아들였다. 행정관청이 토지의 공개념(公槪念)을 앞세워 업무용 부동산을 제한하고 중과하며 200평 이상의 대지에 대해 개발분담금을 부과한 처분은 '공평과세 원칙에 위반된다.'는 청구자의 주장을 당연하다고 받아들이기도 했다.

정부가 마음만 먹으면 언제든지, 얼마든지 세금을 받아낼 수 있었던 역대 권위 정권하에서 이 같은 위헌 신청이나 판결은 감히 꿈도 꾸지 못할 일이었다.

'6·29 민주화 선언'은 세정민주화(稅政民主化)를 위해서도 커다란 발자취를 남긴 역사적 사건이 아닐 수 없다.

'조세의 날' 받은 동탑산업훈장

훈장을 받은 그날 내가 특별히 큰 감동을 받았던 것은, 국세청에서 억지 파직(罷職)을 당한 지 19년 만에 '제2의 인생'에 성공하여 저명한 대학의 교수로서, 또 한국조세학회의 이사장으로서 후배들 앞에 떳떳하고 당당하게 나설 수 있었기 때문이다.

1992년 3월 3일, 제25회 '조세의 날'에 나는 한국조세학회 이사장의 자격으로 정부로부터 생애 두 번째 훈장인 '동탑산업훈장'을 받았다. 그때 재무부장관은 정영의(鄭永儀) 씨, 세제실장은 김용진(金容鎭) 씨였다.

수훈 사유는 '사단법인 한국조세학회를 창설하고 학회를 물심양면으로 뒷받침하여 우리나라 조세문화(租稅文化)의 발전을 도모하고 세무행정의 개선에 기여한 공로'라고 했다.

수상 장소는 서울 광화문에 위치한 세종문화회관. 넓은 상·중·하층에는 서울시내에 근무하는 국세·관세청 공무원들과 양청의 지방관서장 전원이 자리를 가득 메웠고, 단상에는 재무부장관을 비롯해 국세·관세청장 등 관계 인사들이 엄숙하게 자리 잡고 있었다.

식순에 따라 훈·포장, 표창장의 수여 순서가 됐을 때 나도 단상으로 호명되었

다. 그리고 산업훈장 금탑·은탑에 이어 내 손에 훈장기(勳章記)가 주어지고 내 목
에 동탑훈장(銅塔勳章)의 끈이 걸렸을 때 우레와 같은 박수소리가 장내를 진동했다.

뒤를 이어 철탑·석탑훈장, 대통령 포장·표창, 국무총리·재무부장관 표창 등
의 순서로 시상이 진행되는 동안 단상에서 나는 잠시 옛일을 회상했다. 공무원
신분으로 생애 처음 홍조근정훈장(紅條勤政勳章)을 받은 지 20년, 관직을 떠나
대학교수로 변신한 지 19년 만에 맞은 수훈(受勳)의 날이었다. 어찌 감개가 무량
하지 않을 수 있었겠는가?

19년 만에 세종회관 단상으로

단상에 오를 기회는 과거에 한 번 있긴 있었다. 그날은 제1회 '세금의 날' 기념
식이 열렸던 1967년 3월 3일이었다.

단상에는 박정희 대통령을 비롯한 3부 요인(三府要人)과 이낙선 국세청장이
좌정했고, 장내는 국세청 직원들로 가득 차 있었다. 군악대의 연주에 맞춰 여성
합창단이 장내 분위기를 북돋우고, KBS·MBC·TBC 텔레비전이 행사를 생중계
하였으며, 내외 사진기자들의 플래시 불빛이 수없이 교차되어 장내는 엄숙함 속
에서도 휘황찬란했다.

당시에 나는 서울국세청장을 거쳐 본청 조사국장직에 있었다. 그러나 제1회
'세금의 날' 기념행사가 거행된 그곳에는 가지 않았고, 집에서 TV를 통해 중계방
송을 지켜보기만 했다.

그날의 주인공은 단연 이낙선 국세청장이었다. 국세청 개청 1년 만에 전년도
보다 무려 300억 원이 증가한 700억 원의 세수목표액을 달성해 공적으로는 국
가에, 사적으로는 박정희 대통령에게 바쳤으니 그날 그 자리에 그보다 더한 애국

자가, 그보다 나은 충신이 또 어디 있었겠는가?

대통령을 비롯한 3부 요인이 좌정한 앞 식단에서 식사(式辭)를 낭독하는 이 청장의 모습은 가히 개선장군처럼 늠름했고, 그분의 목소리는 성취감에 가득 차 우렁차게 들렸다.

그날은 그분 개인에게 있어서도 그야말로 생애 최고의 날이었을 것이다.

그런데 나는 명색이 700억 세수(稅收)의 선봉장 격인 서울국세청 청장으로서 온갖 간난(艱難)을 극복, 그날의 영광을 쟁취했음에도 불구하고 그 자리엔 있지 않았고, 대통령 기관표창(機關表彰) 순서가 됐을 때 그 단상에는 후임 서울국세청장 서영철(徐英哲) 씨가 올라갔다.

그때 내가 그 자리에 불참했던 이유는, 세금의 날을 앞두고 고락(苦樂)을 같이하던 서울청 국장 1명이 나의 구명(救命)운동의 보람도 없이 결국 파직되고 말았기 때문이었다.

훗날 듣기로 그 사건은 모 정보기관장이 기세가 등등한 이 국세청장을 길들이기 위한 공작의 하나였다고 한다. 숨은 사정이야 어떻든 고락을 같이한 부하를 잃은 나는, 그날 도저히 그 자리에 나설 염치가 없었던 것이다.

억지 파직 19년 만에 '동탑산업훈장'

그런 연고가 있는 그 자리에 25년이 지난 1992년 '조세의 날', 마침내 서게 되었으니 감회가 깊을 수밖에 없었다.

하지만 그날 내가 감회에 젖은 더 큰 이유는, 내가 국세청에서 억지 파직(罷職)을 당한 지 19년 만에 '제2의 인생'에 성공하여 저명한 대학교수로서, 한국조세학회의 이사장으로서 후배들 앞에 떳떳이 그리고 당당히 나설 수 있게 되었기 때문이었다.

소위 '숙정(肅正)'이라는 괴상한 구실로 도하 신문의 제1면에, 각 TV의 톱뉴스에 내 이름이 오르내렸던 그날 이래로 그동안 내가 겪은 굴욕감과 고통을 어찌 말로 다 표현하며, 명예회복을 위해 대학과 학계에서 얼마나 많은 고행(苦行)을 겪었는지, 어찌 글로 다 표현할 수 있었겠는가?

설사 파직을 당할 상당한 이유가 있어서 당했다고 해도 인기 없는 직업, 미움 받는 직책의 세무관료 출신이 아니었다면 나는 결코 그렇게까지 심한 굴욕감을, 강한 고통을 느끼지 않았을 것이다.

그날 나에게 산업훈장을 걸어준 정 장관은 나의 고등고시 및 재무부 후배였다. 대학교수로 진출한 지 얼마 안 된 1974년 여름 어느 날, 조선호텔 건너편 길에서 만났을 때, 그가 반갑게 안부를 묻고는 무심히 던진 한마디가, 오래도록 내 가슴에 못 박혀 있었다.

"이 선배님, 정교수(正敎授)라도 갈까 말까 할 대학에 조교수(助敎授)로 가시다니요?" 그때 그의 인사는 너무나 섭섭하고 원망스러웠다.

"정 국장, 선배가 부실(不實)해서 미안해요. 더 이상 후배들 망신은 시키지 않을 테니 안심하세요." 내가 그때 그에게 겨우 한 대답이었다.

그 후 정 국장은 승승장구 차관을 거쳐 재무부장관으로 승진해 그날 기념식의 시상자(施賞者)가 되었고, 그의 선배이던 나는 관계에서 중도 하차했다가 대학교수로 변신 부활하여 그 자리에 수상자(受賞者)로 섰던 것이다.

옛날 화려했던 '세금의 날'이 조촐한 '조세의 날'로 이름이 바뀌고, 최고 임석자가 대통령에서 재무부장관으로 격(格)이 낮아진 그 자리에서 나를 기억하는 후배들은 물론 얼마 남아 있지 않았을 것이다.

하지만 '국세청의 1974년 숙정은 무효'라는 대법원 판결을 받았을 때보다, 짧은 시일 내에 경제학박사 학위를 받았을 때보다, 대학에서 정교수로 최종 승진되었을 때보다, 재무부·국무총리 등 정부의 정책자문위원으로 위촉되었을 때보다, 그날 훈장을 받으면서 들은 참석자들의 우레와 같은 박수소리가 나에게는 더 흐뭇하고 자랑스러웠다.

그날 내가 받은 훈장증에는 다음과 같이 기록되어 있었다.

훈 장 증

귀하는 세정 협조를 통하여 우리나라 산업발전에 이바지한 바 크므로

대한민국 헌법의 규정에 의하여 다음 훈장을 수여함.

동탑산업훈장

1991년 3월 3일

대 통 령　　　노 태 우

이 증을 산업훈장부에 기입함.

1974년 집에서 TV 뉴스를 통해 국세청의 파직 소식을 듣고 전년에 정부로부터 받은 '홍조근정훈장'을 마당에 내팽개쳤던 그날을 나는 다시 한번 상기했다. 그리고 생전(生前)에 후배들 앞에서 다시 훈장을 받게 된 행운을 신(神)에게 깊이 감사했다.

그날은 숙정공무원의 불명예와 고통을 말끔히 씻어주고, 남다른 감격과 기쁨을 듬뿍 안겨준, 그야말로 내 생애 최고의 날이었다.

"관료 출신으로서 대학에서 성공한 모델케이스"라고 말하는 동료 교수들, "대학교수가 된 우리 선배가 자랑스럽다."고 말하는 재무부 및 국세청 후배들의 인사는 언제 들어도 기분이 좋다.

재정경제자문회의에서 격정(激情) 토로

우리 사회에서 세금을 공평하게 부과함에 있어서나 경비(經費)를 공정하게 지출함에 있어서 가장 중요시되어야 할 문제는, 그것을 가로막은 '기득권층(旣得權層)의 농단(壟斷)을 어떻게 타파하여 조세정의(正義)를 실현할 수 있는가'의 문제일 것이다.

이 책이 발간된 이래로 정권이 여러 번 바뀌었고, 국가의 재정정책에도 상당한 개선이 있었다고 생각된다. 하지만 우리 재정이 진실로 국리민복(國利民福)을 위해 얼마나 정직하게 조달·사용되었는지, 중요 신문에 등장하는 허비·낭비 사례들만 놓고 봐도 요원하다는 생각을 금할 길 없다.

1995년 11월 어느 날이었다. 과천시에 위치한 경제기획원 회의실에서는 각 분과위원회에서 연구·검토한 보고서를 토대로 정부의 제6차경제사회발전계획을 최종적으로 취합·심의하기 위하여 소집된 각료급 회의가 열렸다.

정부 측에서는 나웅배 부총리를 비롯해 내무·문교·국방부장관이, 민간 측에서는 상공회의소·전경련·농협 등의 경제단체장들이, 학계 측에서는 서울대 차병권 교수, 고려대 김완순 교수와 함께 성균관대 교수인 내가 참석했다.

나는 1980년 12월 경제기획원의 제4차경제개발계획 평가자문위원으로 위촉된 이래로 1981년 2월에는 국무총리 정책평가자문위원, 1983년에는 경제기획원 제5차계획 평가자문위원을 역임했고, 당시에는 경제기획원 제6차계획의 재정분과(財政分科)위원장과 재무부 세제발전심의회의 심의위원, 내무부 지방세심의회의 심의위원, 상공부 광공업발전심의회의 심의위원 등을 겸하고 있었다.

그 회의는 앞으로 5년간, 국가의 재정·경제정책의 기본방향을 최종적으로 취합·조정할 대단히 중요한 회의였다. 그리고 나 개인으로서도 참석해 본 정부의 여러 가지 회의 가운데서 가장 고위급(高位級) 회의였다.

그날 준비된 제6차계획에 대한 경제기획원 측 설명이 끝나자, 나웅배(羅雄培) 장관은 뜻밖에도 나에게 그 계획에 보탤 소견(所見)이 있으면 먼저 말해 달라고 요청했다.

그 순간 나는 기라성 같은 인사들 앞에서 다소 당황했다. 하지만 모처럼의 기회라 평소 마음에 간직한 바를 소신껏 토로하기로 결심했다. 내 생애 최고 최후의 화려한 무대였다.

재무관료에서 대학교수로 변신한 지 11년, 그동안 나는 대학의 재정학 교수와 신문사의 논설위원으로 또 여러 가지 관민(官民)조직의 자문위원으로 활동하면서 우리나라의 재정경제문제에 관해서 여러 가지를 듣고 보고 깨닫고 있었다. 특히 관료시절에 세금의 부과·징수라는 고역을 체험한 사람으로서 각 부처의 방만한 재정운영에 남다른 원(怨)과 한(恨)을 품고 있었던 터였다.

그래서 그날 그 자리에서 내가 한 발언은 지금 생각해도 속이 후련하다. 하지만 듣는 편에서는 대학교수로서 너무나 간(肝) 큰 소리다 싶을 만큼 당돌하고 거침없는 발언이라고 생각했을지 모른다.

재무관료 출신교수, 최고 전략회의에

나는 먼저 공무원의 처우문제에서부터 말문을 열었다.

"지금 공무원들은 문화적 생활비에도 미달되는 박봉을 받고 일하고 있다. 만약 중앙청의 양심적 국장이 월급만 갖고 생활한다고 가정하면 그는 서울 변두리의 재래식 가옥에서 구공탄을 때며 살아야 하고, 도시락을 들고 출퇴근해야 하며, 자가용차는 꿈도 꾸지 말아야 하고, 자녀들의 과외수업도 엄두를 못 낼 것이다.

공무원들에게 문화적 수준의 처우개선을 해주지 못하는 한 기강확립·부정방지란 말은 전적으로 헛구호요, 특히 법원·검찰을 포함한 사직기관의 부조리는 절대로 근절할 수 없을 것이다.

'그러면 무슨 재원(財源)으로 그 많은 경비를 조달하란 말이냐?'고 반문하시겠지만 대안은 있다. 기획원과 재무부, 상공부와 자원부, 교통부와 체신부, 문화부와 체육부 등을 통합하고 각 부처의 교육·훈련기관을 통폐합한다면 또 중앙관청의 기획관리관·비상계획관·감사관 등 중간관리층을 없애고, 불요불급한 하위직 공무원을 대폭 감원한다면, 처우개선을 위한 재원조달은 얼마든지 가능하다고 본다.

특히 내무부 산하 군청(郡廳)은 더 이상 존속시켜야 할 하등의 이유가 없다. 과거 지방관청에는 자동차도 자동전화기도 FAX도 전자복사기도 없었다. 하지만 지금은 그런 것이 다 구비되어 있고, 도청과 시·읍·면 간의 사무연락은 얼마든지 신속·간단하게 취할 수 있다. 이런 마당에 막대한 경비를 낭비하는 중간관청을 그대로 남겨 둬야 할 필요는 전혀 없다고 생각한다.

문교부 산하 교육구청 역시 마찬가지로 관선(官選)교육위원이 교육자치(敎育自治)를 어떻게 제대로 할 수 있단 말인가? 교육위원 전원을 민선(民選)위원으로 바꾸거나 아니면 아예 이 제도를 폐지해야 할 것이다.

우리 사회에서 대학입시제도는 가히 지옥과 같고 사립대학 학생들의 등록금은 해마다 연례행사처럼 인상되고 있다. 독지가가 생전에 번 돈으로 대학을 설립, 장학금을 지급하면서 사회에 봉사하고 죽겠다는데도 문교부는 왜 대학 인가를 해주지 않고, 기존 대학에게 산만하게 분교(分校)인가만 해주는가? 또 등록금은 왜 자꾸 인상시켜 주는가?

대학의 독과점적 폐단을 하루속히 시정하고 교문(校門)을 널리 개방해 학부모의 사교육비(私敎育費)와 국가의 공교육비(公敎育費)를 최대한 절감시켜야 할 것이다.

정부에서 실시하고 있는 대형(大型)공사 가운데는 선거 때 득표를 의식하거나, 정부의 업적을 과시하거나, 집권자가 선심을 베풀기 위한 '비경제적 공사'가 많다고 본다. 국민의 혈세를 그런 공사에 낭비하는 것도 문제이고, 또 그런 공사가 준공된 후에는 그 시설의 유지관리비 역시 엄청난 부담으로 남을 것이다.

한산도 제승당(制勝堂)에는 유서 깊은 옛 목조건물을 헐어버리고 시멘트 철근으로 된 큼직한 현대건물이 들어서 있다. 역사적·문화적 유적을 파괴하고 근대적·과시적 구축물을 전시한다고 해서 이 충무공이 더 높게 추모될 수 있단 말인가?

아산에 세울 대규모 현충사(顯忠祠)는 장차 자급자족하기 위한 유지관리비 조달문제 한 가지도 해결하기가 퍽 어려울 것이다.

혈세(血稅)의 낭비사례를 지적·규탄

지금 우리 공군에 고공 정찰비행기가 한 대라도 있는가? 해군에 항공모함은 고사하고 잠수함이라도 한 척 있는가? 아직 없다. 만약 휴전선상에 3만 명의 주한미군이 없다면, 우리 영해에 미국 제7함대와 우리 영공에 미국의 U-2R 고공정찰기가 없다면 우리의 국토방위는 어떻게 되겠는가?

그런데도 우리 국민은 GNP의 5%, 세출예산의 약 30%를 국방비(國防費)에 쏟아 넣고 있다.

그 결과 우리가 구제하고 보호해야 할 세궁민(細窮民)들에게 직접 돌아가야 할 사회보장비는 중앙정부 세출예산의 1%도 안 된다. 이래 가지고 우리나라를 가리켜 어찌 '문화국가·복지국가'라 말할 수 있겠는가?

그러므로 정부는 대미(對美)군사외교를 더욱 강화하여 우방의 군사원조를 증대시키고, 우리 국군을 양보다 질적(質的)으로 강화하여 국방비를 절감, 사회복지비 예산을 한 푼이라도 더 염출할 수 있도록 노력해야 한다.

그런 맥락에서 60만 국군의 감군(減軍)문제도 이제는 검토해 봐야 할 단계에 왔다고 본다. 지금 우리 대중에겐 총이 아니라 빵이 시급한 것이다.

재무부와 경제기획원에서는 우리 국민이 부담하는 국세와 지방세의 연간 합계액이 아직도 GNP(국민총생산)의 20%에 미달한다고 말한다.

하지만 지금 이 자리에 계신 경제단체장들께서 직접 체험하고 피부로 느끼시는 현실 그대로, 지금 우리 사회에는 헌금·기부금·찬조금 등 갖은 명목으로 엄청난 규모의 잡부금, 학자들은 '숨은 세금'이라고 하지만 이것이 자발적이라는 가면을 쓰고 여전히 강징(强徵)되고 있는 것이 엄연한 현실이 아닌가?

만약 GNP가 아니라 그것에서 약 10%의 감가상각비를 뺀 NI(국민소득)를 분모로 하고 세금에다 잡부금을 합친 것을 분자로 해 국민이 실제로 부담하고 있는 조세부담률을 계산한다면, 그 비율은 정부가 말하는 20% 미만이 아니라 30%를 훨씬 초과하고도 남음이 있을 것이다.

국민의 실질부담률이 30%를 넘는 중세(重稅)국가에서 예산의 1%도 안 되는 근소한 사회보장비 지출만으로는 우리나라가 '고부담(高負擔)·저복지(低福祉)국가'라는 또 하나 국제적 망신을 면하기 어려울 것이다."

격정 토로, 공염불(空念佛)은 안 돼야

이상과 같은 나의 발언은 아무런 방해를 받지 않고 무사히 끝낼 수 있었다. 그리고 그 자리에 참석한 인사들, 특히 경제계 대표들께서 많이 공감하는 것을 피부로 느낄 수 있었다.

그런데 문제는, 세금을 공평하게 부과함에 있어서나 경비를 공정하게 배분함에 있어서 그것을 가로막는 기득권층을 과연 누가 어떻게 타파할 수 있느냐, 그리고 그것이 현실적으로 언제쯤 실현 가능한가 하는 것이다.

이와 같은 과제들을 해결하는 것은 불행하게도 옛날이나 지금이나 국민의 합의(合意)가 아니라 오로지 집권자, 즉 대통령 한 사람의 결단(決斷)에 달렸다고 볼 수밖에 없다. 이것이 솔직한 우리의 현실인 것이다.

그날 회의를 끝낸 후 나(羅) 부총리는 내게 말했다. "이 선배, 재무공무원 출신이라 재정을 보는 눈이 날카롭고 정확하시네요."

하지만 나는 그 자리에서 한 내 발언이 장차 얼마나 실효를 거둘 수 있을 것인지, 전혀 자신할 수 없었다. 그리고 공연히 또 한번 열만 잔뜩 낸 것은 아닌가 싶어 뒷맛이 씁쓸했다.

정부 주최의 각종 자문·심의기구가 관료들의 책임 떠넘기기 창구로 악용되거나 참석자들의 한갓 말잔치로 끝나는 통과기관에서 하루속히 탈피(脫皮)하기를 나는 간절히 빌었다.

그날 내가 지적한 문제점들 가운데서 많은 부분은 사회여론과 역대정부의 노력에 힘입어 크게 개선되었다.

예컨대 공무원의 처우개선, 시·군청의 통폐합, 교육자치제의 완전 실시, 의료·보험 등 서민대책의 강화, 잠수함·미즈함 등 최신장비의 도입 등은 우리가 목격한 지 오래되었다.

그러나 전두환 정권 이래로 정부의 경제사회개발계획은 막을 내리고, 따라서 대학교수들의 제도적 정책참여는 그 기회가 차차 줄어들고 있다.

우리나라의 실정을 정확하게 아는, 사심(私心) 없는 학자들을 엄선하여 국정(國政)에 활용하는 노력은 어느 정권도 결코 소홀히 해서는 안 될 것이다.

남기고 싶은 글 '복지국가대망론'

우리는 여야(與野)를, 관민(官民)을, 노사(勞使)를 초월해 하루속히 복지문제의 해결에 노력해야 하겠다. 우리 사회에서 일어나고 있는 사회계층 간의 반목과 갈등, 날로 기승을 부리는 비리(非理)와 범죄(犯罪)는 바로 여기에 그 원인이 있다고 보기 때문이다.

1974년 9월 1일, 성균관대 교수로 취임한 이래로 나는 신문·잡지·논문집·저서 등에 비교적 많은 글을 발표했다. 그리고 신문·잡지와 TV·라디오 등의 대담에도 많이 참석했다.

교수들 가운데는 글의 줄거리만 잡아주고 글쓰기는 조교(助敎)에게 맡기는 경우도 있다고 한다. 하지만 대필(代筆)은 때로 필자 본인의 명예를 떨어뜨리거나 심지어 대외적으로 필화(筆禍)를 몰고 오는 경우도 있다.

평론에 따른, 필화(筆禍)위험 조심

명예나 인격은 얻기는 어렵지만 잃기는 아주 쉬운 법. '글이란 필자의 얼굴'이라 말하듯이 일단 자기 이름으로 세상에 발표한 글은 무조건 자기가 그 책임을 져야 한다. 잘못되었을 때 구구한 변명이나 책임회피는 통하지 않는다.

관료출신 교수로서 나는 발표한 글 한 가지도 남에게 맡긴 적이 없었다. 심할 경우 신문·잡지에 보낼 원고를 하루에 두세 편 써야 하는 그 바쁜 경우에도 결코 예외는 없었다. 잘 썼건 못 썼건, 평소의 소신(所信)을 토대로 정성껏 써 왔다고 자부할 수 있다.

하지만 고백하건대, 우리 사회에서 언론·출판의 자유가 완전히 보장되지 못했던 권위정권 시절, 붓대가 꺾이지 않기 위해서는 표현 과정에서 부득이 현실과 타협하지 않을 수 없는 경우가 이따금 있긴 있었다.

나의 전문분야가 '돈을 가지고 하는 정치문제', 다시 말하면 예산과 세금을 중심으로 한 재정문제가 대부분이어서 만약 잘못하면 언론·출판 및 정보·수사 당국의 날카로운 감시·감독을 피하기가 사실상 어려웠다.

다행히 수많은 글로써 아쉬운 대로 하고 싶은 말들을 해 왔고 그에 따른 원고료 및 대담료 수입도 짭짤했다. 그리고 오늘에 이르기까지 글이나 말로 인한 필화(筆禍)나 의옥(疑獄)사건은 한 번도 겪지 않았다. 그런 어려움과 제약 속에서 세상에 발표한 글들이었기에 내가 지금 읽어 봐도 남다른 애착심이 느껴진다.

미구에 세상을 떠나겠지만, 이 시대를 살다 간 재정학자의 한 사람으로서 내가 남기고 싶은 증언(證言)과 호소하고 싶은 주장(主張)들은 많다. 부록에서 정리한 사회논문 가운데서 만약 이 책에 싣고 싶은 글을 고르라고 한다면, 사회논문 목록 20항에 실은 <제2의 인생>과 다음에 싣는 <복지국가대망론(福祉國家待望論)>을 들고 싶다.

경제성장은 수단, 복지 증진이 목적

『근래 우리 주변에서 또다시 복지(福祉)문제가 심심찮게 거론되고 있다. 매년 예산편성 때나 세제개편 때가 되면 으레 그랬고, 2004년 들어 정부가 추진하는 '제6차경제사회개발계획(經濟社會開發計劃)'이나 '2000년대 국가목표'의 작성과 정에서도 이 문제는 다시금 큰 이슈로 거론되고 있다.

그런데 알고 보면 우리 사회에서 이 문제는 결코 최근에 부각된, 새삼스러운 과제가 아니다.

일찍이 제4공화국 시대에 박정희 정부가 작성한 제4차경제사회개발5개년계획을 보면, 그 계획의 기조에는 '착실한 성장과 사회개발'이라는 말이 들어 있고, 개발전략에서도 '성장·능률·형평을 조화시키기 위해 사회개발을 증진시킨다.'로 되어 있다.

그런데도 사회복지(社會福祉)문제는 그때나 지금이나 여전히 거론단계를 벗어나지 못하고 있으니 답답하다. 더욱 딱한 것은 제5공화국 이래로 이 문제는 국가의 가장 기본법인 헌법(憲法)에 국가의 의무로까지 명시해 놓고 있다는 사실이다.

헌법 제34조 제1항을 보면 '모든 국민은 인간다운 생활을 할 권리를 가진다.'고 규정하여 국가는 모든 국민에게 최저한의 문화적 생활을 영위할 권리를 보장하고 있다. 그리고 동조 제2항을 보면 '국가는 사회보장·사회복지의 증진에 노력할 의무를 진다.'고 규정하여 모든 국민에게 건강하고 문화적인 생활을 보장하기 위한 국가의 종합적 시책을 구체적으로 밝혀 놓고 있다.

여기서 말하는 소위 사회보장과 사회복지란 국민 가운데서 특히 저소득층이나 노동자층의 생활 안정을 위한 정책이나 제도를 말하고, 그에 필요한 재원(財源)의 전부 또는 일부는 국가 또는 공공단체가 부담하겠다는 의지를 확실히 표시한 것으로 볼 수 있다. 다시 말하면 국민은 국가로부터 질병·양로·재해·퇴직보험 등 사회보험(保險)제도와 직접적인 구제(救濟)대책의 실시, 그리고 양로·고

아원, 무료 진료소, 조산원 등 사회구호(救護)시설의 혜택을 받을 권리가 확실하게 보장되어 있다는 뜻이다.

또한 동조 제5항을 보면 '생활 능력이 없는 국민은 법률이 정하는 바에 의해 국가의 보호를 받는다.'고 규정하여 사회보험·사회복지의 방법에 의해서도 최저 생활의 유지가 어려운 노령자나 질병자 등 생활 무능력자들에 대해서는 국가가 생계비를 지급하는 등의 방법으로 이들을 적극 보호하게 되어 있다.

특히 제5공화국 헌법은 '사회보장·사회복지의 증진에 노력할 의무를 진다.'라고 못 박음으로써 경제성장의 혜택을 모든 계층의 국민들에게 골고루 균점(均霑)토록 하겠다는 국가의 강력한 의지를 분명히 선언하고 있는 것이다.

그러나 제5공화국이 출범한 지 벌써 5년이 지난 지금 이들 헌법규정은 유감스럽게도 우리 사회에서 아직도 아무런 실효(實效)를 거두지 못하고 있다.

2004년도 국가예산(國家豫算)을 보면 그곳에는 의료보호·의료보험·산재보험비 772억 원, 보상금·자녀교육 보호비·원호복지공단지원비 등 원호비로서 1,159억 원, 노사협조비·근로기준강화비 등 노동자복지비(勞動者福祉費)로서 155억 원, 생활보호비·사회복지비·공무원연금 부담금과 기타 사회복지비로서 1,677억 원 등 합계 3,763억 원이 계상되어 있다.

그런데 이것은 그해 중앙정부의 일반회계 예산총액(豫算總額) 12조 2,751억 원의 단지 3%에 불과해 너무나 한심한 실정이다. 이래 가지고 우리나라를 가리켜 '복지국가'라 말할 수 있겠는가?

고도성장의 과실(果實), 공평 분배에

헌법학자들은 헌법의 실효성을 기준으로 하여 각국의 헌법을 다음의 세 가지로 구분한다.

첫째로 현실적 규범으로서의 실효성을 충분히 나타내고 있는 규범적(規範的) 헌법, 둘째로 헌법이라는 것이 있기는 하지만 그것이 현실적 규범으로서의 기능을 제대로 발휘하지 못하는 명목적(名目的) 헌법, 셋째로 헌법은 있되 그것은 헌법적 의도를 선언한 데 그치고 다만 현재 권력을 쥐고 있는 자의 지배를 안정시키고 영구화하기 위한 수단에 불과한 장식적(裝飾的) 헌법이다.

그렇다면 우리 헌법은 사회복지·사회보장에 관한 한, 과연 어느 범주에 속한다고 봐야 할 것인가?

물론 지금 우리 경제가 내수(內需)경기의 퇴조와 해외시장의 장애로 말미암아 말할 수 없는 어려움을 겪고 있는 것은 사실이다. 그 결과 재정자금의 지출을 통한 사회복지의 증진도, 사회보장의 착수도, 세제개편을 통한 간접세 부담의 완화도, 근로소득세의 감세도 매우 어려운 처지인 것은 사실이다.

하지만 그렇다고 해서 우리 사회에서 이 같은 고부담·저복지 상태가 더 이상 하염없이 계속되어서는 안 된다.

우리의 이상 '고복지·고부담'

현대사회에는 소위 3대 사회악(社會惡)이 있다. 첫째는 빈곤(貧困)이요, 둘째는 질병(疾病)이요, 셋째는 범죄(犯罪)이다. 이들 3대 사회악은 내·외경제가 악화되면 될수록 더욱더 기승을 부리기 마련이다. 우리 사회가 진실로 건강하고 안전하고 행복하기를 바란다면, 우리는 무엇보다 먼저 이들 '사회악'의 근원이 되고 있는 저복지 상태를 하루속히 탈피 내지 개선해야 할 것이다.

정부에서는 올해 추경(追更)예산을 통해 사회복지비를 다소 증액시키기로 했다고 한다. 그리고 내년도 예산에서도 사회복지비 예산은 최대한 확보할 계획인 것으로 알려지고 있다. 하지만 그렇다고 하더라도 행정과 재정의 대담한 긴축(緊縮) 없이 전체 예산 가운데서 사회복지가 차지하는 비중을 획기적으로 확대하기란 사실상 어려운 문제일 것이다.

소위 단군(檀君) 이래의 호경기(好景氣)를 자랑하던 80년대에도 감히 손대지 못한 복지정책을 경제성장이 둔화된 이 마당에 실현하기란 참으로 어려운 문제일지 모른다.

그러나 밖에서 죄어 오는 북한의 핵 위협에 못지않게 안에서 퍼지는 사회악은 우리가 겪고 있는 현실 그대로, 보다 직접적이며 현실적인 것이다. 그러므로 이 문제의 해결을 정부가 행정적으로 손대지 못한다면 국회가 정치적으로 나서서라도 반드시 해결해야 할 것이다.

5·16 군사정권이 군사쿠데타의 명분을 세우기 위하여 경제개발계획에 착수했을 때 나는 국세청에 근무하고 있었다. 당시에 정부는 기업가의 투자 의욕을 고취시키기 위하여 1961년 5월 '조세범에 관한 특별조치법'을 제정하여 1960년 이전에 발생한 탈세범을 전면적으로 사면(赦免)했고, 동년 10월 부정축재 처리법을 개정하여 3·15 부정선거의 정치자금 제공자들을 석방하였으며, 민간자금을 산업자금으로 동원하기 위하여 동년 7월 <예·적금 등의 비밀보장에 관한 법률>을 제정하여 금융기관에 예입되는 자금은 범죄나 탈세자금까지도 일체 불문에 붙여 주었고, 1972년 8월에는 채무(債務)기업들이 짊어지고 있는 고리사채(高利私債)를 정부에 신고하도록 하여 저리(低利), 장기 상환을 보장해 줌으로써 기업들이 부담해 오던 고리채 이자 1,000억 원을 경감해 주기도 했다.

이와 같은 세제 및 세무행정상의 특혜(特惠)들은 조세의 사회정책적 목적,

다시 말하면 고소득자에게는 중과(重課), 중산층에는 경과(輕課), 저소득층에는 생계(生計)보장과 같은 윤리적 기준에 정면으로 위배된 것이었다.

그러기에 이제 우리는 여야(與野)를, 관민(官民)을, 노사(勞使)를 떠나 사회복지문제의 해결을 하루속히 서둘러야 한다. 우리 사회에서 일어나고 있는 빈부의 격차, 그리고 거기서 파생되는 사회계층 간의 반목(反目)과 갈등(葛藤), 날로 기승을 부리는 범죄는 바로 여기에 그 원인이 있음을 명심해야 하겠다.』

지금 우리는 북쪽 공산주의 국가와 대결하고 있고 국내에 적지 않은 친북·좌경세력을 안고 있다. 앞으로 만약 이들 세력들이 총선·대선 등에 편승, 국내의 영세(零細)계층을 충동질하여 분배(分配)문제를 본격적으로 들고 나온다면 그 파장은 결코 적지 않을 것이다.

영세계층의 편에서 말한다면, 헨리 조지의 '토지단일세론'처럼 세금을 한 가지만 만들어 재산 많고 소득 높은 재벌이나 지주들한테서 왕창 받아내면 문제는 간단할 것이다. 그런 세금을 에바 페론처럼 소득세도 내지 못하는 노동자, 실업자들에게 퍼 준다면 한동안 인심은 크게 얻을 수 있을 것이다. 소위 구빈(救貧)사업 말이다.

그러나 국민소득을 비생산적인 분배나 소비에 마구 쏟아 넣는다면 치열한 국제경쟁 속에서 기업은 무슨 돈으로 기술혁신과 산업발전을 도모하며, 경제성장 없이 실업자 구제는 어찌하고, 세원(稅源)배양 없이 국가 재정은 어떻게 안정을 도모할 수 있겠는가. 경제 성장(효율)과 사회 개발(형평)의 조화, 이것은 비단 유럽국가 뿐만 아니라 우리 경제사회가 당면한 절실한 과제가 아닐 수 없다.

IV. 밝은 재정(財政)을 위해

세상에서 죽음과 세금보다 확실한 것은
아무것도 없다. 〈B. 프랭클린〉
백성이 굶는 것은 그들 위에서 세금을 떼먹는 자가
많기 때문이다. 〈老子〉

1

호사다마(好事多魔)·
사필귀정(事必歸正)

실력 없는 세무서장에 곤욕 겪고
세법 모르는 판·검사에 봉변당해
마침내 회고, 영욕(榮辱)의 세월 50년

실력 없는 세무서장에 곤욕 겪고

뜻밖의 추징고지서를 받고 심사·심판·소송을 청구하는 과정에서, 정부와 재판기관에 대한 불신감, 생계에 대한 불안감, 조세전문가로서의 불명예 등이 한꺼번에 나를 짓눌렀다. 하지만 사필귀정(事必歸正)이라 할까, 오랜 곤욕 끝에 나는 기어이 그 구렁텅이에서 빠져나올 수 있었다.

1986년에 ≪한국재정론≫을 출간한 데 이어 1989년에는 ≪최신조세법≫을 출간했다. 성균관대에서 법대 법학과의 세법학(稅法學) 강의도 맡고 있었기 때문이다.

재정학 교수인 내가 전공분야가 아닌 세법에 대해서까지 관심을 갖게 된 데는 그 나름대로 불가피한 이유가 있었다. 즉 경제정책이라는 큰 틀의 일환으로 조세정책을 강의하면서 생각해 본 결과 조세정책이 구체화되는 것은 세법이고, 세법이 복잡하게 변화하는 경제현상을 일일이 다 규정할 수 없다는 것을 알았다. 그래서 세법의 조문(條文)을 하나하나 현실적·구체적으로 해석·적용하는 과정에서는 뚜렷한 세법원칙(稅法原則)이 따로 확립되고 또 존중되어야 한다는 사실을 깨달았다.

그때까지 내가 갖고 있던 세법 지식은 실정법(實定法) 조문을 하나하나 개별적으로 해석·적용하는 정도였고, 세법 전체를 통틀어 지배하는 기본적인 원리·

원칙이 따로 있다는 사실은 잘 모르고 있었다. 명색이 세무관서에서 19년간 과세(課稅) 업무에 종사했던 내가 막상 세법책을 펴놓고 강의준비를 시작해 보고서야 비로소 나 자신이 세법원칙에 너무나 어둡다는 사실을 알게 되었다. 그리고 세법을 개별적·구체적으로 해석·적용하는 과정에서, 기업회계를 바탕으로 조정되는 세무회계(稅務會計)에 관해서도 학술이론과 실무경험 역시 아직도 부족하다는 사실을 다시 한번 깨달았다.

그러다가 세법 강의를 진행하는 과정에서 몇 가지 문제점을 또다시 발견했던 것이다. 세법은 하나의 경제법(經濟法)인데도 불구하고, 그 책들에는 이론적·정책적 배경이 되어야 할 경제이론과 경제정책의 언급이 거의 없었기 때문이다. 그래서 경제의 이론과 정책이 세법원리와 실정법에 어떻게 반영되는가를 알기 쉽게 설명할 수 있는, 새로운 세법교재가 있어야 하겠다고 생각했던 것이다.

갑자기 날아온 거액 '추징(追徵) 고지서'

《최신조세법》을 저술·출간하고 방학을 이용하여 영국 여행을 다녀온 1989년 12월 28일, 우리 집에서는 사건 하나가 나를 기다리고 있었다. 용산세무서로부터 엄청난 금액의 '양도소득세를 추가 납부하라.'는 추징고지서가 날아와 있었던 것이다. 추징하겠다는 세금의 크기로 보나 세법 교수의 체면으로 보나 참으로 중대한 일이 아닐 수 없었다.

여러 가지 어려움 속에서도 재무부 후배들의 도움을 받아 강남에 지은 임대용 건물은 은행지점을 비롯한 여러 입주(入住)회사들로부터 보증금·전세금을 받고, 일부 층을 입도선매(立稻先賣)한 대금으로 공사비를 간신히 치른 뒤였다.

그런데 여러 층을 전세로 쓰고 있던 삼성전자가 갑자기 본사 건물로 이전하게 되어 반환해야 할 거액의 전셋돈 마련이 큰 문제로 등장했다. 고심한 끝에 찾아낸 해법(解法)은, 1·2층에 세 들어 있는 은행지점에 그 층들을 매각하는 방법이었다. 재무부 후배인 J 은행장을 찾아가서 1·2층을 사고 그래도 부족한 삼성전자의 전세반환금은 따로 자금을 융자해 줄 것을 부탁해 문제를 간신히 해결할 수 있었다.

물론 해당된 양도소득세 세금은 4층을 입도선매했을 때처럼 세무사가 계산한 대로 자진 신고·납부를 끝낸 상태였다. 그런데 뜻밖에도 그에 대한 거액의 추징고지서가 날아와 있었던 것이다.

고문세무사에게 따졌다. 나의 재무부 및 국세청의 과거 경력과 현재 세법학 교수인 신분을 상기시키면서 "한 치라도 잘못이 있으면 큰일이니 혹시 잘못한 것이 없는지, 일이 커지기 전에 솔직하게 대답해 달라."고 부탁했다. 그리고 "세상에는 유명세라는 것이 있는데 사회적으로 성공한 사람들은 조그마한 잘못도 침소봉대 격으로 부풀려져 망신당하기가 쉽다. 혹시 잔재주 피운 것이 있다면 이번 기회에 아예 깨끗이 내고 말자."고 강조했다.

그랬더니 그는 눈도 까딱하지 않고 이번 세금도 4층을 입도선매했을 때와 마찬가지로 정직하게 신고·납부를 끝냈다고 자신만만하게 말하는 게 아닌가?

만약 세무서의 추징고지서대로 세금을 추징당해야 한다면, 매도 가액에서 전세금을 돌려줄 여지가 전혀 없을 뿐 아니라 오히려 부족하고, 따라서 1·2층은 처음부터 팔아야 할 하등의 이유가 없었던 것이다. 그런데도 세무서에서는 입도선매했을 때 인정해준 세금계산 방법을 무시하고, 이번에는 자기네 고집대로 새 계산방법을 들고 나온 것이다.

해당 세무서장은 세금 추징을 주장하는 담당직원을 도저히 설득할 자신이 없다면서 자꾸만 나를 달래려 했다. 그는 명색이 감사원 출신인 데다가 양도소득세에 관한 해설서(解說書)까지 저술·발간해 그 분야에서는 제법 전문가로 자처하고 있었다. 그런 그가 세무서 실무자의 처사에 대해 가(可)타 부(否)타 의사표시는 하지 않고 그저 나를 달래려 했으니 기막힌 일이 아닐 수 없었다.

회계이론 앞세워, 이의신청 제기

생각하던 끝에 성균관대 대학원 제자인 김익래 회계사를 불렀다. 그가 조세학회에서 연구·발표한 학술논문이 생각났기 때문이다.

그는 그 이전인 1985년 12월에 발간된 학회지(學會誌)에 <세법상 원가(原價)계산개념 도입에 관한 연구>라는 논문을 발표한 바 있었고, 그의 논지(論旨)는 우리 측 견해와 같았다. 고문세무사에게 우리가 신고·납부한 선례로 보아 세무서의 양도소득세 추징 조치가 부당하다는 점을 들어 이의(異議)신청을 내게 했다.

그런데도 세무서 실무자는 "부동산을 양도한 경우에 취득가액과 양도가액이 확실할 때에는 두 가지 가액의 차액(差額)에 대해 양도소득세를 부과하게 되어 있다. 이 교수의 경우 취득가액은 장부에, 매도가액은 계약서에 명백하게 나타나 있으니까 두 가액의 차액을 건물 전체 평수로 단순 평균(平均)해서 1·2층에 해당하는 양도차액에 대해 세금을 부과한 처분은 정당하다."고 계속 고집했다.

그에 대해 우리 측에서는 "1·2층은 사전에 은행용으로 높은 천장에다 금고용 구축물(構築物) 등 별도시설이 많이 시공되어 다른 층보다 건축비용이 훨씬 많이 들었다. 그리고 1·2층은 다른 층보다 경제적 가치가 훨씬 높아 평당가액을 단순 평균가액으로 취급해서는 안 된다. 그러니까 1·2층의 취득가격은 경제적 가치를 감안해 다른 층보다 훨씬 비싸게 평가해야 하고, 따라서 세무서의 단순평균방법은 잘못되었으니 취소되어야 한다."고 강조했다.

이론에 밀린 공무원들 '재판하라'

이 사건은 국세청의 심사(審査)청구 그리고 국세심판소의 심판청구 과정에서도 많은 논란이 벌어졌다.

원유(原油)에서 나오는 LPG, 고급휘발유, 저급휘발유, 경유, 방카C유, 아스팔트 등 여러 가지 생산물의 원가가 제품마다 다르게 계산되는 것과 마찬가지로 건물을 분양하는 경우에도 층별로 원가를 달리해야 한다는 '연산품(連産品)원가제도'를 놓고 수많은 논란이 있었던 것이다. 하지만 우리 측의 청구는 실정법에 그에 관한 특별한 예외규정이 없다는 단 한 가지 이유로 모두가 기각되고 말았다.

심사·심판, 고법에서도 패소

들기로 심사·심판과정에서는 "다투는 세액이 크고, 청구인이 전직 간부라 혹시 정실(情實)에 흘렀다는 오해를 받을 염려가 있다. 신청인이 정말 자기 주장에 자신이 있다면 신분이 약한 우리에게 시정(是正)을 요구할 것이 아니라 제3기관인 법원에서 구제받는 편이 피차 좋을 것"이라는 등 책임회피론(回避論)이 대세를 좌우했었다고 한다.

특히 기막힌 일은, 내 사건의 심판관 중 주심(主審)은 나의 국세청 국장 시절 부하였고 비상임심판관은 내가 잘 아는 K대학의 회계학 교수였다.

내가 취할 다음 방법은 별수 없이 행정소송에 의지하는 길밖에 없었다. 하지만 정부를 상대로 한 행정소송은 결코 예삿일이 아니었다. 만약 소송을 제기할 경우에는 그 사실이 밖으로 알려져 전직(前職)을 이유로 말썽이 일어날 염려가 있고, 실정을 모르는 제3자들은 세법 지식을 악용하다 덜미가 잡혔다고 오해할 수 있으며, 후배들은 자기가 몸담았던 옛 직장에 반기를 든다고 원망할 수도 있었기 때문이다.

정말 '진퇴양난'이 아닐 수 없었다. 더구나 당시에 나는 예산과 세제를 전문으로 하는 매일경제신문의 논설위원(論說委員)이었고, 국무총리실·재무부·경제기획원·상공부·내무부, 심지어 국세청의 정책자문위원(政策諮問委員)으로 활동하고 있었다. 그리고 학계에서는 한국조세학회 이사장이었고, 대학에서는 재정학과 함께 세법을 강의하는 현직 교수였다.

그러기에 내가 그 사건에서 패소(敗訴)할 경우에는 세금 추징이라는 엄청난 경제적 부담과 함께 이상과 같은 모든 공직을 당장 내놓아야 할 최악의 상황도 각오해야 했던 것이다.

배수진(背水陣) 펴고 상소, 기어이 승소

그 결단에 이르기까지 나는 남몰래 많은 고민을 거듭해야 했다. 아내가 가계(家計)에 보탬이 되고자 저지른 일을 새삼 원망한들 돌이킬 수 없는 일이었고, 그 뒷감당을 위해 그동안 내가 겪은 수많은 고생을 후회한들 그 역시 아무 소용이 없는 일이었다.

그런데 서울고등법원에 제출한 행정소송도 보람 없이 패소했고, 그 이유 또한 세무서의 논리가 액면 그대로 반복된 것뿐이었다.

혹시나 하던 기대는 산산이 무너지고, 고민은 불안감으로 확대되어 갔다. 하지만 더 이상 물러설 여지는 없었다. 패소할 최악의 경우를 각오하고, 대법원 상소(上訴)라는 배수진을 치기로 결심하기에 이르렀던 것이다. 물론 내 측에도 담당

변호사가 있긴 있었다. 하지만 소송이유서는 전부 내가 직접 쓸 수밖에 없었다.

나와 우리 집안의 운명이 걸린, 1991년 9월 13일 아침이 밝았다. 하지만 나는 크게 긴장은 하지 않았다. 비록 여러 단계에서 패소의 아픔을 겪기는 했지만, 믿고 가르쳐 온 "세법상의 공평원칙은 내 편일 것."이라는 일루의 신념과 희망이 남아 있었기 때문이다.

대법원 판결은 '원심판결을 파기하고 서울고법에 환송한다.'는 결론이었고, 승소 이유는 우리 측 논리가 완전히 수용된 것이었다. 기어코 내가 승소(勝訴)하였던 것이다. 그리하여 추징고지서를 받은 후 무려 1년 8개월 16일이라는 긴 세월을 견딘 끝에, 말 못할 고민과 고통에서 겨우 해방될 수 있었다.

그 세금의 추징고지를 고집하는 부하 직원을 만류할 수 없다고 말한 세무서장은 그 분야의 전문가로 자처하는 사람이었고, 그 아래 과장은 당시 아내의 여고 동창생의 남편이었으며, 그 서장·과장 앞에서 세금추징을 끝까지 고집한 담당직원은 휴가 중에 남해 바다에서 익사했다고 들었다.

지나고 보면 짧은 시간이지만, 나의 인생에서 더할 나위 없이 괴롭고 외롭고 힘든 세월이었다. "정부와 재판기관에 대한 불신감, 생계에 대한 불안감, 세법전문가로서의 불명예……." 그동안 그 모든 것이 나를 겹겹이 짓눌렀다. 그 오랜 고통 끝에 나는 간신히 그 구렁텅이에서 빠져나올 수 있었다.

세법 모르는 판·검사에 봉변당해

나에 대한 형사사건은 검찰의 끈질긴 항고·상고에도 불구하고 대법원까지 연속 무죄로 결말이 났다. 나에게 돌아온 것은 형사보상금 200여 만 원뿐, 그 시련들은 하나같이 나의 잘못과는 하등 상관없는 봉변들이었다. 만약 내가 확고한 의지(意志)와 신념(信念)을 가지고 있지 못했다면 그 긴 기간 밤낮없이 달려드는 불안과 고통을 도저히 견뎌 내지 못했을 것이다.

아내 친구의 아들 K 군이 저지른 아내회사의 사고 수습과 의왕 황무지를 개간하느라 심신이 지칠 대로 지쳐 있던 1995년 9월 5일, 나는 뜻밖에도 서울구치소에 수감되는 생애 최대·최악의 춘사(椿事)를 겪어야 했다.

설상가상이라더니 세금소송이 겨우 매듭을 짓자마자 또다시 새로운 봉변이 나를, 우리 집안을 죽으라고 강타했던 것이다.

그전 어느 날 검찰청 직원들이 우리 빌딩과 아내 회사에 찾아와서 관세(關稅)·임대(賃貸)·외환(外換) 관계서류를 압수해 갔다는 얘기는 농장에서 듣고 있었다.

건물에 관한 서류는 임대료 수입을 속였는지 여부를 조사한다고 했다. 하지만 우리 건물에 그런 부정이 없다는 사실을 나는 잘 알고 있었다. 내 구좌에서 미국에 송금한 달러는 아내가 뉴욕에 유학 중인 아들딸의 학비 부족을 보충한 것이라고 듣고 있었다. 그래서 외환관리법 위반문제는 최악의 경우 벌금쯤은 각오해야 할 것으로 짐작하고 있었던 것이다.

당시에 아내는 회사의 기술자 K 군이 서체기술을 가지고 도망간 뒤, 새 기술자와 직원들을 영입하여 회사 운영을 맡고 있었다. 하지만 그녀는 대표이사직에 이름만 걸어 놓은 채 사교활동에 여념이 없었다.

다만, 아내가 운영하는 회사가 홍콩에서 가져다 판 기계의 A/S 부품에 대한 관세문제는 통관과정에서 소액(少額)관세 납부에 일부 문제가 있어, 관세청으로부터 장차 관세 추징과 벌과금 부과가 있을 것 같다는 얘기는 듣고 있었다.

그 정도의 예비지식을 가진 나는 검찰의 출두 요구에 응하기에 앞서, 혹시나 싶어 검찰청 특수부장 출신인 친구 변호사를 통해 그쪽 동향을 타진해 보았다. 그런데 뜻밖에도 그쪽에서는 아내 회사의 관세와 아내의 달러 송금문제를 짐작보다 심각하게 보고 있다고 했다. 정말 깜짝 놀랄 일이었다.

"여보, 검찰에서 당신을 관세 탈세범(脫稅犯)과 특별범죄가중처벌법 위반자(違反者)로 보고 있다는데, 사건내용은 알고 있소?"

"탈세라뇨? 그런 일이 어떻게 저질러졌는지, 언제 일어났는지 나는 아무것도 모르는데요."

"그래? 당신이 혹시 그런 서류에 멋모르고 도장을 찍어 준 기억은 없소?"

"최근에 담당직원이 A/S 부품을 계속 정상통관(正常通關)시킬 것인가, 아니면 변칙통관해도 좋은가를 묻는 결재서류를 갖고 왔기에 합법적으로 처리하라고 정상통관란에 도장을 찍어 준 일은 생각나요. 그런데 직원들이 무슨 잘못이라도 저질렀단 말씀인가요?"

"그렇군. 설사 몰랐다고 해도 당신은 명색이 회사의 대표이사 사장이니까 회사관계 사건에 대해서는 전적으로 책임을 져야 할 것 같은데……."

"그러면 어쩌죠? 내용도 모르고 책임을 지게 되었으니……."

영업권 탈취자가 검찰에 무고(誣告)

며칠이 지나자 변호사로부터 깜짝 놀랄 소식이 전해져 왔다.

"교수님, 사모님의 관세 탈세와 달러 송금사건은 아무래도 신병 구속(拘束)까지 갈 것 같은데요."

"왜요?"

"그건 나도 잘 모르겠지만, 보통은 부부를 함께 구속하는 관례가 없다니까 만약 사모님 구속을 꼭 모면하시려면 교수님이 대신 각오하셔야 할 텐데……. 교수님과 관련된 빌딩의 임대료 문제는 자신 있으시죠?"

"조세법 관계는 전혀 문제가 없고, 달러 송금문제는 아내가 내 구좌에서 보낸 것이지만 벌금쯤은 각오해야겠죠."

"재산을 외국에 도피시킨 것도 아닌데, 설마 그 문제로 구속까지야 시키겠습니까? 더구나 교수님은 현직 대학교수 아닙니까?"

"검찰에서 사실 확인차 잠깐 다녀가라고 하니까 일단 다녀와서 다시 의논해 봅시다."

그날 서울지검 특수부 검사실에 도착, 조사관에게 심문을 받아보니 사실 확인만 간단히 하고 돌려보낼 것 같지 않은 불길한 예감이 들었다. 그날 나는 죄의식이 전혀 없어 남방셔츠에 담배 한 갑을 꽂아 넣은 채 흰 고무신을 신고 이웃집 마실 가듯 몸차림도 가볍게 그곳으로 찾아갔다. 그런데 사태는 그게 아니었던 것이다.

"당신 건물에 관련된 경비 지출에 일부 문제가 있다는 걸 실무자들은 다 인정했

영욕의 세월

어요. 그러니까 국세를 탈세했다 그 말이오. 또 미국에 있는 자녀들에게 보낸 돈이 당신 구좌에서 나간 게 확실하죠? 그러니까 1인당 만 불이라는 한도를 넘어 수십만 불을 송금한 데 대해 책임을 져야 하겠다 그 말이오. 알겠소?"

나는 그에게, 세금문제는 고문세무사가 자진신고·납부를 끝냈는데, 만약 세무서가 세무조사를 통해 과소신고·납부를 발견할 경우에는 조세법에 의해 추징세(追徵稅)와 가산세(加算稅)를 납부하면 된다는 것, 그것을 탈세사건으로 취급하려면 세무서가 추징한 후에, 새로운 신고 누락을 다시 발견한 경우라야 기수(旣遂)로 보고 처벌할 수 있다는 점을 알기 쉽게 설명해 주었다.

내 말을 뒷받침하기 위해 내가 대학에서 세법학도 강의하는 교수라는 사실, 한국조세학회를 대표하는 이사장이라는 사실을 덧붙였다. 또 우리 고문세무사는 세무공무원 출신인 현직 서울지검 검사를 통해 우리 담당에게 우리 사건은 탈세사건으로 취급해서는 안 된다는 사실을 유권 해석까지 해주었다.

매수된 조사관, 검사가 긴급 구속

하지만 조사관은 내 말을 아예 들으려 하지 않고 자기 고집만 내세웠다.

법적 한도를 넘긴 미국 송금문제는, 만약 내가 모르는 일이라고 주장할 경우에 아내는 자기 회사의 관세 탈세문제와 합쳐 꼼짝없이 처벌당할 수밖에 없다고 판단했다. 그래서 그 책임의 일부나마 나눈다는 생각에서 "내 구좌에서 송금된 달러문제에 대해서는 내가 책임을 지겠다."고 검찰조서에 날인을 해 주었다.

그런데 그 일이 긴급구속(緊急拘束)이라는 엄청난 결과로 연결될 줄이야 어찌 짐작인들 했을 것인가? 굴욕적인 수감절차를 마치고, 잡범들과 함께 감방에서 기거하게 되자 나는 말할 수 없는 육체적 고통을 겪어야 했다. 하지만 정신적 고통은 크게 느끼지 않았다.

왜냐하면 검사가 만약 조세법 관계로 나에 대한 구속영장을 신청한다 하더라도 그 문제는 사법(司法)사건이 아니라 어디까지나 행정(行政)사건이기 때문에, 세무서장은 그의 전제인 고발조치를 절대로 취하지 않을 것이라는 자신을 갖고 있었기 때문이다.

그리고 설사 세무서가 검찰의 압력을 받아 고발조치를 취한다고 가정하더라도 판사가 세법의 기초지식만 갖고 있다면 그것이 구속영장을 발부할 사건이 아니라는 판단쯤은 능히 할 수 있을 것으로 낙관하고 있었던 것이다.

당시에 전국의 법원도서실에는 대법원 도서관장이던 이강국(李康國) 판사의 주선으로 내가 쓴, ≪최신조세법≫ 책이 전부 비치되어 있었다. 그리고 내게 해당된 대목은 조세수속절차법(組稅手續節次法)의 ABC에 속할 만큼 지극히 초보적인 상식문제였다.

다만 외환관리법 위반사건은 최악의 경우 벌금 정도는 각오해야 하겠다고 생각하고 있었기에, 감방에서 석방될 날을 손꼽아 기다리고 있었다. 그런데 구속된 지 며칠이 지나자 석방 소식이 아니라 조세범처벌법 및 외환관리법 위반으로 된 정식 기소장이 날아 왔다. 나는 크게 당황하지 않을 수 없었다.

"어찌 이런 일이?"

깜짝 놀라는 나를 보고 감방에 함께 있던 잡범들이 비웃듯이 말했다.

"곧 석방될 거라더니 어찌된 일이요?"

"구치소 들어오는 사람치고 자기가 죄 지었다고 말하는 사람 없거든."

"당신 현직 대학교수가 맞기는 맞소?"

"당신 가족은 있소 없소? 면회도 안 오고……."

학수고대하던 아내가 뒤늦게 면회 왔을 때 무엇보다 먼저, ≪세법전(稅法典)≫
과 내가 출간한 책 ≪최신조세법≫을 갖고 오게 했다.

영장담당 판사, 구속 요건 모르고

그 책들이 차입되자 뻔한 대목이지만, 혹시나 싶어 나는 관계조문과 해설내용을
다시 한 번 살펴 보았다. 그리하여 내 사건이 형사(刑事)사건이 아니라는 사실
을 재확인했다. 그럴수록 나를 구속케 한 관내 세무서장과 영장담당 판사의 태
도에 의문을 금할 수 없었다.

'세무서장은 뻔한 행정사항을 어째서 형사사건으로 보고 검찰에 고발조치를
취했을까?'

'영장판사는 관계세법을 읽어 보지도 않고 직접세의 미수범은 처벌할 수 없는
데 왜 구속영장을 발부했을까?'

아내가 다녀간 후 면접 온 O 변호사에게 다음에 올 때 휴대용 PC를 꼭 갖고 오
게 했다. 그리고 내가 부르는 대로 보석(保釋)신청 사유서를 입력하게 했다.

"이 교수님, 보석신청사유서는 우리가 흔히 쓰는 주거·신분이 확실하고 증거
(證據) 인멸이나 도주(逃走) 우려가 없다는 등 요령이 따로 있습니다만?"

"변호사님, 제 사유서는 그런 관례(慣例)대로 써서는 안 됩니다."

"왜요?"

"내 사건은 여기에 올 하등의 이유가 없는, 어디까지나 행정사건에 불과합니
다. 당초에 법원의 영장(令狀)담당 판사가 그걸 모르고 영장을 발부했으니, 보석
(保釋)담당 판사를 위해서 보석사유서에 세법상의 소득개념(所得槪念)부터 시작
해 소득세의 신고납세제도, 탈세의 기수(旣遂)시기, 통고(通告)처분의 절차, 고발

절차 등을 알기 쉽게 순서대로 적어야 하겠습니다.”

“그렇게까지 할 필요가 어디 있습니까? 보석금을 내고 나가면 그만인데요.”

“아닙니다. 내 보석은 장차 있을 정식재판과 관련이 있으니까 그때를 대비해서 미리 작성해 두자는 것입니다.”

“검찰에서는 어차피 이 사건을 형사사건으로 보고 있는 것 아닙니까?”

“의사나 변호사는 자기 소득을 사실상 100% 다 신고하고 있습니까? 세무서에서는 자기들이 원하는 일정수준까지 납세자가 세금을 자진해서 신고·납부하면 좋고, 만약 그 수준까지 신고·납부를 안 할 경우, 따로 세무조사를 해서 만약 과소(過少)신고가 적발될 때에는 세금을 더 내라고 추징고지서를 발부하게 되어 있습니다.”

“네, 요즘 의사나 변호사들은 세무서가 집중적으로 수입(收入)금액을 파고들어 죽을 지경입니다.”

“제가 바로 그런 경우와 같습니다. 이런 경우에 세법에서는 탈세로 보고 당장 처벌하는 것이 아니라 과소신고라고 해서 납세자가 적게 냈다고 지적한 세금에다가 가산세를 더해 추징고지서를 발부하게 되어 있습니다.”

“그런 경우도 일종의 탈세로 볼 수 있지 않을까요?”

“그건 아닙니다. 왜냐하면 세법에서는 자기 소득이나 재산에서 직접 내는 세금, 예를 들면 소득세나 상속세 같은 직접세(直接稅)는 모든 사람들이 다 내기를 싫어하는 심리상태를 전제로 하고, 납세자가 만약 신고·납부를 적게 할 경우에는 당장 탈세로 모는 것이 아니라 세무조사와 추징조치라는 행정단계를 반드시 거치게 되어 있어요. 그렇지 않으면 의사나 변호사는 언제라도 탈세자로 몰릴 수 있을 것 아닙니까?”

"세금에는 그런 특례가 다 들어 있습니까?"

"아닙니다. 양조장이 내는 주세(酒稅), 정유공장에서 내는 유류세(油類稅), 사업자들이 내는 부가가치세(附加價値稅) 같은 세금은 그것을 최종 소비하는 우리가 술값이나 기름값, 물건값에 포함시켜 양조장이나 공장에 내고, 그들은 그 세금을 모았다가 사후에 우리를 대신해서 국가에 대납하는 세금인데 이것을 간접세(間接稅)라 부릅니다. 만약 이 같은 간접세를 업자가 과소신고·납부한 경우에는 소비자가 낸 세금을 횡령하는 것이 되니까 즉시 탈세사건이 성립되는 거죠."

"아, 그렇군요."

보석신청서가 재판부에 제출된 후, 감방 앞에 걸려 있던 내 이름의 죄명을 살펴봤더니 '조세범처벌법 위반'은 어느새 온데간데없이 사라지고 '외환관리법 위반'만 달랑 남아 있었다. 짐작컨대 검찰이 자기들 실수를 뒤늦게 깨달았던 것이다. 그리고 변호사 말에 의하면 내가 즉시 석방되지 않은 이유는 내 사건을 신문기자가 알까봐 조금 시일을 지연시켰기 때문이라 했다.

'무죄추정주의' 죽고, '무죄공시제도' 실종

그것이, 문민정부라고 떠벌린 김영삼 정부 아래서 현직 대학교수에게 가해진, 이 땅의 현직검사 및 판사가 저지른 한심스러운 무지(無知)요, 남권(濫權) 행위였다. 나의 통영중학교 선배인 김 대통령은 자기 밑에서 저질러진 그같이 어이없는 실책(失策)을 짐작인들 했겠는가?

그날부터 나는 평소 습관대로 구치소에서 겪고 느낀 바를 일기로 적기 시작했다. 같은 감방에 수용되어 있는 사람들로부터 억울하다는 신세타령을 듣고, 재판장에게 보내는 탄원서를 대신 써 주기도 했다. 그리고 하루 세끼 배식되는 밥

과 반찬을 맛있게 먹고, 옥외(屋外)운동을 열심히 하고 저녁에는 단잠을 즐길 수 있었다.

당시에 면회 온 친구·제자·변호사들은 건강하고 단정한 내 모습을 보고 뜻밖이라 생각하는 것 같았다.

"교수님, 얼굴이 별로 상하지 않았습니다. 오히려 건강해 보이기까지 하는데요?"

"하루 세끼 제 시간에 맞춰 음식 잘 먹고, 소독된 물로 몸 닦고, 때맞춰 신문 읽고, 이따금 군것질도 하고 있지. 이것은 이 정부가 선심을 쓴 결과가 아니고, 어디까지나 우리 국민이 세금을 많이 납부해 줘서 국가재정(財政)이 그만큼 단단해진 덕이 아니겠나? 하하하."

"농담은 여전하십니다만 그래도 여기 생활은 견디기가 어려우시죠?"

"정말 죄짓고는 못 올 곳이라네. 하지만 혐의를 벗어날 자신이 있거나 부도내고 빚쟁이들한테 쫓기는 사람에겐 좋은 수양처가 될 것 같아."

"그런데 교수님은 왜 독방이나 공직자 방에 가지 않고 잡범들과 함께 지내십니까?"

"입소할 때 공직자는 손을 들라고 해서 그들끼리만 딴 방에 수감되어 가더라고. 나는 여기서 오래 있지 않을 걸 미리 알았기에 구태여 그럴 필요가 없다 싶어 그냥 있다네."

구치소에서 나오던 날 석방 수속을 밟으면서 실망한 것은, 그곳에서 적은 일기장이 압수된 일이었다. 혹시나 싶어 당국이 싫어할 구절들은 아예 언급(言及)조차 하지 않았다. 그런데도 구치소는 규칙을 내세워 막무가내였다.

조세전문가가 당하는 세상, 서민들이야

그 후 형사사건은 검찰의 끈질긴 항고·상고에도 불구하고 대법원까지 연속 무죄로 결말이 났다.

나에게 돌아온 것은 형사보상금 200여 만 원뿐, 조선·중앙 양대신문에 실어 달라고 검찰에 요구한 무죄공시(無罪公示)는 법적으로 보장되어 있는데도 불구하고 끝내 대꾸가 없었다.

더구나 석방은 되었지만 나는 성대에서 심술궂은 몇몇 보직 교수들의 텃세로 학생들에 대한 강의와 논문지도시간을 탈취당했다. 그리고 오랫동안 맡아 오던 각 부처의 정책자문위원직도 소문 없이 해촉되고 말았다. 그리고 물심양면으로 공들여 만든 조세학회의 이사장직에 대한 일부회원들의 사퇴 압력도 받았다.

헌법 제27조 제4항에는 '형사 피고인은 유죄의 판결이 확정될 때까지 무죄로 추정된다.'라고 규정되어 있다. 그러나 우리 사회에서 무죄추정(無罪推定)주의는 그같이 죽어 있었다. 현직 대학교수가 그랬는데 하물며 일반국민의 경우는 더 말할 나위가 없을 것이다.

늘그막에 찾아온 이상의 사건들은 참으로 견디기 어려운, 모질고 지독한 시련이었다. 젊어서라면 고생은 사서라도 한다지만, 삶의 마감을 준비해야 할 나이에 그 같은 고초를 겪었으니 어쩌면 치욕(恥辱)에 가까운 불운(不運)이라 할 수밖에 없었다. 더구나 그 시련들은 하나같이 나의 잘못과는 하등 상관없이 당한 봉변들이었으니, 만약 내 의지와 신념이 약했다면 아마도 나는 그때 미쳐 버렸을지도 모른다.

마침내 회고, 영욕(榮辱)의 세월 50년

그동안 수많은 파란곡절에도 불구하고 대과(大過) 없이 오늘을 맞게 된 데 대해 신에게 깊이 감사드리고 싶다. 그리고 이제 나는 이 책을 싸들고 꿈속의 고향, 내가 태어난 남쪽나라 항구(港口)를 향해 떠나려 한다.

국세청을 떠난 지 7년째 되던 1981년 7월 19일, 나는 사단법인 세우회가 발간하는 월간잡지 ≪국세(國稅)≫에 <제2의 인생>이라는 제목으로 수필 한 편을 기고한 바 있다. 국세청에 근무했을 때 공직과 함께 사단법인 세우회 이사장직을 겸무하면서 매달 손수 만들었던 그 잡지였다.

다음 글은 퇴직 후로부터 그날에 이르기까지 내가 살아온 세월을 <제2의 인생>이라는 제목으로 간단히 술회한 것이다.

37년 전의 결심 '제2의 인생'

"사람은 모두가 다 무사(無事)한 한평생을 바란다. 하지만 그 어느 누구도 탈 없고 재앙(災殃) 없는 인생을 살 수는 없는 것 같다. 문제는 그 탈이나 재앙이 한 사람의 인생의 축(軸)을 크게 뒤바꾸어 놓았을 때 그가 느끼는 후회의 정도와 내용이 어떤가에 따라, 그의 장래와 인생에 대단히 큰 영향을 미친다고 생각한다.

'의원 면직'이라는 허울 아래 국세청에서 강제 파직을 당했을 때 솔직히 말해 하늘이 무너지는 듯한 낙망감을 느꼈다.

지나간 세월을 깊이 후회하고 앞날에 대해 심한 불안을 느꼈으며 가족들이 모두 잠든 깊은 밤을 혼자 무수히 지새우기도 했다. 그러던 어느 날, 종이를 꺼내 놓고 한 장의 연대표를 만들었다. 왼쪽 난에는 태어난 1931년부터 시작해서 차례로 연수(年數)를 적어 내려갔다. 마흔 세 번째, 즉 그때 내 나이까지 차례로 적어 내려가다 보니 1974년이었다.

한참을 생각한 끝에 거기다 다시 17칸을 더 적어 넣기로 했다. 무작정 적어 넣기로 한다면 65번째 아니 70번째까지도 적지 못할 바는 아니었다. 하지만 욕심을 부리지 않고 회갑(回甲)이 되는 해까지만 보태기로 했던 것이다.

그 마지막 해가 1991년이었다.

다음 난에는 아내와 자식들의 나이를 연수에 맞춰 차례로 적어 내려갔다. 그렇게 적고 보니 내가 회갑이 되는 1991년에 큰아들은 29세, 막내딸은 23세로 대학 4학년이 된다는 것을 알았다. 말하자면 만약 내가 그때까지 살아 있을 수 있다면, 그들이 자립할 수 있도록 어느 정도 도와줄 만한 시간적 여유가 남아 있다는 것을 알 수 있었다. 불행 중 다행이 아닐 수 없었다.

그런데 문제는, '회갑이 되는 해까지 앞으로 남은 17년 동안 내가 무엇을 할 수 있고 또 무엇을 해야 할 것인가?' 하는 것이었다.

먼저, 지나간 세월을 차분히 정리해 봤다. 그동안 겪은 일들이 주마등처럼 눈 앞을 스쳐갔다. 영욕(榮辱)에 물든 세월이 선명하게 되살아났다. 주변에서 명멸해 간 수많은 선배·동료·후배들의 얼굴이 떠올랐다. 하지만 그 모든 것은 이미 과거에 묻혔을 뿐, 그때 나는 혼자였고, 단지 손에 남은 것은 쓸모없는 훈장증(勳章證)과 발령장(發令狀)들 뿐이었다.

어리석게도 나는 직업관료로서 공무원법에 정해진 60세 정년을 믿고 살았다. 그랬기에 도중하차에 대비한 회계사·변호사 등 자격증(資格證)도, 석·박사 등 학위기(學位記)도, 시멘트대리점·주류판매업 등 영업 허가장(許可狀)도 한 장 없었다. 참으로 고지식하게 살아온 인생이었다.

'앞으로 새 직업을 구하되 다시는 이런 변(變)을 당하는 일이 없어야 하겠다. 요행을 바라지 말고 돌이 아니라 종이를 쌓아가듯 조심조심 살아야 하겠다. 처자식에게 명예로운 직업을 선택해야 하겠다. 이제는 내가 한 일의 공과(功過)가 상관이나 기관이 아니라 오로지 나 자신에게 귀속되는 일을 해야 하겠다. 인생이 끝날 때 이 같은 후회를 다시는 되풀이하는 일이 없도록 긴 안목에서 살아가야 하겠다.'고 굳게 다짐했다.

그리하여 파직된 날에서 시작, 회갑이 되는 해까지 남은 여생 17년을 바쳐 대학원에 진학해 석·박사 학위를 취득하고, 대학의 시간강사에서 시작해 전임교수가 되기로 최종 결심을 굳혔던 것이다.

그로부터 세월이 흘러 4년이 지난 후 나는 성균관대학교에서 부교수로 승진했고, 그 2년 후 경제학 박사학위를 취득했다. 공직을 떠나 '제2의 인생'을 설계했던 1974년 그날, 회갑 때까지 남은 여생 17년을 다 바쳐 달성하리라 계획했던, 대학의 전임교수직과 경제학박사 학위를 파직 6년 만에 취득할 수 있었던 것이다."

그때 쓴 이 글은 현직에서 활약하고 있던 세무공무원들을 포함한 재무부 산하 공무원들 사회에서 잔잔한 화젯거리가 되었다고 한다.

그들은 고등고시 출신 정통파 재래파 재무관료가 공무원법상 엄연히 보장(保障)된 신분보장 규정에도 불구하고, 불과 43세에 그것도 본인의 뜻이나 허물과는 아무런 상관없이 파직된 사실을 알고 동정하기도 했지만, 크게 분개하기도 했다고 한다. 그런 파직이 '결코 남의 일이 아니라 바로 나 자신의 일일 수도 있다.'라는 위기의식과 불안감이 그들을 크게 자극했을 것이다.

학계·언론계에서 활짝 핀 '제2의 인생'

관직을 떠난 재무관료 출신 가운데서 요즘 들어 대학교수로 변신한 사람, 박사과정에 진학한 사람의 수가 늘어나고 있다고 한다. 재무관료 출신 대학교수 제1호로서 대학사회에 정착할 때까지 내가 겪은 외롭고 힘들었던 고난의 세월이 참으로 감개무량하다.

<제2의 인생>이란 글을 발표한 후, 세월은 또다시 흘렀다.

그동안 '강요된 사표는 무효'라는 대법원의 판결을 듣고 법적 명예회복은 할 수 있었다. 또 국무총리를 비롯해 경제기획원·재무부·내무부·상공부·국세청 등의 정책자문위원으로 위촉되어 정부 차원의 명예회복도 할 수 있었다. 그리고 정부로부터 한국조세학회 이사장에게 주는 산업훈장(産業勳章)을 받아 사회적 영예도 차지할 수 있었다.

정부·대학·문화재단·경제단체 등으로부터는 적잖은 연구비를 받아 학술 및 정책논문을 작성·제출했고 신문·잡지에는 평론·사설·대담 등 사회논문 300여 편을 집필·발표했다. 그리고 신문사의 객원 논설위원으로 위촉되어 만 10년간 사설을 집필했고 TV·라디오에서 평소의 소신(所信)을 마음껏 발표할 기회도 가졌다. 또한 한국조세학회를 창설해 대학교수·연구원·회계사 등 학자들을 발굴하고 조세학(租稅學)의 발전에 기여할 재단법인에 집결시켰다.

그동안 관직에 복귀하라는 복직 권고를 비롯해 전문경영인(CEO)으로 취직하라는 취업 권고, 국회의원 선거에 나서라는 출마(出馬) 권고, 정부에 들어오라는 입각(入閣) 제안을 여러 차례 받기도 했다. 하지만 나는 자신의 능력을 헤아리고 분수를 지켜 끝내 이들 유혹을 뿌리치고 미련도 버렸다.

그 대신 관료 출신의 재정학교수 및 경제평론가로서 우리나라의 재정안정(財政安定)과 사회복지(社會福祉)에 기여하고자 나름대로 유한(遺恨) 없이 최선을 다해 왔다고 자부한다.

세무관료 출신의 원(怨)과 한(恨)을 가슴에 품고 명리(名利)와 타협하지 않고 '제2의 인생'을 꿋꿋이 살아온 지 어느덧 30여 년, 그동안 외곬으로 교수 및 학자 생활을 고집해 온 인생이 과연 '잘했는지, 못했는지'를 평가받는 일은 이제 내 몫이 아니다.

유능한 전문관료, 육성·선용(善用)해야

다만 이 회고록을 끝내면서 덧붙이고 싶은 말이 있다. 그것은 일반적으로 고역이요, 악역이라 인식되는 경찰·검찰·세무·정보·감사 등의 직책에 종사하는 젊은 엘리트들을 정권이 사병(私兵) 내지 하수인(下手人)으로 삼거나 정치적으로 악용하는 일은 절대로 있어서는 안 되겠다는 것이다. 관료는 결코 정치의 시녀(侍女)가 아니기 때문이다.

그런 일을 당했을 때 재래파·정통파 공무원들은 심한 회의와 갈등을 느낄 수밖에 없다. 한 정권과 운명을 같이할 수 없는 전업·직업공무원들에게 집권정당이 만약 직무상 중립(中立)을 보장해 주지 못한다면 그들이 장차 갈 곳은 어디며 그들의 장래를 누가 보상해 줄 것인가?

그들에게 진실로 국리민복(國利民福)을 위한 충성과 봉사를 바란다면, 국가와 사회는 그들에게 적절한 보수와 함께 확실한 신분보장을 해주어야 할 것이다.

하물며 국가의 안정과 민족의 번영을 바란다면 그들이 높은 꿈과 희망을 마음껏 펼칠 수 있도록 적극 보호하고 격려해야 할 것이다. 내가 국세청에서 강제 파직을 당하고 회갑이 되는 1991년까지 살아 있을 수 있기를 기대하면서 수필을 썼던 것이 마치 어제 일 같다. 그동안 비록 큰 포부는 이루지 못했지만 대과(大過) 없이 오늘을 맞게 되어 신에게 감사드리고 싶다. 그리고 이제 나는 꿈속의 고향, 남쪽 항구를 향해 떠날 것이다.

2

칼럼·신문 인터뷰·사설·기고문

≪신동아≫ 칼럼:
'원조 국세청맨' 이철성 박사의
개발시대 세무비화

전국 누비며 세무사찰, 먼지 안 나던 유한양행

- '정권의 몰락은 독재가 아니라 세금의 문란 때문'
- 과세(課稅)기술, '아프지 않게 살살…… 잘못하면 납세자 놀라거나 죽어'
- 엘리트 공무원의 부정(不正) 조장한 자유당 정권
- '서(署)' 자 붙은 권력기관 전통 '낮은 직급, 적은 인원'
- 1966년 국세청의 개청목표는 '세수증대, 오명불식, 국민계몽'
- '정권이 세무공무원에게 더는 정치적 악역(惡役) 맡기지 말아야……'

김서령 | 칼럼니스트

"한 정권의 몰락은 독재나 부패만이 아니라 알고 보면 부당한 세금이 원인이었다."

이렇게 주장하는 재정학자가 있다기에 그를 만나러 갔다. 성균관대학교 명예교수 이철성(李喆晟) 박사다. 처음 들어보는 흥미진진한 이야기가 많았다.

"6·25전쟁 때 군량미와 구호미를 조달할 목적으로 한시적으로 현물(現物)세인 토지수득세란 걸 거뒀거든요. 당장 사용할 식량이 아쉬웠으니까. 그런데 당시에 정부는 처음 공약(公約)대로 휴전 후에는 폐지했어야 하는데 현물이 들어오는 재미에 그만 그대로 뒀어요. 이것 때문에 수백만 농민과 그 자손들의 이승만 정권에 대한 반감(反感)이 이만저만한 게 아니었어요. 그 현물세만 없었어도 우리 농민들이 국부(國父)인

이승만 대통령을 미국으로 쫓겨나게 내버려두지 않았을 겁니다."

더 들어 보자.

"민주당 정권도 신·구파 싸움을 그만두고 3·15 부정선거의 원흉과 부정축재자들을 신속하게 조사·처벌했더라면, 그래서 그들의 부정축재를 세금과 벌금으로 전액 환수했더라면 군부는 5·16 군사정변을 일으킬 명분을 찾지 못했을 거예요. 박정희 대통령이 비명에 간 것도 따져 보면 부가가치세 때문이에요. 박 대통령이 돌아가시기 직전까지 침식(寢食)을 잊다시피 고민한 것이 중화학공업과 부가가치세 문제인데, 부가가치세는 정말 남징(濫徵)됐어요. 그게 부산 국제시장 상인들에게 사무친 반감을 자아내 시민 봉기를 일으킨 것이 바로 부마(釜馬)항쟁이라고 봐요. 만약 그게 없었다면 차지철이 그렇게 날뛰지 못했을 것이고 김재규가 총을 쏠 배짱도 없었겠지요."

그는 재정학(財政學)을 '세금을 어떻게 받고 어떻게 써야 할지 고민하는 학문'이라고 정의한다. 세금은 거두기도 어렵고 쓰기도 어렵다. 쉽게 거둬 쉽게 쓰는 게 세금인 줄 알았다간 국민에게 반드시 보복을 당한다고 경고한다. 그걸 여실히 보여주는 게 정치사(政治史)라는 것이다.

"원래 세금은 곡식을 뜻하는 '벼 화(禾)' 변에 기쁨을 뜻하는 '태(兌)' 자를 합쳐서 만든 말이거든요. 1년 농사를 끝낸 농부가 신에게 수확을 감사하며 기쁜 마음으로 제단에 바치는 제물, 그게 바로 세금의 원형이에요. 우리 국민은 올 한 해 좋건 싫건 한 사람당 465만원의 세금과 국민연금, 건강보험료를 내야 합니다. 건국 이래 가장 무거운 세금이지요. 그런데 공무원 수는 또 2만 명이나 늘었고 장관급 자리가 148개나 된다잖아요. 이거 큰일 난 거 아닙니까. 세금을 겁 안 내면 안 됩니다. 임자 없는 돈이 세금인 줄 알다간 큰코다친다고요."

국가재정과 관련해서 생겨나는 수많은 낭비와 허비를 이제는 국민이 직접 나서서 막을 수 있어야 한다는 게 그의 주장이다. 그게 바로 '납세자 주권운동'인데, 세금 낸 사람이 자기가 낸 돈이 어디에 어떻게 쓰이고 있는지, 혹시 낭비되지 않는지, 눈 똑바로 뜨고 지켜봐야 하겠다는 것이다.

"물론 세금 없이 나라 살림을 할 수는 없지요. 그러나 과세(課稅)기술을 발휘해서 세금을 거둬야지, 무작정 걷을 수는 없습니다. 과세기술은 가능한 한 잡음 없이 오리의 깃털을 뽑는 것과 같거든요. 껍질에 손대면 오리는 펄쩍 뛰면서 꽥꽥거려요. 그러니까 '오리가 뛰지 않게, 살살 달래서 털을 뽑는 기술'이 필요한 겁니다."

착임 첫날 들은 말이 '백'

그에게서 초창기 우리나라 공무원 사회의 일화를 듣다 보니 격세지감도 이만저만이 아니었다. 경남 통영에서 나고 자라 부산대학을 다니던 25세 청년 이철성은 지금으로부터 정확하게 50년 전인 1956년, 제7회 고등고시 재정경제 부문에 그것도 수석으로 합격한다. 출두통지서를 받고 재무부에 가서 맨 처음 들은 말이 바로 '백'이었다. 총무과 인사계장 송 씨(그는 자신의 책에서 '실록'답게 당시 인물들의 성명을 모조리 밝혀 놓았다)는 수습행정관들을 세워놓고 재무부에 관한 브리핑을 한 다음 이렇게 말한다.

"이 자리에 오기까지 여러분은 고등고시 합격자라는 똑같은 조건이었다. 하지만 앞으로 누가 어느 과(課), 어느 국(局)에 배치될 것이냐를 결정하는 것은 고시 및 이곳에서 받을 연수 성적과 소위 '백'이라는 힘에 의해 좌우될 것이다."

순진한 것인지 솔직한 것인지 아니면 냉소적인 것인지 알 길은 없었지만, 공식적으로 '백'의 중요성을 선포하는 공무원 사회라니 코미디 같다. 그러나 그게 현실이었다. 당시 우리 국민 1인당 국민소득(GNP)은 50달러, 낫 놓고 기역 자도 모르는 문맹인이 인구의 80%였고 국가재정이나 국민경제는 대부분 미국의 경제원조에 의지했었다. 그는 첫 월급을 받아보고 깜짝 놀랐다. 산비탈 문간방에 점심 없는 하숙비가 될까 말까 한 돈이었다.

"수습행정관이면 3급이니 고급공무원 반열에 들었고, 일반직원인 서기나 주사보다 훨씬 높은 간부직이었거든요. 당시 3급 공무원은 지방에서 군수나 경찰서장으로 근무했는데, 그 월급이 한 달 하숙비가 채 안 됐다는 것은 자유당 정권이 공무원들에게 관권을 이용해 백성을 뜯어먹고 살라고 특허장을 줬다는 얘기밖에 안 되는 거죠."

하숙 대신 적선동(종로구)에 전세방을 얻어 통영의 어머니가 보내준 식모를 데리고 자취생활을 하며 광화문 교보문고 자리에 있던 재무부로 출퇴근했다. 점심은 집에 와서 먹었다. 어느 날 중앙청 앞을 지나다 위를 쳐다보니 그 건물의 지붕꼭대기 기둥 옆에 낯익은 고등고시 동기 한사람이 보였다.

맞벌이 마누라감을 구하라

중앙청 건물은 당시 전화(戰火)로 깨어져 괴물처럼 버려져 있었거든요. 그 꼭대기에 서 있던 친구는 나중에 문교부 차관을 지낸 친구였어요. 점심시간인데 밥도 안 먹고 왜 여기 올라와 있냐니까 "다들 밥 먹으러 나가는데 따라가자니 돈이 없고 혼자 자리에 앉아 있자니 멋쩍어서 매일 점심시간이 되면 이 꼭대기로 올라온다."는 거예요. 우린 그날 중앙청 꼭대기에서 광화문 쪽을 향해 오줌을 갈겼어요. "고등고시 출신 우리는 점심을 굶겨 놓고 주사, 촉탁, 임시직원까지 누군가의 것을 빼앗아 잘 먹고 잘살게 내버려 둔 자유당 놈들아, 우리 오줌 맛이나 실컷 봐라." 하면서 명색이 3급 공무원이 말이죠.

그 어린 공무원들의 기개가 분명 오늘날 우리 삶을 만드는 한 부분이 됐을 것이다. 수습 시절의 오줌 덕분에 그들은 남의 것을 빼앗아 먹을 수가 없었다. 유혹에 넘어가지 않는 버팀목이 되어 줬다.

그가 찾은 자료에 따르면 1954년 10월, 3대 민의원 윤보선 씨의 월급봉투에 기입된 지급액은 세비, 거마비, 수당 등을 합쳐서 총계 3만 1,600환, 거기서 세금, 경조금, 탄값을 제외한 실제 수령액은 당시 쌀 두 가마 값이 채 안 되는 돈이었다. 국회의원 윤보선의 월급이 그 정도였으니까 일반 공무원들이야 말해 무엇하랴.

묻혀 있는 옛이야기가 재미있는 이유는 오늘 우리 삶과의 비교에서 온다. 1958년 재무부 통계연표를 보면 1인당 평균소득은 8만 3,800환, 조세부담액은 7,838환, 한 가정이 네 명이라 치고 소득에서 세금을 빼면 가구당 가처분 소득은 30만 4,000환 정도, 그것을 12개월로 나누면 월 평균 2만 5,000환밖에 안 된다.

월급만 받아서는 도저히 살 수 없는 공무원, 그렇다고 '백'도 없고 돈도 없고 남의 것을 빼앗아 먹을 수도 없던 고등고시 출신들, 그들이 사는 방법은 부잣집에 장가들거나 그도 아니면 맞벌이할 수 있는 아내를 구하는 방법밖에 없었다.

"대한민국 공무원으로서 부정해서는 안 되겠다는 자부심과 의기는 넘쳤어요. 공무원생활에서 대성(大成)하고 싶으면 부정한 짓을 해서는 안 됐고요. 그러니 장가들 때 돈 버는 부인을 얻기는 해야겠는데, 당시 여성의 사회진출이 제한돼 있었으니까 직업이랄 게 뭐가 있었나요. 은행원, 교사, 의사, 약사 정도였죠.

따져 보니 교사와 은행원은 한낮에 집을 비워서 아이를 기를 수 없겠고, 의사는 몸에서 약 냄새가 날 테니 싫고, 약사는 약국과 살림을 한꺼번에 할 수 있으니까 주부 직업으로는 최고더라 이거예요. 나뿐 아니라 다들 그렇게 생각해 약사가 신붓감으로는 최고였어요. 실제로 고시 동기생들 중에 약사에게 장가간 친구들이 꽤 많았어요."

그런 이 박사 본인은 약사 아닌 교사와 결혼했다. 어머니가 '충청도 색시이고 교수 집안의 딸'이라고 워낙 맘에 들어 하셨기 때문이다. 지난 50년간 공무원 사회도 달라졌지만 가정 내 부부의 역할과 위상도 엄청나게 달라졌음을 이철성 박사의 회고에서 새삼 느끼게 된다.

'서(署)' 붙은 관청의 전통적 관습

아버지가 일찍 타계한 후 통영에서 미곡상을 하던 어머니는 공무원이 된 자랑스러운 장남에게 이런 편지를 보낸다.

"내 건강이 허락되는 한 미곡상은 계속할 터이니 내 걱정은 하지 말아라. 동생들 걱정도 말아라. 다만 공무원 생활을 하는 중에 부디 남의 가슴에 못 박는 짓은 하지 말거라. 남들에게 죄짓는 짓을 해서는 이 에미가 용서하지 않겠다."

일경에 잡혀간 아들에게 편지를 보낸 안중근의 어머니가 그랬듯, 우리 역사 어느 갈피를 뒤져 봐도 이렇게 올곧고 의연한 어머니들이 있다. 그리고 그 어머니들의 편지가 있다. 그들은 아들에게 한결같이 의(義)를 가르쳤지 세상의 영달을 얻으라고 말하지 않았다. 아들 또한 어머니의 가르침을 따르려 애쓴다. 그게 무너지기 시작한 게 언제부터일까. 아무튼 이 박사는 어머니의 뜻을 가슴에 깊이 새긴다.

아직 국세청이 생기기 이전이었다. 국세청의 전신은 재무부 사세국(司稅局), 관세청의 전신은 세관국, 경찰청의 전신은 내무부 치안국이었다. 그는 재무부 사세국 조사계에 발령받아 거시경제학과 국민소득론 등 새로운 학문을 기반으로 전문적인 조세징수의 틀을 최초로 짠다.

"그전까지 조사업무는 한국은행으로부터 필요한 통계자료를 전달받아 국민의 조세분담률, 산업별 경제성장률 따위의 재정지표를 계산하는 정도였지요. 최신 경제학

영욕의 세월

을 공부한 내가 그리 갔으니 조사계에서는 구세주 같았겠죠.”

박봉에 무미건조한 조사업무가 싫었지만 재무부의 구석자리 책상에 새벽까지 앉아 있어야 했다. 최신 재정학과 조세학을 억지로라도 다시 공부할 수밖에 없는 직책이었다. 이때 머리를 싸매고 공부했던 재정학과 경제원론은 그 후에 그가 예상치 않게 국세청을 나온 후 그에게 대학교수 자리를 보장한다. 인생은 아이러니투성이의 새옹지마인가.

두 해 후 정식 사무관이 되고 조사계장이 됐을 때 그에게 배당된 직원은 단 둘뿐이었다. 행정계나 법인세계도 서너 명의 인원뿐이었다. 그 이유를 선임자에게 물었을 때 나온 대답을 그는 지금도 생생하게 기억한다.

“세무서, 전매서, 경찰서 등 ‘서(署)’ 자가 붙은 관청은 권력을 가지고 일반국민을 단속하는 기관이라 기관장의 직급이 높거나 종사 직원 수가 많으면 권력을 남용하고 민폐를 끼칠 우려가 많거든. 그래서 ‘서’ 자 붙은 관청은 조선총독부 시절부터 낮은 직급과 적은 인원으로 구성되는 것이 전통이고 관례였어요.”

일제강점기의 전통이든 말든 그건 아주 훌륭한 정신이었다. 그러나 지금은 ‘고위직 인플레’라는 말이 나올 정도니 그 좋은 전통은 깨져 버린 게 아니냐고 이 박사는 개탄한다.

“물론 그동안 산업이 발달하고 인구와 소득이 늘어났으니 공무원 수가 늘어나야 하겠지요. 그러나 고위직 공무원 수가 많은 건 좋을 게 하나도 없어요. 고위직 공무원 수가 몇만 줄어도 중하위직 공무원의 처우가 얼마나 많이 개선될 수 있겠어요? 세금이 절약되는 건 또 얼마겠습니까? 공무원이라면 자기 월급이 어디서 나오는지를 명심해야지요. 국세청 직원이 아니라도 항상 세금 아낄 생각을 해야 한다니까요.”

'윗사람의 마음가짐'

부임 첫날 들은 것이 '백'이라는 말이긴 해도 당시 사세국의 인사기록은 한 치 오차 없이 정확했다. 장·차관의 간섭도 원칙적으로 배제돼 있었다. 개인별 신상카드에 그가 과거에 교육받은 실적과 성적, 각급 수상과 수훈내용, 시말서·견책·징계 등 상벌사항이 빠짐없이 기록돼 누구나 기록카드만 찾아보면 다음에 영전할 것인지, 좌천될 것인지를 정확히 알 수 있었다. 설사 '백'으로 간다 해도 그게 실력 아닌 '백'이란 것을 주변에서 확실히 알 수 있었으니 겁나는 기록이었다. 그러나 5·16 이후 군인들이 공무원 사회로 대거 들어오면서 그런 식의 기계적 인사기록 체계는 차차 흐지부지되고 만다.

세제개혁안을 만들던 그 무렵 그는 재무부장관의 고문이던 김만기 씨에게서 '윗사람의 마음가짐'이라는 탁월한 지혜를 교육받는다. 그리고 어머니의 편지가 그랬듯 평생 잊지 않고 실생활에 그 원칙을 적용하려 애썼다.

"지금도 욀 수 있어요. 말해 볼까요? 첫째, 자기 부하들이 가진 장점을 찾아서 그것을 최대한 활용하라. 부하의 단점만 쳐다보고 있으면 아무 일도 할 수 없다. 둘째, 부하가 어려운 일을 끝냈을 때는 절대로 맨입으로 보내지 마라. 백 마디 칭찬보다 술 한 잔, 밥 한 그릇, 그게 안 되면 담배 한 개비라도 권해야 부하가 기뻐하고 만족한다. 셋째, 부하가 손대거나 이룬 공로는 절대로 자기가 가로채지 말고 상관에게 그대로 전할 줄 알아야 한다. 자기 성공을 위해 부하를 악용하는 상사는 결코 성공할 수 없다……."

간단하지만 오늘날에도 여전히 유효한 계율 같다.

사람이 흘러가듯 제도도 흘러간다. 그 시대에 맞게 재빨리 옷을 바꿔 입어야 좋은 제도라고 할 수 있을지 모른다. 군사정변이 일어나고 박정희 정부가 들어섰을 때 나라재정은 엉망이었다. 돈이 없었다. 돈이 없으니 아무 계획도 세울 수 없었다. 세금을 걷어야 했다. 그러나 어떻게?

원래 박정희 의장이 이끄는 최고회의는 탈세하고 재산을 해외 도피한 기업인과 부정축재한 공직자 및 군인들로부터 각각 470억 환과 70억 환을 환수할 예정이었다. 그래서 자유당에 거액의 정치자금을 제공한 유수한 재벌회장 10명을 구속해 놓은 상태였다. 그러나 박정희 의장이 뒤늦게 귀국한 이병철 회장을 만나면서 부정축재 환수 조치는 크게 완화됐다. '부정이득자로서 국가재건에 필요한 공장을 건설하는 자에 대해서는 그 주식 중에서 부정축재 통고액에 물가상승률을 곱한 금액에 해당하는 부분을 국가에 납부하면 강제환수를 하지 않기'로 어물쩍 바뀌어 버렸던 것이다.

지역·계층 갈등의 싹

"이병철 회장이 박 의장에게 '부정축재자들을 처벌하면 그 결과는 경제 위축으로 나타날 거다. 그렇게 되면 우선 환수금이야 받아낼지 몰라도 결국 조세수입이 줄어 국고가 팅팅 비게 된다. 오히려 경제인들에게 경제건설에 일익을 담당케 해야 세금을 더 많이 걷을 수 있다'고 설득했던 모양이에요. 경제인 전원 석방에 반대하는 최고회의 이석제 의원을 박 의장이 이렇게 달랬답니다. '아, 이 사람아. 우리가 권력을 잡았으니 이제부터 국민을 배불리 먹여야 할 것 아닌가. 이북보다 경제력이 나아져야 하지 않겠는가. 드럼통 두들겨 물건 만들어 본 사람은 그래도 저 사람들이니까 뭔가 해내지 않겠나……' 경제는 커졌지만 그때부터 우리 사회의 지역 간, 계층 간에 알력과 갈등의 싹이 튼 거라고 봐야 할 겁니다. 박 대통령의 공은 많지만 그 부분에선 후대에게 큰 부채를 남긴 거예요."

군사정권은 경제개발에 도움이 된다면 수단방법을 가리지 않았다. '예·적금 비밀

보장법'을 만들어 금융기관에 일단 예금된 돈은 그 원천이 설사 탈세, 밀수, 도박, 뇌물이라고 해도 출처를 가리지 않고 철저히 비밀을 보장해 줬다. 부정축재자라도 환수채무액의 3분의 1만 국가에 납부하면 회사 설립을 허가했고, 조세법 특별조치법을 만들어 1960년 이전에 발생한 사채·투기 등을 포함한 일체의 탈세행위까지 완전 사면해 줬다. 1962년 6월엔 10환을 1원으로 절하하는 화폐개혁을 단행해 민간인이 장롱 안에 숨겨둔 현금을 모조리 밖으로 끌어내도록 유도했다. 그렇게라도 해서 돈을 끌어내지 않고서는 투자자금을 조달할 길이 없었던 것이다.

그래도 나랏돈은 늘 모자랐다. 국가 기간시설 건설 말고도 자유당 정권이 남긴 엄청난 부채에다 군사정권이 감원한 군인·공무원의 퇴직금, 대홍수로 입은 수해복구비, 도시 실업자의 농촌정착비, 수출진흥을 위한 지원금 등등 쓸 곳은 산더미 같았는데 나올 곳은 도무지 없었다.

국세 700억을 걷어라!

"돈 나올 데야 뻔하죠. 일반경비 절감하고 담뱃값 인상하고 부정축재환수금 받는 것 말고는 세금이 전부인데……. 그래서 돈 나올 구멍을 궁리하다 못해 박 대통령이 결심한 게 월남파병이었다고요. 1965년 1월, 파병에 따른 월남특수와 미국이 제공할 파월경비 지원을 예상해 우리 군인들을 월남에 보냈죠. 그해 12월 한일협정을 체결해 6억 달러에 달하는 일본의 경제협력을 약속받고, 또 독일에 우리 광부와 간호사를 보내는 대신 1억 4,000만 마르크의 차관을 받았죠. 우리 젊은이들이 피땀을 흘려가며 번 돈으로 정부는 포항제철을 세우고 고속도로를 닦을 수 있었던 겁니다."

그때 이철성 박사는 재무부에 신설된 감사과의 과장이었다. 감사과는 세수증대를 목적으로 신설된 기구였다. 그의 나이 30세, 너무나 젊은 과장이지만 남들은 영감이라 부르는 큰 벼슬이었다. 당시 재무부 이재국장은 후에 대통령 비서실장을 지낸 김정렴 씨, 예산국장은 나중에 경제기획원장관을 지낸 김학렬 씨였다. 정부 주요 부서는 옛 총독부 건물을 수리한 중앙청 5층으로 이사했다. 불과 5년 전 부서진 그 지붕 꼭대기를 드나들며 허기진 배를 움켜쥐던 청년이 그 지붕 아래로 들어와 당당한 일꾼이 된 것이다.

그러나 감사과는 일을 제대로 할 수가 없었다. 전산도 팩스도 컴퓨터도 과세자료도 없던 시절 감사과는 고작 탈세정보를 모으는 일밖에 할 수가 없었다. 그로부터 몇 해 뒤 드디어 사세국을 대신할 국세청이 생긴다. 1966년이었다.

초대 청장은 혁명 주체세력이던 이낙선 씨였다. 수십 년 동안 하루도 빠짐없이 자신의 일상을 깨알같이 기록하며 살아온 이철성 박사는 그해 이낙선 청장이 했던 국세청 개청연설을 정확하게 기억하고 있다.

"우리 국세청은 700억 원의 세수를 확보함으로써 정부가 추진하는 경제개발5개년계획을 자금면에서 확실하게 뒷받침하고 그동안 세무공무원이 사회로부터 받아 온 오해를 이번 기회에 깨끗이 씻어내며……. 세금은 국민이 국가에 빼앗기는 것이 아니라 국가발전을 위해 애국하는 행위임을 국민에게 널리 알려야 한다."

그러니까 국세청을 만든 목적은 세 가지라는 것이었다. 세수증대, 오명불식, 국민계몽! 그중에서 이 박사는 오명불식(汚名拂拭)이 가장 맘에 들었다. 청탁을 경계해 친구들을 집에 데려오지 못하게 했기에 아내도 불만이 있었고 통영의 어머니도 아들의 위치를 늘 조마조마해했기 때문이다.

존경스럽던 유일한 회장

700억 원! 한 나라의 1년치 예산 총액이라기엔 너무나 우스운 액수지만 1966년에 그 돈을 거둬들이는 것은 거의 불가능해 보였다. 국세청은 전쟁 수준의 열기와 긴장으로 가득했다. 탈세정보 수집과 조사를 담당하는 조사국은 고등고시 출신 젊은 요원 20명을 반장으로 뽑아 전국을 누비며 누락된 세금을 찾았다. 탈세 자수기간을 설정해 탈세신고를 접수하고 자진납부하지 않는 기업은 세무사찰 요원을 대량투입, 세무사찰을 벌였다. 당시 35세, 그의 직함은 서울국세청장!

"그때 다들 '견금여석(見金如石)'이라고 쓰인 초록 넥타이를 매고 다녔어요. 돈을 보되 돌같이 하라는 뜻이지. 하하."

이낙선 청장의 자동차 번호는 700번이었고 요원들은 모두 007가방을 들었다. 모두 세수목표액 700억 원을 상징하는 숫자들이었다. 700억 원은 그 전년도의 거의 두 배가 되는 세수목표액이었다.

"그때까지는 '세금은 떼먹는 게 장땡'이라는 탈세풍조가 일반화되어 있었거든요. 전산(電算)이 있어, 뭐가 있어. 납세자가 안 낸다 해도 일목요연하게 파악도 안 될 때니까. 다소 무리하게 밀어붙이더라도 세금은 '내지 않고는 도저히 못 배기는 돈'이란 인식을 국민 일반에게 심어 줄 필요가 있었어요. 만약 그때 세수목표 700억 원을 달성한다면 납세의식이 크게 바뀌고, 과거 경찰·검찰 등 외부기관에서 함부로 남발하던 세무사찰을 세무관서만이 담당할 수 있도록 하는 세무사찰 일원화도 보장될 수 있다고 생각했던 겁니다."

그해 연말 국세청은 기어코 700억 원의 목표를 달성한다. 경사가 났다. 대통령의 치하가 따랐음은 물론이다. 그 돈은 제2차 경제개발 5개년계획사업을 차질 없이 수행할 수 있도록 만드는 자금이었다. 그러나 그것이 국세청 공무원의 노력만일 수는 없었다. 1차 경제개발 5개년계획을 진행하는 중에 우리 경제가 그만한 세금을 감당할만큼 성장했다는 의미이기도 했다.

그 후 국세청 조사국장 시절 유한양행을 세무사찰한 일은 그에게 아직도 잊을 수 없는 기억이다. 서류영치에서 서류분석을 시작한 지 보름이 지나도 아무런 단서가 발견되지 않았다. 청장의 명령이라 어떻든 혐의점을 찾아내야 했다. 사찰반 두 개를 추가 구성하고 국장인 그가 직접 지휘했다. 그래도 깨끗했다.

"털어서 먼지 안 나오는 데가 없다는 건 상식인데, 그 큰 회사에서 탈세근거가 하나도 안 나온다는 게 말이 되느냐?"고들 했다. 그런데 정말 없었다.

"내가 국장 자리를 내놨어요. 정말 없으니 국장을 바꿔서 한번 조사해보시라고. 그때까지 조사국장으로서 취급해본 크고 작은 사건 중에서 무혐의 사건은 그때가 정말 처음이었거든요."

상부에 '혐의 없다.'고 보고하는 것으로 그 일은 간신히 마무리됐다. 유한양행의 유일한 회장을 존경하지 않을 수 없었다. 유일한 회장은 이승만 대통령이 상공부장관으로 입각하라고 권유하자 정경분리원칙을 내세우며 사양했고, 종업원 지주제를 맨 처음 시작한 기업인이기도 했다. 경영을 가족 아닌 외부경영인에게 맡긴 것도 처음이며, 국내 최초로 기업공개를 실시해 소유와 경영을 분리한 것도 그분이었다. 또한 육영사업에 거액을 투자하기도 했다.

세무공무원, 악역은 이제 그만

"그때 유한양행이 아마 공화당의 정치자금 제공요구를 거절하다 정치권의 미움을 받아 세무사찰 대상이 됐을 거예요. 주무국의 국장으로서 몹시 가책을 느꼈어요. 탈세자를 파헤치는 것도 좋지만 모범납세업자를 칭송하고 보호하는 것도 국세청의 할 일이 아닐까 싶었지요. 유한양행 앞에다 국세청 이름으로 '모범납세업체'라는 동판을 만들어 붙이자고 제안했지요. 유일한 회장은 그 동판을 오래도록 자랑스러워했다고 들었습니다."

세금이 행정의 편의를 위한 징벌수단으로 남용되거나 야당을 탄압하기 위한 무기로 악용되는 시절을 우리는 거쳐 왔다. 부마항쟁 때 성난 시민들은 부산세무서를 불태웠고 5·18 때 시민들은 광주세무서에 불을 질렀다. 유한양행의 예처럼 정부에 밉보이면 세무사찰을 당해야 했던 시절, 이철성 박사는 국세청의 고위간부였다.

이제 70대 중반에 이른 그가 바라는 것은 더 이상 세무공무원을 악역(惡役)으로, 국세청을 원부(怨府)로 만드는 일이 역사에서 사라졌으면 하는 것이다. 세무뿐 아니라 경찰, 검찰, 보안 등 국가의 중요 직책에 종사하는 직업공무원을 정권이 사병 내지 속죄양으로 삼아서는 절대로 안 된다며 경계하자는 것이 그가 ≪실록 국세청≫을 쓴 뜻이라고 말한다.

"난 정부에서 섭섭하게 퇴진했어요. 한 해 전에 최고훈장인 홍조근정훈장이란 영예를 줘놓고 이듬해엔 숙정이란 이름으로 사무관 이상 전원에게 '도의적 사표'를 내라는 지시가 떨어지데요. 아내가 우겨서 지었던 우리 집이 2층집이어서 그랬나 싶기도 하고. 지금도 이유를 전혀 모르겠어요."

어머니 말씀을 지켜 한 번도 부끄러운 짓을 한 적이 없다고 맹세하지만 어쩔 건가. 퇴임 이후 그는 뒤늦게 공부를 시작해 박사가 됐고, 성균관대학교 교수(세법학·재정학 전공)로서 조용히 65세 정년을 마쳤다. 지금도 깨알 같은 글씨로 하루도 빼놓지 않고 일기를 쓴다. 그 자료가 회고록·자서전이 될 것 같다.

개인의 역사가 국가의 역사이고 또 인류의 역사다. 그것들은 다 흘러가며 강을 이룬다. 우리는 거기 떠 있는 나뭇잎배 한 척일 뿐이다.

신문 인터뷰:
'양극화 핑계, 증세(增稅)주장 안 된다'

재무관료 19년, 대학교수 및 경제평론가 24년의 경력을 가진 필자는 2006년 3월 회고록 ≪실록 국세청≫의 출판을 계기로 한 신문사와 기념 인터뷰를 가진 바 있다. 그 자리에서 받은 질문에 답변하는 과정에서 필자는 빈부의 격차를 해소시킨다는 명목 아래 재산세 중과, 종합부동산세 강징 등 증세정책에 나선 노무현 정권을 상대로 '경제 위축(萎縮)만 초래할 뿐 별다른 실효를 거두지 못할 것'임을 지적 했다.

문1) 이번 조세의 날을 맞이하여 ≪실록 국세청≫을 저술한 소감이 어떻습니까?

답) 대학에서 정년퇴임한 후 대학교수 및 경제평론가 시절에 못다 한 얘기들을 책으로 써서 세상에 남겨야 하겠다고 생각, 그동안 문헌·자료·통계 등을 수집·정리해서 이 책을 완성하게 되어 대단히 기쁩니다. 그리고 재무부 사세국 출신 관료로서는 제가 아마도 마지막 증인(證人)이 될 것 같습니다.

문2) 책 내용을 보니까 1인칭으로 표현된 것이 대부분인데, 일종의 '회고록'이라 말할 수 있겠네요?

답) 네, 제가 재무부·국세청에서 근무했을 때 그리고 그 뒤에 학자와 평론가로 활동했을 때 직접 취급했거나 실제로 체험한 사건들 가운데서 중요 케이스를 중심으로 쓴 책이니까 일종의 역사적 증언(證言)이라 할 수 있겠지요. 개인적

으로는 재무공무원 선배로서 고생하는 후배들에게 보내는 응원가(應援歌)의
뜻도 담겨져 있습니다.

문3) 고급관료로서 항상 공무(公務)에 바빴을 텐데 언제부터 책 쓰기를 시작했
　　나요?

답) 부산사세청 세무국장 시절, 그러니까 31세 때인 1963년에 ≪알기 쉬운 조세
　론≫을 처음으로 저술, 재무공무원교육원의 교재로 제공했습니다. 실무적인
　≪조세개론≫은 사세국장 출신 김만기(金萬基) 씨가, 학문적인 ≪조세론≫은
　서울대학교 차병권(車秉權) 교수가, 이론과 실무를 접목시킨 책은 아마도 제
　가 쓴 책이 우리나라에서 최초였을 것입니다.

문4) 그 책을 쓴 동기는 무엇입니까?

답) 부산에 갔을 때 의사들의 세금문제를 공평하게 손질해 나가는 과정에서 일
　종의 조세저항을 일으킨 일이 있었습니다. 세무공무원은 열심히 일하면 할수
　록 '국가적으로는 대단히 유익하지만, 일반국민으로부터는 미움을 받는 고
　독한 직업'이라는 사실을 깨닫고 깜짝 놀라 당장 재무본부로 돌아가려 했습
　니다. 하지만 장래를 위해 실무를 더 배우라는 상관의 엄명을 받고 오도 가
　도 못하던 중, 직무에서 남는 시간을 이용하여 부산대학교에서 재정학(財政
　學)을 강의할 때 교재용으로 저술했던 것입니다.

문5) 그때 관료를 그만두고 일찌감치 대학에 가야하겠다는 어떤 예감(豫感) 같
　　은 것은 없었나요?

답) 예감은 없었지만 막강한 권력기관의 고급관료로서 대접받고 행세하는 짓을 조심하다 보니까 시간이 많이 남았던 거죠. 그때 골프를 배워 잘 친다고 칭찬을 잠깐 들었지만, 관료로서 외부의 주목을 받는 것이 부담스러웠고 하위직 세무공무원의 힘든 처지를 생각, 채를 꺾고 말았습니다.

문6) 교수시절 신문사 논설위원에다 수개 부처의 정책자문위원, 게다가 평론가로서 신문·잡지에 글도 많이 쓴 줄로 알고 있는데 그동안 집필한 원고가 얼마나 됩니까?

답) 학술논문 및 저서가 약 20여 편, 평론·시론·신문사설 등이 약 300편쯤 될 겁니다. 그중에서 가장 애착이 가는 책은 ≪정치재정학≫입니다.

문7) 글을 쓰고 발언을 하면서 특별히 중점(重點)을 두신 점이 있었을 텐데 그게 무엇입니까?

답) 납세는 국민의 3대 의무라지만, 사실 세금 내기 좋아하는 사람은 아무도 없지 않습니까? 세법(稅法)도 그런 납세자의 기피 경향을 잘 알고 있고, 그런 염세(厭稅)사상을 전제로 만들어져 있습니다. 이런 세금을 취급하는 공무원은 그가 KS 출신이든 고등고시 합격자든 양심적으로 일하면 할수록, 납세자의 원망과 미움을 사게 되어 있습니다. 경제장관이나 대통령께서 고도성장을 위해 전력투구(全力投球)하겠다고 아무리 고함을 친들 그에 투자할 자금이 적기에 적량이 조달되지 못한다면 어떻게 하겠습니까? 장관도 대통령도 여야 국회의원들도 월급과 수당을 받아 가는 직업인이 분명하고, 자기 재산을 한 푼이라도 내놓는 사람은 아니거든요. 세금은 근로하는 사람들, 장사하는 사람들, 사업하는 사람들이 밤낮없이 피땀을 흘려가며 어렵게 벌어들인 부가가치(附加價値)가 아닙니까? 그리고 그것을 받아들이는 재무공무원들의 노력이 뒷받침된 게 바로 재정자금 아닙니까? 그래서 재무공무원 시절 느낀 원과 한을 가슴에 품고 우리 국민의 세금이 혹시 빠져나가거나 숨는 데가 없는지, 그 세금이 혹시 낭비되는 데는 없는지, 이런 점들을 살피고 챙겨 사회에 고발하는 데 최대의 역점을 두고 글을 쓰고 책을 펴내 왔습니다.

문8) 그렇게 전력투구해서 과연 얼마나 성과가 있었다고 생각하십니까?

답) 대학 강단에서, 신문사설에서, 잡지평론에서, 심지어 TV·라디오에서 "세금을 공평하게 부과하자." "국민의 혈세(血稅)를 아껴 쓰자."고 내 나름대로 목이 터지도록 외쳤습니다. 하지만 기대한 만큼의 실효(實效)는 거두지 못했다고 생각합니다. 중과부적(衆寡不敵)이기도 했지만, 납세자인 일반국민의 주목과 관심이 아직도 부족한 것 같습니다.

문9) 그래서 어떻게 했습니까? 설마 자포자기한 것은 아니겠지요?

답) 국무총리 정책자문(政策諮問)위원으로 위촉되어 내각 기획조정실에 가 보니까 심사분석 항목에 세제·세정에 관한 말은 단 한마디도 없었습니다. 세금수입이 없으면 외교·국방·교육 등은 물론 경제개발 5개년계획도 제대로 추진하지 못할 판국인데 각 부처(部處)에서는 돈 쓸 항목만 잔뜩 나열해 놓고 그 진도(進度)만 심사·분석할 뿐, 재원이 되는 '징세의 합리화(合理化)'나 '세무행정의 과학화(科學化)' 같은 항목은 없더라 그 말씀입니다. 그러니까 심하게 말하면 정부의 각 부처는 색주가의 포주(抱主)들처럼 국세청에서 받아 올 세금을 쓸 생각만 잔뜩 하고 있었던 거지요. 그래서 내가 나서서 심사분석의 첫 항목에 '세제의 합리화'와 '세무행정의 개선'을 넣게 했고, 그때부터 세제 및 세정의 애로사항이 국정(國政)의 심사분석에서 첫째 항목으로 등장하게 되었던 것입니다.

문10) 조세학회(租稅學會)도 이 박사께서 처음 만들지 않았습니까?

답) 국무총리 자문위원을 맡고 심사분석에서 세금문제가 점차 크게 거론되기 시작하자 경제기획원과 재무부에서는 저를 즉각 자문위원으로 위촉해 왔습니다. 그러나 나 혼자 잘난 척해봐야 중과부적이라 다른 교수들의 협력을 받아야겠다는 생각이 들었습니다. 그래서 서울대·연세대·고려대·서강대 등의 재정학·세법·세무회계 교수들을 열심히 설득하여 1981년 7월 30일 '한국조세학회'를 창설했던 것이지요.

문11) 그래서 학회 회원들이 세제개혁(稅制改革) 과정에 많이 참가했나요?

답) 네, 재무부 세제발전위원회의 교수 멤버는 대부분이 조세학회 회원으로 구성되었고, 정계·재계·노동계 등에서 개최하는 세제개혁 토론회 등에 그분들이 발표자 또는 토론자로 많이 참가했지요. 학회 창설을 계기로 우리나라에서 세금문제에 관해 대학교수들이 본격적으로 참가하게 되었다고 볼 수 있습니다. 재정학회·조세연구원 등은 우리 학회보다 훨씬 뒤에 생겼지요.

문12) 노무현 정권하에서 우리 사회에 나타나는 빈부의 양극화(兩極化) 현상을 바로잡겠다고 하면서 증세(增稅)문제를 크게 부각시키고 있습니다만…….

답) 사회주의에 비해 자본주의의 약점은 분배의 불평등과 만성적인 실업문제에 있습니다. 그러나 실증적(實證的)으로 볼 때 분배의 평등과 고용의 확대를 도모하기 위한 최선의 처방은 분배(分配)방법에 있는 것이 아니라 국민경제가 어떻게 하면 고도성장을 이룩할 수 있느냐에 달려 있습니다. 옛날부터 '가난구제는 나라도 못한다.'는 속담이 있지 않습니까? 세금으로 된 구호 금품(金品)은 정부가 베푸는 일시적·부분적 시혜(施惠)에 불과하고 받는 사람을 비굴하고 무기력하게 만듭니다. 놀고먹는 소위 영국병·복지병이라는 폐단이 바로 그것입니다. 그 반면, 자기 힘으로 일해서 정당한 보수(報酬)를 받아 떳떳하게 살아가는 국민이 많아야 사회가 건강하게 발전할 수 있습니다. 양극화 해소를 이유로 요즘 제기되는 증세론(增稅論) 같은 것은 일종의 인기(人氣)전술 내지 책임 회피론(回避論)일 뿐, 공연히 국민의 투자와 저축만 위축시킬 것이 뻔하기에 절대로 찬성할 수 없습니다.

문13) 아파트 가격의 억제를 명분으로 내세워 지방에서는 재산세를, 중앙에서는 종합부동산세를 놓고 사방에서 참으로 말썽이 많습니다. 세금으로 주택문제를 근본적으로 해결할 수 있다고 보십니까?

답) 어림없는 얘기입니다. 아파트 가격이 들썩일 때마다 정부는 자금출처 조사, 면세 범위의 축소, 세율의 인상 등 문제를 계속 거론해 왔습니다. 하지만 자본주의의 조세원칙에는 '원본(元本) 불가침의 원칙'이라는 대원칙이 엄연히 살아 있습니다. '세금은 소득·이자 등 재산의 과실(果實)에 대해서 매겨야지 원본에 절대로 손을 대서는 안 된다.'는 원칙이지요. 그래야만 늘어나는 인구와 높아가는 생활수준을 감당할 수 있는 경제의 확대재생산(擴大再生産)이 가능하고 또 재정의 장래를 위해 세원(稅源)을 배양해 나갈 수도 있지요.

문14) 그럼 어떤 경우라도 원본과세는 안 된다는 말씀인가요?

답) 아닙니다. 예외로서 첫째, '비용(費用) 발생자부담의 원칙'이라는 것이 있습니다. 공해를 발생시킨 업체에 그 비용을 부담시키기 위해 공해세를 부과하는 경우입니다. 둘째, '수익자(受益者)부담의 원칙'이라는 것이 있습니다. 지역이 발달하여 땅값이나 집값이 오르면 그 혜택을 받는 지주에게 특별재산세를 부과하는 것과 같은 경우죠.

우리 세제에도 그런 원칙은 잘 반영되어 있습니다. 다만 이 원칙에 대한 예외로서 자본과징(資本課徵)이라는 제도가 따로 있습니다. 이것은 전쟁이나 천재지변과 같이 국가·사회가 일대 위기(危機)에 처했을 때 젊은이가 군대(軍隊)에 가고, 늙은이가 징용(徵用)에 가는 것과 마찬가지로 그런 비상시국에는 물품을 징발(徵發)당하는 것도 참아야 한다는 원칙이지요. 그런 경우에는 일시적으로 원본(元本)에 대한 재산세 과세가 불가피하다고 보는 것입니다. 그 대신 국민이 납득할 수 있도록 뚜렷한 목적(目的)을 밝혀야 하고 그런 필요성이 없어지면 즉시 폐지할 것을 국민에게 반드시 공약(公約)해야 합니다. 그러니까 자본주의 사회에서 평상시에 경상세(經常稅)로써 무한정 자본과징을 하겠다는 생각은 자산가의 재산을 뺏기 위한 일종의 반자본주의적(反資本主義的) 발상으로 도저히 용납될 수 없는 것입니다.

현행 재산세 및 종합부동산세의 남발로 인해 우리 사회에서 양극화 현상의 쿠션 역할을 해야 할 중산층(中産層)이 몰락해 가고 있어서 큰 걱정입니다.

문15) 국세청 개청 때 서울청장으로서 700억 세수목표 달성에 선봉장 역할을 한
    이 박사가 요즘 세수부진(稅收不振)에 고생하는 국세청에 대해 한 말씀하
    신다면…….

답) 문제는 경제성장에 달렸습니다. 경제가 제대로 성장하면 세금도 자동 증수
    (增收)가 되어 일하기가 쉽습니다. 반대의 경우, 죽도록 고생을 해도 성과는
    나오지 않고, 만약 세수 부족을 메우려고 부가가치세 등 대중세(大衆稅)를
    함부로 성급하게 손대면 과거에 서울의 집단상가, 부산의 국제시장 등지에서
    일어났던 조세 저항(抵抗)사건과 광주·부산에서 일어났던 세무서의 방화(放
    火)사건 등 불상사를 각오해야 할 것입니다.

특파원 칼럼:
미국의 빈부(貧富)격차 해소법은?

우리 정치권에서는 대통령 및 국회의원 선거를 앞두고 유권자들의 표심(票心) 잡기에 여념이 없다. 그 가운데서도 무상급식·의료·교육, 반값 아파트 등 선심(善心) 경쟁과 고소득층에 대한 각종 세금의 중과(重課), 부유세(富裕稅) 도입 등의 시비가 대표적 메뉴로 등장하고 있다. 평등(平等)주의라는 환상을 추구해 온 확고한 마르크스 신봉자들조차 '빈부격차'의 근본적인 해소방안은 내놓지 못하고 있는 실정이다.
이 같은 고민은 미국뿐만 아니라 공산국가였던 중국·러시아를 비롯, 신흥국가인 인도·브라질도 마찬가지다. C일보 뉴욕특파원이 2007년 6월 13일 칼럼에서 소개한 미국의 형편을 요약한다.

미국 공화당은 전통적으로 경제 성장과 작은 정부, 기업의 자율성을 강조해 왔다. 빈부격차가 다소 발생하더라도 경제 성장을 통해 파이를 키우는 데 더 중점을 두어 왔다. 하지만 폴슨 장관도 미국의 빈부격차가 심해지고 있다는 통계를 마냥 무시할 수는 없다.

신문에는 연일 슈퍼 부자들의 고소득 뉴스가 등장한다. 지난 한 해 동안 월스트리트에서 가장 돈을 많이 번 헤지펀드 매니저인 제임스 사이먼스는 1년간 일한 대가로 무려 17억 달러(약 1조 6,000억 원)를 손에 쥐었다. 한국 같으면 부자들의 치부(致富) 과정을 색안경 끼고 보고 정부가 소득세를 대폭 거둬 빈곤층에 나눠 줘야 한다는 과격한 논리가 나왔을 법하다.

하지만 미국의 분위기는 그리 과격하지 않다. 부자나 가난한 사람이나 모두

파이를 키우는 데 기여했으나 파이 증가분이 저소득층에게 좀 적게 돌아갔다는 인식이다. 결국 폴슨 장관 등 미국 경제 전문가들의 고민의 초점은 이렇게 정리된다. '미국 경제 번영의 정신을 죽이지 않는 범위에서 어떻게 불평등을 완화할 수 있을까?'

역사적으로 보면 요즘 빈부격차 확대의 원인은 1970년대의 경제적 실정(失政)이다. 1970년대 포드·카터 대통령 시절 미국 경제에서 가장 평등주의 목소리가 높았던 이 시기에 경제는 1929년 대공황 이후 최악을 기록했다. 이후 레이건 대통령이 혁신적인 규제 완화와 세금 인하, 강경한 대(對)노조 전략을 통해 미국 경제를 되살려 놓은 부수효과로 지난 20여 년 동안 부자가 점점 더 부자가 되는 현상이 발생했다. 그러나 오해해선 안 된다. 미국인들은 레이건을 경제를 살려놓은 영웅으로 칭송하지 빈부격차의 주범으로 비난하지는 않는다.

미국인들은 빈부격차의 해법을 상류층이 아니라 오랫동안 계층 상승에 실패한 하위층에서 찾는다. 프린스턴대 앨런 크루거 교수는 "상류층을 쥐어짜는 것은 전혀 도움이 되지 않는다. 하위층의 소득을 높이는 것이 중요하다."고 지적한다.

해결책은 일자리와 교육으로 돌아간다. 기술이 없는 저소득층은 임금상승보다는 노동시간을 연장하는 방식으로 소득을 늘린다. 그래서 투잡스, 스리잡스가 가능하도록 다양한 일자리가 필요하다. 저소득층 자녀들이 고숙련 기술을 익힐 수 있도록 교사를 더 채용하고 장학금을 지급하는 배려도 필요하다. 오랜 시간이 걸리고 많은 비용이 들지만 다른 현실적 대안은 없다고 학자들은 말한다. 세계 최대 강대국이 실정(失政)에 따른 고실업과 저성장, 빈부격차를 치료하는 지혜다.

영욕의 세월

신문 사설 1:
'세금 없는 복지'라는 허황된 정치 경쟁

C일보는 2012년 1월 25일 "세금없는 복지하겠다는 여·야당의 허황된 경쟁."이라는 요지의 다음 사설을 실었다.

한나라당이 최근 제2금융권의 전·월세 대출 이자를 지금의 평균 14%에서 7% 수준으로 낮추는 방안을 내놓았다. 주택금융공사의 보증을 받아 서민들이 기존 고금리 대출을 저금리 대출로 바꿀 수 있도록 하겠다는 것이다. 연간 소득 4,500만원 이하인 전·월세 세입자 100만가구가 대상이다.

민주통합당은 영세 상인 70만 명의 세금을 깎아주겠다고 나섰다. 소규모 자영업자들이 자발적으로 신고한 매출액에 대해서만 세금을 매기는 부가가치세 간이과세 기준을 현재 연 매출 4,800만 원 미만에서 8,000만 원 미만으로 올리겠다고 했다.

이렇게 하면 세금계산서와 회계장부를 작성하지 않아도 되는 자영업자가 크게 늘어나고, 그만큼 매출액을 실제보다 적게 신고해 세금을 덜 내는 탈세(脫稅)의 구멍도 커진다.

여·야는 작년 말 새해 예산안을 처리하는 과정에서 무상보육·무상급식 확대와 자유무역협정(FTA) 관련 소상공인·농민지원 법안 등을 무더기로 통과시켰다. 새해 들어서도 서민 복지 혜택을 늘리겠다는 정책을 경쟁적으로 쏟아내고 있다. 앞으로 총선과 대선 일정이 다가오면서 표(票)를 의식한 정치권의 퍼주기 경쟁은 더 심해질 것으로 보인다.

우리 경제가 저출산·고령화의 덫에서 벗어나고 빈부격차·양극화로 인한 사회 분열과 갈등을 치유하려면 복지제도를 꾸준히 확충해야 한다. 그러나 세상에 '공짜 점심'은 없다. 더 많은 복지 혜택을 누리려면 국민은 당연히 더 많은 세금을 내야 한다. 복지와 세금은 동전의 양면과 같다. 복지 선진국 스웨덴에선 연간 소득이 300만 원만 넘어도 소득세를 물린다. 연금·실업수당·질병수당·육아휴직수당을 받는 사람도 예외가 없다. 소득이 있는 모든 국민이 세금을 내고 있는 것이다. 반면 우리는 근로소득자의 39%, 자영업자의 41%가 소득세를 한 푼도 안 낸다. 이렇게 세금을 내지 않는 사람이 많아서는 세수(稅收)를 늘리기 어렵다. 가능한 한 많은 사람들로부터 세금을 조금씩 더 걷는 게 조세저항을 줄이면서 복지 재원(財源)을 마련하는 가장 효과적인 방법이다.

그런데도 여·야는 복지 혜택은 늘리고 비과세·감면으로 세금은 줄이겠다는 달콤한 약속으로 국민의 환심을 살 궁리만 하고 있다. 지금 유럽이 겪고 있는 재정위기는 바로 세금 없는 '공짜 복지'가 어떻게 끝나는지를 여실히 보여준다. 정치권은 이제라도 국민을 상대로 한 허황된 사기를 그만둬야 한다.

신문 사설 2:
'인사청탁, 불이익 선례 만들라'

C일보는 2009년 10월 22일 "앞으로 인사청탁을 하는 국세공무원은 되레 불이익을 당한다는 선례를 만들라."는 요지의 다음 사설을 실었다.

백용호 국세청장은 지난주 부이사관·서기관급 이상 간부 52명에 대한 인사이동에서 정치권 등 외부를 통해 인사 청탁을 한 6명을 모두 승진에서 제외시켰다고 밝혔다.

지난 7월 취임 때 그가 '국세청에서 더 이상 학연·지연 등 줄 대기 인사 청탁이 발붙이지 못하도록 하겠다.'며 '인사는 오직 성과와 능력에 따라 객관적이고 공정한 기준을 정해서 하겠다.'던 약속을 일단 지킨 셈이다. 국세청 개청 이래 처음으로 '인사위원회'를 설치해 인사평가 기준과 방법을 내부 전산망을 통해 공개하기도 했다.

백 청장은 지방청장과 본청 국장들이 승진 우선 대상자로 뽑아 올린 명단 가운데 외부 유력자를 통해 국세청장과 차장에게 청탁한 6명을 골라내 능력 유무와 관계없이 일률적으로 승진에서 탈락시켰다. 서기관 한 명은 청장실로 찾아와

울면서 자신의 억울함을 호소했다고 한다.

백 청장은 "이렇게까지 해야 되나 하는 생각도 들었지만 국세청의 모든 문제가 인사에서 벌어진다고 생각해 결단을 내렸다."고 했다.

과거 국세청의 모든 불상사와 비리는 인사에서 비롯되었다. 국세청 직원 2만여 명 중 일선 세무서장으로 나갈 수 있는 서기관급 이상 간부는 350여 명으로 2%도 안 된다. 다른 조직에 비해 간부 자리가 적은 데다 인사 때 뚜렷한 인사기준도 제시하지 않아 승진 경쟁이 외부에선 상상도 하기 어려운 비정상적 방식으로 전개되어 왔다.

승진에 대비해 학연·지연으로 줄을 서는 것은 기본이고 청탁과 상납, 투서가 판치는 구조가 관행처럼 되어 버렸다. 전군표 전(前) 청장은 취임 첫날부터 인사와 관련해 부하의 상납을 받기 시작해 그만두는 날까지 뇌물을 받다 구속됐다.

국세청에선 고속 승진하던 간부가 정권이 바뀌면 하루아침에 퇴출되고 변두리 보직을 돌던 사람이 새 정권의 줄을 잡고 단숨에 핵심 요직을 차지하는 사례가 흔했다. 승진 때마다 정치권에 줄을 대 청탁으로 출세한 국세청 간부들이 정치권력의 외풍에 휘둘리지 않았다면 오히려 그게 이상한 일이다.

국세청은 역대 정권의 칼 노릇을 하며 정치적 목적의 세무조사를 남발하고, 심지어 국세청장과 차장이 나서서 대선 자금을 모으기까지 했다.

국세청이 이번 인사에서 청탁을 하면 되레 불이익당한다는 선례(先例)를 만든 것은 쉽지 않은 일이었을 것이다. 백 청장이 이런 식의 인사를 앞으로 최소한 두 번만 더 하면 국세청 인사 청탁은 저절로 사라지고 상납 비리도 따라서 없어질 것이다.

신문 사설 3:
'국가 칼이 정권 칼로 비치면
법치(法治) 흔들려'

C일보는 2010년 7월 29일 '국가의 칼이 정권의 칼로 비치면 법치(法治) 흔들려'라는 요지의 다음 사설을 실었다.

대검찰청 중앙수사부가 대기업의 비자금 조성, 횡령, 불공정 거래 등을 수사할 계획이라는 보도가 나왔다. 검찰은 대기업 비리에만 초점을 맞춘 전면적 수사계획은 없다고 공식 부인했다. 하지만 경제와 아무 관련 없는 정부 고위 책임자까지 나서서 새삼 대기업의 사명을 논(論)하는 것을 보면 검찰의 부인(否認)을 곧이곧대로 받아들이기는 어려운 분위기다.

물론 사태의 시작은 대기업의 실태에 대한 대통령의 몇 마디 언급이다. 사실 대통령의 말이 옳은 측면이 있고, 그 사실을 진작부터 느껴 온 국민도 적지 않다. 그러나 대기업을 정부가 원하는 대로 움직이기 위한 수단으로 검찰권을 동원하고 나온다면 이 나라 법치(法治)수준을 되돌아볼 수밖에 없을 것이다.

검찰이든 국세청이든 비리나 탈세(脫稅) 단서를 잡으면 그때그때 수사나 세무조사를 해서 법에 따라 처리하면 된다. 그게 검찰과 국세청의 본래 역할이다.

그런데 우파(右派)든 좌파(左派)든 이 나라 역대(歷代) 정권은 검찰·국세청·공정거래위 등이 쥐고 있는 권력을 정권이 못마땅해하는 상대를 겁주고 매 때리는 수단으로 동원해 왔다. 국세청은 정권에 협조하지 않는다고 같은 업계에서 세금 납부 실적이 가장 우수한 기업을 골라 세무조사를 벌이고 나서 몇 년 뒤 그 기업을 다시 세무조사 하는 게 민망해지자 규모가 업계 1위라 어쩔 수 없다고 하기도 했다. 검찰도 특정 기업만 찍어 비자금 조성과 탈세를 조사한다며 몇 달 동안 직원들을 검찰청에 불러들여 업무를 마비시키기도 했다.

기업에 대한 수사나 세무조사의 기준은 '그 기업이 법(法)을 어겼느냐 아니냐.' 여야 한다. 그렇지 않고 정권(政權)에 잘 보였느냐 밉보였느냐를 기준으로 하면 국가 권력의 정당성이 온전할 수가 없다.

국가의 칼에서 정권의 칼 신세로 떨어진 이들 기관에 '권력의 용병(傭兵)'이라는 부끄러운 이름이 따라붙게 된 것은 어찌 보면 사필귀정(事必歸正)이다. 그러고는 무슨 때만 되면 선심 쓰듯 특별사면을 되풀이하는 바람에 이 나라의 법과 사정(司正)기관은 넝마가 돼 버렸다.

국가의 선진성(先進性) 여부를 가늠하는 가장 중요한 잣대는 그 사회가 예측 가능한 사회냐 아니냐 하는 것이다. 어떤 일을 하면 처벌받고 어떤 일을 하면 법의 보호를 받는지 누구나 예측할 수 있어야 사회가 안정되고 그 바탕 위에서 기업과 개인이 미래를 설계할 수 있다. 그런 예측 가능한 사회가 되려면 무엇보다 법 집행이 예측 가능해야만 한다.

법을 집행하는 공무원은 자격과 능력을 가지고 국리민복에 기여하는 봉사자이다. 결코 정권의 시녀는 아닌 것이다.

신문 기고문: '국세청 사람들'

2009년 3월 김수학 전직 국세청장이 쓴 <국세청 사람들>이라는 기고문이 국세동우회의 ≪회원광장≫에 게재된 바 있다. 그 내용에는 세무공무원들에게 억울하고 부끄러운 부분도 있을 것이다. 하지만 세무행정이 앞으로 더욱 올바르게 발전하기 위해서는 이들 지적들이 양약(良藥)으로 작용해야 할 것이다.

"근래 들어 불과 몇 년 사이에 국세청장이 문책되거나 중도하차하는 유례없는 사고가 몇 차례 발생했다.

1966년 국세청이 문을 연 이래로 어려운 여건 속에서도 끊임없는 개혁과 세정(稅政) 정화 노력을 통해 쌓아 왔던 공든 탑이 한꺼번에 무너져 내린 것 같다. 국세청장으로 일한 적이 있는 필자는 물론 전·현직 국세청 출신 모두가 허망하고 참담한 심경 이루 말할 수가 없다.

특히 세정에 믿음과 사랑으로 협력해 주고 계시는 국민께 실망을 드린 점 깊이 사죄한다. 작금의 사태로 선진 세정의 역사가 부정적인 측면만 강조되고, 몇 사람의 잘못이 국세행정을 반석 위에 올려놓기 위해 노심초사하고 있는 전·현직 국세공무원 전체의 과오(過誤)인 양 비춰지고 있다.

그 결과 세정이 국민의 신뢰를 잃고 외면당하게 된다면 이야말로 국가적으로 엄청난 불행이자 손실이 아닐 수 없다.

필자는 제4, 5공화국 격동의 시절 3년 반 동안 국세청장으로 일했다.

당시 나는 세정의 내실을 다지는 것이 곧 국민의 신뢰를 구하는 길이라 생각했다. 국세공무원과 납세자의 유착을 방지하기 위해 지역담당제를 폐지했다. 근거과세를 위한 기장 확대와 공무원의 재량을 통제하기 위한 업무분야별 기본통칙을 제정하는 한편 세금을 알리기 위한 대민 서비스 행정에도 주력했다.

경주 군청 고용원(雇用員)으로 출발해 37년간 지방행정에만 몸담아 세금의 세(稅) 자도 모르던 필자가 나름대로 많은 일을 감당할 수 있었던 것은 성실과 능력, 정직과 일에 대한 열정으로 똘똘 뭉친 '국세청 사람들'을 만났기 때문이었다.

국세청 사람들이야말로 경묘쇄탈(輕妙灑脫: 경쾌하고 완급 경중을 가려 힘을 쏟음)한 사람들이라 느꼈다.

지금에 와서 생각하면 국세청 공무원 중에는 인상에 남는 분들이 많았다. 복식부기 등 회계에 밝고, 끊임없는 자체 교육에 따른 높은 전문성으로 일 처리가 과학적이었다. 맡은 일에 대한 책임감도 매우 강했다는 느낌을 지금도 지울 수 없다.

조국근대화의 초석이 된 경제개발 5개년계획의 재원(財源) 조달을 차질 없이 뒷받침한 일이나, 종합소득세·부가가치세 등의 선진 조세제도가 정부를 향한 집단시위나 공개적인 조세저항 없이 빠르게 정착된 것은, 이러한 국세청 사람들의 뛰어난 행정능력에 힘입은 것임은 두말할 것도 없다. 뿐만 아니라 1972년의 8·3조치, 부동산실명제, 부동산 투기 근절, 과세 인프라 구축을 위한 세정 전산화, 현금영수증제도 등 어려운 과제들을 신속하고도 별다른 마찰 없이 성공적으로 추진했었다.

필자는 51년 8개월의 긴 공직생활 동안 여러 곳에서 근무해 보았지만, 누가 뭐래도 국세청은 어떠한 경우에도 맡겨진 책무를 반드시 완수하는 전통(傳統)을 가진 기관이라고 자신 있게 말할 수 있다.

그러나 국세청은 더욱 정신을 차리고 거듭나야 한다.

나라의 '곳간'을 다루는 세무행정은 조그마한 실수도 용납이 안 되며, 종사하는 직원은 몇 단계 더 높은 도덕성과 청렴성을 지녀야 한다. 특히 국세청장을 비롯한 고위직 간부들은 무엇보다 명예(名譽)를 우선시해야 함은 물론 이의 실천을 위한 각고(刻苦)의 노력이 있어야 한다.

우리나라의 번영을 구축한 힘이 바로 근검절약과 애국심이다. 우리에게 그런 정신이 있는 한 난국을 반드시 극복하리라 믿는다. 국민의 소리에 귀 기울여 과거에 대한 깊은 반성과 함께 어떠한 고통이 따르더라도 참고 이겨내면서 조직을 재정비하고 인사(人事)를 쇄신하는 한편 납세자를 진정으로 섬기는 새로운 세정의 참모습을 보여주기를 기대한다.

국민의 신뢰를 회복하고 사랑받는 국세청이 되기 위해 국세 공직자들은 과연 어떻게 해야 하는가 깊이 생각하고, 높은 도덕성과 청렴성을 기본 덕목(德目)으로 간직할 것을 사랑하는 후배들에게 다시 한 번 강조하고자 한다."

부록

I. 논문·저서 목록

1. 알기 쉬운 租稅論(재무부, 재무공무원훈련소, 敎材, 1963. 11. 3)

2. 한국의 長期稅制 方向에 관한 研究(삼성문화재단, ≪한국경제≫ 제6집, 1976. 2. 29)

3. 企業會計와 稅務會計의 調整(삼성문화재단, ≪한국경제≫ 제12집, 1977. 2. 5)

4. 公害課稅 문제에 관한 研究(성균관대학교, ≪한국경제≫ 제5집, 1977. 8. 15)

5. 서울大 醫大病院의 組織 및 運營 管理體系 수립(서울대학교 의과대학병원, ≪연구보고서≫, 1978. 3)

6. 學点 단위 登錄金制 실시에 따른 登錄金 算定方法 개발(문교부, ≪연구보고서≫, 1979. 6. 1)

7. 附加價値稅 중심의 稅制改善方案(경제과학심의회, ≪연구보고서≫, 1979. 6. 5)

8. 租稅支出政策의 問題点(성균관대학교, ≪한국경제≫ 제7집, 1979. 9. 25)

9. 한국 財政의 전개와 消費稅의 역할(건국대학교, ≪박사학위 청구논문≫, 1980. 2. 10)

10. 地方敎育財政의 確保方案(문교부, ≪연구보고서≫, 1980. 6. 25)

11. 所得再分配를 위한 租稅政策의 方向(국제문제조사연구소, ≪정책연구≫ 제38호, 1981. 11. 16)

12. 한국 財政指標의 問題点(성균관대학교, ≪한국경제≫ 제10집, 1982. 11. 25)

13. 租稅制度와 稅務行政(KDI, ≪한국 세제의 중요 정책과제와 개선방향≫, 1984. 6. 30)

14. ≪韓國財政論≫(박영사, 著書, 1986. 9. 25)

15. 財政民主主義의 理想과 現實(성균관대학교, ≪한국경제≫ 제14집, 1987. 1. 31)

16. 稅制審議 기구의 韓·日間 比較(한국조세학회, ≪한국조세연구≫ 제2권, 1987. 2. 20)

17. 租稅法律主義와 憲法的 保護機能(성균관대학교, ≪성균관 법학≫ 창간호, 1987. 9. 1)

18. 福祉財政의 理想과 國民負擔의 限界(전국경제인연합회, ≪흑자경제 하의 세제개편 방향≫, 1988. 6. 27)

19. ≪最新租稅法≫(박영사, 著書, 1988. 10. 30)

20. 政治財政學 序說(한국조세학회, ≪한국조세연구≫ 제6권, 1991. 5. 30)

21. ≪政治財政學≫(법문사, 著書, 1993. 2. 20)

22. 회고록, ≪영욕의 세월, 실록 國稅廳≫(한국세정신문, 著書, 2006. 3. 3)

23. 자서전, ≪한려수도≫(이담북스, 著書, 2012. 5)

Ⅱ. 사회 논문 목록

1. 서울 國稅廳의 연말 作戰記(세우회, ≪국세≫ 창간호, 1967. 6. 1)

2. 납세자의 稅政 참여와 信賴세정(세우회, ≪국세≫ 6월호, 1967. 6. 15)

3. 稅友會와 排球團과 國稅誌(세우회, ≪국세≫ 11월호, 회원 특별대담, 1969. 10. 14)

4. 대중세 革新 105일의 회고(세우회, ≪국세≫ 10월호, 1973. 10. 15)

5. 節稅(연재 20回)(매일경제신문, 〈경제칼럼〉, 1974. 11. 1)

6. 생활經濟學(연재 15回)(≪월간 세무와 회계≫, 〈경제교실〉, 1975. 1. 14)

7. 中産層 보호와 조세減免(조선일보, 〈논단〉, 1976. 8. 25)

8. 개정 稅法에 대한 소견(조선일보, 〈논단〉, 1978. 8. 25)

9. 經濟성장과 社會개발(성균관대학교, 성대신문, 1978. 11. 4)

10. 소득세 減免과 公平性 원칙(내외경제신문, 〈일요논단〉, 1979. 7. 22)

11. 乘數效果(서울경제신문, 〈칼럼〉 로터리, 1979. 11. 1)

12. 轉位效果(서울경제신문, 〈칼럼〉 로터리, 1979. 11. 7)

13. 租稅國家(서울경제신문, 〈칼럼〉 로터리, 1979. 11. 13)

14. 心理的 인플레(서울경제신문, 〈칼럼〉 로터리, 1979. 11. 19)

15. 敎育稅 신설방안(성균관대학교, 성대신문 〈교육개혁 특집〉, 1980. 8. 10)

16. 敎育稅 신설의 문제점(한국일보, 〈경제세미나〉, 1980. 9. 19)

17. 福祉社會 과제와 政策 방향(서울경제, 〈월례토론〉, 1980. 10. 23)

18. 敎育稅 贊反論(동아일보, 〈지상토론〉, 1981. 2. 14)

19. 우리나라의 財政指標(上·下)(매일경제신문, 〈경제교실〉, 1981. 4. 1)

20. 제2의 人生(세우회, ≪국세≫ 〈칼럼〉, 1981. 7. 19)

21. 名分에 가려진 問題點들(매일경제신문, 〈사설〉, 1981. 7. 29)
    <敎育稅 신설에 대한 우리 견해>

22. 敎育稅 무엇이 문제인가(조선일보, 〈지상토론〉, 1981. 7. 30)

23. 우선은 學術活動에 주력(매일경제신문, 〈인터뷰〉, 1981. 8. 7)

24. 조세 減免의 縮小 整備(매일경제신문, 〈사설〉, 1981. 8. 10)

영욕의 세월

176. 조세減免은 萬能 아니다(매일경제신문, 〈사설〉, 1985. 8. 23)

　　〈不實 예방할 産業政策 선행돼야〉

177. 追更豫算案의 이모저모(매일경제신문, 〈사설〉, 1985. 8. 27)

　　〈국회가 따져야 할 問題點들〉

178. 紙上配當稅 폐지의 得失(매일경제신문, 〈경제교실〉, 1985. 8. 30)

179. 福祉國家 待望論(매일경제신문, ≪주간매경≫, 〈경제에세이〉, 1985. 9. 5)

180. 悲感의 평양 방문(성균관대학교, 성대신문, 〈시사촌평〉, 1985. 9. 9)

181. 稅制 손질 남발되고 있다(매일경제신문, 〈사설〉, 1985. 9. 11)

　　〈理論的·現實的 모순만 더 확대〉

182. 苦心作 속의 문제점들(매일경제신문, 〈사설〉, 1985. 9. 27)

　　〈86년도 예산안을 分析·評價한다〉

183. 12대 國會도 우리를 失望시킬 것인가(중앙일보, 〈이코노미스트〉 특별기고, 1985. 10. 5)

184. 세제의 理想과 現實(매일경제신문, 〈사설〉, 1985. 10. 29)

　　〈부가세 課特者의 排除기준〉

185. 높은 次元에서 능동적 成長(성균관대학교 고시동지회, ≪성지회보≫, 1985. 11. 1)

186. 民間부문 압박하는 86 豫算案(중앙일보, 〈이코노미스트〉 시론, 1985. 11. 5)

187. 領收證 주고받기(매일경제신문, 〈사설〉, 1985. 11. 8)

　　〈强制보다는 계몽 꾸준히〉

188. 重商主義의 교훈(세무사회, ≪세무사≫, 〈세경칼럼〉, 1985. 11. 10)

189. 黨略 떠난 예산안 심의를(매일경제신문, 〈사설〉, 1985. 11. 18)

　　〈남은 豫決委 활동 주시하면서〉

190. 租稅支出豫算制度 도입을(매일경제신문, 〈사설〉, 1985. 12. 27)

　　〈무턱댄 減免稅 확대 경계해야〉

191. 잡부금 是正 계기를 기대(매일경제신문, 〈시론〉, 1985. 12. 21)

192. 감면세 特典 이대로 좋은가(매일경제신문, ≪주간매경≫, 1986. 1. 16)

193. 예산節減 효과 있게(매일경제신문, 〈사설〉, 1986. 1. 31)

　　〈劃一的 감축보다 일의 輕重 따져〉

194. 나와 '稅金의 날'(세무사회, ≪세무사≫, 〈세경칼럼〉, 1986. 3월호)

195. 세무行政 한층 合理化를(매일경제신문, 〈사설〉, 1986. 3. 4)

　　〈'稅金의 날' 함께 생각해야 할 일〉

217. 國利民福의 豫算 집행을(매일경제신문, 〈사설〉, 1986. 12. 4)

    <浪費 없게 실행예산 編成토록>

218. 高學歷者의 就業難(성균관대학교, 성대신문, 〈오류정〉, 1987. 1. 1)

219. 한국 經濟의 實像(≪엔터프라이즈≫, 〈시론〉, 1987. 2월호)

220. 우리 經濟의 實相을 알자(세무사회, ≪세무사≫, 〈세경칼럼〉, 1987. 2)

221. 公權 이용한 警察의 폭력성(성균관대학교, 성대신문, 〈시사촌평〉, 1987. 2. 25)

222. 일본의 附加稅 파동(성균관대학교, 성대신문, 〈시론〉, 1987. 3. 23)

223. 일본형 附加稅의 진통(매일경제신문, 〈사설〉, 1987. 3. 27)

    <新稅 도입 贊反論을 말하다>

224. 일본 附加稅 파동의 교훈(세무사회, ≪세무사≫, 〈세경칼럼〉, 1987. 3)

225. 국영기업 掠奪경영의 시정(성균관대학교, 성대신문, 〈시론〉, 1987. 6. 1)

226. 稅制 발전의 과제들(매일경제신문, 〈사설〉, 1987. 6. 4)

    <黑字 재정보다 公平과세 실현을>

227. 욕심만 앞선 豫算요구(매일경제신문, 〈사설〉, 1987. 6. 11)

    <財政 팽창되도록 억제해야>

228. 공기업 民營化인가 정부 株式 賣却 처분인가(중앙일보, 〈이코노미스트〉 특별기고, 1987. 7월호)

229. 民主稅制로 다듬어야 한다(월간 ≪신용경제≫ 〈논단〉, 1987. 7)

230. 健全財政 꼭 지켜져야(매일경제신문, 〈사설〉, 1987. 7. 3)

    <시국 빙자한 膨脹예산 경계한다>

231. 水害 복구 위한 追更예산(매일경제신문, 〈사설〉, 1987. 8. 3)

    <재정 負擔도 고려, 浪費 없도록>

232. 우려되는 財政赤字 확대(매일경제신문, 〈사설〉, 1987. 9. 11)

    <내년 豫算案 규모 過大하다>

233. 財政 운영의 節度 아쉽다(매일경제신문, 〈사설〉, 1987. 9. 22)

    <선심 競爭하면 인플레만 誘發>

234. 內國稅 증가율 너무 높아(매일경제신문, 〈사설〉, 1987. 9. 25)

    <새해 豫算案 다듬을 것 많다>

235. 民主化 코스트는 누가 負擔할 것인가(세무사회, ≪세무사≫, 〈세경칼럼〉, 1987. 11월호)

236. 實現 못할 空約 많다(중앙일보, 〈이코노미스트〉 특별기고, 1987. 11. 5)

영복의 세월

- 실록 국세청 〈개정판〉 -

초판인쇄	2012년 5월 25일
초판발행	2012년 5월 25일

지은이	이철성
펴낸이	채종준
펴낸곳	한국학술정보(주)
주 소	경기도 파주시 문발동 파주출판문화정보산업단지 513-5
전 화	031) 908-3181(대표)
팩 스	031) 908-3189
홈페이지	http://ebook.kstudy.com
E-mail	출판사업부 publish@kstudy.com
등 록	제일산-115호(2000.6.19)

ISBN	978-89-268-2216-6 03810 (Paper Book)
	978-89-268-2217-3 08810 (e-Book)

이담 Books 는 한국학술정보(주)의 지식실용서 브랜드입니다.